应用型本科院校土木工程

YINGYONGXING
TUMU GONGCHENG ZHU

U0623320

TUMU GONGCHENG

建设工程经济与管理

武育秦　张西平■主　编

重庆大学出版社

内容提要

本书由两部分组成。第 1 部分,即建设工程经济,共计 8 章,包括建筑经营与管理概论,建筑产品的价格、成本和利润,资金时间价值与等值计算,建设市场的经营预测与决策,价值工程,建设工程技术经济分析,建设工程招投标与合同管理,建设工程施工索赔;第 2 部分,即建设工程管理,共计 6 章,包括建设工程进度管理、建设工程质量管理、建设工程成本管理、建设工程常规管理、建设工程信息管理、建设工程健康安全与环境管理。

本书内容具有较强的综合性、实用性、针对性和实践性等特点。全书文字简练、语言流畅、通俗易懂,不仅适合作为土木工程等本科专业的教学用书,也可以作为建筑企业工程技术人员、管理人员等业务学习的参考书。

图书在版编目(CIP)数据

建设工程经济与管理/武育秦,张西平主编.—重庆:重庆大学出版社,2014.4(2021.7 重印)
应用型本科院校土木工程专业系列教材
ISBN 978-7-5624-7893-5

Ⅰ.①建…　Ⅱ.①武…②张…　Ⅲ.①建筑经济—高等学校—教材　Ⅳ.①F407.9

中国版本图书馆 CIP 数据核字(2013)第 293368 号

应用型本科院校土木工程专业系列教材
建设工程经济与管理
主　编　武育秦　张西平
策划编辑:林青山　刘颖果

责任编辑:李定群　姜　凤　　版式设计:刘颖果
责任校对:谢　芳　　　　　　责任印制:赵　晟

*

重庆大学出版社出版发行
出版人:饶帮华
社址:重庆市沙坪坝区大学城西路 21 号
邮编:401331
电话:(023) 88617190　88617185(中小学)
传真:(023) 88617186　88617166
网址:http://www.cqup.com.cn
邮箱:fxk@ cqup.com.cn(营销中心)
全国新华书店经销
POD:重庆新生代彩印技术有限公司

*

开本:787mm×1092mm　1/16　印张:21.25　字数:530 千
2014 年 4 月第 1 版　　2021 年 7 月第 2 次印刷
ISBN 978-7-5624-7893-5　定价:49.00 元

前　言

　　建设工程经济与管理是建立在工程经济学和工程管理学基础之上的一门不断发展的边缘性学科。工程经济学主要是从工程技术经济的角度,对工程项目施工的技术方案、技术措施和技术政策以及建筑企业的经营目标、方法和取得的经济效益等,进行技术经济分析和经济评价,使其技术的先进性和经济的合理性有机结合,达到用最少的劳动投入取得最多、最好的经济效益,以满足日益增长的社会物质与文化需要。工程管理学主要是从现代管理角度,包括采用科学管理方法、先进管理技术、现代管理制度和现代化的管理手段,对企业的生产经营活动进行全过程的科学管理,以不断减少企业人、财、物的各种消耗,降低工程成本,实现工期短、质量优、效益好的经济效果。在建立和大力发展社会主义市场经济体制的形势下,通过对工程技术经济、企业内部生产力和生产关系、现代管理科学理论与方法的学习和研究,以揭示施工生产经营活动的经济规律,从而用科学的理论、先进的技术、现代化的管理方法与手段,对企业的生产经营活动进行有效的管理,以实现优质、高效、低耗的目标,全面提高建筑企业乃至整个建筑行业的经济效益。

　　本教材是根据国家教育部统一制订的土木工程专业教学计划和教学大纲的要求,国家和各省、市、自治区相继颁发的关于建筑工程经济与管理方面的新政策、新规定和新方法,2007年11月1日国家九委、部、局第56号令,即《标准施工招标资格预审文件》和《标准施工招标文件》试行规定中的"通用合同条款"以及作者多年教学实践收集的部分案例等资料编写而成。教材内容具有较强的综合性、实用性、针对性和实践性等特点,全书文字简练、语言流畅、通俗易懂,不仅适合作为土木工程等本科专业的教学用书,也可以作为建筑企业工程技术人员、管理人员等业务学习的参考书。

　　本教材由两部分组成,共计14章,由武育秦、张西平主编。第1部分,即建设工程经济,共计8章,包括建筑经营与管理概论,建筑产品的价格、成本和利润,资金时间价值与等值计

算,建设市场经营预测与决策,价值工程,建设工程技术经济分析,建设工程招投标与合同管理,建设工程施工索赔;第 2 部分,即建设工程管理,共计 6 章,包括建设工程进度管理、建设工程质量管理、建设工程成本管理、建设工程常规管理、建设工程信息管理、建设工程健康安全与环境管理。其中,第 1,3,7 章由张西平编写,其余各章由武育秦编写。

由于时间仓促和水平有限,教材中难免有不足之处,敬请同行专家、广大读者批评指正。

编　者

2013 年 12 月

目　录

第1部分
建设工程经济

1

建筑经营与管理概论

1.1　基本建设概述

▶　1.1.1　基本建设的概念

社会发展和人类的生存,主要依靠物质资料的再生产。而物质资料再生产的主要手段是依靠社会固定资产的再生产。

固定资产的再生产包括简单再生产和扩大再生产两部分,如果原有固定资产每经过一次周转,其生产能力仍维持在原有的水平上,则称为简单再生产;如果原有生产能力不仅得到维持,而且还有扩大,则称为扩大再生产。

固定资产扩大再生产分为外延型扩大再生产和内涵型扩大再生产两种类型以及新建、扩建、改建和技术改造4种形式。从社会发展的观点来看,如果是生产场所扩大了,就是在外延上的扩大;如果生产效率提高了,就是在内涵上的扩大。从固定资产扩大再生产的新建、扩建、改建和技术改造4种形式来看,前3种主要属于外延型的扩大再生产,第4种则主要属于内涵型的扩大再生产。

固定资产外延型扩大再生产与内涵型扩大再生产,在投资建设活动中一般不是截然分开的,往往是互相交叉、渗透、结合进行的。固定资产的扩大再生产和简单再生产也是相互交织在一起进行的。如一座矿山原有资源开采完了而报废,在另一地区新建一座矿山以弥补报废矿山的生产,从微观角度来看,新建矿山属于扩大再生产;而从宏观角度来看,则是简单再生产。这就是说,存在着从什么角度、范围进行考察所研究的问题。扩大再生产和简单再生产相互交叉是屡见不鲜的。那么,什么是基本建设呢?按照我国的规定:"凡是固定资产扩大再生产的新建、扩建、改建、恢复工程及与之连带的工作均称为基本建设。"也就是说,以扩大生产能力(或工程效益)为主要目的的工程建设及有关工作就称为基本建设。

▶ 1.1.2　基本建设的分类

1)按建设项目的用途分类

(1)生产性建设项目　生产性建设项目是指直接用于物质生产或满足物质生产需要的建设项目,包括以下各项:

①工业建设;

②建筑业建设;

③农林水利气象建设;

④邮电运输建设;

⑤商业和物质供应建设;

⑥地质资源勘探建设。

(2)非生产性建设项目　非生产性建设项目一般是指用于满足人民物质和文化生活需要的建设项目,包括以下各项:

①住宅建设;

②文教卫生建设;

③科学实验研究建设;

④公用事业建设;

⑤其他建设。

2)按建设项目的建设性质分类

(1)新建项目　新建项目是指从无到有的新开始建设的项目。有的项目原有规模较小,经重新总体设计扩大建设规模后,新增加的固定资产价值超过原有固定资产价值3倍以上的也属于新建项目。

(2)扩建项目　扩建项目是指企事业单位为扩大原有产品的生产能力或效益,或增加新产品的生产能力和效益而扩建的生产车间、生产线或工程。

(3)改建项目　改建项目是指企事业单位为了提高生产效率、改进产品质量或改变产品方向,对原有设备、工艺流程进行技术改造的项目。为了提高综合生产能力,增加一些附属和辅助车间或非生产性工程,也属于改建项目。

(4)恢复项目　恢复项目是指企事业单位的固定资产,因自然灾害、战争、人为灾害等原因部分或全部被破坏报废,而后又恢复投资建设的项目。不论是按原来的规模恢复建设,还是在恢复的同时进行扩充建设的部分,均属于恢复项目。

(5)迁建项目　迁建项目是指企事业单位由于各种原因迁到另一个地方建设的项目。无论其建设规模是否维持或大于原来的规模,均属于迁建项目。

3)按建设项目的建设规模分类

依据项目规模或投资大小,把建设项目划分为大型项目、中型项目和小型项目。

对于工业建设项目和非工业建设项目的大、中、小型划分标准,国家计委、住房与城乡建设部、财务部都有明确规定。

生产单一产品的工业企业,其规模按产品的生产能力划分。如钢铁联合企业年生产钢量在100万吨以上的为大型项目;10～100万吨为中型项目;10万吨以下为小型项目。生产多种产品的工业企业,按主要产品的生产能力划分;产品种类繁多,难以按生产能力划分的,则按全部投资额划分。

一个建设项目,指属于大、中、小型的其中一类。大、中型建设项目是国家的骨干工程,对国民经济的发展具有重大意义。施工的大、中型项目个数的多少,对基本建设战线的长短影响极大。

► 1.1.3 基本建设的内容

基本建设是一个物质资料生产的动态过程,这个过程概括起来就是将一定的物资、材料、机器设备通过购置、建造和安装等活动转化为固定资产,形成新的生产能力或使用效益的建设工作。因此,其内容一般包括以下5个方面:

(1)建筑工程 建筑工程包括各种厂房、仓库、住宅、商店、宾馆、影剧院、教学楼、写字楼、办公楼等建筑物和矿井、公路、铁路、码头、桥梁等构筑物的建筑工程;各种管道、电力和电讯导线的敷设工程;设备基础、各种工业炉砌筑、金属结构工程;水利工程和其他特殊工程。

(2)设备安装工程 设备安装工程包括动力、电信、起重运输、医疗、实验等各种设备的装配、安装工程;与设备相连的金属工作台、梯子等的安装工程;附属于被安装设备的管线敷设工程;被安装设备的绝缘、保温和油漆工程;安装设备的测试和无荷载试车等。

(3)设备购置 设备购置包括一切需要安装和不需要安装设备的购买和加工制作。

(4)工具、器具及生产家具购置 工具、器具及生产家具购置包括车间、实验室等所应配备的,属于固定资产的各种工具、器具及生产家具的选购和加工制作。

(5)其他基本建设工作 其他基本建设工作包括除上述内容以外的基本建设工作,如勘察设计、土地征用、建设场地、原有建筑物的拆除赔偿、机构筹建、联合试车、职工培训等。

► 1.1.4 基本建设程序

1)基本建设程序的概念

基本建设程序,即在基本建设工作中必须遵循的先后次序,是指基本建设项目从决策、设计,到竣工验收的整个工作过程中各个阶段的工作顺序。基本建设涉及面广,内外协作配合的环节较多,其中有些是前后衔接的,有些是左右配合的,有些是相互交叉的,这些工作必须按照一定的程序依次进行,才能达到预期的效果。现行的基本建设程序,客观地总结了基本建设的实践经验,正确地反映了基本建设全过程所固有的先后顺序及其规律性。对生产性工程建设项目来说,基本建设程序是形成对综合生产能力过程规律的描述;对非生产性工程建设项目而言,基本建设程序是该项目顺利完成工程建设全过程,满足人民物质生活和文化生活的需要,获得最大社会、经济效益的工程建设的科学方法的描述。

2)基本建设程序的内容

我国现行的基本建设程序,其具体内容包括以下各项:

(1)项目建议书 投资者根据国民经济的发展、工农业生产和人民物质与文化生活的需要,拟投资兴建某项工程,开发某项系列产品,并论证兴建该项目的必要性、可能性,拟定兴建的目的、要求、计划等内容,写成书面报告,建议有关上级部门同意批准兴建该项目。

（2）可行性研究　根据上级批准的项目建议书,进行进一步可行性研究、论证,并根据最优方案编制初步设计。

可行性研究的目的是要从技术、经济的角度论证该项目是否适合于建设,也就是说,在技术上是否可行、经济上是否合理。这个阶段包括预选建设地点(或厂址)、产品销售情况和技术规模,采用哪一种生产工艺,技术上是否先进,协作条件如何,材料、燃料能源的来源地,运输方案及路线,怎样求得平衡,采用哪些措施才能满足生产需要,是否符合环保治理的要求,有哪些配套工程;其次,还要研究各项建设条件,如水文地质及现场施工条件,选定适合各类工程修建的技术标准,落实建筑材料的货源及选定施工方法;最后,根据具体情况,分析生产成本和利润,预测投资回报年限。总之,可行性研究是对项目建议书中提出的各项问题的一份完整答卷,答案要求明确,包括推荐建设地点、确定工艺流程、选用设备的型号、预计年产量和建设规模;生产建设协作配合条件的落实情况,估计全部建设费和建成期限;如实地反映出各项技术经济指标和需要解决的问题。

根据可行性研究所论证的最优方案,编制初步设计。初步设计实质上是一项带有规划性质的"轮廓"设计,但它是基本建设程序中极为重要的一环。国家主管部门就是根据这些综合分析的资料和技术经济评价,决定该项目是否可以建设,是否应该建设,或者对初步设计应该作哪些必要的修改和补充。当然也包括放弃原来不恰当的愿望和设想,考虑其他更为有利的建设方案。

（3）编制设计任务书　设计任务书是确定基本建设项目、编制设计文件的主要依据。它在基本建设程序中起主导作用,一方面把国民经济计划落实到建设项目上;另一方面使建设项目及建成投产后所需的人力、物力、财力有可靠保证。一切新建、扩建、改建项目,都要按国家发展国民经济的计划和要求,按照项目的隶属关系,由主管部门组织有关计划、设计等单位编制设计任务书。

（4）选择建设地点　建设地点的选择主要解决以下几个问题:一是工程地质、水文地质等自然条件是否可靠;二是建设时所需的水、电、运输条件是否落实;三是建设项目投产后的原材料、燃料等是否满足要求。当然,对生产人员的生活条件、生产环境亦要全面考虑。建设地点的选择,必须在综合调查研究、多个方案比较的基础上,提出选址报告。

（5）编制设计文件　拟建项目的设计任务书和选址报告经批准后,主管部门就应委托设计单位,按照设计任务书的要求,编制设计文件。设计文件是安排建设项目和组织工程施工的主要依据,设计文件应满足下列各项要求:

①主要生产工艺设备的规格、型号及数量能满足订货需要。

②对建筑安装工程、公用工程应提供全部的技术数据,并拟出建设项目所需的全部投资金额,物资、设备、劳动力及施工机械的计划需用量,从而可编制出施工组织总设计。施工组织总设计要确定合理的建设总进度,拟定指导全局工程施工的战略规划和方法。

③明确配套工程项目及其内容、规模和要求配合建成的时间。

④为建设项目的顺利建成投产所需的各项组织准备和技术准备提供必要的数据。

⑤修正总概算,并拟出与建设项目总进度相符合的分年度所需资金的额度。

⑥编制招标标底,要能满足工程招标文件的需要。

（6）做好施工准备工作　主管部门根据计划要求的建设进度和工作实际情况,采取招标方式选定一个施工企业总承包,或自己组织精干熟练的施工队伍负责施工准备工作,如征地拆迁、场地测量、三通一平、临时设施等。

（7）全面施工　　所有建设项目都必须在列入年度计划、做好施工准备、签订施工合同、具备开工条件的前提下，并经有关机关审核、批准后方能组织施工。在施工过程中要注意科学管理、文明施工。在质量和进度发生矛盾时，首先要保证质量。单位工程必须编制施工组织设计，并且该施工组织设计要受施工组织总设计的约束和限制。要加强经济核算，建立项目负责制，并严格履行施工合同。

（8）生产准备　　基本建设的最终目的是要形成新的生产能力或效益，为了保证项目建成后能及时投产，建设单位要根据建设项目的生产技术特点，组织专门的生产班子，抓好各项生产准备工作。如建立各级生产指挥系统和相应机构；制定颁发各种管理制度和安全生产操作规程；培训生产骨干和技术工人；组织工具、用具、备品、配件的采购与加工；签订原材料、燃料、动力、运输及生产协作的协议等。

（9）竣工验收、交付生产　　竣工验收的目的在于：在投产前解决一些影响正常生产的问题；移交固定资产，交付生产或使用。所有建设项目按批准的设计文件内容建完，都应及时办理竣工验收手续。凡符合验收条件的工程若不及时办理竣工验收手续，必然增加基建投资的支出，这是国家所不允许的。

从以上内容可以看出，基本建设程序中每一阶段（或步骤）工作的好坏都是受到上一阶段的工作成果的影响，同时，又为后一阶段创造条件。基本建设程序中的前6项工作，称为基本建设前期工作。基本建设前期工作若有失误，则后期成效必有问题。因此，基本建设程序是基本建设过程中全体人员和有关部门共同遵守的准则，决不能随意违反，必须切实做好每一阶段的工作。

1.2　建筑产品生产的技术经济特点

▶　1.2.1　建筑产品的特点

（1）建筑产品在空间上的固定性　　建筑产品是指竣工并交付使用的各种建筑物和构筑物，它的基础与作为地基的土地直接发生关系，因而建筑产品在建造中和建成后是不能移动的。建筑产品在哪里就在哪里发挥作用。在某些情况下，一些建筑产品本身就是土地不可分割的一部分，如油气田、地下铁路、水库等。

（2）建筑产品具有多样性　　由于建筑产品的功能要求是多种多样的，使得每个建筑物或构筑物都有其独特的形式和独特的结构，因而需要单独设计。即使功能要求相同，建筑类型相同，但由于地形、地质、水文、气象等自然条件不同及交通运输、材料供应等社会条件不同，在建造时，往往也需要对设计图纸及施工方法、施工组织等作相应的修改。由于建筑产品的这种多样性，因而可以说建筑产品具有单件性的特点。

（3）建筑产品体积庞大　　建筑产品是竣工并可以交付的各种建筑物和构筑物，在建造过程中所消耗的材料是十分惊人的，不仅数量大，而且品种复杂，规格繁多。因为要在建筑产品内部布置各种生产和生活需要的设备与用具，并且要在其中进行生产与生活活动，因而同一价值的建筑产品和机械产品相比较，建筑产品要占据广阔的空间。

▶ **1.2.2 建筑产品生产的技术经济特点**

（1）建筑产品生产的单件性 每件建筑产品都有专门的用途，都需采用不同的造型、不同的结构、不同的施工方法，使用不同的材料、设备和建筑艺术形式。根据使用性质、耐用年限和防震要求，采用不同的耐用等级、防火等级和防震等级。

随着建筑科学技术、新的建筑材料、新的建筑结构不断涌现，建筑艺术形式经常推陈出新，即使用途相同的建筑产品，因为在不同时期兴建，采用的材料、结构和艺术形式也会不同。

（2）建筑生产的流动性 建筑产品的固定性和严格的施工顺序，决定了建筑产品生产的流动性，使生产者和生产工具经常流动转移，要从一个施工段转移到另一个施工段，从房屋这个部位转移到那个部位，在工程完工后还要从一个工地转移到另一个工地。

由于生产设备、材料、附属生产加工企业，以及企业生产和生活设施，因施工地点的转移而经常迁移，需增加一些费用，施工地点在边远地区的还需计算远征工程费（即偏远地区施工增加费）。

（3）建筑产品的生产过程具有综合性 建筑产品的生产首先由勘察单位进行勘测，设计单位设计，建设单位进行施工准备，建筑安装单位进行施工，最后经过竣工验收后使用。因此在生产过程中，建安单位要和业主、银行、设计单位、材料供应部门、分包等单位配合协作。由于生产过程复杂、协作单位多，是一个特殊的生产过程，这就决定了其生产过程具有很强的综合性。

（4）建筑生产受气候条件影响大 影响建筑产品生产过程的因素很多，例如，设计的变更、情况的变化、资金和物资的供应条件、专业化协作状况、城市交通和环境等，这些因素对工程进度、工程质量、建筑成本等都有很大影响。由于建筑产品的固定性，只能在露天进行操作，故受气候条件影响大，生产者的劳动条件差。

（5）建筑生产过程的不可间断性 一个建筑产品的生产全过程是：确定项目、选择地点、勘察设计、征地拆迁、购置设备和材料、建筑和安装施工、试车（或试水、试电）验收，直到竣工投产（或使用），这是一个不可间断的、完整的周期性生产过程；另外，从建筑施工和安装来看，要能形成建筑产品，需要经过场地平整、基础工程、主体工程、装饰工程，最后交工验收。

建筑产品是一个长期持续不断的劳动过程的成果。建筑产品只有到生产过程终了，才能完成，才能发挥作用。当然，在该过程中也可以生产出一些中间产品或局部产品。

建筑生产过程的不可间断性要求产品在生产过程中各阶段、各环节、各项工作必须有条不紊地组织起来，在时间上不间断，空间上不脱节；要求生产过程的各项工作必须合理组织、统筹安排，遵守施工程序，按照合理的施工顺序科学地组织施工。

（6）建筑产品的生产周期长 建筑产品的生产周期是指建设项目或单位工程在建设过程中所耗用的时间，即从开始施工起，到全部建成投产或交付使用、发挥效益时止所经历的时间。建筑产品生产周期长，有的建筑项目，少则1～2年，多则3～4年、5～6年，甚至超过10年。因此，它必须长期大量占用和消耗人力、物力和财力，要到整个生产周期完结才能出产品。故应科学地组织建筑生产，不断缩短生产周期，尽快发挥投资效果。

1.3 建筑经营与管理概述

▶ 1.3.1 经营与管理的概念

企业管理是指对企业的生产经营活动所进行的预测、决策、计划、组织、指挥、控制、协调、教育、激励等工作的总称。它的目的是保证顺利地实现企业生产经营活动的总目标,取得最佳的经济效益。

企业管理是对企业生产经营活动的总体概括。它包括两部分:一是对企业内部生产活动的管理,如对基本生产过程、辅助生产过程、生产技术准备过程以及生产服务等以生产活动为中心的管理,称为生产管理;二是对企业经营活动的管理,如生产经营方式、材料设备供应、劳动力的补充与调整、产品销售、资金结算以及市场调查、经营预测与决策等方面,称为经营管理。企业管理是生产管理与经营管理的统一,其基本职能主要有:

①计划:是企业进行生产经营活动的行动纲领,是决定企业目标和实现目标的途径、方法的管理,也是企业管理的首要职能。

②组织:是为了企业总目标和各级分目标的实现,通过一定的组织机构系统,将全体职工有效地结合起来进行合理的分工和协作,合理配备和使用企业资源,以推动整个生产经营活动顺利进行的管理活动。

③指挥:是为了保证生产经营活动的正常进行和预定目标的顺利实现,对企业各级各类人员进行领导或指导,布置任务,安排工作。

④控制:是为了使企业生产经营活动沿着预定的目标轨道同步进行,对企业的生产、质量、进度、成本等,通过信息反馈系统定期进行检查,发现问题并及时采取相应的改进措施。

⑤协调:就是调节企业内部所属各单位各部门的工作,调节各项生产经营活动,使之建立起良好的协作配合关系,从而减少或不发生失误或矛盾,有效地实现企业的既定目标。

⑥激励:是指通过精神和物质的方法调动职工积极性、主动性和创造性的管理活动。全体职工的积极性、智慧和创造力是企业活力的主要源泉。

▶ 1.3.2 经营与管理理论的发展

管理是从人们生产劳动中出现了分工和协作时开始的。经营管理理论的发展,大体分为科学管理、行为科学管理和现代管理理论3个阶段。

1)科学管理的创立

19世纪末到20世纪初,美国工程师泰罗认为要使企业获得利益不能单纯依靠技术本身,更为重要的是要加强生产组织管理。他提出把工业生产划分为5大要素,即管理、机器、货币、材料和有技术的人,把管理放在第一位。他还提出了一套管理的方法和制度,其基本内容是:确定合理的作业方法;确定各项作业的标准时间;制定每人每日的工作定额;实行差别计价制,付给差别工资,用较大的工资级差刺激工人提高劳动生产率。他又提出明确划分计划职能和管理职能,以后又逐步发展到职能组织和管理专业化。泰罗的主张使个人的管理经验上升到管理理论,被誉为科学管理的奠基人。

泰罗的助手甘特在生产管理中首创了甘特日程图表,即横道图。福特在泰罗制的基础上,充分利用大批量生产的优点,采取了生产标准化和移动式装配法,从而进一步提高了企业的生产效率。

2)行为科学管理理论的崛起

泰罗制度虽然大大提高了劳动生产率,但是对工人强调服从、管制,把工人当作机器的附属物,由于对工人过于苛刻,激起了工人的强烈不满和反抗,降低了生产热情,甚至消极怠工。第二次世界大战后,美国哈佛大学的梅奥对工人在生产中所表现的一切活动,即各种各样的行为以及这些行为产生的原因进行分析研究。他认为要使工人经常保持生产热情,要搞好企业中人与人之间的关系;要通过对人的行为的研究来控制人的行为,调动人的积极因素,从而最大限度地充分利用人力资源,以提高劳动生产率。他对人的行为的研究逐步形成了行为科学理论和行为科学管理学派。

3)现代管理理论的形成

20世纪70年代以后,以美国卡内基-梅隆大学的西蒙为代表,吸取了科学管理、行为科学、系统理论、计算技术等内容,形成了一整套现代化大生产的管理理论。

过去泰罗的重点是放在车间班组的管理方面,强调如何提高功效。但是,随着资本主义经济的发展、市场的激烈竞争、科学技术的发展、新产品的不断出现等环境的迅速变化,对企业产生了巨大的压力。管理人员逐渐认识到,如何及时地根据外界环境的变化,作出合理的战略决策,是决定企业成败的关键,它比企业内部提高工效更为重要。于是,管理的重点就逐步转向决策,尤其是更高的战略决策,管理理论也随之发生了很大的变化。以西蒙为代表的管理学派十分强调决策的重要性,认为决策贯穿于管理的全过程,管理就是决策,决策决定组织的成败,所以又称为决策论。

▶ 1.3.3 建筑经营与管理的特点

由于建筑产品和施工生产的技术经济特点,使建筑企业的经营与管理具有以下基本特点:

(1)生产经营业务不稳定 建设项目类型繁多,任务多变,建筑企业要按用户的要求和工程特点组织施工,因此经营对象是多变的。建设工程任务与国家投资政策有关,经济发展时期,建设项目大幅度增加;经济调整时期,建设项目缩减。企业任务的获得还要通过投标竞争,因此,企业的经营业务是不稳定的,所以建筑企业必须具备适应社会需求的应变能力。

(2)生产经营环境多变化 建筑产品的固定性和建筑生产的流动性,使企业的经营环境随着建设工程的地点而变化。施工地点不同,地形、地质、水文、气候等自然环境差异较大;劳动力供应、物资供应、交通运输、协作配套条件等社会环境也随之变化,因而增加了生产经营的艰巨性和复杂性,给生产经营的预见性和可控性也带来了难度。

(3)组织机构人员变动大 建设项目和经营业务不稳定,施工生产连续性差,变化因素多,因而难以实现有节奏地均衡施工。工程任务时大时小,机构人员、工种比例经常需作调整,因此应根据建筑业用工特点采用适用的用工办法。

充分认识上述经营特点,采取相应的组织措施和管理手段,对搞好建筑企业经营管理是非常有必要的。

► 1.3.4 建筑经营与管理的基础工作

为了保证进行有效的生产经营管理活动,建立正常和稳定的管理秩序,提高企业管理必要的条件和可靠依据,逐步提高企业素质所进行的各种工作,统称为建筑企业经营管理的基础工作。

企业经营与管理的基础工作是企业实行科学管理的前提,是衡量企业经营管理的质量和水平的重要标志。它为各项专业管理提供数据、资料和信息,是企业领导者对生产经营活动进行计划、组织、指挥、协调、控制和决策的依据;是建立正常管理秩序,有效组织生产经营活动的重要手段;是改善企业经营管理,提高经济效益的有效途径。

建筑企业经营与管理基础工作的主要内容包括以下3个方面:

(1)原始记录和凭证　原始记录和凭证是企业经营管理活动、施工现场生产情况最早的真实记录,如各种会议纪要,隐蔽工程记录,施工日志,施工变更通知书,实施情况说明,材料和构配件的收、发及消耗凭证,财务报表等。各种记录生产经营活动的情况,必须及时、准确可靠,并且按规定办理签署认证手续。

(2)计量和检测手段　企业的计量、检测工作,是获得生产经营活动信息的重要手段。获得的信息是否及时、准确和全面,直接关系企业管理的质量和效率,关系建筑产品的工程质量和建筑企业的综合效益。要严格计量工作责任制,加强挂牌管理,完善计量工具和检测手段,做好计量器具、仪表设备的配置、保管、校正、维护,并且保证正确和合理使用。

(3)定额和标准　建筑工程定额是编制企业经营计划,制定建筑产品价格,参加投标报价,实行经济核算和进行企业经济活动分析的重要依据;是调节内部生产,控制劳动消耗,提高劳动生产率,拓展建筑生产和经营等管理工作的基础。

建筑企业执行的定额水平,在一定程度上反映了企业的竞争能力。尤其是在投标竞争中,企业如果没有反映自身技术水平和管理水平的定额,就很难有把握地制定竞争策略,在市场竞争中获胜。

标准化是根据使用要求,对建筑产品的类型、性能、材质、形状、尺寸、精度、试验方法、交工验收等,规定出统一的标准。建筑标准化是发展建筑工业化的基本条件。建筑企业针对建筑产品不易定型、施工流动性大、不利于组织工业化生产的特点,正在努力把建筑物作为定型产品,对房屋建筑的设计、建筑材料的生产供应、构配件的制作、现场施工安装等各个环节实行标准化管理,推进建筑工业化的不断发展。

1.4　现代建筑管理制度

► 1.4.1 现代建筑管理制度的基本内容

现代建筑管理制度是适应社会化大生产和市场经济的要求,产权清晰、权责明确、政企分开、管理科学的企业制度。它的基本内容包括以下3个方面:

(1)企业法人管理制度　企业中的国有资产所有权属于国家,企业拥有包括国家在内的出资者形成的全部财产权,成为享有民事权利、承担民事责任的法人实体。企业以其全部法人财产依法自主经营、自负盈亏,对出资者承担资产保值的责任。出资者投入企业的资本额享有所有者的权益,即资产收益、重大决策和选择管理者等权利,对内不得干预企业的生产经营活动。建立完整的企业法人制度,其关键是确立企业法人财产权,使企业不仅做到有人负责,而且做到有条件负责。

(2)有限责任管理制度 企业以全部法人财产为限,对其债务承担有限责任。企业破产清盘时,出资者只以其投入企业的出资额及其留给企业的收益为限,不涉及出资者的其他资产。市场经济的本质特征之一是竞争,竞争就有优胜劣汰,有限责任制是出资者实行自我保护的一种有效办法。

(3)科学的企业组织结构和管理制度 通过规范的企业组织结构和管理制度,使企业的权利机构、监督机构、决策和执行机构之间相互独立、权责明确,形成制约关系。这种组织制度可以调节所有者、经营者和职工之间的关系,形成激励和约束相结合的经营机制。

▶ **1.4.2 现代建筑管理的领导体制**

非公司制和未经改造为公司制的企业中,仍实行工厂制,继续坚持和不断完善厂长(经理)负责制,保证厂长(经理)依法行使职权。

在各类公司制企业中,则应按《公司法》建立股东会、监事会、董事会和经理班子,实行相互独立、相互制约、权责明确的领导体制。

有限责任公司设股东会、监事会、董事会和经理班子。

(1)股东会 股东会由全体股东组成,是公司的权利机构,享有所有者的权益,即资产收益、重大决策和选择管理者等权利。国家独资公司不设股东会,由国家授权的投资机构或者部门,授权董事会行使股东会的权利,决定公司的重大事项。股东会会议由股东按出资比例行使表决权。

(2)董事会 董事会由组成公司的企业或其他投资主体委派董事组成。董事成员中应当有公司的职工代表,职工代表由公司职工民主选举产生。董事会对股东会负责,是公司的决策机构。董事长为公司的法定代表人。股东人数较少和规模较小的,可以不设董事会,只有一名执行董事。经理和经理班子由董事会聘任,对董事会负责。经理负责主持公司的生产经营工作,组织实施董事会决议。经理列席董事会议。

(3)监事会 监事会由股东代表和适当比例的公司职工代表组成。股东人数较少和规模较小的可以设1或2名监事。董事、经理、财务负责人不得兼任监事。监事会或监事,依据法律、法规或者公司章程,对董事、经理、财务负责人执行公司职务时的行为进行监督。

股份有限公司设股东大会、监事会、董事会和经理班子,它们的组成和职权以及相互之间的关系、基本原则与有限责任公司相同。

本章小结

本章主要讲述什么是基本建设？建筑产品和建筑产品生产有何特点？建筑经营与管理概述和现代建筑管理制度等。现将本章的基本要点归纳如下:

(1)简而言之,基本建设是指实现国民经济固定资产的扩大再生产。固定资产的再生产,包括固定资产的简单再生产和固定资产的扩大再生产。如果固定资产每经过一次建设周转,其生产能力仍维持在原有水平上,称为简单再生产;如果原有生产能力不仅得到维持而且还

有扩大,称为扩大再生产。凡是新建、扩建、改建工程属于外延性扩大再生产,技术改造工程则属于内涵型扩大再生产。因此,固定资产的扩大再生产的新建、扩建、改建、恢复工程及与之连带的工作称为基本建设。

(2)基本建设是按建设项目的用途、性质和规模进行分类的。按用途的不同分为生产性建设项目和非生产性建设项目;按性质不同分为新建、扩建、改建、恢复和迁建项目;按规模不同分为大型项目、中型项目和小型项目。基本建设的内容由建筑工程,设备安装工程,设备购置,工具、器具及生产家具的购置和其他基本建设工作组成,并按照基本建设程序开展工作,即项目建议书;可行性研究;编制设计任务书;选择建设地点;编制设计文件;施工准备;全面施工;生产准备;竣工验收;交付使用。

(3)建筑产品与其他产品不同,具有产品的固定性、多样性和体积庞大等特点。产品生产具有单件性、流动性、综合性、不可间断性、施工周期长和易受气候影响等特点。

(4)建筑经营与管理是指对企业的生产经营活动所进行的计划、组织、指挥、控制、协调及激励等工作的总称,目的是保证企业实现总目标——取得最佳经济效益。

(5)现代建筑管理制度包括企业法人管理制度、有限责任管理制度、企业组织结构和管理制度。这些管理制度具有产权清晰、权责明确、政企分开、管理科学等特点。按照《公司法》的规定,在实行有限责任制的公司中,应建立股东会、监事会、董事会和经理班子。

复习思考题

1.1　什么是基本建设?

1.2　什么是新建、扩建、改建和恢复项目?

1.3　基本建设的内容有哪些?

1.4　什么是基本建设程序?

1.5　基本建设程序的内容有哪些?

1.6　建筑产品的特点有哪些?

1.7　建筑产品生产的技术经济特点有哪些?

1.8　建筑经营与管理有何特点?

1.9　简述现代建筑管理制度的基本内容。

1.10　简述有限责任公司的领导体制。

建筑产品的价格、成本和利润

2.1　建筑产品的价格

　　研究建筑产品的价格,主要是研究它的价格的形成(也称价格构成),也就是研究建筑产品的组成要素及其组成情况,这对于正确确定建筑工程和建筑产品的价格、掌握成本结构及降低成本的途径、加强经济核算都是必不可少的。

▶　2.1.1　商品的价值与价格

1)商品价值与价格的概念

　　商品生产是历史发展的产物,商品出现和存在的社会条件是社会分工和劳动产品属于不同的所有者。列宁指出"社会分工是商品经济的基础"。在我国现阶段社会主义市场经济条件下,仍然存在着商品生产的条件,所以还存在商品生产。商品具有二重性,既具有使用价值,也具有交换价值。也就是说,它们既用来满足人们生产或生活的某种需要而具备一定的有用性,又用来与其他商品(或货币)相互交换而具有一定的交换价值,决定商品交换价值的因素就是价值。

　　价值是由劳动创造的,是凝结在商品中的劳动。商品的价值在交换时以货币的形式表现出来,就是商品的价格。商品按照由社会必要劳动时间决定的价值量来进行等价交换,商品的价格与价值大体相等,价格围绕价值上、下波动,这就是商品经济的客观规律。

　　价值规律是商品经济的普遍规律,建筑产品既然是商品,就必须遵循价值规律的客观要

求。但建筑产品与一般工业产品相比较,既具有一般工业产品的共性,又具有明显的特征。

(1)建筑产品同其他商品一样,也是使用价值和交换价值的统一体 它的使用价值,就是建筑产品能提供满足生产和人民物质文化生活需要的生产能力和效益;它的交换价值,就是凝结在建筑产品中的人们的劳动。在社会主义市场经济条件下,建筑产品的生产首先应关心其使用价值,这是社会主义基本经济规律的客观要求;同时,建筑产品的生产也必须十分关心其价值,因为建筑企业必须用其销售收入补偿其劳动消耗并取得盈利。建筑产品的价值量取决于生产该产品所消耗的社会必要劳动时间。建筑企业应通过价值量的分析和比较,不断改善经营管理,节约劳动消耗,降低成本,加强经济核算,充分发挥投资的效益。

(2)建筑产品生产者的劳动,既是具体劳动,又是抽象劳动 在建筑产品生产过程中,劳动者的劳动量是具体形式的劳动,运用自己的劳动技能,借助于一定的劳动手段,改造劳动对象,创造出适用于社会需要的具体使用价值的产品。同时,劳动者的劳动又是抽象劳动,创造出建筑产品的价值,这部分价值除用于补偿劳动者生活资料的消耗外,还形成企业的盈利。

(3)建筑产品的价值量是由生产该产品的社会必要劳动时间决定的 由于各企业生产条件、技术水平和经营管理水平的不同,导致各企业劳动生产率不同,所以生产同类产品所花费的个别劳动时间是不同的。个别劳动生产率高于社会平均劳动生产率的企业,就能获得较多的盈利;反之,就会盈利少或亏损。

(4)建筑产品是为交换而进行生产的 因此,必须根据价值规律的要求,实行等价交换。建筑业与国民经济中其他部门有着非常密切的关系,建筑业的生产过程同时也表现为消费过程,既是建筑产品的供给方,同时又是许多生产资料的需求方。建筑业与其他部门的经济联系,实质上就是商品交换的关系。因此,只有使包括建筑产品在内的所有商品的价格与价值大体趋向一致,才能保证全社会所创造的价值不会在不同部门之间产生不合理的转移,才能正确比较部门之间和企业之间的经济效果,才能促进国民经济各部门协调、稳定地发展,也才能正确地反映国家、集体和个人三者之间的关系。

2)商品价值的形式

商品的价值决定商品的价格,价格变动总是以价值为中心,这是商品生产社会中存在的共同规律,是价值规律作用的必然结果。马克思在分析资本主义社会再生产时,把社会生产按实物形式划分为生产资料生产和消费资料生产两大类;同时,又把社会总产品在价值上分为不变资本(C)、可变资本(V)和剩余价值(M)3个组成部分。C代表已消耗的生产资料转移价值;V代表新创造的价值中归劳动者支配的价值;M代表新创造的价值中归社会和集体支配的价值。$C+V$的货币表现是产品的成本;$C+V+M$的货币表现就是产品的价格。

(1)建筑产品的价值组成 建筑产品的价值和其他产品一样,由以下3个部分组成:

①已消费的生产资料的价值,包括建筑材料、构配件、燃料等劳动对象的消耗和建筑机械等劳动工具的磨损,其价值表现为材料燃料费和固定资产折旧费,这部分转移的价值为C。

②代表工人必要劳动时间的V,这是为自己本身劳动所创造的价值,其价值表现为职工工资。$C+V$成为物化劳动和活劳动消耗量的总和,即产品成本。这两部分费用作为产品成本,主要是因为它所耗费的费用(即成本)只有不断地从收入中得到补偿,才能重新恢复生产中已消耗的材料,支付工资,并补偿固定资产已损耗的价值,以保证再生产能够正常进行。

③工人为社会或国家提供的剩余劳动(M),其所创造的价值为建筑业的盈利,这是社会

积累的源泉,通常表现为企业利润和向国家缴纳的税金。

(2)建筑产品的价值形态　建筑产品的价值形态,可以根据不同的分类目的和方法来划分,如果我们以建筑产品的"有用性"作为划分标准,建筑产品的价值形态包括使用价值、交换价值和收益价值3种。

①使用价值。所谓建筑产品的使用价值,是指建筑产品直接用于满足某种需求所表现出来的价值。对建筑产品的使用价值的理解,不只局限于物质生产和日常生活需要的范围,而要从建筑产品可能具有的一切功能来分析。建筑产品的使用价值是通过它所具备的功能体现出来的,这些功能可以归纳为使用功能和形象功能两大类。使用功能是为了满足技术或经济目的所具有的功能;而形象功能则是指那些非技术、非经济的功能,例如,美学、舒适、代表性等。各类建筑产品满足以上功能的程度各不相同,正是由于这种差异性,才显示出建筑产品使用价值的差异。

②交换价值。所谓建筑产品的交换价值,是指建筑产品用于交换其他产品所表现出来的价值。

建筑产品的交换价值首先取决于在社会(部门)平均的劳动熟练程度和劳动强度情况下,生产该建筑产品所需要的必要劳动时间。简言之,取决于社会必要劳动时间。其次,建筑产品的交换价值还取决于它的效用。建筑产品的效用表示人们对建筑产品的需要所得到的满足程度。建筑产品的效用是客观和主观的统一。说其是客观的,是因为:第一,建筑产品的自然属性本身是客观的,也就是说,能提供有用的建筑产品必然具有一定的使用价值,同时能满足人们需要的建筑产品又是客观存在的;第二,人们对建筑产品的欲望,虽然表现为意识,但欲望本身并不决定意识,真正决定人们对建筑产品的欲望是否满足和满足程度如何是它所处的历史条件和经济地位。说建筑产品的效用是主观的,是因为建筑产品能否满足人们的欲望以及满足的程度如何,必须以人的心理意识为中介而反映出来。只有客观的一面或只有主观的一面都不能反映建筑产品的效用。

③收益价值。所谓建筑产品的收益价值,是指建筑产品通过一系列价值转换过程所能得到的收益价值。建筑产品在使用过程中的收益一般是按年计算。由于这些收益发生在不同的年份,因而要采用现值法统一折算到取得建筑产品时的年份。这样,建筑产品的收益价值就可以表示为建筑产品各年度收益的现值之和。若以 V_e 表示建筑产品的收益价值,V_t 表示建筑产品第 t 年度的收益,i 表示利率,T_e 表示建筑产品的经济寿命,则建筑产品的收益价值可表达为:

$$V_e = \sum_{t=1}^{T_e} \frac{V_t}{(1+i)t}$$

▶ 2.1.2 建筑产品价格形成的特点

1)建筑产品价格的概念

建筑产品是指通过建筑安装等生产活动所完成的符合设计要求和质量标准,能够独立发挥使用价值的建筑物和构筑物。在我国社会主义市场经济条件下,建筑产品也具有商品属性,必须通过市场和国民经济其他部门按照商品经济的原则实行等价交换。

由于建筑产品及其生产的技术经济特点,建筑产品的生产是以承包的经营方式进行的。

建筑安装企业往往不是完成产品生产的全过程,建设单位作为投资者或用户代表,一般都要组成一个专门的班子负责工程建筑的统筹安排、组织和协调工作,并直接参与一部分具体生产工作,如征地拆迁、现场准备、委托设计、设备的采购保管和联动试车等,在这种情况下,建筑产品价值构成中相当一部分费用要素是发包人自己支付的(如土地费用、勘察设计费用等)。也就是说,最终建筑产品的价格是由建筑产品的发包方与承包方两方面的费用和新创造的价值所构成,建筑单位为生产建筑产品向建筑安装企业支付的全部费用并非是最终产品的价格,而只是建筑安装企业产品的"出厂价格"。

随着我国商品经济的发展,涌现出不少房地产开发公司,全面负责购地、设计、建造,然后直接出售商品化的成套住宅。这种商品化建筑产品的价格,反映了建筑产品的全部价值。

2)建筑产品价格形成的特点

(1)个别产品单件计价 由于各个建筑产品都有其指定的专门用途,为了适用于不同用途,各个建筑产品也就有不同的结构、不同的造型装饰、不同的体积和面积,采用不同的建筑材料。即使是用途相同的建筑产品,也必须在结构、造型等方面适应当地气候、地质、水文等自然条件,再加上建筑产品本身形体庞大、结构复杂,因而形成的建筑产品实物形态千差万别。而建筑产品生产的流动性,进一步影响了构成建筑产品价格的各种价值因素。例如,各地区材料价格的差异、职工工资标准的区别、间接费取费标准的不同等,所有这些最终导致各个建筑产品价格的千差万别。因而对于建筑产品就不能像工业产品那样,按品种规格质量成批地生产和定价,而只能是单件计价。

(2)多阶段计价 就一个完整的建筑工程项目来说,它是一个周期长、规模大的生产消费过程。在可行性研究阶段对工程造价进行多次估价。在编制设计任务书阶段,在编制项目投资估算过程中就要参照类似工程的实际造价或估算指标编制相应建安工程的概算;而在施工图阶段,施工企业就要依据预算有关定额编制相应建筑安装工程的预算。实际招标承包制工程,最后决标所确定的建安工程造价,及一般承发包工程在竣工交付使用竣工决算中各建筑安装工程的造价,实际上就是各建筑产品的实际价格。从估算→设计概算→施工图预算→竣工决算,是一个由粗到细、由浅到深,最后准确地确定建筑产品价格的过程。从建筑安装企业的角度看,建筑产品的价格就是承包价或最后结算价。

(3)供求双方直接定价 建筑产品在生产之前定价时,并不是由供给者单独定价。通常,建筑产品的供给者根据需求者的要求对拟建建筑产品的生产成本进行估算,并在此基础上附加一定的利润,向需求者提交一份该建筑产品的价格估算书,需求者通过对若干份估算书分析、比较,从中选择一份他认为合理并可以接受的估算书,从而确定拟建建筑产品的暂定价格。从这个意义上讲,建筑产品的价格是由供求双方共同决定的,而且需求方在某种程度上对确定建筑产品的价格起主导作用。

3)建筑产品价格运动的特点

(1)"观念流通"规律 建筑产品的固定性,产品不能随销售而作空间转移进入市场,一般只是所有权和使用权的转移。

①建筑产品只有"观念流通",没有物的流通,因为通过承包生产,一般的交易不需要经过流通作业。在生产建筑产品时就包含该产品的流通过程和流通费用在内,可以说建筑产品生产与流通是交织在一起的。

②建筑产品只有"观念流通",没有物的流通,这就产生了生产机构的流动性。一个建筑产品生产完成,产品不能搬动,生产机构就要转移到另一地点再进行承包生产,这就产生了一些特殊费用,如施工机构迁移费、远征费、施工机械进出场费、临时设施费等,这些实质上是一般商品的流通费用,在建筑生产上都表现为生产费用。还有投标报价,为争取中标而发生的一些流通费用在生产建筑产品之前就产生了,这也是与一般商品流通费用都发生在产品生产出来后才有销售、才有流通费用是不同的。这些产前、产中、产后的流通费用都应包含在建筑产品价格中。

(2)建筑产品生产的"时滞性" 在建筑产品未生产出来以前就要投标报价,确定价格,而且建筑产品生产周期都比较长,至少半年以上,这期间生产要素的价格会发生变化,这就产生价格"时滞现象"。如投标报价过高就失去竞争力,而报价过低则难获利润,甚至亏本。因此,加强以控制成本为中心的管理是建筑产品价格管理的重要一环。

(3)采取承包生产方式的建筑产品价格运动与一般产品的价格运动不同 一般产品的价格运动是:生产成本→税金→流通费用(含税金)→计划利润→销售价格;承包生产方式的建筑产品价格运动是:签订合同价格即买卖双方同意的合同价格(包含利润、税金)→生产预付款→假定产品(即工程按完成进度)中间付款→按国际惯例标准合同条件索赔等调整合同价格→实际成本→验收最终结算→实际利润。

由于建筑产品价格运动的特点,在较长的生产过程中价格变化因素较多,工程量也会与原合同有出入,因此,要十分重视对建筑产品的动态管理和合同索赔管理。国际上对这方面十分重视,严格按 FIDIC 条款进行管理,一般索赔额高达造价的 10% ~20% 。

(4)建筑产品的使用价值可以零星出售(出租) 当建筑产品这种特殊商品以出租的方式经营时,通过定期收回租金使建筑产品的使用价值逐渐得以收回,也可以说建筑产品的使用价值是零星出售出去。

(5)现货销售的建筑产品的价格,除生产成本外,还决定于环境及配套 由于建筑产品的固定性,各房屋建筑物的条件是不同的,如房屋的朝向(朝南或北等)、交通条件、自然环境、周围建筑物状况等都会影响建筑产品的价格,即使在同一楼层内也不完全一样,如三层、四层条件较好,价格(包括出售或出租)就会高一些。

此外,配套设备也影响建筑产品价格,特别是住宅,如有无阳台、是否通气(煤气、暖气等)、是否具备单独厕所卫生设备等,在确定建筑产品销售价格(或出租)时,都是应考虑的价格因素,但这些都已超越了建筑产品生产价格的研究范畴。

▶ 2.1.3 建筑产品价格的计算

1)合理计算建筑产品价格的重要性

①合理的建筑产品价格能促使建筑安装企业加强经济核算,提高工程质量,缩短施工工期;

②合理的建筑产品价格可以促使建筑安装企业正确处理好企业与国家、企业与其他单位、企业与职工的经济关系;

③合理的建筑产品价格有利于固定资产投资和建筑业的发展。

2)建筑产品价格的计算

建筑产品的价格是价值的货币表现。如前所述,建筑产品的价值是由已消耗的生产资料

价值(C)、工人必要劳动(V)、工人为社会或国家提供的剩余劳动(M)三部分组成,这是建筑产品的理论价格。至于建筑产品的实际价格,是以工程造价形式表现其建筑产品价格。根据建标[2013]44号《建筑安装工程费用项目组成》中的规定,若按工程造价形成顺序划分,它由分部分项工程费、措施项目费、其他项目费、规费和税金5部分组成,详见表2.1。

表2.1　建筑安装工程费用项目组成表(按工程造价形成)

建筑安装工程费	一、分部分项工程费	1. 房屋建筑与装饰工程 　①土石方工程 　②桩基工程 　…… 2. 仿古建筑工程 3. 通用安装工程 4. 市政工程 5. 园林绿化工程 6. 矿山工程 7. 构筑物工程 8. 城市轨道交通工程 9. 爆破工程 ……
	二、措施项目费	1. 安全文明施工费 2. 夜间施工增加费 3. 二次搬运费 4. 冬雨季施工增加费 5. 已完工程及设备保护费 6. 工程定位复测费 7. 特殊地区施工增加费 8. 大型机械进出场及安拆费 9. 脚手架工程费 ……
	三、其他项目费	1. 暂列金额 2. 计日工 3. 总承包服务费 ……
	四、规费	1. 社会保险费 2. 住房公积金 3. 工程排污费
	五、税金	1. 营业税 2. 城市维护建设税 3. 教育费附加 4. 地方教育附加

2.2 建筑产品的成本

▶ 2.2.1 建筑产品成本的概念

简单地说,成本是商品生产中所耗费的活劳动和物化劳动的货币表现。保证简单再生产能够顺利地进行下去,是成本从价值的货币形态中划分出来的理论基础。因此,在经济学中特别把转移价值和为自己创造的价值货币形态,即物质消耗支出与劳动报酬支出,从商品价值的货币形态中划分出来,作为一个特殊的经济范畴,称为成本。

建筑产品的成本,是指该产品施工中所发生的一切费用的总和,是施工中所消耗的生产资料价值 C 与劳动者活劳动价值 V 两部分之和。

建筑产品成本所反映的是建筑企业在生产和销售建筑产品过程中的费用支出,它反映建筑企业在生产活动各个环节、各个方面的工作质量和经营管理水平,集中反映企业全部工作的经济效果。劳动生产率的高低、建筑材料消耗的多少、建筑机械设备的利用程度、施工进度的快慢、质量的优劣、施工技术水平和组织状况,以及企业各部门生产经营管理水平,都会直接、间接地影响建筑产品的成本,并由成本这一指标反映出来。

马克思说:"商品出售价格的最低界限,是由商品的成本价格决定的。如果商品低于它的成本价格出售,生产资料中已经消耗的组成部分,就不能全部由出售价格得到补偿。如果这个过程继续下去,预付资本价值就会消失。"(《马克思恩格斯全集》第 25 卷第 45-46 页)由此可见,产品成本是价格的最低界限,低于这个界限,生产就要萎缩,企业就要亏损,简单再生产也难以维持下去,当然更谈不上扩大再生产了。可见成本问题关系着社会再生产的问题,研究成本的理论和实际问题具有十分重要的意义。建筑产品的成本是建筑产品价格的重要组成部分,当建筑产品的价格确定以后,建筑产品的成本越高,企业的盈利就越小;反之,企业的盈利就随着成本的下降而增大。这就是说,成本决定企业盈利的多少,因此建筑产品成本是考核企业经营管理效果的一项综合指标。

▶ 2.2.2 建筑产品成本的构成

建筑产品成本构成是指形成成本的各个费用项目在总成本中所占的比重。建筑产品成本按建标[2013]44 号文中,关于费用构成要素组成的规定,可以分为两类 8 个成本项目,两类即工程项目的直接成本和间接成本。直接成本项目包括:人工费、材料设备费、施工机具使用费、措施项目费、其他项目费;间接成本项目包括:企业管理费、规费和其他费用。工程项目的直接成本和间接成本之和构成其总成本。

任何产品都是由各种经济性质不同的费用组成,工程成本组成部分的不同,反映着活劳动与物化劳动在生产过程中所起作用的不同性质,同时也是我们寻找降低工程成本的方向和途径。

对于建筑产品而言,不同的建筑物,其建筑安装工程主要费用的构成比例也是不同的,详见表 2.2。一般土建工程总成本中的主要费用构成比例大体是:人工费占 8% ~12%,材料设备费占 60% ~65%,施工机具使用费占 4% ~8%,企业管理费及其他费用占 18% ~22%。从上述成本主要费用结构中,可以提示我们找出降低工程成本的重点和途径,但这并不是说,不

是工程成本的主要构成项目就不需要设法降低成本了。降低工程成本应该是全面的,应从各个方面、各个环节去设法降低工程成本,并制订出具体的降低成本的措施计划。

表 2.2　不同建筑安装工程成本中主要费用的构成比例　　　　单位:%

工程名称	车　间	主厂房	住　宅	学　校
建筑面积/m²	1 959	4 030	1 954	2 002
结构形式	框架结构	单层砖混	四层砖混	三层砖混
成本主要费用	100	100	100	100
其中:人工费	9.0	8.3	10.1	12.6
材料设备费	84.4	85.5	84.3	81.7
机具使用费	6.6	6.2	5.6	5.7

▶　2.2.3　建筑产品成本的分类

1)按成本作用不同分类

按成本作用不同可分为:预算成本、计划成本和实际成本。

(1)预算成本　预算成本是以施工图预算为依据,按一定预算价格计算的成本。它是企业经济核算的基础,是控制成本支出、检验成本节约或超支的标准,是安排施工计划、供应材料的重要参考。

(2)计划成本　计划成本是指企业为了明确和保证完成降低成本任务,在工程预算成本的基础上,具体考虑各项工程的施工条件,制订积极可行的技术组织措施,充分挖掘企业内部潜力和厉行增产节约的经济效果后编制的成本计划,也就是一般所说的降低成本计划。计划成本反映的是企业的成本水平,是建筑企业内部进行经济控制和考核工程活动经济效果的依据。计划成本与预算成本比较的差额,是企业的计划降低成本额;与实际成本比较,可以考核企业成本计划的执行情况。

(3)实际成本　实际成本是指建筑安装工程实际支出费用的总和。它是反映建筑企业经营活动的综合性指标。用它与工程预算成本比较,可以反映工程的盈亏情况;用它与计划成本比较,可以作为企业内部的考核依据,能较准确地反映施工技术管理水平,以及技术组织措施计划等贯彻执行的情况。

这三种成本是根据建筑产品的技术经济特点产生的一种特殊的经济核算形式。由于预算成本是以预算定额为基础确定的,施工中实际成本费用的开支是以施工定额为基础编制的施工预算来控制的。而预算定额与施工定额之间,本身就存在着事实上的"富余"。因此,只要按施工预算控制费用开支,实际成本一定会低于预算成本。只有时间成本低于计划成本,企业才算完成了成本降低计划,实现了计划利润。企业要获得盈利并实现计划利润,其核心和正确的途径是降低成本,而绝不是在编制确定预算价格的施工图预算时采用高估冒算、定额套高不套低、提高计费标准等不正确的方法。

2)按成本与产量的关系分类

按成本与产量的关系可分为固定成本和变动成本两种。

(1)固定成本　固定成本是指总成本中不随企业经营状况、施工工期、产量变化而变化的一类成本,如固定资产折旧费、租金、企业管理费中的有关项目。固定成本往往是与一定的生产条件、生产规模相联系的。当出现无条件超过某一限度的情况,固定成本可能会发生突变,这时计算建筑产品成本要特别加以注意。由于固定成本与产量无关,所以产量越高,则固定成本在每个单位上分摊的比例就越低。为了使单位产量中的固定成本尽可能低,就要在固定成本不发生突变的界限内尽可能扩大生产能力,固定成本及相应的单位成本如图2.1所示。

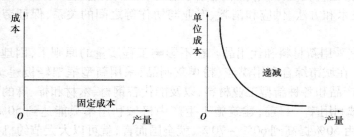

图2.1   固定成本及相应的单位成本

(2)变动成本   变动成本是指总成本中随产量或时间而变化的一类成本,如人工费、材料费、机械使用费等有关费用。若变动成本和有关变量之间存在按相同比例变化的关系,称为线性变动成本,如材料费、构配件费等与产量变化呈线性关系,机械台班费、施工现场管理人员工资等可能与时间的变化呈线性关系。线性变动成本及相应的单位成本如图2.2所示。

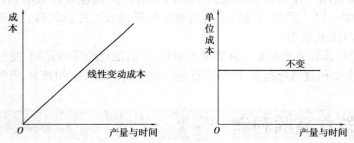

图2.2   线性变动成本与相应的单位成本

3)按成本用于经营决策的分类

按成本用于经营决策的不同,可分为边际成本、机会成本和沉没成本三种。

(1)边际成本   边际成本是指增加一个单位产量所引起总成本的增加值。边际成本提供了企业产量增减对损益的变动影响。

(2)机会成本   机会成本是指在有两个生产方案同时选择时,采用其中一个方案的结果意味着放弃另一个方案所能得到的收益。把这个未实现的收益看做成本,即为机会成本。因此,在对多个生产方案进行比较时,可按准备采用的方案所能得到的收益与机会成本之差是正值作为决策原则。

(3)沉没成本   沉没成本是指由以往所决定而非现在所能灵活调剂的那部分成本。以沉没成本为出发点选择生产方式或分析产品成本时,不考虑过去实际发生的损益情况,而主要是着眼于未来。

▶   **2.2.4   降低建筑产品成本的途径**

在建筑产品价格保持不变的情况下,产品成本越低,企业的盈利就越多,上交给国家的税收和企业留用的利润就越多,从而增加国家财政收入,并为建筑业本身的扩大再生产创造有利条件。降低建筑产品成本对于我国建筑业打进国际市场,在国际竞争中处于有利的地位,换取更多的外汇收入,也具有十分重要的意义。降低成本的途径是多样而复杂的,仅以建筑企业内部因素对降低成本的影响可以从以下几个方面考虑:

(1)改善施工组织设计　施工组织设计是组织施工生产的技术经济文件,是一项科学的管理方法。有了施工组织设计,用它来处理好施工中出现的各种因素,如人力、材料、机械,以及时间和空间、技术和方法、供应和消耗、专业与协作等之间的关系,保证劳动生产率的提高和成本的降低。

(2)因地制宜采用新材料和代用品　在不影响工程质量的原则下,因地制宜采用新材料和代用品。例如,在城市综合利用煤渣、粉煤灰制品,采用新型框架轻板建筑材料代替砖瓦,发展各种非金属产品和各种新型工业材料,以及能代替钢材、木材和棉、麻的建筑材料制品。

(3)提高机械利用率　目前,建筑施工生产中机械利用率只能达到50% ~ 60% ,如能使现有机械利用率由50% 提高到60% ~ 70% ,就全国而言,就可以大大节约机械使用费。

(4)提高劳动生产率　减少工时损耗,改善劳动组织,提高劳动生产率,推行优质超额奖,保证工程质量,减少返工损失。

(5)减少非生产性开支　不断减少非生产性开支,精简不必要的重叠机构,严格定员、定责任,控制工资基金,防止滥发奖金、大吃大喝、化公为私,这些都是降低成本应注意的方面。

(6)减少运输费用　在建筑工程施工中运输费所占比例也是很大的,有些材料因不合理运输往往价格增加一倍。因此,大宗、笨重的地方材料,如砖、瓦、灰、砂、石应尽量做到就地取材,减少运费,从而降低成本。

(7)贯彻经济核算和节约制度　开展增产节约运动,推行经济核算制,使企业生产经营的经济效果和企业的物质利益结合起来,严格实行经济责任制,搞好班、组核算,开展经济活动分析。

2.3　建筑产品的利润

▶ 2.3.1　建筑产品利润的概念

社会主义市场经济下存在着商品货币关系,因此,劳动者为国家、为社会创造的剩余产品(M)还需要用价值来表现。税金和利润就是其表现形式。采用这种形式,有利于国家利用经济杠杆进行宏观调控,有利于促进竞争,促进企业精打细算,降低成本,增加盈利。价格中的税金和利润是盈利的两个组成部分,但其共同点是:利润和税金都是劳动者为社会创造的价值的货币形态,因此,可把两者合称为盈利或利润,在本节中统称利润或盈利。

建筑产品价格中的利润,是指建筑安装企业的劳动者为社会和集体劳动创造的价值,即M这一部分,因此便有:

$$M = W - (C + V) \tag{2.1}$$

此式意味着,建筑企业所生产的商品的价值扣除成本后的余额,就是企业的纯收入,也称盈利。也可以说,建筑产品的价格中只有包含利润部分才符合价值规律,才是合理的。

从企业利润总额组成可以看出,企业只有增加已完工程数量,降低建安工程成本,严格控制营业外支出,才能获得一定的利润。因而利润是比较全面地反映企业经营成果的综合性指标。在我国现阶段,企业实现的利润也是企业扩大再生产的主要来源。要振兴我国建筑业,就要以内涵和外延两个方面进行扩大再生产。建筑业扩大再生产资金来源主要靠本行业所提供的积累,即税后利润。此外,企业实现利润也是改善职工集体福利、提高职工生活水平的主要资金来源,因此,利润与企业职工的切身经济利益紧密相连。建筑企业实现利润也是国家财政收入的来源之一,根据企业的不同情况,分别采取缴纳所得税等办法向国家缴纳税金。

► 2.3.2 建筑产品利润的构成与计算

按现行财务制度规定,建筑产品的利润即工程结算利润,它是由计划利润和工程成本降低额组成的,即:

$$工程结算利润 = 计划利润 + 工程成本降低额 \tag{2.2}$$

1)计划利润

建筑企业的计划利润,是国家规定按一定利润率计算在建筑产品价格中的。1958年以前,我国国营建筑安装企业建筑产品的价格,是按照预算成本加2.5%的法定利润而确定的。但自1959年以后,改为按预算成本确定建筑产品的价格。1967年以后,施工单位的工资和管理费用由建设单位发,材料实报实销。到1980年,国家重新规定按工程预算成本的2.5%计取法定利润,同时,实行降低成本留成。1988年开始将法定利润2.5%改为7%的计划利润,同时取消原有3%的技术装备费。总的来看,建筑产品长期处于低利和无利的水平。纵观建筑企业自新中国成立以来利润的发展变化情况,可以看出,建筑业作为独立物质生产部门,建筑产品价格中必须包括利润,而且要合理确定利润率才有利于行业的发展,利润率的高低应符合有利于正确评价他们的经济效益、经济规律的要求。

2)工程成本降低额

工程成本降低额是在保证工程质量的前提下,通过一系列降低工程成本措施,从预算成本中节约出来的材料费、人工费、机械使用费、其他直接费、现场经费和间接费。预算成本、计划成本、实际成本与利润的关系如图2.3所示。

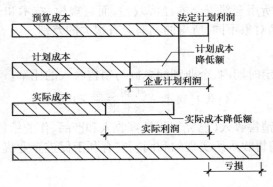

图2.3 工程成本与利润

建筑企业的盈利,完整地说是由营业利润、投资收益、营业外收入和营业外支出组成。在施工企业会计制度中,将企业的利润部分具体规定为:

利润总额 = 营业利润 + 投资收益 + 营业外收入 − 营业外支出

营业利润 = 工程结算利润 + 其他业务利润 − 管理费用 − 财务费用

工程结算利润 = 工程结算收入 − 工程结算成本 − 工程结算税金及附加

其他业务利润 = 其他业务收入 − 其他业务支出

▶ 2.3.3 建筑产品利润率的计算

为了观察和考核企业的经营成果,采用利润率指标来衡量企业的利润水平。常用的利润率指标有资金利润率、产值利润率、成本利润率、销售利润率、工资利润率。

1)资金利润率

资金利润率是指一定时期内(如 1 年),企业的利润总额与企业生产中占用的全部资金的比率。其计算公式为:

$$资金利润率 = \frac{利润总额}{全部资金占用额} \times 100\%$$

资金利润率是考核企业占用资金情况的一个重要指标。它反映企业资金所实现的利润,标志着企业资金的经营效果。

2)产值利润率

产值利润率是指一定时期内,企业的利润总额与企业总产值(或建安工作量)的比率。其计算公式为:

$$产值利润率 = \frac{利润总额}{企业总产值(或建安工作量)} \times 100\%$$

这个指标反映产值与企业利润之间的对比关系,表明每元产值所实现的利润。

3)成本利润率

成本利润率是指一定时期内,企业产品销售利润总额与产品成本的比率。其计算公式为:

$$成本利润率 = \frac{利润总额}{产品成本总额} \times 100\%$$

这个指标反映利润与成本之间的对比关系,它体现了企业利润的增减是由于降低成本的结果。但不能反映企业所用全部资金的经济效益,而且规模、技术和经营管理相近的施工企业,由于承包的建筑产品对象不同,所得的利润会有很大的差别。

4)销售利润率

销售利润率是指一定时期内,企业利润总额与销售收入的比率。其计算公式为:

$$销售利润率 = \frac{利润总额}{销售收入} \times 100\%$$

这个指标反映企业销售收入(已完工程结算收入和产品、作业销售收入)与实现利润之间的对比关系,表明每元销售收入所实现的利润。它有利于促进企业提高质量、降低成本、生产适销对路的产品。

5)工资利润率

工资利润率是指一定时期内,企业利润总额与工资总额的比率。其计算公式为:

$$工资利润率 = \frac{利润总额}{工资总额} \times 100\%$$

这个指标反映企业工资总额与实现利润之间的对比关系,表明每元工资所实现的利润。

▶ 2.3.4 建筑企业增加利润的途径

影响施工企业利润的因素有很多,其中有企业内部的因素,也有企业外部的因素。从外部因素来说,主要是国家或地区工程任务量情况,能供应施工所需的材料物资,等等。从内部因素来说,主要是实行增产节约,即一方面要精打细算,节约支出;另一方面需加速施工进度,完成更多更好的施工生产任务,扩大企业的工程结算收入和其他收入。总之,要从各个方面改善施工经营管理,不断挖掘企业内部潜力。

①降低工程成本,是增加施工企业利润的根本途径。在规定的工程预算造价下,工程成本的高低在很大程度上决定着企业利润的大小。降低工程成本,就可相应地增加企业的利润总额。因此,为了增加企业利润,首先必须采取各种有效的措施,大力降低工程成本。

②增加工程数量,提高工程质量。在其他条件不变的情况下,企业能承包并完成更多的工程,一方面可增加工程款收入,增加利润总额;另一方面可降低单位成本中的相对固定费用,如间接费、机械折旧费、修理费支出,降低单位工程成本,增加企业利润。至于提高工程质量,可以减少工程返工损失,从而降低工程成本,增加企业利润。因此,要增加利润,施工企业就要在提高工程质量的基础上加快施工进度,完成更多的工程。

③提高流动资金和固定资金的利用效果。不断提高流动资金和固定资金的利用效果,有助于增加工程数量,使企业获得更多的工程款收入,并可节约材料保管费,减少材料损耗和利息支出等。有效地利用固定资产,可以提高劳动生产率,增加工程数量,减少单位工程成本中的折旧费等。

④降低附属工业企业的产品成本。在施工企业中,除了直接从事建筑安装工程施工活动的施工单位和为施工服务的辅助生产单位外,往往还有一些附属工业企业,如从事建筑材料、构件的生产和机械设备的制造、修理等。这些附属工业企业实行内部独立核算,单独计算盈亏。降低附属工业产品的成本,就可增加附属工业企业的利润。为了增加企业利润,就应在附属工业企业开展增产节约运动,积极采取各种有效措施,不断增加产品数量,提高产品质量,降低产品成本。

⑤节约管理费用、财务费用开支,减少营业外支出。在工程、产品成本不变的情况下,管理费用、财务费用和营业外支出的多少决定着企业利润总额的大小,要增加企业利润,就必须采取各种办法,减少管理费用、财务费用和营业外支出。

施工企业如有股票投资、债券投资和对其他企业的投资,也应优选投资方向,力求投资效益。

必须指出的是,施工企业在追求利润的同时,要重视工程、产品质量,注意企业之间的协作关系。不能为了增加利润,在施工生产时不顾工程、产品质量,偷工减料,弄虚作假;在工程价款结算时,热衷于经济签证,算增加账。

本章小结

本章主要讲述建筑产品的价格、建筑产品的成本和建筑产品的利润等主要内容。现将其基本要点归纳如下:

(1)建筑产品不仅能提供给人们使用,而且能进入市场等价交换。因此,建筑产品具有商品的两重性,既具有使用价值,又具有交换价值。它同其他商品一样,是按照社会必要劳动时间所决定的价值量进行等价交换,其价格与价值大体相等,而且它的价格始终围绕着价值上下波动,遵循商品经济的价值规律。建筑产品价值的组成同其他产品一样,由生产资料的价值(C)、劳动者创造的价值(V)和剩余劳动的价值(M)所组成,其价值形态有使用价值、交换价值和收益价值三种。建筑产品价格具有单件计价、多阶段计价和供求双方直接定价等特点。按照建标[2013]44号文中关于费用构成要素的规定,建筑产品的造价(即建筑安装工程费用)由人工费、材料设备费、施工机具使用费、企业管理费、利润、规费和税金组成。

(2)建筑产品的成本是指建筑产品在生产过程中全部费用的总和,分为直接成本和间接成本两大类,由人工费、材料设备费、施工机具使用费、措施项目费、其他项目费、企业管理费、规费和其他费用8个成本项目组成。按其作用的不同分为预算成本、计划成本和实际成本;按与产量关系的不同分为固定成本和变动成本;按用以经营决策的不同分为边际成本、机会成本和沉没成本。

(3)建筑产品成本越低,企业盈利就越多,上交给国家的税收和企业的利润也就越多。因此,降低工程成本是企业经营管理的首要任务。降低工程成本的途径是多种多样的,如改善施工组织设计;因地制宜采用新材料及其代用品;提高机械利用率;减少各种运输费用;提高劳动生产率;减少非生产性开支;实行经济核算和贯彻节约制度等。

(4)建筑产品利润是指劳动者为国家和社会创造的剩余价值(产品盈利)。税金和利润就是它的货币表现形式,其组成和计算式是:工程结算利润 = 计划利润 + 工程成本降低额。为考核建筑企业的经营成果,常用利润率指标衡量其利润水平。利润率指标包括资金利润率、产值利润率、成本利润率、销售利润率及工资利润率等。这些指标反映企业投入与实现利润之间的对比关系,体现了企业增加利润主要是降低成本支出的结果。

(5)建筑企业增加利润的因素较多,包括企业内部因素和外部因素。如降低工程成本、增加工程数量、提高工程质量、提高资金利用效果、降低附属产品成本、节约各项费用开支、减少营业外支出等。但是,降低工程成本才是建筑企业增加利润的根本途径。

通过本章学习,要求应了解基本概念,熟悉计算方法,掌握主要途径。建筑产品价格的形成和计算、建筑企业降低工程成本和增加利润的主要途径是学习本章内容的重点。

复习思考题

2.1 商品的价值量是如何确定的?

2.2 建筑产品的商品属性是怎样的?

2.3 建筑产品的价值形态是怎样的?

2.4 建筑产品价格形成的特点是什么?

2.5 建筑产品价格运动的特点是什么?

2.6 简述建筑产品价格的计算。

2.7 简述建筑产品成本的构成。

2.8 建筑产品成本如何分类?

2.9 降低建筑产品成本的途径有哪些?

2.10 简述建筑产品利润的构成。

2.11 建筑企业增加利润的途径有哪些?

3

资金时间价值与等值计算

3.1 资金时间价值

▶ 3.1.1 资金时间价值与表现形式

在工程技术经济活动中,时间就是经济效益,因为经济效益是在一定时间内所创造的,不讲或不计时间,也就谈不上经济效益。例如××企业获得 500 万元利润,是 1 个月创造的,还是 1 年或几年创造的,其效果有着显著的区别。因此,重视时间因素的研究,对工程技术经济分析与评价有着重要的现实意义。

1)资金时间价值的概念

资金时间价值是指资金数额在特定利率条件下所表现出的时间指数变化关系。例如资金投入通过项目的建设和运行,经过一段时间后发生增值,其价值就大于原始投入的价值。即资金的时间价值是指一定量资金在不同时点上的价值量差额。

无论是技术方案所发挥的经济效益,还是所消耗的人力、物力和自然资源,最后基本上都是以货币形态,即资金的形式表现出来。资金的运动反映了活劳动和物化劳动的运动过程,而这个过程也是资金随时间运动的过程。因此,在工程技术经济分析中,不仅要着眼于方案资金量的大小,而且还要考虑资金发生的时点。也就是说,在商品经济条件下,即使不存在通货膨胀的情况,一定量的资金在不同时点上也具有不同的价值。例如现在的 10 万元资金和两年后的 10 万元资金是不等值的。资金在使用过程中随时间的推移而发生的增值,即为资

金的时间价值。

在不同的时间付出或者得到同样数额的资金在价值上是不等的。也就是说,资金的价值会随时间发生变化。今天可以用来投资的一笔资金,即使不考虑通货膨胀因素,也比将来可获得的同样数额的资金更有价值。因为当前可用的资金能够立即用来投资并带来收益,而将来才可取得的资金则无法用于当前的投资,也无法获得相应的收益。不同时间发生的等额资金在价值上的差别称为资金的时间价值。

2)资金时间价值的度量

资金的时间价值是以一定量的资金在一定时期内的利息来度量的。因此,利息是衡量资金时间价值的绝对尺度,可以用绝对数表示;而利息率(简称利率)是衡量资金时间价值的相对尺度,可以用相对数表示,如通常用百分比、千分比、万分比表示。但在实际的投资经济分析中,通常以利息率计量。利息率是社会资金利润率,也是马克思所指的平均资金利润率。

(1)利息 利息是资金时间价值的一种重要表现形式,通常用利息作为衡量资金时间价值的绝对尺度。计算利息的时间单位,称为计息周期,一般是以年、月为计息周期。在借贷过程中,债务人支付给债权人的超过原借款本金的部分就是利息。其计算公式为:

$$I = F - P \tag{3.1}$$

式中 I——利息;

F——还本付息总额;

P——本金。

在工程技术经济分析中,利息常常被看成是资金的一种机会成本。资金一旦用于投资,就不能用于现期消费,而牺牲现期消费又是为了能在将来得到更多的消费。所以利息就成为投资分析中平衡现在与未来的杠杆。事实上,投资就是为了在未来获得更大的回收而对目前的资金进行某种安排,当然,未来的回收应大于现在的投资数量,正是这种预期的价值增长才能刺激人们去从事投资。因此,在工程经济学中,利息是指占用资金所付出的代价或者是为放弃近期消费所得到的补偿。

(2)利率 在经济学中,利率的定义是从利息的定义中派生出来的。也就是说,在理论上先承认了利息,再以利息来解释利率。但在实际计算中,正好相反,常根据利率计算利息,利息大小用利率来表示。利率是在单位时间内所得到利息额与借款本金之比,通常用百分数表示。其计算公式为:

$$i = \frac{I}{P} \times 100\% \tag{3.2}$$

式中 i——利率;

I——单位时间内的利息;

P——借款本金。

这里需要说明的是,其他各种形式的利息率,如贷款利率、债券利率、股利率等除了包括资金时间价值因素外,还包括风险价值和通货膨胀因素,而在计算资金时间价值时,后两部分不应包括在内。资金时间价值率是指扣除风险报酬和通货膨胀贴息后的平均资金利润率或平均报酬率。

(3)现值与终值 资金时间价值的度量还可以用现值与终值来表示。现值是资金发生在某一时间序列起点时间的价值,或相对于将来值的任何较早时间的价值,即资金的现在价值。终值是资金发生在某一时间序列终点时间的价值,或相对于现在值的任何以后时间的价值,即资金现在价值在一定期限后的本息和。现值与终值之间的关系,即:

$$现值 + 复利利息 = 终值$$

$$终值 - 复利利息 = 现值$$

3)利息的计算方式

从上述可知,利息是衡量资金时间价值的绝对尺度,是其最直观的表现,计算资金时间价值的方法主要是计算利息的方法。利息通常根据利率、期限和本金来计算。目前,利息有单利计息和复利计息两种计算方式。

(1)单利计息　每个计息周期均按原始本金计算利息称为单利计息。在单利计息的情况下,利息与时间是线性关系,不论计息周期有多长,只有本金计息,利息不计息。即单利是仅按本金计算利息,不把先期计息周期中的利息累加到本金中去计算利息,也就是利不生利。其利息总额与借贷时间成正比。其计算公式为:

$$F = P(1 + in) \tag{3.3}$$

式中　F——n 期末的本利和;

P——期初本金;

i——利率;

n——计息周期。

【例3.1】　某人按单利计息方式借贷他人一笔资金 10 000 元,规定年利率为 6%,试计算在第 1 年末至第 4 年末偿还金额(即本利和)是多少?

【解】　某人借贷资金的时间等于 4 个利息周期时(即 $n = 4$),其计算偿还的情况详见表 3.1。

表 3.1　单利利息计算表

计息期数/年	年初本金/元	年末应付利息/元	年末本利和/元	年末偿还金额/元
1	10 000	10 000 × 0.06 = 600	10 600	0.00
2	10 600	10 000 × 0.06 = 600	11 200	0.00
3	11 200	10 000 × 0.06 = 600	11 800	0.00
4	11 800	10 000 × 0.06 = 600	12 400	12 400

(2)复利计息　复利计息就是将本期利息转为下期本金重复计息,下期将按本利和的总额计算利息,即利息再生利息,这种计息方式称为复利计息。在按复利计息的情况下,除本金计息外,利息再计利息。其计算公式为:

$$F = P(1 + i)^n \tag{3.4}$$

式中符号含义同前。

【例3.2】　某人按复利计息方式借贷他人一笔资金 10 000 元,规定年利率为 6%,试计算在第 1 年末至第 4 年末偿还金额(即本利和)是多少?

【解】 某人借贷资金的时间等于 4 个利息周期时（即 $n=4$），其计算偿还的情况详见表 3.2。

表 3.2　复利利息计算表

计息期数/年	年初本金/元	年末应付利息/元	年末本利和/元	年末偿还金额/元
1	10 000	$10\ 000 \times 0.06 = 600$	10 600	0.00
2	10 600	$10\ 600 \times 0.06 = 636$	11 236	0.00
3	11 236	$11\ 236 \times 0.06 = 674.16$	11 910.16	0.00
4	11 910.16	$11\ 910.20 \times 0.06 = 714.61$	12 624.77	12 624.77

从表 3.2 中可以看出，同一笔借贷，在 i, n 相同的情况下，用复利计算出的利息金额数比用单利计算出的利息金额数大。当所借本金越大，利率越高，年数越多时，复利计息与单利计息两者的差距就会越大。

► 3.1.2　现金流量

1）现金流量的概念

所谓现金流量，是指拟建项目在整个项目计算期内各个时点上实际所发生的现金流入、现金流出以及现金流入流出的差额（又称为净现金流量）。这里的"现金"是指广义的现金，即包括各种货币资金，还包括投资项目涉及的非货币资源的变现价值（重值成本）。现金流量一般以计息期（年、季、月等）为时间量的单位，以现金数量表示。现金流量是某一个特定时点上的经济分析指标。

在工程技术经济分析中，通常是将工程项目看作是一个独立的经济系统，用以考察投资项目的经济效益。对于一个系统而言，某一时点上流出系统的货币称为现金流出，流入系统的货币称为现金流入，同一时点上的现金流入和现金流出的代数差称为净现金流量。现金流入、现金流出和净现金流量，统称为现金流量。为了便于分析不同时点上的现金流入和现金流出，计算其净现金流量，通常采用现金流量表的形式来表示特定项目在一定时间内发生的现金流量，详见表 3.3。

表 3.3　现金流量表

年份/年	1	2	3	4	5	…	n
现金流入	0	0	600	800	800	…	900
现金流出	1 000	800	100	120	120	…	120
净现金流量	−1 000	−800	500	680	680	…	780

2）现金流量图

在考察不同投资方案的经济效果时，为了更简单、直观明了地反映有关项目的收入和支出，可利用现金流量图把各个方案的现金流入和流出情况表示出来，这是一种很简便的方法。例如，例 3.2 按复利计算时借款人和贷款人的现金流量情况如图 3.1 所示。

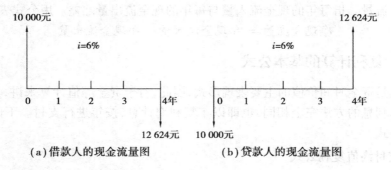

图 3.1　两种立足点的现金流量图

关于现金流量图的几点说明,具体如下:

①水平线表示时间标度,时间的推移是自左向右,每一格表示一个时间单位(年、月、日)。标度上的数字表示时间已经推移到的单位数。应注意,第 n 格的终点和 $n+1$ 格的起点是相重合的。

②箭头表示资金流动的方向,向下的箭头表示现金支出(即现金的减少),向上的箭头表示现金收入(即现金的增加),箭头的长短与收入或支出的多少成比例。

③现金流量图与立足点有关,图 3.1(a)为借款人的立足点,图 3.1(b)为贷款人的立足点。

3)现金流量的分类

为了便于计算货币的时间价值,按其在投资全过程发生的阶段归类,可分为初始投资现金流量、经营现金流量和终结现金流量三大类。

(1)初始投资现金流量　初始投资现金流量是指开始投资时产生的现金流量,是指企业长期的购置和不包括在现金等价物范围内的投资及其处置活动。它主要包括购建固定资产等建设性支出及流动资金的垫支,固定资产更新时原有固定资产的处置所得的现金收入,以及与投资有关的职工培训费、注册费等其他投资费用。

(2)经营现金流量　经营现金流量是指投资项目投产后,在整个有效期内正常生产经营所发生的现金流量,通常以年现金净流量表示。年经营收入是指一个项目的每年销售收入,付现成本是指营业现金支出(不包括折旧、无形资产的摊销成本),因此,每年净现金流量为:

每年净现金流量 = 每年营业收入 – 付现成本 – 所得税 = 年净利 + 年折旧额　(3.5)

(3)终结现金流量　终结现金流量是指项目寿命终结时发生的现金流量,主要包括固定资产的残值收入、垫付流动资金的收回等。

现金流量还可以用现金的流入、流出量来表示。

①现金流入量。一个投资方案的现金流入量大致包括:投资建设项目完成后每年可增加的经营现金收入(或减少的营业现金支出);固定资产报废时的残值收入或中途的变价收入;固定资产使用届满时,原垫支在各种流动资产上资金的收回。

②现金流出量。一个投资方案的现金流出量大致包括:在固定资产上的投资,在流动资产上的投资,经营现金支出。

③净现金流量。指每年的现金流入量与每年的现金流出量之差。用公式表示为：

$$净现金流量 = 年现金流入量 - 年现金流出量 \qquad (3.6)$$

▶ 3.1.3 复利计算的基本公式

由于利息是资金时间价值的主要表现形式，因此，对于资金等值计算来讲，其计算方法与采用复利计算利息的方法完全相同，也即以年复利率计息，按年进行支付。下面将介绍一些常用的计算公式。

1)一次支付终值复利公式

若现有资金 P 按年利率 i 进行投资，n 期末的终值为 F，其 n 期末的复本利和应为多少？即已知 P,i,n，求 F。其现金流量图如图 3.2 所示。其计算公式同前式(3.4)，即：

$$F = P(1 + i)^n$$

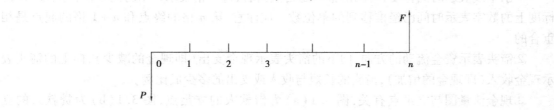

图 3.2　一次支付复利现金流量图

为了计算方便，可以按照不同的利率 i 和计息期数计算出 $(1+i)^n$ 值，并可列成一个系数表(详见后面的复利系数表)，即上式中的这个系数 $(1+i)^n$ 称为一次支付终值复利系数。只需查附录的复利系数表，便可得到该复利系数的值(下同)，一般用 $(F/P,i,n)$ 表示。因此，式(3.4)可以写成：

$$F = P(F/P,i,n) \qquad (3.7)$$

【例 3.3】　某人 2008 年购买住房债券 10 000 元，年复利率为 10%，2013 年一次收回本利和，问一共能收回多少钱？

【解】　$F = P(F/P,i,n) = 10\ 000(F/P,10\%,5) = 10\ 000\ 元 \times 1.610\ 5 = 16\ 105\ 元$

2)一次支付现值复利公式

若要求经过 n 期后本利和(即终值)为 F，收益率为 i，那么现在应投入资金 P(即现值)为多少？即已知 F,I,n，求 P。其现金流量图如图 3.2 所示。$F = P(1+i)^n$ 变换成由将来值求现值的计算公式为：

$$P = F \frac{1}{(1 + i)^n} \qquad (3.8)$$

其中，$\frac{1}{(1+i)^n}$ 称为一次支付现值复利系数，用 $(P/F,i,n)$ 表示，故式(3.8)可写成：

$$P = F(P/F,i,n) \qquad (3.9)$$

利用 $(P/F,i,n)$ 系数可以求出将来金额 F 的现值 P(见图 3.2)。

【例 3.4】　某建筑公司经营了一个项目，4 年后其资金价值(终值)是 20 万元，年资金利润率为 8%，求原来投资时的初始价值(现值)是多少？

【解】 根据题意可知,$F = 20$ 万元,$i = 8\%$,$n = 4$ 年。

将有关数据代入公式,得出投资时的初始价值(现值)为:

$$P = \frac{F}{(1+i)^n} = 5F(1+i)^{-n} = 20 \text{ 万元} \times (1+8\%)^{-4} = 14.7 \text{ 万元}$$

即 4 年前投下的资金是 14.7 万元,4 年后增加为 20 万元。

3)等额资金支付系列终值复利公式

现金流量可以只发生在某一个时点上,也可以发生在多个时点上。前面都是讨论一次性支付型现金流量,下面将分析多次支付型现金流量。多次支付型现金流量,其数额可以每次相等,也可以每次不等。但这里只分析等额支付(年金)的几种情形。

所谓年金是依照相同时间间隔在若干期连续收入或付出的一系列数额相等的款项。它必须同时具备两个特征:一是时间间隔相等,比如每年收付一次;二是每次收付的数额相等。年金有普通年金、即付年金、递延年金等多种形式。普通年金是指收付发生在每期期末的年金,故又称后付年金。即付年金是指收付发生在每期期初的年金,又称预付年金或先付年金。递延年金是指前一期或前几期没有收付款项,递延到一定时期后才开始发生收付的年金,又称为延期年金。

在工程技术经济分析中,常常需要求出连续在若干期的期末支付等额的资金及最后所积累起来的资金。若每期期末等量投资额为 A,利率(收益率)为 i,经过 n 期后本利和(即终值)应为多少?现金流量图如图 3.3 所示。

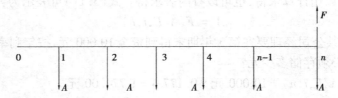

图 3.3 等额资金支付系列现金流量图(一)

公式推导如下:

把每期等额支付的 A 看成是 n 个一次支付的 P,用一次支付终值复利公式分别求 F,然后相加,有:

$$F = A + A(1+i) + \cdots + A(1+i)^{n-2} + A(1+i)^{n-1}$$

上式两端同乘以 $(1+i)$,可得:

$$F(1+i) = A(1+i) + A(1+i)^2 + \cdots + A(1+i)^{n-1} + A(1+i)^n$$

两式相减,得:

$$F(1+i) - F = -A + A(1+i)^n$$

$$Fi = A(1+i)^n - 1$$

$$F = A\frac{(1+i)^n - 1}{i} \tag{3.10}$$

其中,$\dfrac{(1+i)^n - 1}{i}$ 称为等额资金支付系列复利(终值)系数,通常用 $(F/A, i, n)$ 表示。系数的值可以用计算求得,也可以查附表求得。式(3.10)可表示为:

$$F = A(F/A,i,n)$$

【例3.5】 某房地产开发公司每年年末定期将1 000万元存入银行,假设年利率为8%,经过3年,到期后连本带息应是多少?

【解】 根据题意可知,$A=1 000$万元,$n=3$年,$i=8\%$,则

$$F_A = \frac{A \times [(1+i)^n - 1]}{i} = 1 000 万元 \times (1+8\%)^0 + 1 000 万元 \times (1+8\%)^1 +$$

$$1 000 万元 \times (1+8\%)^2 = 3 246 万元$$

即每年年末定期存入1 000万元,按复利年利率8%计算,3年到期后连本带息(年金终值)可收回3 246万元。也可通过年金终值系数表直接查表计算,得:

$$F_A = \frac{A \times [(1+i)^n - 1]}{i} = 1 000 万元 \times 3.246 = 3 246 万元$$

4)等额资金支付系列积累基金公式

某公司经理为了在n年期末能够筹集资金F,按年利率i计算,从现在起连续几年每年期末必须存储多少资金A?将式(3.10)变换可得到等额支付系列积累基金公式。

$$A = F \frac{i}{(1+i)^n - 1} \tag{3.11}$$

式(3.11)中,$\frac{i}{(1+i)^n - 1}$称为等额支付系列积累基金系数,可以用$(A/F,i,n)$表示。

其系数的值可以用计算求得,也可以查附表求得。式(3.11)可表示为:

$$A = F(A/F,i,n)$$

【例3.6】 若某公司经理要在第5年期末得到资金10 000元,按年利率6%计算,从现在起连续5年,每年必须存储多少元?

【解】 $A = F(A/F,i,n) = 10 000 元 \times 0.177 4 = 1 774.00 元$

5)等额资金支付系列投资回收(资金恢复)公式

等额资金回收是指期初投资P,在利率i、回收周期数n为定值的情况下,求每期末取出的资金为多少时,才能在第n期末把全部本利收回,即已知P,i,n,求A。其现金流量如图3.4所示。

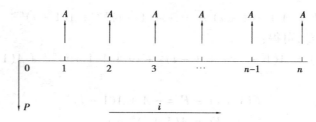

图3.4 等额资金支付系列投资回收现金流量图(二)

由式(3.4)和式(3.10),得:

$$F = P(1+i)^n = A\frac{(1+i)^n - 1}{i}$$

$$A = P \frac{i(1+i)^n}{(1+i)^n - 1} \tag{3.12}$$

其中，$\dfrac{i(1+i)^n}{(1+i)^n - 1}$ 称为等额资金支付系列投资回收（资金恢复）复利系数，用 $(A/P, i, n)$ 表示。其系数值可以用 $i(1+i)^n/(1+i)^n - 1$ 计算求得，也可查附表求得。式（3.12）也可以表示为：

$$A = P(A/P, i, n)$$

等额资金回收的计算公式在投资项目的可行性研究中具有重要作用。若项目实际返还的资金小于根据投资计算的等额回收资金额，则说明该项目在指定期间内无法按要求收回全部投资。因此，使用借入资本进行投资时必须考察其偿债能力。

【例 3.7】 某建设项目投资为 1 000 万元，年复利率为 8%，欲在 10 年内收回全部投资，每年应等额回收多少资金？

【解】 $A = P(A/P, i, n) = 1\,000(A/P, 8\%, 10) = 1\,000$ 万元 $\times 0.149\,0 = 149.00$ 万元

6）等额资金支付系列现值复利公式

等额资金现值的计算即是在考虑资金时间价值的条件下，已知每年年末等额支付的资金为 A，年利率为 i，计息周期为 n，求其现值 P 的等值额。这个问题也可理解为在考虑资金时间价值的条件下，某人在经济系统开始时，需存入多少钱，才能做到在 n 个周期内连续在每期期末取出 A，最后正好把全部存款取完，即已知 A, i, n，求 P。现金流量如图 3.4 所示。

由式（3.12）移项得到等额资金支付系列现值公式为：

$$P = A \frac{(1+i)^n - 1}{i(1+i)^n} \tag{3.13}$$

其中，$\dfrac{(1+i)^n - 1}{i(1+i)^n}$ 称为等额资金支付系列现值复利系数，用 $(P/A, i, n)$ 表示，其系数的值可以计算求得，也可查附表求得。式（3.13）也可表示为：

$$P = A(P/A, i, n)$$

【例 3.8】 某建筑公司在未来 3 年内每年年末收益均为 20 万元，年复利率为 10%，这 3 年收益的现值是多少？

【解】 $P = A(P/A, i, n) = 200\,000(P/A, 10\%, 3) = 200\,000$ 元 $\times 2.487 = 497\,400$ 元

7）等额支付系列偿债基金公式

为了在 n 年末能够筹集到一笔资金来偿还债款 F，按年利率 i 计算，拟从现在起至 n 年的年末等额存储一笔资金 A，以便到 n 年末偿清 F，每年末必须存储的 A 为多少？即已知 F, i, n，求 A。其现金流量如图 3.3 所示。

由式（3.10）移项得：

$$A = F \frac{i}{(1+i)^n - 1} \tag{3.14}$$

其中，$\dfrac{i}{(1+i)^n - 1}$ 称为等额支付系列偿债基金复利系数，用 $(A/F, i, n)$ 表示，式（3.14）可写成：

$$A = F(A/F, i, n)$$

【例3.9】 某银行的年复利率为8%,如果要在20年后获得本利和(即终值)为2万元,那么从现在起每年应存入多少?

【解】 $A = F(A/F,i,n) = 20\,000(A/F,8\%,20) = 20\,000$ 元 $\times 0.021\,85 = 437$ 元

8)均匀梯度支付系列复利公式

若设定一个现金流量如图3.5所示。第1年年末的支付为 A_1 ,第二年年末的支付为 $A_1 + G$,第3年年末的支付为 $A_1 + 2G$,……,第 n 年年末的支付为 $A_1 + (n-1)G$ 。如果我们能把图3.5中所示的现金流量转换成等额支付系列的形式,那么,根据等额支付系列复利公式和等额支付系列现值公式,就很容易求得 n 年年末的将来值 F 和0年的现值 P 。

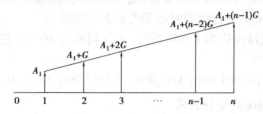

图3.5 均匀梯度支付系列

比较简便的方法是把一个均匀增加(或减少)的支付系列看成是由下列两个系列所组成:一个是等额支付系列,其等额的年末支付是 A_1 ,另一个是由 $0,G,2G,3G,\cdots,(n-1)G$ 组成的梯度系列,如图3.6所示。如果把 $0,G,2G,3G,\cdots,(n-1)G$ 组成的梯度系列转换成 A_2 ,那么所要求的等额支付的年末支付 $A = A_1 + A_2$,如图3.7所示。

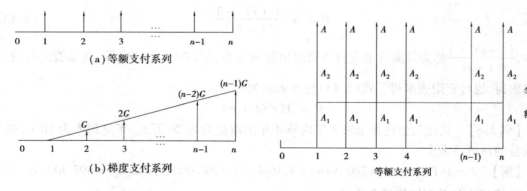

图3.6 均匀梯度支付系列

图3.7 均匀增加支付系列的转换

A 是已知的,可以通过下列方法求得:先把梯度系列 $0,G,2G,3G,\cdots,(n-1)G$ 分解成 $(n-1)$ 个年末支付为 G 的等额支付,并通过等额支付复利公式可求得将来值 F_2 ,再通过等额支付系列积累基金公式求得 A_2 ,如图3.8所示。

梯度系列的将来值:

$$F_2 = G(F/A,i,n-1) + G(F/A,i,n-2) + \cdots + G(F/A,i,2) + G(F/A,i,1)$$

$$= G\frac{(1+i)^{n-1}-1}{i} + G\frac{(1+i)^{n-2}-1}{i} + \cdots + G\frac{(1+i)^2-1}{i} + G\frac{(1+i)-1}{i}$$

$$= \frac{G}{i}\left[(1+i)^{n-1} + (1+i)^{n-2} + \cdots + (1+i)^2 + (1+i) - (n-1) + 1\right]$$

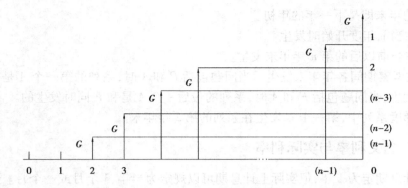

图 3.8 梯度系列的分解图

$$= \frac{G}{i}\left[(1+i)^{n-1} + (1+i)^{n-2} + \cdots + (1+i)^2 + (1+i) + 1\right] - \frac{nG}{i}$$

上式方括号中的各项之和等于 n 年的等额支付系列复利系数,因此

$$F_2 = \frac{G}{i} \cdot \frac{(1+i)^n - 1}{i} - \frac{nG}{i}$$

而根据式(3.11)求得:

$$A_2 = F_2 \frac{i}{(1+i)^n - 1} = \left[\frac{G}{i} \cdot \frac{(1+i)^n - 1}{i} - \frac{nG}{i}\right] \frac{i}{(1+i)^n - 1}$$

$$= \frac{G}{i} - \frac{nG}{i} \cdot \frac{i}{(1+i)^n - 1} = \frac{G}{i} - \frac{nG}{i}(A/F, i, n)$$

$$= G\left[\frac{1}{i} - \frac{n}{i}(A/F, i, n)\right]$$

式中,梯度支付转化为等额支付形式的运算系数 $\frac{1}{i} - \frac{n}{i}(A/F, i, n)$ 称为梯度系数,通常用符号 $(A/G, i, n)$ 表示,上式也可写成 $A_2 = G(A/G, i, n)$。梯度系数的值可用计算求得,也可查附表求得。

把 A_1 和 A_2 相加就得到 A。

【例 3.10】 假设某人第 1 年末把 10 000 元存入银行,以后 9 年每年递增存款 2 000 元,如年利率为 8%,若这笔存款折算成 10 年的年末等额支付系列,相当于每年存入多少? 假设某人第 1 年末存入银行 5 000 元,以后 5 年每年递减 600 元,若年利率为 9%,则相当于这个系列的年末等额支付,即每年应存入多少?

【解】 $A = A_1 + G(A/G, i, n) = 10\ 000$ 元 $+ 2\ 000$ 元 $\times 3.798 = 17\ 596$ 元
即每年应存入 17 596 元。

梯度系数也可用来计算均匀减少的系列,则计算如下:

$$A = A_1 - G(A/G, i, n) = 5\ 000 \text{ 元} - 600 \text{ 元} \times 1.828 = 3\ 903 \text{ 元}$$

即每年应存入 3 903 元。

9)运用利息公式时应注意的问题

①为了实施方案的初始投资,假定投资发生在方案的寿命期初。
②方案实施过程中的经常性支出,假定发生在计息期(年)末。

③本年的年末即是下一年的年初。

④P 是在当前年度开始时发生。

⑤F 是在当前以后的第 n 年年末发生。

⑥A 是在考察期间各年年末发生。当问题包括 P 和 A 时,系列的第一个 A 是在 P 发生 1 年后的年末发生;当问题包括 F 和 A 时,系列的最后一个 A 是和 F 同时发生的。

⑦均匀梯度系列中,第一个 G 发生在系列的第 2 年年末。

▶ 3.1.4 名义利率与实际利率

通常把计息期定为 1 年,但实际上计息期可以规定为半年、3 个月或一个月。当利率所标明的计算周期单位与计算利息实际所用的计息周期单位不一致时,就出现了名义利率与实际利率的差别。

1)实际利率与名义利率的概念

①实际利率。若每半年计息一次,每半年计息周期的利率为 3%,则 3% 就是实际计息的利率,也是资金在计息周期所发生的实际利率,也称为有效利率。实际利率指的都是计息期的利率,当计息期为 1 年,此时的实际利率称为年实际利率。

②名义利率。当计息周期短于 1 年时,每一计息周期的有效利率乘以 1 年中计息周期数所得到的年利率,如 3% × 2 = 6%,则 6% 就称为年名义利率。

在实际计息中,不用名义利率,它只是习惯上的表示形式。若每月计息一次,月利率为 1%,习惯上称为"年利率为 12%,每月计息一次"。习惯上说的年利率是指名义利率,如果不对计息周期加以说明,则表示 1 年计息一次,此时的年利率也就是年实际利率(即有效利率)。

③实际利率与名义利率的关系。实际利率与名义利率的关系式为:

$$i = \left(1 + \frac{r}{n}\right)^n - 1 \tag{3.15}$$

式中　i——实际利率;

　　　r——名义利率;

　　　n——名义利率所标明的计息周期内实际上复利计息的次数。

【例 3.11】　现有两家银行可以提供贷款,甲银行年利率为 17%,1 年计息一次;乙银行年利率为 16%,1 月计息一次,均为复利计息。问哪家银行的实际利率低?

【解】　甲银行的实际利率等于名义利率,为 17%;乙银行的实际利率为:

$$i = \left(1 + \frac{r}{n}\right)^n - 1 = \left(1 + \frac{0.16}{12}\right)^{12} - 1 = 17.23\%$$

故甲银行的实际利率低于乙银行。

从上例可以看出,名义利率与实际利率存在着以下关系:

a. 当实际计息周期为 1 年时,名义利率与实际利率相等。实际计息周期短于 1 年时,实际利率大于名义利率。

b. 名义利率不能完全反映资金的时间价值,实际利率才真实地反映了资金的时间价值。

c. 名义利率越大,实际计息周期越短,实际利率与名义利率的差值就越大。

2) 离散式复利

上述按期(年、季、月和日)计息的方法称为离散式复利。1 年中计算复利的次数越频繁，则年实际利率比名义利率越高。例如，年利率6%，每半年计息1次，则1元资金按利率3%每半年计息1次，到第1年年末本利和 F 计算如下：

$$F = 1\text{元} \times 1.03 \times 1.03 = 1\text{元} \times 1.03^2 = 1.060\ 9\text{元}$$

这1元的实际利息是 $1.060\ 9$ 元 $- 1.000\ 0$ 元 $= 0.060\ 9$ 元，即实际(有效)年利率是6.09%，大于名义利率6%。

如果名义利率为 r，1 年中计算利息是 n 次，每次计息的利率为 r/n，根据一次支付复利系数公式，年末本利和 F 计算公式为：

$$F = P\left(1 + \frac{r}{n}\right)^n$$

上式表示本金(P)计息 n 次后的本利和，而其中本利和与本金之差为：

$$P\left(1 + \frac{r}{n}\right)^n - P$$

按定义，利息与本金之比为利率，故年实际(有效)利率为：

$$i = \frac{P\left(1 + \frac{r}{n}\right)^n - P}{P} = \left(1 + \frac{r}{n}\right)^n - 1$$

【例3.12】 若某人把 10 000 元用于投资，时间为 10 年，利息按年利率8%，每季度计息1次计算，求10年末的将来值。

【解】 由题意可知，每年计息4次，10年的计息期为4次/年 × 10 年 = 40 次，每一次计息期的实际(有效)利率为：

$$8\% \div 4 = 2\%$$

根据式(3.2)可以求得：

$$F = 10\ 000\text{元} \times 2.158\ 9 = 21\ 589\text{元}$$

其名义利率为8%，每年的计息期 $n = 4$，年实际(有效)利率计算如下：

$$i = \left(1 + \frac{0.08}{4}\right)^4 - 1 = 8.243\ 2\%$$

3) 连续式复利

如果是按瞬时计息的方式则称为连续式复利。在这种情况下，复利可以在一年中按无限多次计算，年实际(有效)率为：

$$i = \lim\left(1 + \frac{r}{n}\right)^n - 1$$

但是由于

$$\left(1 + \frac{r}{n}\right)^n = \left[\left(1 + \frac{r}{n}\right)^{\frac{n}{r}}\right]^r$$

而

$$\lim\left(1 + \frac{r}{n}\right)^{\frac{n}{r}} = e$$

因而

$$i = \lim\left[\left(1 + \frac{r}{n}\right)^{\frac{n}{r}}\right]^r - 1 = e^r - 1$$

这就是说,如果复利是连续地计算,则:

$$i(年实际利率) = e^r - 1 \tag{3.16}$$

式中　e——自然对数的底,其数值为 2.718 28。

连续复利 6% 的年实际(有效)利率为:

$$i = e^r - 1 = (2.718\ 28)^{0.06} - 1 = 6.183\ 7\%$$

就整个社会而言,资金是在不停地运动,每时每刻都通过生产和流通在增值,从理论上讲应采用连续式复利,但在经济评价中实际应用的多为离散式复利。实际(有效)利率对于描述 1 年之内利上滚利的复利计算效果是有用的。表 3.4 列出了名义利率为 6%,分别按不同方式计算复利及其相应的实际(有效)利率。

表 3.4　各种情况的实际(有效)利率表

复利计算的方式	一年中的计息期数	各期的有效利率/%	年实际(有效)利率/%
按　　年	1	6.000 0	6.000 0
按半年	2	3.000 0	6.090 0
按　　季	4	1.500 0	6.136 4
按　　月	12	0.500 0	6.167 8
按　　日	365	0.016 4	6.179 9
连续地	∞	0.000 0	6.183 7

在投资方案比较时,如果各方案均采用相同的计算期和年名义利率,但是它们计算利息的次数不同,彼此之间仍然不可比较,这时应先将年名义利率转化成年实际(有效)利率后再进行计算和比较。

3.2　等值计算

▶ 3.2.1　等值及等值计算

1)等值的概念

如果两个事物的作用效果相同,则称它们是等值的。货币等值是考虑货币时间价值的等值。即使金额相等,由于发生的时间不同,其价值并不一定相等;反之,不同时间上发生的金额不相等,其货币的价值却可能相等。

在技术经济分析中,等值是一个很重要的概念,它是评价、比较不同时期资金使用效果的重要依据。等值又称为等效值,它是指货币运动过程中,由于利息的存在,不同时刻的资金绝对值不同,但资金的实际价值是相等的。货币的等值包括 3 个因素:金额、金额发生的时间、利率。例如,当年利率为 5% 时,现在的 1 000 元等值于 1 年末的 1 050 元,或 5 年末的 1 276.27 元,或 10 年末的 1 629 元,或 20 年末的 2 653 元。

例如,在年利率为6%的情况下,根据式(3.4)计算,现在的300元等值于8年末的478.14元,这两个等值的现金流量如图3.9所示。

由图3.9可知,0年前的300元与8年末的478.14元在年利率6%的情况下,发生的时间和金额不同,但其价值相等。相反,0年前的300元与8年末的300元,在年利率6%的情况下,虽然金额相等,由于发生的时间不同,其价值并不相等。

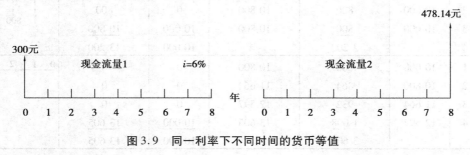

图3.9　同一利率下不同时间的货币等值

2)等值计算

当计息周期为1年时,实际利率与名义利率相同,可以利用前面介绍的基本复利公式直接进行等值计算。如果计息周期短于1年,仍可利用前面介绍的基本复利公式进行计算。

例如,××企业以年利率8%向银行借贷10 000元,准备4年里将本利还清。这笔借贷款项归还的计算有以下3种方法:

①每年年末归还2 500元借款,加上当年借款的利息,4年还清。

②前3年每年年末仅归还借款的利息10 000元×8%=800元,第4年年末归还全部借款和第4年借款的利息。

③前3年每年年末均不归还借款,第4年年末归还借款和借款的4年利息。

以上3种借款归还的计算方法,详见表3.5。从表3.5中可以看出,上述3种方法归还所计算的总额,不但相互等值,而且还与10 000元现款相等值。

方法①的现值　$P=[3\ 300元-200元×1.404\ 0]×3.312\ 1=10\ 000元$

方法②的现值　$P=800元×2.577\ 1+10\ 800元×0.735\ 0=10\ 000元$

方法③的现值　$P=13\ 605元×0.735\ 0=10\ 000元$

表3.5　3种偿还方法的利息计算表

方法 (1)	年 (2)	年初欠款 (3)	欠款利息 (4)=8%×(3)	年末欠款 (5)=(3)+(4)	归还欠款 (6)	年末总归还 (7)=(4)+(6)	现金流量图
①	1	10 000	800	10 800	2 500	3 300	
	2	7 500	600	8 100	2 500	3 100	
	3	5 000	400	5 400	2 500	2 900	
	4	2 500	200	2 700	2 500	2 700	
			2 000		10 000	12 000	

续表

方法(1)	年(2)	年初欠款(3)	欠款利息(4)=8%×(3)	年末欠款(5)=(3)+(4)	归还欠款(6)	年末总归还(7)=(4)+(6)	现金流量图
②	0	10 000	800	10 800	0	800	0 1 2 3 4
	1	10 000	800	10 800	0	800	
	2	10 000	800	10 800	0	800	800
	3	10 000	800	10 800	10 000	10 800	
	4		3 200		10 000	13 200	10 000
③	1	10 000	800	10 800	0	0	0 1 2 3 4
	2	10 800	864	11 664	0	0	
	3	11 664	932	12 597	0	0	
	4	12 597	1 008	13 605	10 000	13 605	
			3 605		10 000	13 605	13 605

如果两个现金流量等值,则在任何时间其相应的值必定相等。例如,如图 3.9 所示的两个现金流量,在第 7 年年末,第 1 个现金流量的值是 300 元 × 1.503 6 = 451 元,第 2 个现金流量的值是 478.20 元 × 0.943 4 = 451 元;在第 3 年年末第 1 个现金流量的值是 300 元 × 1.191 0 = 357 元,第 2 个现金流量的值是 478.20 元 × 0.747 3 = 357 元。采用同样的方法可以算出各年现金流量的值也都相等,因此,这两个现金流量是相等的。

我们再看表 3.5 中的 3 种方法的现金流量,如在第 2 年年末:

方法①现金流量的值:

3 300 元 × 1.080 0 + 3 100 + 2 900 元 × 0.925 9 + 2 700 元 × 0.875 3 = 11 664 元

方法②现金流量的值:

800 元 × 2.080 0 + 800 元 × 0.925 9 + 10 800 元 × 0.857 3 = 11 664 元

方法③现金流量的值:

13 605 元 × 0.857 3 = 11 664 元

采用同样的方法可以求出 3 种方法的现金流量在 1,3,4 年年末的值,详见表 3.6。

表 3.6　3 种方法现金流量在各年年末的值

年 末	1 年年末	3 年年末	4 年年末
方法①	10 800	12 597	13 605
方法②	10 800	12 597	13 605
方法③	10 800	12 597	13 605

上述计算说明这 3 种方法的现金流量是等值的,因为任何时间其相应的值都相等。在工程技术经济分析中,等值是一个重要的概念,在方案比较中都采用等值概念进行研究分析和决策选定。

【例 3.13】　设现金流量为第 3 年年末支付 100 元,第 5,6,7 年年末各支付 80 元,第 9,10 年年末各支付 60 元,如果年复利率为 8%,问与此等值的现金流量的现值 P 是多少?

【解】　画出现金流量图,如图 3.10 所示。根据现金流量图计算:

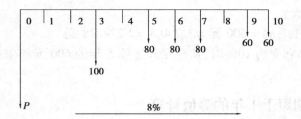

图 3.10 现金流量图(单位:元)

$$P = 100(P/F,8\%,3) + 80(P/A,8\%,3)(P/F,8\%,4) + [60 + 60(F/P,8\%,1)](P/F,8\%,10)$$
$$= 100\text{元} \times 0.793\,8 + 80\text{元} \times 2.577 \times 0.735\,0 + (60 + 60 \times 1.080)\text{元} \times 0.463\,2$$
$$= 288.71\text{元}$$

由此可知,上述现金流量按年利率 8% 计算,与其等值的现值为 288.71 元。

同理,与其等值的终值为:

$$F = 100(F/P,8\%,7) + 80[(F/P,8\%,5) + (F/P,8\%,4) + (F/P,8\%,3)]$$
$$+ 60(F/P,8\%,1) + 60$$
$$= 100\text{元} \times 1.724 + 80\text{元} \times (1.469 + 1.360 + 1.260) + 60\text{元} \times 1.080 + 60\text{元}$$
$$= 623.32\text{元}$$

同理,与其等值的年值为:

$$A = P(A/P,8\%,10) = 288.71\text{元} \times 0.149\,03 = 43.03\text{元}$$
或
$$A = F(A/F,8\%,10) = 623.32\text{元} \times 0.069\,03 = 43.03\text{元}$$

▶ 3.2.2 计息期为 1 年的等值计算

计息期为 1 年时,实际(有效)利率与名义利率相同,利用前述的复利利息计算公式可以直接进行等值计算。

【例 3.14】 当利率为多大时,现在的 300 元等值于第 9 年年末的 525 元?

【解】
$$F = P(F/P,i,n)$$
$$525 = 300(F/P,i,n)$$
$$(F/P,i,n) = 525/300 = 1.750$$

从复利利息表中可以查到,当 $n = 9$,1.753 0 在利率 6% 到 7% 之间。在利率 6% 的表上查到的是 1.689,而从利率 7% 的表上查到的是 1.838。可用直线内插法得:

$$i = 6\% + \frac{1.689 - 1.750}{1.689 - 1.838} \times 1\% = 6.41\%$$

以上计算表明,当利率为 6.41% 时,现在的 300 元等值于第 9 年年末的 525 元。

【例 3.15】 当利率为 8% 时,从现在起连续 6 年的年末等额支付是多少时,问与第 6 年年末的 1 000 000 元等值?

【解】 $A = F(A/F,i,n) = 1\,000\,000\text{元} \times 0.136\,3 = 136\,300\text{元}$

以上计算表明,当利率为 8% 时,从现在起连续 6 年 136 300 元的年末等额支付与第 6 年年末的 1 000 000 元等值。

【例 3.16】 当利率为 10% 时,从现在起连续 5 年的年末等额支付是 600 元,问与其等值

的第 0 年的现值是多大?

【解】 $P = A(P/A, i, n) = 600 元 \times 3.790\,8 = 2\,274.48 元$

以上计算表明,当利率为 10% 时,从现在起连续 5 年的 600 元年末等额支付与第 0 年现值 2 274.48 元等值。

▶ 3.2.3 计息期短于 1 年的等值计算

如果计息期短于 1 年,仍然可利用前述的利息公式进行计算,这种计算通常可以出现以下 3 种情况。

1)计息期和支付期相同

【例 3.17】 年利率为 12%,每半年计息 1 次,从现在起连续 3 年,每半年为 100 元的等值支付,问与其等值的第 0 年的现值是多少?

【解】 每计息期的利率 $i = 12\% \div 2 = 6\%$

$$n = 3 \times 2 = 6$$

$$P = A(P/A, i, n) = 100 元 \times 4.917\,3 = 491.73 元$$

以上计算表明,按年利率为 12% 时,每半年计息 1 次计算利息,从现在起连续 3 年每半年支付 100 元的等额支付与第 0 年的 491.73 元的现值等值。

【例 3.18】 假设某人目前借入 2 000 元,在今后 2 年内分 24 次偿还,每次偿还 99.80 元,复利按月计算,试求月有效利率、名义利率和年有效利率。

【解】 现值 $99.80 元 = 2\,000(A/P, i, n)$

$$(A/P, i, n) = \frac{99.80 元}{2\,000 元} = 0.049\,9$$

查附表 2,可得 $i = 1.5\%$。因为计息期是 1 个月,所以月有效利率为 1.5%。

名义利率 $r = 1.5\% \times 12 = 18\%$

年有效利率 $i = \left(1 + \frac{r}{n}\right)^n - 1 = \left(1 + \frac{0.18}{12}\right)^{12} - 1 = 19.56\%$

2)计息期短于支付期

【例 3.19】 按年利率 12%,每季度计息 1 次计算利息,从现在起连续 3 年的等额年末借款为 1 000 元,问与其等值的第 3 年年末的借款金额是多少?

【解】 其现金流量如图 3.11 所示。

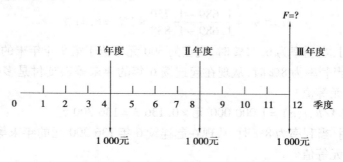

图 3.11 按季计息年度支付的现金流量图

每年向银行借款 1 次,支付期为 1 年,年利率为 12%,每季度计息 1 次,计息期为 1 个季度,属于计息期短于支付期。由于利息按季度计算,而支付在年底,这样计息期末不一定有支付,因此,该题不能直接采用利息公式,需要进行修改,使之符合计息公式,其修改有以下 3 种方法。

第 1 种方法:取一个循环周期,使这个周期的年末支付转变成等值的计息期末的支付。支付系列的现金流量如图 3.12 所示。

$$A = F(A/F,i,n) = 1\ 000\ 元 \times 0.239\ 0 = 239\ 元$$

其中,$r = 12$,$n = 4$,$i = 12\% \div 4 = 3\%$。

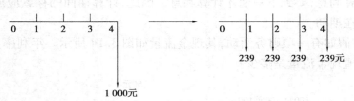

图 3.12　将年度支付转化为计息期末支付

经过转变后,计息期和支付期完全重合,可直接利用利息公式进行计算,并适用于后两年。该例题的原现金流量图可变成如图 3.13 所示。

$$F = A(F/A,i,n) = 239\ 元 \times 14.192 = 3\ 392\ 元$$

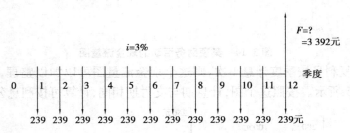

图 3.13　经转变后计息期与支付期重合

第 2 种方法:把等额支付的每一个支付看成一次支付,求出每个支付的将来值,然后把将来值加起来,这个和就是等额支付的实际结果。

$$F = 1\ 000\ 元 \times 1.267 + 1\ 000\ 元 \times 0.126 + 1\ 000\ 元 = 3\ 392\ 元$$

式中,第 1 项代表第 1 年年末借的 1 000 元,将计息 8 次;第 2 项代表第 2 年年末借的 1 000元,将计息 4 次;最后 1 项代表第 3 年年末借的 1 000 元。

第 3 种方法:首先求出支付期的有效利率,本例题支付期为 1 年,然后以 1 年为基础进行计算。年有效利率为:

$$i = \left(1 + \frac{r}{n}\right)^n - 1$$

已知:$n = 4$,$r = 12\%$。所以:

$$i = \left(1 + \frac{0.12}{4}\right)^4 - 1 = 12.55\%$$

由此计算可得:

$$F = 1\ 000\ 元 \times 3.392\ 3 = 3\ 392\ 元$$

$(F/A,12.55,3)=3.3923$，由下列方法求得：
$$(F/A,12,3)=3.3744;(F/A,15,3)=3.4725$$
$$(F/A,12.55,3)=3.3744+(3.4725-3.3744)\div3\times0.55=3.3923$$

通过3种方法计算表明，按年利率12%，每季度计息1次，从现在起连续3年的1000元等额年末借款与第3年年末的3392元等值。

3)计息期长于支付期

通常规定存款必须存满一个(整个)计息期时才计算利息，也就是说，在计息期间存入的款项在该期不计算利息，要到下一期才计算利息。因此，计算期间的存款应放在期末，而计息期间的提款应放在期初。

【例3.20】 假如有一项财务活动，其现金流量如图3.14所示。年利率为8%，试求出按季度计息的年等值现金流量是多少？

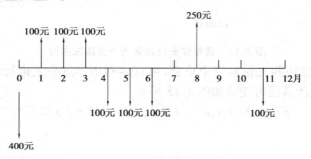

图3.14 某项财务活动的现金流量图

【解】 因为复利是按季度计息1次，则这个现金流量图可以加以整理，得到等值的现金流量图，如图3.15所示。按照这个图，计息期与支付期相同，计算可按利息公式进行。

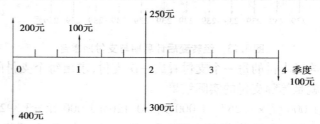

图3.15 按季度计息整理的等值现金流量图

年利率为8%，每季度计算1次，这个财务活动的年末等值现金流量计算如下：
$$F=(400-200)元\times1.082-100元\times1.061+(300-250)元\times1.040+100元$$
$$=262.30元$$

数值为正，表示存入。

对于比较复杂的问题，可以先画出一个简明的现金流量图，以提高计算的速度和准确性，现举例如下。

【例3.21】 假设现金流量是：第6年年末支付300元，第9,10,11,12年年末各支付60元，第13年年末支付210元，第15,16,17年年末各支付80元。如按年利率5%计息，与此等值的现金流量的现值P是多少？

【解】 先把所有的支付画成现金流量图,如图 3.16 所示。然后根据现金流量图利用公式进行以下计算:

$$P = 300 \text{ 元} \times 0.746\ 2 + 60 \text{ 元} \times 3.545\ 6 \times 0.676\ 8 + 210 \text{ 元} \times 0.530\ 3 +$$
$$80 \text{ 元} \times 3.153 \times 0.436\ 3$$
$$= 589.27 \text{ 元}$$

这个现金流量,按年利率 5% 计息,与其等值的现值为 589.27 元。

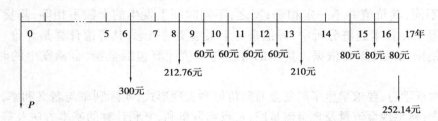

图 3.16 现金流量图

【例 3.22】 试求每半年向银行借贷 1 400 元,连续借贷 10 年的等额支付系列的等值将来值。利息分别按①年利率为 12%;②年利率为 12%,每半年计息 1 次;③年利率为 12%,每季度计息一次的 3 种情况计息计算。

【解】 3 种情况的将来值计算如下:

①计息期长于支付期:

$$F = 1\ 400 \text{ 元} \times 2 \times 17.548\ 7 = 49\ 136 \text{ 元}$$

②计息期等于支付期:

$$F = 1\ 400 \text{ 元} \times 36.785\ 6 = 51\ 500 \text{ 元}$$

③计息期短于支付期:

$$F = 1\ 400 \text{ 元} \times 0.492\ 6 \times 75.401\ 3 = 52\ 000 \text{ 元}$$

本章小结

本章主要讲述资金时间价值、表现形式、复利计算基本公式、名义利率与实际(有效)利率、等值计算的概念、现金流量及现金流量图等。现将其基本要点归纳如下:

(1)不同时间发生的等额资金在价值上的差别称为资金的时间价值。即在不同的时间付出或者得到同样数额的资金在价值上是不相等的。也就是说,资金的价值会随时间发生变化。资金的时间价值是以一定量的资金在一定时期内的利息来度量的。即利息是衡量资金时间价值的绝对尺度,而利息率(简称利息)是衡量资金时间价值的相对尺度。利率通常用百分比表示。计算利息的时间单位,称为计息周期,一般为年、月。而利息的计算有单利和复利两种计息方式。

(2)每个计息周期均按原始本金计算利息,称为单利计息。在单利计息的情况下,利息与时间是线性关系,不论计息周期有多长,只有本金计息,利息不计息。复利计息就是将本期利息转为下期本金重复计息,下期将按本利和的总额计算利息,即利息再生利息,这种计息方式

称为复利计息。在按复利计息的情况下,除本金计息外,利息再计利息。

(3)若每半年计息 1 次,每半年计息周期的利率为 3%,则 3% 就是实际计息的利率,也是资金在计息周期所发生的实际利率,也称为有效利率。当计息期为 1 年,此时的实际利率称为年实际利率;当计息周期短于 1 年时,每一计息周期的有效利率乘以 1 年中计息周期数所得到的年利率,如 3% ×2 =6%,则 6% 就称为年名义利率。

(4)货币等值是考虑货币时间价值的等值,即使金额相等(即现金流量相等),由于发生的时间不同,其价值并不一定相等;反之,不同时间上发生的金额不相等,其货币的价值却可能相等。在技术经济分析中,等值是一个很重要的概念,其等值计算是评价、比较不同时期资金使用效果的重要依据。货币的等值与等值计算包括金额、金额发生的时间、利率3 个因素。

通过本章学习,要求学生了解资金时间价值和表现形式,实际利率与名义利率,以及资金等值的概念;熟悉现金流量及现金流量图,重点掌握单利、复利计算的基本方法及等值计算的应用等。

复习思考题

3.1 什么是资金时间价值? 它有哪些基本表现形式?

3.2 什么是单利? 什么是复利? 两者有何区别?

3.3 什么是实际(有效)利率? 什么是名义利率? 两者有何区别?

3.4 什么是借款的将来值? 什么是将来支付的现值?

3.5 什么是等额支付的将来值? 什么是将来值的等额支付?

3.6 什么是借款的等额支付? 什么是等额支付的现值?

3.7 什么是梯度系列等值的年末等额支付?

3.8 某人向银行借贷 1 000 元,借期为 5 年,试分别用8% 单利和8% 复利计算借款的利息是多少?

3.9 某人以8% 单利借出 1 500 元,借期为 3 年,到期后以 7% 复利把所得的款额(本金加利息)再借出,借期为 10 年。问此人在第 3 年年末可获得的本利和是多少?

3.10 下列现在借款的将来值是多少?

(1)年利率为 10%,8 000 元借款期 8 年。

(2)年利率为 4%,每半年计息 1 次,675 元借款期 20 年。

(3)年利率为 12%,每季度计息 1 次,11 000 元借款期 10 年。

3.11 下列将来支付的现值是多少?

(1)年利率为 9%,第 6 年年末的 5 500 元。

(2)年利率为 6%,每月计息 1 次,第 12 年年末的 1 700 元。

(3)年利率为 12%,每月计息 1 次,第 15 年年末的 6 200 元。

3.12 下列等额支付的将来值是多少?

(1)年利率为 6%,每年年末借款 500 元,连续借款 12 年。

（2）年利率为 8%，每季度计息 1 次，每季度末借款 1 400 元，连续借款 16 年。

（3）年利率为 10%，每半年计息 1 次，每月月末借款 500 元，连续借款 2 年。

3.13　下列将来值的等额支付是多少？

（1）年利率为 12%，每年年末支付 1 次，连续支付 8 年，8 年年末积累金额 1 500 元。

（2）年利率为 12%，每季度计息 1 次，每季度末支付 1 次，连续支付 8 年，8 年年末积累金额 1 500 元。

（3）年利率为 9%，每半年计息 1 次，每年年末支付 1 次，连续支付 11 年，11 年年末积累 4 000 元。

（4）年利率为 8%，每季度计息 1 次，每月月末支付 1 次，连续支付 15 年，15 年年末积累 17 000 元。

3.14　下列现在借款的等额支付是多少？

（1）借款 5 000 元，得到借款后的第 1 年年末开始归还，连续 5 年，分 5 次还清，利息按年利率 4% 计算。

（2）借款 16 000 元，得到借款后的第 1 年年末开始归还，连续 8 年，分 8 次还清，利息按年利率 7%，每半年计息 1 次计算。

（3）借款 37 000 元，得到借款后的第 1 个月月末开始归还，连续 5 年，分 60 次还清，利息按年利率 9%，每月计息 1 次计算。

3.15　下列等额支付的现值是多少？

（1）年利率为 7%，每年年末支付 3 500 元，连续支付 8 年。

（2）年利率为 8%，每季度末支付 720 元，连续支付 10 年。

（3）年利率为 12%，每季度计息 1 次，每年年末支付 5 000 元，连续支付 6 年。

3.16　下列梯度系列等值的年末等额支付是多少？

（1）第 1 年年末借款 1 000 元，以后 3 年每年递增借款 100 元，按年利率 5% 计息。

（2）第 1 年年末借款 5 000 元，以后 9 年每年递减借款 200 元，按年利率 12% 计息。

（3）第 2 年年末借款 200 元，以后 9 年每年递增借款 200 元，按年利率 7% 计息。

3.17　求出下列利息情况的年有效利率：

（1）年利率为 8%，半年计息 1 次。

（2）年利率为 12%，每月计息 1 次。

3.18　某公司买了一台机械设备，估计能使用 20 年，每 4 年要大修一次，每次大修费用假设为 1 000 元，现在应存入银行多少钱足以支付 20 年寿命期间的大修费支出，按年利率 12%，每半年计息 1 次计算。

3.19　某公司买了一台机械设备，原始成本为 12 000 元，估计能使用 20 年，20 年末的残值为 2 000 元，运行费用固定为每年 800 元。此外每使用 5 年后必须要大修一次，每次大修费用假设为 2 800 元，试求该机械设备的等值年费用，年利率为 12%。

3.20　某人借款 5 000 元，打算在 48 个月中以等额月末支付分期还款。在归还 25 次之后，他想第 26 次以一次支付立即归还余下借款。年利率为 24%，每月计息 1 次，问此人归还的总金额是多少？

4

建设市场的经营预测与决策

4.1 建设市场经营预测

► 4.1.1 基本概述

1)建设市场

建设市场是指以建设工程项目承发包交易活动为主要内容的市场,也称为建筑市场。建设市场其具体含义包括狭义的建设市场与广义的建设市场。

狭义的建设市场一般是指有形建设市场,有固定的交易场所。而广义的建设市场包括有形建设市场和无形建设市场,即包括与工程建设有关的技术、租赁、劳务等各种要素的市场,以及依靠广告、通信、中介机构或经纪人等为工程建设提供专业服务的有关组织体系,另外,还包括建筑商品生产过程及流通过程中的经济联系和经济关系等。因此,可以说,广义的建设市场是工程建设生产和交易关系的总和。

由于建设工程产品具有生产周期长、价值量大、生产过程的不同阶段对承包商要求不同的特点,决定了建设市场交易贯穿于建设工程产品生产的整个过程。从工程建设的咨询、设计、施工任务的发包开始,到建设工程竣工、保修期结束为止,发包方与承包方进行的各种交易,以及建筑施工、商品混凝土供应、构配件生产、建筑机械租赁等活动,都是在建设市场中进行的。生产活动与交易活动交织在一起,使得建设市场在许多方面不同于其他产品市场。

改革开放以来,特别是经过近年来的发展,我国已基本形成以发包方、承包方和中介服务方为市场主体,以建筑产品和建筑生产过程为市场客体,以招投标为主要交易形式的市场竞争机制,以资质管理为主要内容的市场监督管理手段,具有中国特色社会主义建设市场体系。建设市场由于引入了竞争机制,促进了资源优化配置,提高了建筑生产效率,推动了建筑企业的管理和工程质量的进步,因此建筑业在国民经济中已占据相当重要的地位,成为我国社会主义市场经济体系中一个非常重要的生产部门和消费市场。建设市场体系如图4.1所示。

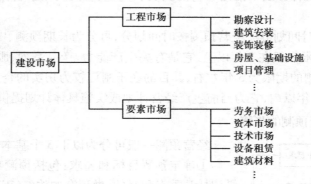

图4.1　建设市场体系

2)建设市场经营预测的作用

预测是一门实用学科。它是从对历史及现状的了解出发,对社会某种现象进行分析研究,从中发现其发展变化的规律,进而推断未来可能发展趋势的一种管理行为。经营预测是各种预测的组成部分,它是对与企业经营活动密切相关的经济现象或经济变量未来发展趋势的预计和推测。由于建筑企业的经营活动处于不断变化之中,只有科学的预测,才有正确的决策。其主要作用归纳如下:

①经营预测是企业制订发展规划和进行经营决策的依据。在市场经济条件下,企业的生存和发展与市场息息相关,而市场又是瞬息万变的,如果不了解建设市场的动态和发展趋势,企业经营将缺乏根据,出现盲目经营,给企业带来经济损失。

②通过经营预测可为企业作出正确的经营决策。只有通过预测,掌握大量的第一手市场动态和发展的数据资料,才能情况明、方向准,作出正确的经营决策,不断改善经营管理,取得最佳的经济效益。

③经营预测可增强企业应变能力。经营预测能增加企业的管理储备,增加企业的弹性。所谓管理储备,就是企业的积极弹性,它是指通过预测能使领导及有关人员把情况看深、看透、看实,从而根据不同情况作好多手准备,增强应变能力,适应市场的需要。

④经营预测有利于提高企业的竞争能力。在实行招标投标制的情况下,建筑企业的竞争能力主要表现为中标率的高低。企业依靠科学的预测,可以充分了解竞争的形势和竞争对手的情况,采取合理的投标策略,在竞争中争取主动,从而提高企业的竞争能力。因此经营预测是正确决策的前提和必要条件,是科学管理的基础。

3)建设市场经营预测的分类

(1)经营预测按范围划分　经营预测按范围划分,可分为宏观预测和微观预测两种。宏观预测是对整个国民经济或部门经济趋势的推断,如固定资产投资方向、建筑产品的需求、构

成比例预测、竞争形势预测等;微观预测是对企业经济活动状态的估计,如资源需求预测,企业生产能力预测,利润、成本预测等。

（2）经营预测按方法划分　经营预测按方法划分,可分为定性预测和定量预测两种。定性预测是利用直观材料,依靠人们主观判断分析的能力,对未来状况的预计;定量预测是根据历史数据,应用数理统计方法来推测事物的发展状况,或者是利用事物内部因果联系来推测未来。

（3）经营预测按时间划分　经营预测按时间划分,可分为长期预测、中期预测和短期预测3种。长期预测的期限一般在5年以上,它是有关生产能力、产品系列、服务构成变化等远景规划的基础;中期预测的期限为3年左右,其目的在于制订较为切实的企业发展计划;短期预测的期限在1年或1年以内,它为当前生产经营计划或实施具体计划提供依据。

4）建设市场经营预测的步骤

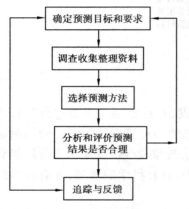

图4.2　经营预测步骤示意图

经营预测一般可分为以下5个基本步骤（见图4.2）:

①确定预测目标和要求:包括预测项目、范围、性质、数量、时间、重点和目的,做到有的放矢,正确预测。

②调查收集整理资料:对资料进行加工整理,去粗取精,去伪存真,得出有用的、真实可靠的数据资料。

③选择预测方法:确定预测模型,进行科学预测,根据不同的预测时间、不同的数据资料、不同的预测精度要求,并考虑预测所需的费用和预测方法的实用性,合理选择预测方法进行预测。

④分析和评价预测结果:对预测结果进行分析,检查是否达到预期的预测目标,预测结果是否合理等。如果得出否定结论,则需重新确定预测目标或选择其他预测方法,再次进行预测,并评价预测的结果。

⑤追踪与反馈:对预测结果进行追踪检查,了解预测的结论和建议被采纳的程度、实际的效果以及预测结论与实际情况是否一致等。随时对追踪的结果进行反馈,以便在今后预测时改进方法,纠正偏差。

▶ 4.1.2　定性预测方法

1）概念

定性预测方法是利用直观材料,依靠人的经验、知识和主观判断并进行逻辑推理,对事物未来变化趋势进行估计和推测的方法。它的优点是简单易行,时间快,是应用历史比较悠久的一种方法,至今在各类预测方法中仍占据重要地位。它的缺点是易带片面性,精度不高。

2）专家预测法

由专家们根据自己的经验和知识,对预测对象的未来发展作出判断,然后把专家们的意见归纳整理形成预测结论。它又分为专家个人预测法和专家会议预测法两种。

专家个人预测法是由确有专长、具有远见卓识和丰富经验的专家提出个人意见,然后将各专家的意见收集起来归纳整理形成预测结论。该方法能充分发挥专家的创造能力,不受外界影响,没有心理压力。但此方法容易受到专家知识面、知识深度、占有资料的多少以及对预测问题是否有兴趣等因素所制约,预测结果难免带有片面性和局限性。

专家会议预测法是向专家们提供需要预测的问题和信息,请他们事先做好准备,然后在确定的时间召开专家会议,由专家们各自提出预测的意见,相互交换,相互启发,弥补个人知识经验的不足,并通过讨论、补充、修正之后得出结果。此方法的缺点是参加会议的人数有限,代表性不够广泛;另外,在会上发表意见还会受到一些心理因素的影响,不能畅所欲言,容易受到权威意见和大多数人意见的影响,即使有不同的意见也不愿意在会上发表或不愿意公开修正自己已发表的意见,导致预测结果的可靠程度有限。

3)德尔菲法

德尔菲法是集专家个人预测法和专家会议预测法二者之长,去二者之短的一种方法。其特点是用书面的方式与专家们取得联系,而不是采取开会的形式,因此又称为函调法。它以匿名的方式通过几轮咨询,征求专家们的意见。预测小组对每一轮的意见进行归纳整理和分类,作为参考资料以文件形式发给每个专家,供他们分析判断,提出新的论证。如此反复三至四轮,直到得出预测结论为止。该方法采用匿名的方式征询专家意见,专家互不照面,各抒己见,博采众长,分析判断比较客观,预测结果比较准确,而且预测费用较低,广泛应用于技术预测、经营预测、短期预测、长期预测、预测量变和质变过程等多种情形。

(1)德尔菲法的预测过程　德尔菲法的预测过程可分为:准备阶段、预测阶段、结果处理阶段。

①准备阶段。其主要工作是确定预测主题和选择参加预测的专家。确定预测主题,首先要制定目标—手段调查表,并在此表基础上制定应答问题调查表。预测领导小组或专家一起,对已掌握的数据进行分析,确定预测对象的总目标和子目标以及达到目标的手段,编制手段调查表。当有多种手段时,应精选主要的、互不干扰的各种手段。手段调查表是德尔菲法预测的重要工具,是信息的主要来源,表的质量对预测结果的准确程度影响很大。因此,制表时应非常慎重。

②预测阶段。第一轮,发给专家第一轮调查表,表中只提出预测问题,不带任何约束条件。围绕预测主题由专家提出应预测的事件,预测领导小组对专家填写后寄回的调查表进行汇总、归纳,用准确术语提出一个预测一览表。第二轮,发给专家第二轮调查表,即预测一览表,由专家对每个事件作出评价,并阐明理由,预测领导小组对专家意见进行统计处理。如此再进行第三轮、第四轮调查与统计,最终得出一个相当集中的预测意见。

③结果处理阶段。对应答结果进行分析和处理,是德尔菲法预测的最后阶段,也是最重要的阶段。处理方法和表达方式取决于预测问题的类型和对预测的要求。通过大量的试验证明,专家的意见分析是接近或符合正态分布的。

(2)组织预测应注意的问题　为了保证德尔菲法的预测精度,组织预测时应注意以下几点:

①对德尔菲法作出充分说明;

②预测的问题要集中;

③避免组合事件;

④用词要确切；

⑤调查表应简化；

⑥领导小组意见不应强加于调查表中；

⑦问题的数量要限制；

⑧支付适当报酬；

⑨结果处理工作量的大小；

⑩轮问时间间隔。

德尔菲法虽然广泛用于各个领域的预测，但只有合理、科学地操作，并注意扬长避短，才能得到可靠的预测结果。

▶ 4.1.3 定量预测方法

1）概念

定量预测方法是根据历史数据，应用数理统计方法来推测事物的发展状况，或利用事物内部因果关系来预测事物发展的未来状况的方法。它主要有时间序列预测分析法和回归分析法等。时间序列预测分析法是将预测对象的历史资料，按时间顺序排列起来，运用数学方法寻求其内在规律和发展趋势，预测未来状态的方法。回归分析法是从事物发展变化的因果关系出发，通过大量数据的统计分析找出各相关因素间的内在规律，从而对事物的发展趋势进行预测的方法。

2）时间序列预测分析法

时间序列预测分析法，常用的方法有简单平均法、移动平均法以及指数平滑法等。

（1）简单平均法　通过求一定观察期的数据平均数，以平均数为基础确定预测值的方法，称为简单平均法。它是市场预测的最简单的数学方法，不需要复杂的运算过程，方法简单易行，是短期预测中常用的一种方法。

①算术平均法。根据过去一定时期内，各个时期的历史资料求其算术平均值作为预测数据。此法适用于预测对象变化不大且无明显上升或下降趋势的情形。其计算公式为：

$$X = \frac{\sum_{t=1}^{n} X_t}{n} = \frac{X_1 + X_2 + \cdots + X_n}{n} \tag{4.1}$$

式中　X——预测值的算术平均值；

　　　X_t——第 t 期的数据；

　　　n——资料书或期数。

②加权平均法。当一组统计资料每期数据的重要程度不同时，对各期数据分别给以不同的权数，然后加以平均。该方法的特点是所求得的平均数包含了事件的长期变动趋势，适用于事件的发展比较平稳，仅有个别事件偶然性波动的情况。其计算公式为：

$$Y = \frac{\sum_{t=1}^{n} W_t X_t}{\sum_{t=1}^{n} W_t} \tag{4.2}$$

或简记为：

$$Y = \frac{\sum WX}{\sum W}$$

式中　Y——观测值的加权平均值；

　　　X_t——第 t 期的数据；

　　　W_t——第 t 期的权数。

加权平均法的关键是合理地确定观测值的权数。一般的做法是，由于距离预测期越近的数据对预测值的影响越大，则近期数据给予较大的权数，距离预测期远者则逐渐递减。当历史数据变化幅度较大时，权数之间可采用等比级数；当历史数据变化平稳时，权数之间可用等差级数；另外，若历史数据变化起伏波动较大，则可根据实际情况确定不同的权数。

（2）移动平均法　移动平均法是假定预测值与预测期相邻的若干观察期数据有密切关系为基础的，是把已知的统计数据按数据点划分为若干段，再按数据点的顺序逐点推移，逐点求其平均值得出预测值的一种方法。移动平均法的特点是：对于具有趋势变化和季节性变动的统计数据，尤其是对于数值特别大或特别小的数据，经过移动平均的调整后，能够消除不规律的变化。因此，移动平均法常用于长期趋势变化和季节性变化的预测。其计算公式为：

$$M_{t+1} = \frac{X_t + X_{t-1} + \cdots + X_{t-n+1}}{n} \tag{4.3}$$

式中　M_{t+1}——对 $t+1$ 期的移动平均值；

　　　X_t——已知第 t 期的数据；

　　　n——每段内的数据个数。

（3）指数平滑法　采用移动平均法需要一组数据，而且数据离现在越远，对未来的影响就越小，因而有一定的局限性。指数平滑法是移动平均法的演变和改进，在改进中有新的发展，它只用一个平滑系数 α、一个最新的数据 X_t 和前一期的预测值 F_t 就可进行指数平滑计算。预测值 F_{t+1} 为当期实际值 X_t 和上期预测值 F_t 不同比例之和。其特点在于：进一步加强了观察期近期观察值对预测值的作用，对不同时间的观测值赋予不同的权，加大了近期观察值的权数，使预测值能够迅速反映市场的实际变化；对于观察值所赋予的权数有伸缩性，可以取不同的平滑系数 α 值以改变权数的变化速率。因此，应用指数平滑法，可以选择不同的 α 值来调节时间序列观察值的修匀程度（即趋势变化的平稳程度）。它既具备移动平均法的长处，又可以减少数据的存储量，所以应用比较广泛。其计算公式为：

$$F_{t+1} = \alpha X_t + (1 + \alpha) F_t \tag{4.4}$$

式中　F_{t+1}——对 $t+1$ 期的预测值；

　　　α——平滑系数，$0 < \alpha < 1$；

　　　F_t——第 t 期的预测值。

平滑系数 α 实际上是一个加权系数，它是新旧数据的分配比值。α 越小，F_t 所占的比重越大，所得的预测值就越平稳；α 越大，新数据 X_t 所占的比重越大，预测值对新趋势的反映越灵敏；当 $\alpha = 1$ 时，最近的数据就是下一周期预测值；当 $\alpha = 0$ 时，预测值等于上一期的指数平滑值——常数。

关于初始值 F_1：当历史数据相当多（$\geqslant 50$）时，可以取 $F_1 = X_1$，因为初始值 X_1 的影响将被逐步平滑掉;当历史数据较少时,可取 X 作为 F_1。

【例4.1】 某建筑公司连续12个月的预制构件实际销售额见表4.1,试用时间序列预测分析法进行预测。

表4.1 时间序列分析计算表

时间周期 t/月	时间销售额 X_t/千元	M_{t+1} $n=3$ 预测值/千元	M_{t+1} $n=6$ 预测值/千元	F_{t+1} $\alpha=0.7$ 预测值/千元	F_{t+1} $\alpha=0.2$ 预测值/千元
1	2	3	4	5	6
1	40				
2	42			39.9	39.8
3	37			41.4	40.2
4	41	39.7		38.3	39.6
5	39	40.0		40.2	39.9
6	38	39.0		38.7	39.7
7	41	39.3	39.5	38.2	39.4
8	30	39.3	39.7	40.2	39.7
9	38	39.3	39.2	33.1	37.8
10	42	39.3	39.3	36.5	37.8
11	41	39.7	39.5	40.4	39.6
12	49	40.3	39.8	40.8	39.1
13		44	41.7	46.5	41.1

【解】 (1)算术平均法
由式(4.1)可得:

$$X = \frac{\sum_{t=1}^{n} X_t}{n} = \frac{\sum_{t=1}^{12} X_t}{12}$$

$$= \frac{40+42+37+41+39+38+41+30+38+42+41+49}{12} 千元$$

$$= 39.8 千元$$

(2)加权平均法

设 $W_t = \frac{1}{t}$,由式(4.2)可得:

$$Y = \frac{\sum_{t=1}^{n} W_t X_t}{\sum_{t=1}^{n} W_t} = \left(40 \times 1 + 42 \times \frac{1}{2} + 37 \times \frac{1}{3} + 41 \times \frac{1}{4} + 39 \times \frac{1}{5} + 38 \times \frac{1}{6} + 41 \times \frac{1}{7} + \right.$$

$$30 \times \frac{1}{8} + 38 \times \frac{1}{9} + 42 \times \frac{1}{10} + 41 \times \frac{1}{11} + 49 \times \frac{1}{12}) 千元 \times$$

$$\frac{1}{1 + \frac{1}{2} + \frac{1}{3} + \frac{1}{4} + \frac{1}{5} + \frac{1}{6} + \frac{1}{7} + \frac{1}{8} + \frac{1}{9} + \frac{1}{10} + \frac{1}{11} + \frac{1}{12}}$$

$$= 39.8 \text{ 千元}$$

(3)移动平均法

设 $n = 3$，由式(4.3)得：

当 $n = 3, t = 3$ 时，

$$M_{t+1} = M_{3+1} = \frac{X_3 + X_2 + X_1}{3} = \frac{37 + 42 + 40}{3} 千元 = 39.6 \text{ 千元}$$

当 $n = 6, t = 12$ 时，

$$M_{t+1} = M_{12+1} = \frac{X_{12} + X_{11} + X_{10} + X_9 + X_8 + X_7}{6}$$

$$= \frac{49 + 41 + 42 + 38 + 30 + 41}{6} 千元 = 40.2 \text{ 千元}$$

如此类推，将计算结果列入表4.1中第3和第4栏，其变化趋势如图4.3所示。

(4)指数平滑法

设 $F_1 = X = 39.8$，当 $\alpha = 0.7$ 时，由式(4.4)得：

$$F_2 = \alpha X_1 + (1 - \alpha) F_1 = 0.7 \times 40 千元 + (1 - 0.7) \times 39.8 千元 = 39.9 \text{ 千元}$$

又设 $\alpha = 0.2$，则

$$F_2 = \alpha X_1 + (1 - \alpha) F_1 = 0.2 \times 40 千元 + (1 - 0.2) \times 39.8 千元 = 39.8 \text{ 千元}$$

$$F_3 = \alpha X_2 + (1 - \alpha) F_2 = 0.2 \times 42 千元 + (1 - 0.2) \times 39.8 千元 = 40.2 \text{ 千元}$$

以此类推，将计算结果列入表4.1中第5和第6栏，其变化趋势如图4.4所示。

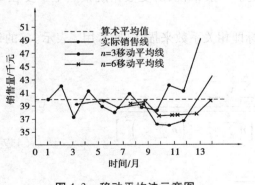

图4.3 移动平均法示意图

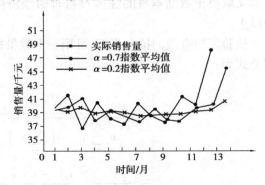

图4.4 指数平滑法示意图

3)回归分析法

回归分析法是一种定量的预测技术，它是根据实际统计的数据，通过数学计算，确定变量与变量之间互相依存的数量关系，建立合理的数学模式，以推算变量的未来值。回归分析法是寻求已知数据变化规律的一种数理统计方法。如果处理的变量只有两个，称为一元回归分析，多于两个变量的称为多元回归分析。此处仅介绍一元回归分析法。

一元回归分析只涉及两个变量,导出的数学关系式是直线,故又称为直线回归分析法。根据已知若干组 x 与 y 的历史数据,在直角坐标系上描绘出各组数据的散点图,然后求出各组数据点距离最小的直线,即为预测值的回归直线。该直线方程为:

$$y = a + bx$$

式中　y——因变量;

　　　x——自变量;

　　　a——回归系数,回归直线在 y 轴上的截距;

　　　b——回归系数,即回归直线的斜率。

用最小二乘法解得回归系数 a 与 b,即

$$b = \frac{n\sum\limits_{i=1}^{n}x_i y_i - \sum\limits_{i=1}^{n}x_i \sum\limits_{i=1}^{n}y_i}{n\sum\limits_{i=1}^{n}x_i y_i - \left(\sum\limits_{i=1}^{n}x_i\right)^2} = \frac{\sum\limits_{i=1}^{n}x_i y_i - \bar{x}\sum\limits_{i=1}^{n}y_i}{\sum\limits_{i=1}^{n}x_i^2 - \bar{x}\sum\limits_{i=1}^{n}x_i} \tag{4.5}$$

$$a = \frac{\sum\limits_{i=1}^{n}y_i - b\sum\limits_{i=1}^{n}x_i}{n} = \bar{y} - b\bar{x}$$

式中　　　　$\bar{x} = \frac{1}{n}\sum\limits_{i=1}^{n}x_i \qquad \bar{y} = \frac{1}{n}\sum\limits_{i=1}^{n}y_i \tag{4.6}$

直线回归分析法的出发点是根据一定时期的经济变量的分布图所呈现的一定的趋向。采用直线回归分析法的关键是必须判断其预测变量(因变量)与自变量之间有无确定的因果关系,必须掌握预测对象与影响因素之间的因果关系,因为影响因素的增加或减少会导致回归直线随之发生变化。

采用直线回归分析法时,数据点的多少决定着预测的可靠程度,而且所需数据点的实际数量又取决于数据本身的性质及当时的经济情况。一般来说,历史数据观察点至少要在20个以上。

检验回归直线的拟合程度,可用一个数量指标即相关系数来描述,通常用 r 表示。r 的计算公式为:

$$r = \frac{n\sum x_i y_i - \sum\limits_{i=1}^{n}x_i \sum\limits_{i-1}^{n}y_i}{\sqrt{\left[n\sum\limits_{i=1}^{n}x_i^2 - \left(\sum\limits_{i=1}^{n}x_i\right)^2\right]\left[n\sum\limits_{i=1}^{n}y_i^2 - \left(n\sum\limits_{i=1}^{n}y_i\right)^2\right]}} \tag{4.7}$$

$$= \frac{\sum x_i y_i - n\bar{x}\bar{y}}{\sqrt{\sum\limits_{i=1}^{n}x_i^2 - n\bar{x}^2}\sqrt{\sum\limits_{i=1}^{n}y_i^2 - n\bar{y}^2}}$$

由式(4.5)和式(4.7),可以得出:

$$b = r\frac{\sqrt{\sum y_i^2 - n\bar{y}^2}}{\sqrt{\sum\limits_{i=1}^{n}x_i^2 - n\bar{x}^2}} \tag{4.8}$$

式(4.8)中,当 $r=0$ 时,$b=0$,则回归直线是一条与 x 轴平行的直线,说明 y 的变化与 x 无关,此时 x 与 y 无线性关系,通常情况下,点 (x_i,y_i) 的分布是完全不规则的,如图4.5所示。

当 $r=\pm1$ 时,所有点 (x_i,y_i) 均在回归直线上,这种情况称 x,y 完全相关。当 $r=1$ 时,称为完全正相关,如图4.6(a)所示;当 $r=-1$ 时,称为完全负相关,如图4.6(b)所示。

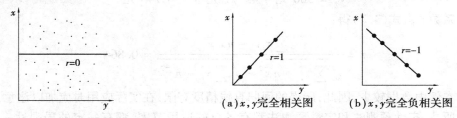

(a)x,y 完全相关图   (b)x,y 完全负相关图

图4.5 x,y 无线性关系图   **图4.6 x,y 相关图**

当 $0<|r|<1$ 时,r 的大小描述了 x 与 y 线性关系的密切程度。$r>0$ 称为正相关;$r<0$ 称为负相关。r 越接近1,x 与 y 的线性关系越密切;r 越接近0,x 与 y 的线性关系密切程度越小。因此,在建立回归方程之后,常常要观察 r 的大小以确定回归方程有无使用价值。一般来说,当数据的组数 $n\leqslant10$ 时,$|r|$ 要大于0.602;当 $n\leqslant20$ 时,$|r|$ 要大于0.444;当 $n\leqslant52$ 时,$|r|$ 要大于0.273才有意义。

直线回归分析法是通过从实践观察的大量数据中寻找事物发展的内在规律来预测事物的未来状况,对于外部条件,如国家政策、市场供求关系、原材料和燃料供应、建材和劳务价格等变化都未作考虑。因此,预测值只能为确定计划指标提供参考,而不能作为唯一的依据。

【例4.2】 已知某建筑公司2007—2012年度实际完成的建安工作量见表4.2,试用直线回归分析法预测2014年的建安工作量。

表4.2 回归分析计算表

年度/年	建安工作量 y_i/万元	时间 x_i	x_iy_i/万元	x_i^2
2007	440	1	440	1
2008	500	2	1 000	4
2009	450	3	1 350	9
2010	600	4	2 400	16
2011	550	5	2 750	25
2012	700	6	4 200	36
$\sum$	3 240	21	12 140	91

【解】 由式(4.5)和式(4.6)得:

$$\bar{x}=\frac{1}{n}\sum_{i=1}^{n}x_i=\frac{1}{6}\times21=3.5 \qquad \bar{y}=\frac{1}{n}\sum_{i=1}^{n}y_i=\frac{1}{6}\times3\,240=540$$

所以
$$b=\frac{\sum x_iy_i-x\sum y_i}{\sum x_i^2-x\sum x_i}=\frac{12\,140-3.5\times3\,240}{91-3.5\times21}=45.71$$

$$a = \bar{y} - b\bar{x} = 540 - 45.71 \times 3.5 = 380$$

则
$$y = a + bx = 380 + 45.71x$$

2014 年(即 $x = 8$)的建安工作量为:

$$y_8 = 380 \text{ 元} + 45.71 \text{ 元} \times 8 = 746 \text{ 元}$$

相关系数 r 由式(4.7)得:

$$r = \frac{\sum x_i y_i - n\bar{x}\,\bar{y}}{\sqrt{\sum x_i^2 - n\bar{x}^2} \cdot \sqrt{\sum y_i^2 - n\bar{y}^2}} = 0.864$$

由于本例中数据较少,因此,所得的回归直线精度有限,在实际应用时应加以注意。

综上所述,定性预测法和定量预测法都有各自的适用范围,都有一定的局限性。在实践中常常将定性预测和定量预测结合起来,兼收并蓄,取长补短,进行综合预测,从而提高预测的可靠性、准确性和全面性。

4.2 决策技术

▶ 4.2.1 概述

1)基本概念

决策是企业经营的重点,是指为达到同一目标,在一定的约束条件下,从诸多可行方案中选择一个最佳方案的分析判断过程。决策也是管理过程的核心,是执行各种管理职能的基础。

在实施决策时,一方面需要有"应该达到的既定目标";另一方面需要有能达到目标的"可利用的代替方案"。也就是说,决策需要有"目标"与"代替的方案"这两个方面的前提。

经营决策包括经营分析和决策两大部分。经营分析就是运用各种科学方法,对企业各项生产经营活动的目标、资料条件、外界因素与内部能力等进行技术经济效果的定量分析,并进行最优化的选择。决策则是在经营分析的基础上,根据分析的结果及其技术经济效果的大小,列出几个可行的计划或行动方案,再结合企业中其他非定量化的条件和人的因素,经过综合判断,从中选择一个最适宜的方案。

2)决策的作用

决策理论是一门年轻的学科,是在第二次世界大战后,随着管理科学、行为科学、系统理论等管理理论和技术的迅猛发展而建立起来的,它代表企业管理的一个更高阶段,是现代企业管理的核心问题。企业要合理分配和调节资源,就需要把现有的人力、物力和财力经营管理好,使其发挥最大的经济效益,就必须具备有效的组织、合理的决策和良好的人际关系,在这三者之中,合理的决策又是整个经营工作的核心和基础。

3)决策的分类

企业决策的分类,按其考虑的角度不同,有不同的分法。

(1)按决策计划时间分类　按决策计划时间,可分为长期决策和短期决策。长期决策是指导企业战略目标和发展方向有关的重大安排,如投资方向与生产规模的选择、技术开发的发展方向、一个长时期的发展速度等。长期决策往往与长期规划有关,并较多注意企业的外部环境。短期决策是实现战略目标所采取的手段,它比长期决策更具体,考虑的时间更短,并主要考虑如何组织动员企业内部力量来实现战略目标。

(2)按决策性质分类　按决策性质,可分为战略决策和战术决策。战略决策是指企业全局性的重大问题的决策,它指导企业的发展方向,是企业经营管理的首要问题。其主要内容是制订企业的经营目标、经营方针以及实现目标所需资源(人、财、物)的分配方案等。战略决策又称为经营决策。战术决策是指企业内部短期的局部问题的决策。其主要任务是解决各有关部门如何更好地使用所分配的资源,以提高工作效率的问题。战术决策又称为管理决策。

(3)按决策的形态分类　按决策的形态,可分为程序化决策和非程序化决策。程序化决策是指这类决策属于反复的、规定的,当某一问题发生时,不必重新再实施新的决策,可按原有设立的方式进行决策。这种决策是属定型化、程序化的决策,主要适用于组织内部的日常业务工作和管理工作,主要由中、下层管理人员来承担,并多用定量分析方法来制定。非程序化决策是属于新规定的、一次的、例外的、未加程序化或定型化的决策,这类决策活动并不经常重复出现,一般由上层管理人员来承担。这类决策的制定除采用适当的定量分析方法外,主要采用定性分析方法。大部分经营决策属非程序化决策,而管理决策属于程序化决策。

(4)按决策的确定程度分类　按决策的确定程度,可分为确定型决策、非确定型决策和风险型决策。确定型决策是指影响决策的因素或自然状态是明确的、肯定的、比较容易判断的,决策方案的最后结局是可以预期达到的决策。非确定型决策是指不仅事先并不知道在各种特定情况下的确定结果,而且连可能的结果及概率也全然不知,也无过去的经验和数据可循,主要凭借决策人的知识和经验进行决策。风险型决策是指各种因素的未来情况怎样,以及采取某一措施后可能产生的后果是无法明确肯定的,但对其出现的概率则可依过去的经验作出估计。

(5)按决策目标的数量分类　按决策目标的数量,可分为单目标决策和多目标决策。单目标决策是指方案的选择只考虑一个单一的指标,或者只突出一个指标,其他指标不作要求的决策。多目标决策是指同时满足多项指标所进行的决策。

(6)按管理层级分类　按管理层级,可分为最高管理层的经营决策、中间管理层的管理决策和基层管理层的业务决策。最高管理层的经营决策是以经理为首的决策机构,谋求企业与外界环境中不断发展的决策,是长期决策或战略决策,一般属于非肯定型或非程序化的决策。中间管理层的管理决策是实施经营决策方案的准备条件,提供管理基础和保证的决策,是中、短期的战术决策,既有非肯定型或非程序化的决策,又有肯定型和程序化的决策。基层管理层的业务决策是在一定企业体系基础上,为提高日常效率选择各种具体行动方案的决策,一般是肯定型或程序化的短期决策。企业的经营决策是三项决策中最主要的决定性决策,企业以经营决策为前提,结合管理决策、业务决策,构成了企业自上而下、由远而近的决策系统。这个决策系统围绕着经营目标和各级、各部门的具体目标进行决策。决策系统在相当大的程度上决定了企业的责任系统、权力系统。因此,决策是企业管理的核心职能。

4)建筑企业经营决策的基本内容

经营决策贯穿于企业经营管理的各个方面和全过程,决策的内容相当广泛,主要包括:

①经营战略方面的决策:包括经营方向、经营目标、经营方针、经营策略、经营计划、经营组织与机构、企业发展规模、技术改造与更新、技术开发、人力资源开发等决策。

②招揽工程任务的决策:包括市场开拓与渗透、联合经营、多种经营、投标策略、投标报价等决策。

③生产技术管理方面的决策:包括工程质量管理、施工计划、施工组织、生产进度及调度、材料供应、技术装备、技术措施以及新技术、新工艺、新材料研究和推广等决策。

④财务管理方面的决策:包括企业目标利润与目标成本、财务计划、财务结算、资金信贷、材料采购与库存等决策。

⑤劳动人事方面的决策:包括劳动人事计划与组织及调配、副经理级领导人选、用工办法、职工培训等决策。

5)决策的步骤

决策工作是一项动态的过程,而不是一成不变的程序。在各类型的组织中,决策过程可分成以下几个步骤(见图4.7):

①确定决策目标。明确提出决策所要解决的问题和要达到的经营目的。确定的目标应力求明确具体,责任到人。

②收集信息。信息是决策的前提条件,需要掌握大量真实可靠的信息,加以归类整理,并作详尽的分析研究,才能作出正确的决策。

③方案设计。研究并提出为解决问题和实现经营目标的各种可行的方案。

④方案评价。对各种备选方案进行技术经济论证,在论证的基础上作出综合评价。

⑤方案优化。通过对各种方案的分析评价,从可行方案中选出最优方案。

⑥方案实施和信息反馈。作出决策以后,还要抓好决策方案的实施,并以执行的结果来鉴定、检查决策是否正确。根据实际和反馈的情况对决策作出相应的调整或改变。

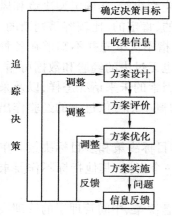

图 4.7 决策步骤示意图

▶ 4.2.2 确定型决策

确定型决策是研究环境条件确定情况下的决策。这类问题具备的条件是:首先,存在决策人希望达到的一个明确目标(收益较大或损失较小);其次,只存在一个确定的自然状态;再次,存在着可供决策人选择的两个或两个以上的行动方案;最后,不同的行动方案在确定状态下的益损值(收益或损失)可以计算出来。确定型决策可以单纯运用数学方法进行计算,从而决定最佳决策方案。因此,在决策论中不研究这类问题,一般由运筹学研究。

► **4.2.3 非确定型决策**

非确定型决策是研究环境条件不能确定情况下的决策。这类决策问题具备的条件是：首先，存在着决策人希望达到的目标；其次，存在着两个以上的行动方案可供决策人选择，最后只选定一个方案；再次，存在着两个以上的不以决策人的主观意志为转移的自然状况；最后，不同的行动方案在不同状态下的相应益损值可以计算出来。

例如，某建筑制品厂一种新产品，由于没有资料，只能设想出 3 种方案以及各种方案在市场销路好、一般、差 3 种情况下的益损值，见表 4.3。每种情况出现的概率也无从知道，试进行方案决策。对于这种非确定型决策，可用冒险准则、保守准则、等概率准则和后悔值准则进行决策，并以益损矩阵表示，见表 4.3。

表 4.3 益损矩阵表

产品销售情况 益损值/万元	销路好	销路一般	销路差	决策准则			
				冒险准则	保守准则	等概率准则	后悔值准则
F_1	36	23	−5	36	−5	18	14
F_2	40	22	−8	40	−8	18	17
F_3	21	17	9	21	9	15.67	19
选取方案				F_2	F_3	F_1 或 F_2	F_1

（1）冒险准则 冒险准则又称最大收益值最大准则或大中取大准则。先从各种情况下选出每个方案的最大收益值，然后对各方案进行比较，以收益值最大的方案为选择方案。如上例中选择了收益值为 40 万元的方案 F_2。这种追求收益最大化的决策方法，有一定冒险性，只有资金、物资雄厚，即使出现损失对其影响也不大的企业才能采用。

（2）保守准则 保守准则又称最小收益值最大准则或小中取大准则。以各种情况下最小收益值的最大的方案作为选定方案。这种准则对未来持保守或悲观的估计，以免可能出现较大的损失。如上例中选取了收益值为 9 万元的方案 F_3。

（3）等概率准则 决策者无法预知每种情况出现的概率，就假定各种情况出现的概率都相等，计算出每一方案收益值的平均数，选取平均收益值最大的方案。如上例中 3 种情况出现的概率为 1/3，选取平均收益值为 18 万元的方案 F_1 或 F_2。这是一种不抱侥幸心理的中间型决策准则。

（4）后悔值准则 后悔值准则又称为最小机会损失准则。后悔值是指每种情况下方案中最大收益值与各方案收益值之差。如果决策者选择了某一个方案，但后来事实证明他所选择的方案并非最优方案，他就会少得一定的收益或会承受一些损失。于是他后悔把方案选错了，或者感到遗憾。这个因选错方案可得而未得到的收益或遭受的损失称为后悔值或遗憾值。应用时先计算出各方案的最大后悔值，然后进行比较，以最大后悔值为最小的方案作为最佳方案。如上例中选取后悔值为 14 万元的方案 F_1。后悔值计算见表 4.4。

表 4.4 后悔值计算表

产品销售情况		销路好	销路一般	销路差	各方案最大后悔值
最理想收益值/万元		40	23	9	
后悔值/万元	F_1	40 − 36 = 4	23 − 23 = 0	9 − (−5) = 14	14
	F_2	40 − 40 = 0	23 − 22 = 1	9 − (−8) = 17	17
	F_3	40 − 21 = 19	23 − 17 = 6	9 − 9 = 0	19
选取方案					F_1

▶ 4.2.4 风险型决策

风险型决策也称为统计型决策或随机型决策。它除具备非确定型决策的4个条件外，还应具备第5个条件，即在几种不同的自然状态中未来究竟将出现哪种自然状态，决策人不能肯定，但是各种自然状态出现的可能性（即概率），决策人可以预先估计或计算出来。这种决策具有一定的风险性，所以称为风险型决策。决策的正确程度与历史资料的占有数量有关，与决策者的经验、判断能力以及对风险的看法和态度有关。

风险型决策可用最大期望益损值法、最大可能法、决策树法以及敏感性分析法进行决策。

1)最大期望益损值法

最大期望益损值法，是通过计算各行动方案在各种自然状态下的益损值，选其中最大值对应的方案为最优方案。从统计学的角度，这个最大期望值是合理的，该问题重复出现多次，则决策方案优于其他方案。

【例4.3】 有一项工程,要决定下月是否开工,根据历史资料,下月出现好天气的概率为0.2,坏天气的概率为0.8。如遇好天气,开工可得利润5万元;如遇到坏天气,则要损失1万元;如不开工,不论什么天气都要付窝工费1 000元。应如何决策?

【解】 按最大期望益损值法求解。

开工方案:$E(F_1) = 0.2 \times 50\,000$ 元 $+ 0.8 \times (-10\,000) = 2\,000$ 元

不开工方案:$E(F_2) = 0.2 \times (-1\,000)$ 元 $+ 0.8 \times (-1\,000) = -1\,000$ 元

显然是开工方案优于不开工方案,开工可得最大期望值为2 000元。

将计算结果列入表4.5中。

表 4.5 最大期望益损值法

益损值/万元 产品销售情况 决策方案	好天气 $P(S_1) = 0.2$	坏天气 $P(S_2) = 0.8$	期望益损值 $E(F_i)$/千元
开 工	50	−10	2.0
不开工	−1.0	−1.0	−1.0

2）最大可能法

风险型决策还可用最大可能法求解。自然状态的概率越大,表明发生的可能性越大,该方法取概率最大自然状态下最大益损值对应的方案为最优方案。

在例4.3中,坏天气概率最大,这样就不考虑好天气这个自然状态。在坏天气自然状态下,不开工方案的益损值大于开工方案,因此不开工是最优方案。

最大可能法与最大期望益损值法的决策结果正好相反,这是由于考虑问题的出发点不同,最大可能法以自然状态发生的可能性作为决策的唯一标准,作为一次性决策有其合理性的一面,尤其是在一组自然状态中,其中某一状态出现的概率比其他状态出现的概率特别大,而它们相应的益损值差别不很大时,这种方法的效果较好。如果在一组自然状态中,它们发生的概率都很小,而且互相很接近,此时再采用这种决策方法,效果就不好,有时甚至会引起严重错误。而对于多次反复的决策问题,采用最大期望益损值法则更为科学合理。

3）决策树法

决策树法是解决风险型决策的一种主要方法。它是将决策过程中各种可供选择的方案、可能出现的自然状态及其概率和产生的结果,用一个像树枝的图形表示出来,把一个复杂的多层次的决策问题形象化,以便于决策者分析、对比和选择。

（1）决策树的绘制方法

①先画一个方框作为出发点,称为决策点。

②从决策点引出若干直线,表示该决策点有若干可供选择的方案,在每条直线上标明方案名称,称为方案分枝。

③在方案分枝的末端画一个圆圈,称为自然状态点或机会点。

④从状态点再引出若干直线,表示可能发生的各种自然状态,并标明出现的概率,称为状态分枝或概率分枝。

⑤在概率分枝的末端画一个小三角形,写上各方案中每种自然状态下的收益值或损失值,称为结果点。

这样构成的图形称为决策树。它以方框、圆圈为结点,并用直线将它们连接起来构成树枝状图形,把决策方案、自然状态及概率益损期望值系统地在图上反映出来,供决策者抉择。

（2）决策树法的解题步骤

①列出方案。通过资料的整理和分析,提出决策要解决的问题,针对具体问题列出方案,并绘制成表格。

②根据方案绘制决策树。画决策树的过程,实质上是拟定各种决策方案的过程,是对未来可能发生的各种事件进行周密思考、预测和预计的过程,是对决策问题一步一步深入探索的过程。决策树按从左到右的顺序绘制。

③计算各方案的期望值。它是按事件出现的概率计算出来的可能得到的益损值,并不是肯定能够得到的益损值,故称为期望值。计算时从决策树最右端的结果点开始。

$$期望值 = \sum （各种自然状态的概率 \times 收益值或损失值）$$

④方案选择即决策。在各决策点上比较各方案的益损期望值,以其中最大者为最佳方案。在被舍弃的方案分枝上画两杠表示剪枝。

【例4.4】　某公司拟建一预制构件厂,一个方案是建大厂,需投资300万元,建成后如销路好每年可获利100万元,如销路差每年要亏损20万元;另一个方案是建小厂,需投资170万元,建成后如销路好每年可获利 40 万元,如销路差每年可获利 30 万元。两个方案的使用期均为 10 年,销路好的概率为 0.7,销路差的概率为 0.3,试用决策树法选择方案。

【解】 (1)按题意列方案,见表 4.6。

表 4.6　决策树分析表

自然状态	概率	方案/万元	
		建大厂	建小厂
销路好	0.7	100	40
销路差	0.3	−20	30

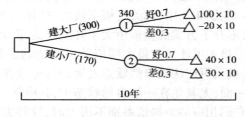

图 4.8　决策树图示(一)

(2)绘制决策树,如图 4.8 所示。

(3)计算期望值并扣除投资后的净收益为:

点①:净收益 = [100 万元 × 0.7 + (−20)万元 × 0.3] × 10 − 300 万元 = 340 万元

点②:净收益 = [40 万元 × 0.7 + 30 万元 × 0.3] × 10 − 170 万元 = 200 万元

(4)方案决策。由于点①的益损期望值大于点②的益损期望值,故选用建大厂的方案。

以上这种决策树法是一种单级决策问题。

【例 4.5】 在例 4.4 中,如果我们再考虑一个方案,即先建设小车间,若销路好,则在 3 年以后再扩建,扩建投资 130 万元,可使用 7 年,每年赢利 85 万元。试用决策树法选择方案。

【解】 这个问题可以分前 3 年和后 7 年两期考虑,属于多级决策类型,如图 4.9 所示。

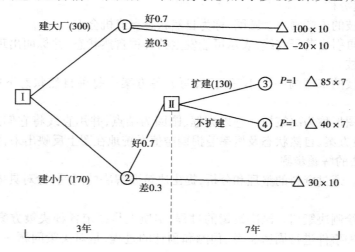

图 4.9　决策树图示(二)

各点益损期望值计算如下:

点①:净收益 = [100 万元 × 0.7 + (−20)万元 × 0.3] × 10 − 300 万元 = 340 万元

点③:净收益 = 85 万元 × 1.0 × 7 − 130 万元 = 465 万元

点④:净收益 = 40 万元 × 1.0 × 7 = 280 万元

点②:净收益 = 465 万元 × 0.7 + 280 万元 × 0.7 + 30 万元 × 0.3 × 10 − 170 万元 = 441.5 万元

由上可知,最合理的方案仍然是建大厂。在本例中,有两个决策点 Ⅰ 和 Ⅱ,在多级决策中,期望值计算先从最小的分枝决策开始,逐级决定取舍到决策能选定为止。

4)敏感性分析法

在决策过程中,人们对自然状态概率的预测不可能十分准确,概率一旦发生变化,对期望值的计算和方案决策都将产生影响。研究和分析因条件发生变化而引起结果的变化,称为敏感性分析。敏感性分析是在已经求得某个问题的最优解后,研究问题中某个或几个参数变化允许范围多大时,才能使原最优解的结果保持不变,或者是当参数变化超出一定范围,原最优解已不能保持最优性时,用一种简捷的计算方法重新求得最优解。

敏感性分析本身也是一种决策手段。对敏感性高的因素,决策者应认真对待,要准确确定它们的值,否则,可能导致决策失误。

【例4.6】　在例4.3的开工决策问题中,当自然状态出现的概率有一定幅度的变动时,试计算出最大期望益损值,并选择最优方案。

【解】　按最大期望益损值法求解,并进行敏感性分析。

假设好天气 S_1 的概率 $P(S_1)$ 变为0.1,则坏天气 S_2 的概率 $P(S_2)$ 变为0.9,此时的最大期望益损值分别为:

开工方案: $E(F_1) = 0.1 \times 50.0 + 0.9 \times (-10.0) = -4.0$

不开工方案: $E(F_2) = 0.1 \times (-1.0) + 0.9 \times (-1.0) = -1.0$

$E(F_2) > E(F_1)$,则不开工方案为最优方案。同样可计算其他概率值时的最大期望益损值,并列入表4.7中。

表4.7　敏感性分析表

益损值 $E(F)$/千元　　　　$P(S_1),P(S_2)$ 决策方案	0.1	0.15	0.2	0.25
	0.9	0.85	0.8	0.75
F_1	-4.0	-1.0	2.0	5.0
F_2	-1.0	-1.0	-1.0	-1.0
$\max E(F_1)$	-1.0	-1.0	2.0	5.0
最优方案	F_2	F_1 或 F_2	F_1	F_1

从表4.7中可以看出,当 $P(S_1)=0.15$, $P(S_2)=0.85$ 时,两个方案的期望益损值相等,可任意选择,此时的概率称为转折概率。若预测概率与转折概率越接近,所选方案越不稳定;若预测概率与转折概率相差较远,则最优方案比较稳定。

转折概率的条件是:在这种概率下,不同方案所得期望益损值相等,即:

$$V_{11} \times P(S_1) + V_{12} \times P(S_2) = V_{21} \times P(S_1) + V_{22} \times P(S_2) \qquad (4.9)$$
$$P(S_2) = 1 - P(S_1)$$

式中　$P(S_1),P(S_2)$——转折概率;

V_{ij}——不同自然状态下各方案对应的益损值。

在例4.6中,转折概率计算如下:

$$50 \times P(S_1) + (-10) \times [1 - P(S_1)] = (-1.0) \times P(S_1) + (-1.0) \times [1 - P(S_1)]$$

得:　　　　　　　　　　$P(S_1) = 0.15$　　　$P(S_2) = 0.85$

各种工程建设,如在决策上失误,往往会给国家带来很大的经济损失。科学的决策方法可以帮助人们减少失误。而决策是领导者的基本职能,决策必须确定达到的目标,拟定若干个有价值的可行方案,通过对方案的比较和评估,从中选出最优方案付诸实施。

本章小结

本章主要讲述企业经营预测和决策技术。预测是对未来发展趋势的预计与推测。决策是从若干可行方案中选择最佳的行动方案,两者都是一种管理行为,同时也是一门实用学科。现将本章的基本要点归纳如下:

(1)企业经营预测是指对企业经营活动密切相关的经济现象、经济变量未来发展趋势的预计与推测。它是科学管理的基础,既是企业制定发展规划和进行经营决策的依据,也是正确决策的前提和必要条件。预测分为定性预测和定量预测两种。定性预测有专家预测法和德尔菲法;定量预测有时间序列预测分析法和回归分析法。在时间序列预测分析法中又分为算术平均法、加权平均法、移动平均法和指数平滑法。定性预测和定量预测都各有优点及适用范围,但也都有其不足及局限性。因此,在具体应用的实践中,经常将定性预测和定量预测结合起来,取长补短,互为补充地进行综合预测,以提高预测的可靠性、准确性和全面性。

(2)决策是指企业在经营分析结果的基础上,列出若干个可行方案,再根据自身的有利条件及不利因素进行综合分析判断,从中选择一个最佳的行动方案。企业实现最大经济效益,必须具备科学的组织管理、正确的经营决策和良好的人际关系。其中正确的经营决策是企业经营工作的核心与基础。决策的类型与方法,按时间不同分为长期决策和短期决策;按性质不同分为战略决策和战术决策;按形态不同分为程序化决策和非程序化决策;按确定程度不同分为确定型决策、非确定型决策和风险型决策;按目标数量不同分为单目标决策和多目标决策;按管理层次不同分为最高层决策、中间层决策和基层决策。

(3)确定型决策是研究环境条件为确定情况下的决策。非确定型决策是研究环境条件不能确定情况下的决策。非确定型决策问题具备的条件是:存在希望达到的目标;存在两个以上可供选择的行动方案;存在两个以上不可转移的自然状况和可以计算出不同方案在不同状态下的益损值。对这类决策问题可以采用冒险准则、保守准则、等概率准则和后悔值准则进行决策。风险型决策也称随机型决策。这类决策问题具有一定的风险性,除具备非确定型决策的4个条件外,还应具备在各种自然状态下出现的概率是可以预先估计计算出来。风险型决策的正确与否,与历史资料的占有量、决策者的判断能力和对风险的认识及态度有关。可用最大期望益损值法、最大可能法、决策树法和敏感性分析法进行决策。

通过本章学习,除了解与掌握决策的基本概念、基本知识外,还应重点掌握经营预测与决策的基本方法。其中定量预测方法和风险型决策方法是学习的重点与难点。

复习思考题

4.1　什么是预测?什么是经营预测?经营预测的分类如何?

4.2　德尔菲法的主要程序是什么？它与专家预测法相比有哪些优点？

4.3　若某地区 2004—2013 年房屋竣工建筑面积见表 4.8,试用时间序列预测法(包括简单平均法、移动平均法、指数平滑法)和直线回归分析法预测 2014 年房屋竣工建筑面积。

表 4.8　某地区 2004—2013 年房屋竣工建筑面积表

年　份	2004	2005	2006	2007	2008	2009	2010	2011	2012	2013
房屋竣工建筑面积/万 m²	45.2	76.3	88.9	130.1	114.6	128.0	149.6	1 153.7	2 000.4	1 900.2

4.4　什么是决策？什么是经营决策？决策的分类如何？

4.5　确定型决策、非确定型决策和风险型决策问题各应具备什么条件？

4.6　设有 F_1,F_2,F_3 3 种方案,分别代表某种产品的中批量、大批量和小批量生产。可能遇到的自然状态 S_1,S_2,S_3 分别代表产品需求量高、中、少 3 种自然状态。各种方案在自然状态下的益损值见表 4.9,而每种情况出现的概率并不知道,试分别用冒险准则、保守准则、概率准则和后悔值准则进行决策。

表 4.9　某产品生产方案及益损值

益损值/万元　　　自然状态　　　　　决策方案	S_1(需求量高)	S_2(需求量中)	S_3(需求量少)
F_1(中批量)	46	60	30
F_2(大批量)	70	− 10	− 16
F_3(小批量)	35	27	34

4.7　某厂为了生产某种新产品有两种方案:方案 Ⅰ 是建一个规模大的车间,需投资 500 万元;方案 Ⅱ 是建一个规模小的车间,需投资 200 万元。两种方案的使用期都是 10 年,在此期间的自然状态的概率及年度益损值见表 4.10。试用最大期望益损值和决策树法进行方案选择。

表 4.10　某车间建设规模方案及益损值

自然状态	概　率	年度益损值/万元	
		建大车间	建小车间
销路好	0.7	200	80
销路差	0.3	− 50	60

4.8　对上题若分前 3 年和后 7 年两期考虑,根据市场预测,前 3 年新产品需求量高的概率为 0.7。如果前 3 年需求量高,则后 7 年需求量的概率为 0.9;如果前 3 年需求量低,则后 7 年需求量肯定也低。试问在这种情况下,应选择哪一种方案？

4.9　在题 4.8 中若再提出方案 Ⅲ,先建小车间,如果需求量高,3 年后再考虑扩建。扩建需要投资 100 万元,扩建后可使用 7 年,每年益损值与建大车间相同。试用决策树法选择方案。

5

价值工程

5.1 价值工程概述

价值工程（Value Engineering，VE），是由美国通用电器公司工程师迈尔斯首先研究提出的。他从满足产品的功能入手，通过对产品的功能分析，找出不必要的费用，努力降低成本，从而实现节约资源和降低成本的目的，以便取得更好的经济效益。迈尔斯等人通过大量的研究与实践，总结出一套在保证同样功能的前提下降低成本的方法，之后又在其内容方面得到了丰富发展与完善，逐步形成了目前所称的价值工程。价值工程从材料代用开始发展到产品设计、工艺改进等领域，它的成功及在世界各地的广泛应用，已经成为一种降低成本和取得好的经济效益的有效方法。

20 世纪 80 年代初，价值工程开始被引入我国，很快就被许多企业采用。1987 年我国颁布了《价值工程基本术语和一般工作程序》的国家标准。从开始推广至今，VE 已为国民经济的发展创造了数以亿计的经济效益。

▶ 5.1.1 价值工程的基本概念

价值工程是指以最低寿命周期成本，为可靠地实现产品或作业的必要功能所进行的、着重于功能分析的有组织的科学管理方法。它是提高产品功能、降低产品成本的一种有效技术。价值工程着重从功能分析入手，力求以最低的寿命周期成本，实现包括产品、工作和劳务等必要功能的、有组织的创造性活动。现将价值工程的几个基本概念分述如下。

1）功能（F）

功能是指某种产品的用途、功用。一种产品往往会有几种不同的功能，为了便于功能分析，需要对功能进行分类，但无论怎样分类，功能分析的目的都在于确保必要功能，消除不必要的功能。

（1）必要功能和不必要功能　必要功能是指物品为满足使用者的需求而必须具备的功能；不必要功能是指物品所具有的，但与满足使用者的需求无关的功能。

（2）基本功能和辅助功能　基本功能是指与产品的主要目的直接有关的功能，是决定产品性质和存在的基本因素；辅助功能是指为了更有效地实现基本功能而附加的功能。一般来说，基本功能是必要的功能；辅助功能有些是必要的功能，有些可能是多余的功能。例如，传真机的基本功能是收发数据电文，辅助功能有复印等功能。收发数据电文是传真机的必要功能，复印功能对于没有复印机的用户来说是必要功能，但对已有专门复印机的用户来说就是不必要功能。

（3）使用功能和品位功能　使用功能是指产品所具有的与技术经济用途直接有关的功能；品位功能是指与使用者的精神感觉、主观意识有关的功能，如贵重功能、美学功能、外观功能、欣赏功能等。使用功能和品位功能对一种产品来说往往是兼而有之，但根据用途和消费者的要求不同而有所侧重。例如，地下电缆、地下管道、设备基础等主要是使用功能，工艺美术品、装饰品等主要是品位功能。

（4）不足功能和过剩功能　不足功能是指产品尚未达到满足使用者需求的必要功能；过剩功能是指产品所具有的，且超过使用者需求的功能。不足功能和过剩功能具有相对性，同样一件产品对甲消费者而言，可能功能不足；而对乙消费者而言，功能却已过剩了。

对同一类产品而言，不同的消费者要求的功能是有差异的，为了使每件产品到达用户手中时，其功能都是满足消费者需要的必要功能，生产厂家通常需要根据不同的目标消费群体将产品开发成系列，从而达到增加销量的目的。对同一类消费者而言，生产厂家应对市场进行细分，对目标消费群进行定位，尽可能减少产品的功能过剩或功能不足，使特色产品让消费者满意，达到占领目标市场的目的。

2）寿命周期成本（C）

寿命周期成本是指在产品的经济寿命周期内，为实现和使用产品的功能所支付的全部费用或成本。寿命周期成本主要包括两个部分：一是生产费用 C_1；二是在使用过程中支付的能耗、运输、销售、储存、使用、维护等费用 C_2，如图 5.1 所示。

价值工程中的生产成本曲线 C_1 与使用成本曲线 C_2 叠加起来组成的即是寿命周期成本曲线，在曲线中的成本最低点所对应的功能就是产品的必要功能，最低点所对应的成本则是最低的寿命周期成本，产品的必要功能与产品最低寿命周期成本的比值就是产品的价值。价值工程是为了降低寿命周期成本，实现产品的必要功能，从而最大限度地提高产品的价值，使消费者在拥有该产品或方

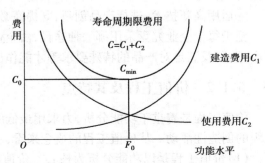

图 5.1　寿命周期费用与功能水平的关系图

案时,真正感到物有所值。

3)价值

价值工程中的"价值"是指产品(或工艺、劳务等对象)的功能与获得该功能所花费的全部费用之比。它是评价某一对象所具备的功能与实现其功能所需耗费相比的合理程度(或尺度)。这里的"对象"可以是产品,也可以是工艺、劳务等。对产品来说,价值计算为:

$$V = \frac{F}{C} \tag{5.1}$$

式中　　V——价值;

　　　　F——功能;

　　　　C——成本。

式(5.1)中的价值既不是对象的使用价值,也不是对象的交换价值,而是对象的比较价值。价值的大小取决于功能和成本。产品的价值高低表明了产品合理有效地利用资源的程度。产品价值越高其资源利用程度就越高;反之,价值低的产品表明其资源未得到有效的利用,就应设法改进和提高。由于"价值"的引入,产生了对产品新的评价形式,即把功能与成本、技术与经济结合起来进行评价。"物美价廉"不仅是广大消费者的价值观,也是企业和国家利益的要求。

从消费者的角度来讲,如果需要购买某种消费品,首先要看该商品的用途,它的质量如何,再看需要多少钱,然后两者比较一下,看是否值得购买。如果质量很好、价格适宜,或质量一般、价格便宜,就认为值得购买。从企业的角度来讲,评价一种产品时,通常把C(成本)看成是制造该产品所投入的人力、物力等资源,即"输入";把F(功能)看成是产品能够满足用户的效用,即"输出";则V(价值)就是从产品中所获得的经济效益。由此可见,V是根据功能与成本的比值来判断产品的经济效益,其目的是提高产品的价值,它既是消费者利益的要求,也是企业和国家利益的要求。

4)实现价值提高的主要途径

根据式(5.1)可知,价值取决于功能和成本两个因素,因此提高价值的途径如下:

①保持产品的必要功能F不变,降低产品的成本C,以提高产品的价值;

②保持产品的成本C不变,提高产品的必要功能F,以提高产品的价值;

③成本C稍有增加,但必要功能F大幅度增加,使产品价值提高;

④在不影响主要功能F的前提下,适当降低一些次要功能,大幅度降低产品成本C,提高产品价值;

⑤运用高新技术,进行产品创新,既提高必要功能,又降低成本,以大幅度提高价值。

至于每个企业究竟采用哪一种途径,由企业的实际条件确定,如加强市场调查、分析消费者心理,以及满足对产品的特殊要求等才能作出正确的决策。

▶ 5.1.2　价值工程及其特点

价值工程是着重于功能分析,力求用最低的寿命周期成本可靠地实现必要功能的一种有组织的创造性活动。从价值工程的概念来看,它具有以下特点:

(1)价值工程是以功能分析为核心　价值工程中的功能是指功用、效用、能力等,是对象能够满足某种需求的属性。功能是产品最本质的东西,正因为产品具备了此功能,才能得以使用和存在下去。人们购买产品实际上是购买这个产品所具有的功能。例如,人们需要住宅,实质是需要住宅的"提供生活空间"的功能。价值工程的特点之一就是研究并切实保证用户要求的功能。但是,由于设计制造等方面的原因,产品在具备满足用户需求的特有功能的同时,存在一些多余的功能,这必将造成产品不必要的成本。因此,必须通过分析,确定哪些功能是产品的必要功能,去掉或削弱产品的多余功能,改进产品设计,降低成本。

(2)价值工程所要实现的目标　价值工程所要实现的目标是寻求建立可靠实现产品或作业的必要功能基础上的最低的寿命周期成本。就建筑产品而言,其寿命周期是指从规划、设计、施工建设、使用、维修,直到报废为止的整个时期。建筑产品的寿命包括两种:一种是自然寿命;另一种是经济寿命。

建筑产品在整个寿命周期过程中所发生的全部费用,称为寿命周期费用,它包括建设费用和使用费用两部分。建设费用是指建筑产品从筹建到竣工为止的全部费用,包括勘察设计费、施工建造费等。使用费用是指用户在使用过程中所发生的各种费用,包括维修费用、能源消耗费用、管理费用等。对于用户来说,建筑产品寿命周期费用 C 是建设费用 C_1 和使用费用 C_2 之和,即:

$$C = C_1 + C_2 \hspace{4cm} (5.2)$$

建筑产品的寿命周期费用与建筑产品的功能有关。从图 5.1 可以看出,随着建筑产品的功能水平的提高,建筑产品的使用费用会降低,但是建设费用则会增高;反之,使用费用增高,建设费用会降低。因此,粗心设计并在施工中偷工减料的住宅质量一定低劣,使用费用中的维修费用就一定较高。建设费用、使用费用与功能水平的变化规律决定了寿命周期费用呈图5.1 所示的马鞍形变化,决定了寿命周期费用存在最低值。建设费用 C_1 的曲线和使用费用 C_2 的曲线的交点对应的寿命周期费用才是最低的,最低寿命周期费用 C_{min} 所对应的功能水平 F_0 是从费用方面考虑的最为适宜的功能水平。

(3)价值工程是有组织的创造性活动　价值工程作为有组织的创造性活动,这是因为它不同于一般的合理化建议,需要进行系统的研究、分析。产品的价值工程,涉及设计、工艺、采购、加工、管理、销售、用户、财务等各个方面。需要调动各个方面的积极性,发挥集体智慧,大家提供信息,共同协作。

▶ 5.1.3　价值工程的工作程序

开展价值工程的过程实际上是一个发现问题、分析问题和解决问题的过程。针对价值工程的研究对象,逐步深入地提出一系列问题,并通过回答问题寻求答案,使问题得以解决。

1)价值工程实施中涉及的主要问题

价值工程实施中,所提出的问题通常包括以下内容:
①VE 的对象是什么?
②它是干什么用的?
③它的成本是多少?
④它的价值是多少?
⑤有无其他方法可以实现同样的功能?
⑥新方案的成本是多少?

⑦新方案能满足功能要求吗？

⑧偏离目标了吗？

2）价值工程的工作程序

价值工程的工作程序，一般划分为准备工作阶段、分析问题阶段、方案创新阶段与方案施阶段4个阶段，以及工作对象的选择、信息搜集、功能定义、功能整理、功能成本分析、功能评价、确定改进范围、方案创造、概略评价、调整完善、详细评价、提出方案、方案审批、设施与检查和成果鉴定15个具体工作步骤，详见表5.1。

表5.1　价值工程的工作程序

工作阶段	设计程序	工作步骤		对应问题
		基本步骤	详细步骤	
准备工作	制订工作计划	确定目标	1. 工作对象的选择	1. 对象是什么？
			2. 信息搜集	
分析问题	规定评价	功能分析	3. 功能定义	2. 它是干什么用的？
			4. 功能整理	
		功能评价	5. 功能成本分析	3. 它的成本是多少？
			6. 功能评价	4. 它的价值是什么？
			7. 确定改进范围	
方案创新	初步设计	制订改进方案	8. 方案创造	5. 还有其他方法能实现这一功能吗？
	评价各设计方案，对方案进行改善、优选		9. 概略评价	6. 新方案的成本是多少？
			10. 调整完善	
			11. 详细评价	
	书面化		12. 提出方案	7. 新方案能满足功能要求吗？
方案实施	检查实施情况并评价活动成果	实施评价成果	13. 审批	8. 偏离目标了吗？
			14. 实施与检查	
			15. 成果鉴定	

（1）准备工作阶段　准备工作主要是指制订工作计划和资料搜集，包括确定价值工程的研究对象，找出需要改进的产品、部件或问题，以及按照选定的对象搜集必要的信息资料。

（2）分析问题阶段　分析问题是指将选定的对象进行功能分析，弄清对象具有哪些功能？这些功能哪些是必要的及这些功能之间有何关系？价值工程是以功能为中心来分析问题，一般是采用功能分析方法，它包括功能定义、功能整理、功能评价等，并在功能分析的基础上进行功能评价，以对价值工程对象的功能、成本、价值进行定量、定性分析，从而为价值工程对象的改进提供科学依据。

（3）方案创新阶段　方案创新是指依据集体智慧,提出各种方案改进和方案创新的设想,在此基础上进行技术、经济、社会等各方面的综合评价,选择具有价值的创新方案,并使其具体化。通过试验并证实后选出最佳方案,以作为正式提案送交有关部门研究审批。

（4）方案实施阶段　方案实施是指正式提交的最佳方案在经有关部门审批后才能进行实施,并应检查方案实施情况和评价其活动成果,以及实施成果的鉴定,评价是否达到预期目标或偏离了目标。

上述仅是价值工程的一般工作程序,由于价值工程应用范围广泛,其活动形式也不尽相同,因此在实际应用中,可以参照这个工作程序,并根据对象的具体情况,正确应用价值工程的基本原理与方法,以确定具体的实施措施和方法步骤。但作为这个工作程序的核心和关键的功能分析与评价,则是方案创造不可缺少的内容。

▶ 5.1.4　应用价值工程的重要意义

价值工程是既能提高产品功能,又能降低产品成本的一种现代管理技术。对于涉及产品和费用等领域,价值工程的应用具有以下重要意义:

（1）价值工程的应用可提高经济效益和促进企业管理　企业要提高生产技术和管理水平,必须改变落后的生产技术和管理模式,而运用价值工程则是改变企业技术落后和经营管理落后的一种重要手段。因为价值工程能够帮助企业进行产品定位,在保证产品必要功能的基础上,摒弃产品的不必要功能,使产品的成本最低。另外,结合 IE 和 QC 的方法,使企业的管理进一步加强,并在保证和提高产品质量的过程中,降低企业各个环节的成本,做到人尽其才,物尽其用。在加强全面质量管理和全面经济核算的同时,搞好综合管理,从而带动各方面管理水平的提高。

（2）价值工程的应用可推动企业的技术与经济工作　在实际工作中,企业往往将技术与管理两者分割开来,重视产品质量的提高,追求技术上的先进性,却忽视了产品成本的降低和价格的合理;重视产品成本的降低,却又忽视了产品质量的提高。这些片面的做法影响了经济效益的提高。而价值工程则强调要对产品的技术方案进行经济效益的评价,既要重视技术上的先进性和可行性,又要考虑经济上的合理性和现实性,从而避免了由于工作的片面性所带来的不良后果。

（3）价值工程的应用可为企业经营和发展决策提供依据　价值工程的应用是在坚持用户第一的思想上进行的,通过市场调查,随时掌握市场动态,不断开发新产品,改进原有产品,寻求以最低的生产成本来满足用户对产品功能的需求,使自己的产品适销对路,取得最佳经济效益。这些都将为企业作出正确的经营决策打下基础。

5.2　对象选择与情报收集

▶ 5.2.1　对象选择

价值工程的应用首先要确定对象,其对象是生产中存在的问题,它可以是一个系统、一种产品、一台设备或一项工程,也可以是它们中的某些组成部分。就建筑产品而言,其种类繁多,如质量、成本、施工工艺和方法等且各不相同,工程项目建设中要经历评估立项、设计、招投标、施工、竣工验收等各个阶段。勘察设计、施工建造、物资供应等多个方面,都可能受人力、财力、物力、施工技术水平和管理水平等因素的综合影响。因此,不可能把构成建筑产品或服务的所有环节作为价值工程的改善对象。为了节省资金,提高效率,只能精选其中一部分来实施价值工程。

1)价值工程选择对象的原则

(1)保持与社会目标相适应的原则 在考虑与社会目标相适应时,价值工程选择对象应优先考虑国家急需的重点工程(产品)、社会需求量大的工程项目(产品),以及国家工程项目建设急需的短缺产品、公害治理和污染严重的环保项目等。

(2)保持与发展目标相适应的原则 在考虑与社会目标相适应时,价值工程选择对象应优先考虑研制中的产品、需要更新改造的设备、拟定改革的工艺流程、竞争激烈的产品、用户意见大的产品、开辟新市场的产品和出口外销的产品等。

(3)保持与利益目标相适应的原则 在考虑与利益目标相适应时,价值工程选择对象应优先考虑成本高、利润低的产品,材料贵、耗用量大的产品,能耗高、性能差、技术水平低的产品,生产周期长、占用资金多的产品,笨重、结构复杂的产品等。

(4)价值提高的可能性原则 在实际工作中,企业经营目标的实现,大幅度提高价值,不仅取决于产品自身的价值改善潜力大小和难易程度,还取决于企业在分析研究时的人力、物力、财力等一系列的客观条件。只有价值工程工作小组在一定时间内,通过运用新材料、新结构、新工艺、新技术,能够改进见效的、具有较大改善潜力的产品才值得选为价值工程对象,也只有对它们进行改进才有利于实现企业的经营目标。

2)价值工程选择对象的方法

(1)经验分析法 经验分析法又称因素分析法。这种方法是组织有丰富实践经验的专业人员和管理人员对已收集掌握的情报资料作详细而充分的分析讨论,在此基础上选择价值工程对象的一种方法,因此,它是一种定性分析方法。运用这种方法时要对各种影响因素进行综合分析,区分主次轻重,既考虑需要,也考虑可能,以保证对象选择的合理性。这种定性分析方法,其优点是简便易行,节省时间;缺点是缺乏定量分析依据,不够准确,在目标单一、产品不多或问题简单的情况下,用于初选阶段是可行的。

运用此法选择对象时,可以从设计、施(加)工、制造、销售和成本等几个方面进行综合分析,因为任何产品的功能和成本都是由多方面的因素构成的,关键是要找出主要因素,即抓住重点。具有下列特点的一些产品或零部件可以作为价值分析的重点对象:

①产品设计年代已久,技术已显陈旧;

②产品质量、体积很大,制造增加材料用量和工作量;

③质量差、用户意见大或销售量大、市场竞争激烈的产品;

④成本高、利润低的产品;

⑤组件或加工复杂,影响产量的零部件;

⑥成本占总费用比重大,功能不重要而成本高的产品。

总之,要抓住主要矛盾,应选择成功概率大、经济效益高的产品和零部件作为价值工程的重点分析对象。

（2）ABC分析法　ABC分析法是指根据"关键的少数,次要的多数"的原理,对复杂事物的分析提供一种抓主要矛盾且简明有效的定量分析方法。它是意大利经济学家帕莱特在研究人们收入规律时总结出来的。他发现占人口百分比不大的少数人的收入占总收入的极大部分,而占人口百分比大的多数人的收入却占总收入的极小部分。类似这种现象在社会生活中也屡见不鲜,如在进行成本分析时发现,数量占零部件总数的10%的零部件,其成本却占总成本的70%左右;另有占数量20%的零部件,其成本占总成本的20%;而有70%的零部件的成本仅占总成本的10%。通常将占总成本70%的那部分零部件划为A类,占总成本20%的划为B类,占总成本10%的划为C类。此即为ABC分析法。此法将成本百分比表示在纵坐标轴上,产品或零部件占有的数量百分比表示在横坐标轴上,绘制ABC分类图。

应用ABC分析法选择价值工程对象的步骤如下:
①将一种产品或全部产品的零部件按成本高低依次排列;
②按排列的累计件数算出占零部件总数或总产量的百分比;
③根据零部件或产品的累计成本算出所占总成本的百分比;
④按ABC分析法将零部件或全部产品分为A,B,C三类,首选A类为价值工程对象。

【例5.1】　某产品由42种共100件零部件组成,根据零部件成本高低依次排列,经过计算,即可分得A,B,C三类,详见表5.2。

表5.2　某产品ABC分类计算表

零件序号（1）	件数（2）	累计		成本/元（5）	累计		备注（8）
		件数（3）	占零件总数的百分比/%（4）		金额/元（6）	占总成本的百分比/元（7）	
001	1	1	1	40	40	20	
002	2	3	3	38	78	39	
003	1	4	4	16	94	47	
004	2	6	6	15	109	54.5	A
005	2	8	8	14	123	61.5	
006	3	11	11	12	135	67.5	
007	13	13	13	9	144	72	
008	4	17	17	8	152	76	
009	4	21	21	8	160	80	B
010	2	23	23	7	137	83.5	
011	1	24	24	6	173	86.5	
012	1	28	28	4	177	88.5	
013	3	31	31	3	180	90	
⋮	⋮	⋮	⋮	⋮	⋮	⋮	⋮

续表

| 零件序号 (1) | 件数 (2) | 累计 | | 成本/元 (5) | 累计 | | 备注 (8) |
		件数 (3)	占零件总数的百分比/% (4)		金额/元 (6)	占总成本的百分比/元 (7)	
041	1	98	98	1	199	99	C
042	2	100	100	1	200	100	
合计	100				200		

为了更直观地表示分类情况,还可将分类结果以 ABC 分类图的形式展示出来,如图 5.2 所示。从图 5.2 可以直观地看出 A 类是"关键的少数",是重点分析对象。

ABC 分析法的优点是抓住重点突出主要矛盾,在对复杂产品的零部件作分析对象选择时,常用它作主次分类。据此,价值工程工作小组可以结合自身的人力、财力、时间要求,略去"次要的多数",抓住"关键的少数",卓有成效地开展工作。

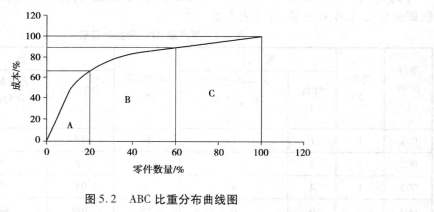

图 5.2　ABC 比重分布曲线图

（3）价值系数法　价值系数法是根据价值数的大小判断各个零部件的价值,将价值低者作为 VE 对象,又称 FD 法,价值系数 V 的计算式为:

$$价值系数(V) = \frac{某零部件的功能重要系数}{某零部件的成本系数} \tag{5.3}$$

这种方法除用于选择对象外,还可用于进行功能评价和方案评价。现用以下实例来说明其具体步骤。

【例 5.2】　假设某产品由 A,B,C,D,E 这 5 个零部件组成,其成本费用分别为 1.8 万元、0.8 万元、0.8 万元、1.1 万元、2.5 万元。总成本为 7 万元。试确定其 VE 对象及分析顺序。

【解】　确定 VE 对象的步骤如下:

（1）求出零部件的功能重要性系数

①确定打分方法。首先,对每个零部件的功能重要性进行评价打分,其打分方法很多,如强制确定法（FD 法）中的"01"评分法、"04"评分法,这里仅以"01"评分法为例。

②评分规则。邀请 5~15 个对产品生产熟悉的人员参加,各自评分,然后取其平均值;所有零部件两两对比,分别评价功能的相对重要性,功能重要者打 1 分,相对不重要者打 0 分;两个零部件比较,不允许认为两者同样重要都打 1 分,也不允许认为同样不重要都打 0 分。

③评分过程。首先,将 5 个零部件按任意顺序填入表 5.3 中,然后,根据用户要求评价零部件的功能重要性;A 与 A 相比较没有意义,用×表示,A 比 B 重要打 1 分,B 打 0 分,以此类推。然后按式(5.4)计算功能重要性系数。

$$功能重要性系数 = \frac{某零部件得分数}{全部零部件得分数之和} \qquad (5.4)$$

表 5.3　功能重要性系数表

零部件名称	一对一比较结果					得分	功能重要性系数
	A	B	C	D	E		
A	×	1	0	1	1	3	0.3
B	0	×	0	1	1	2	0.2
C	1	1	×	1	1	4	0.4
D	0	0	0	×	0	0	0
E	0	0	0	1	×	1	0.1
合　计						10	1.0

(2)求出零部件的成本系数　成本系数是指每个零部件的实际成本占产品实际总成本的比值,其计算式为:

$$成本系数 = \frac{某零部件实际成本}{产品实际总成本} \qquad (5.5)$$

各个零部件的成本系数见表 5.4。

表 5.4　价值系数计算表

零部件名称	功能重要系数	现实成本/万元	成本系数	价值系数	对象选择顺序
	(1)	(2)	(3) = (2)/7	(4) = (1)/(3)	
A	0.3	1.8	0.26	1.154	4
B	0.2	0.8	0.11	1.818	3
C	0.4	0.8	0.11	3.636	1
D	0	1.1	0.15	0	—
E	0.1	2.5	0.36	0.278	2
合　计	1.00	7.00	1.00	—	—

(3)求出价值系数　价值系数计算表见表 5.4。

(4)判断与确定 VE 对象

①当价值系数 $V < 1$ 时,说明零部件的功能重要性较差而相应花费的成本较高,若选为 VE 对象,则可提高其价值。

②当价值系数 $V > 1$ 时,说明零部件的功能重要性较高而成本较低,这些零部件也可列为 VE 对象,进一步增大其价值。

③当价值系数 $V \approx 1$ 时,说明其功能重要性与承包比重相当,可不作为 VE 对象。

④当价值系数 $V = 0$ 时,说明零部件不重要。

根据表 5.4 所列的价值系数 V 偏离 1 的程度,可确定 VE 活动对象的顺序为 C、E、B、A。

FD 法简单易行,较为实用。当零部件数量不多、零部件功能重要程度差异比较均衡时,该方法比较有效。选择 VE 对象的方法除上述方法外,还有比重分析法、倍比确定法和区域法等。

▶ 5.2.2 情报信息的搜集

价值工程的目标是提高价值,为了实现目标所采取的任何决策都与掌握的情报信息多少有关。通过情报信息搜集与整理可对产品进行分析对比,从而发现问题,找出差距,确定解决问题的方向。另外,掌握相当数量的情报,还可使人受到启发,拓展思路。因此,情报信息是价值工程实施过程中进行价值分析、比较、评价和决策的依据。对于价值工程来讲,情报信息是资源,价值工程所能取得的成果在很大程度上取决于所搜集情报信息的质量、数量和适宜的时间。

1)情报信息搜集的原则

情报信息搜集应遵循以下原则:

①情报信息搜集应遵循生产全过程的原则。情报信息的搜集应将产品从研制、生产、流通、交换到消费全过程的情报信息搜集起来,并加以归纳、整理、分析,使情报信息得到充分的利用。

②情报信息搜集应注意情报特性的原则。情报信息在搜集的过程中,应注意情报信息的广泛性、目的性、可靠性、时间性、经济性,而实际应用中应统筹兼顾。

③情报信息搜集应力求及时高效的原则。情报信息的搜集应力求以较短的时间、较快的速度、较低的成本、较高的质量完成情报信息的搜集工作。

2)情报信息搜集的内容

情报信息从范围上来讲,有企业内、外和国外信息资料,一般包括以下几个方面内容:

(1)用户要求方面的情报信息

①用户使用产品的目的、使用环境和使用条件。

②用户对产品性能方面的要求:

a. 产品使用功能方面的要求,如汽车的载重量、电视机的图像、手机通话的清晰程度等;

b. 对产品的可靠性、安全性、操作性、保养维修性及寿命的要求,如产品过去使用中的故障、事故情况与问题;

c. 对产品外观方面的要求,如造型、体积、色彩等。

③用户对产品价格、交货期限、配件供应、技术服务等方面的要求。

（2）销售要求方面的情报信息

①产品产销数量的状况包括目前产销情况与市场需求量的预测。

②产品竞争的情况,如目前有哪些竞争的厂家和竞争的产品,其产量、质量、销售、成本、利润情况;同类企业和同类产品的发展计划,拟增加的投资额、重新布点、扩建改建或合并调整的情况。

（3）科学技术方面的情报信息

①产品的研制设计历史和演变;

②本企业产品和国内外同类产品的有关技术资料,如图纸、说明书、技术标准、质量调查等;

③有关新结构、新材料、新技术、标准化和三废处理方面的科技信息资料。

（4）企业生产方面的情报信息

①产品加工方面的情报信息,如生产批量、生产能力、加工方法、工艺装备、生产节拍、检验方法、废次品率、厂内运输方式、包装方法等情况;

②原材料及外构件,外构件种类、质量、数量、价格、材料利用率等情况;

③供应与协作单位的布局、生产经营情况、技术水平与成本、利润、价格等情况;

④厂外运输方式及运输经营等情况。

（5）成本方面的情报信息　成本方面包括产品及零部件的定额成本、工时定额、材料消耗定额、各种费用定额、材料、配件、自制半成品、厂内劳务的厂内计划价格等。

（6）政府和社会有关部门法规、条例等方面的情报信息　关于政府及有关部门法规、条例等方面情报信息的搜集,应注意情报信息资料的目的性、计划性、可靠性、适时性。

5.3　功能分析与评价

　　功能分析是价值工程活动的核心内容。对 VE 对象进行的功能分析,不仅使生产成本评价有了客观依据,还可以发现哪些功能是不必要的,哪些功能是过剩的,哪些功能是不足的,从而在新方案中删除不必要的功能,降低过剩功能,补充、提高不足功能,使产品有一个合理、平衡的功能结构,以达到降低成本、提高价值的目的。

　　功能分析通过分析信息资料,正确表达各对象的功能,明确功能特性要求,绘制功能系统图,在此基础上,依据掌握的用户的功能要求,对功能进行定量评价,以确定提高价值的重点改进对象。功能分析包括功能定义、功能分类、功能整理和功能评价 4 部分内容。现分述如下。

▶　5.3.1　功能定义

　　功能定义就是把 VE 对象及其组成部分所具有的功能给出明确的表述。在这一表述中应明确功能的本质,限定功能的内容,并能与其他功能概念有所区别。功能定义的表述应做到准确、简洁、明了,通常用一个动词和一个名词进行表述,要求动词和名词宾语把功能简明扼要地定义出来,主语是被定义的对象。例如,基础的功能是"承受荷载",这里的基础是功能承

担者;电线的功能是用动词"传导"和名词"电流"组合成"传导电流";钟表的功能是"指示时间"等。功能定义可以使 VE 小组成员明确产品设计的依据,可以开阔设计思路,有利于功能评价。

在功能定义时应注意以下几个方面:

①在定义功能时应力求拓展或概括一些,尽可能抽象化,以便有可能打开思路,广泛探求实现这种概念的新方案。若要提高功能定义抽象化程度,就要使用限定性较少的动词。例如,吸尘器的功能定义为"除掉灰尘",而不宜为"吸掉灰尘",因为实现"除掉灰尘"这一功能有多种方法,如冲洗、气吹、静电吸附等。

②功能定义时应注意,名词要尽量用可测量的词汇,以利定量化。例如,电线功能定义为"传电"就不如"传导电流"好。其次,动词要采用扩大思路的词汇。例如,定义一种在零件上作孔的工艺的功能,用"作孔"比用"钻孔"思路开阔得多。

③在功能定义时,还必须了解那些可靠地实现功能所需要的条件,这些条件可以归纳为"5W2H",即功能承受对象是什么(what)? 为什么要实现(why)? 由谁来实现(who)? 在何时实现(when)? 在何地实现(where)? 功能实现程度是多少(how much)? 实现功能的手段是什么(how to)? 尽管在功能定义时省略了"5W2H"的条件,但是在具体活动中却不能忽视这些制约条件,否则就不能准确地把握实现功能的最本质的内容。

▶ 5.3.2 功能分类

任何产品包括工序、作业、构件、构配件等都具有相应的功能,如果产品不具备应有的功能,则该产品将失去存在的价值。不同的产品具有不同的功能,即使是同一产品也常常可能具有几种功能。产品的功能分类一般可分为以下 4 个方面:

(1)基本功能 基本功能是决定产品性质和存在的基本因素,即是这种产品使用目的所不可缺少的功能和必要的功能。例如,承重外墙的基本功能是承受荷载,室内间隔墙的基本功能是分隔空间。

(2)辅助功能 辅助功能是对实现产品基本功能起着辅助作用的功能,即是为了更有效地实现基本功能而附加的因素。例如,隔声、隔热则是墙体的辅助功能;又如夜光表的基本功能是指示时间,而夜光只在晚上使用,只是辅助功能。通常来讲,产品的基本功能所花的成本费用,总是要大于产品辅助功能的成本费用。

(3)使用功能 使用功能是每个产品包括建筑产品都必须具有的使用价值,它包括产品的可靠性、有效性、安全性、保养性(即维修性)。它是通过产品的基本功能和辅助功能表现出来的。

(4)外观功能 外观功能又称为美观功能。很多产品除在性能上满足要求外,还应按照用户的效益在造型、图案、样式等方面加以美化,如建筑产品美观功能一般包括建筑物的造型、样式、色彩、图案等。

(5)必要和不必要功能 必要功能是指对象为满足使用者的需求所必须具备的功能,或者说是用户要求对象具有的功能;不必要功能是指对象所具有的与满足使用者的需求无关的功能,或者说是用户完全不需要的功能。

一般来说,任何产品包括建筑产品都应着重满足其基本功能和使用功能的要求,但是也不能忽视产品的辅助功能和外观功能,其具体要求取决于社会消费水平和产品的性质等条件因素。

▶ 5.3.3 功能整理

一件产品通常由许多零部件组成,各个零部件各有其功能,这些功能可以组成有关体系。因此,一个产品除具有结构体系外,客观上同时存在一个功能体系。功能整理就是按照一定的逻辑关系,将 VE 对象各个组成部分的功能相互连接起来,形成一个有机整体,并对定义出的功能进行系统的分析、整理,明确功能之间的关系,分清功能类别,建立功能系统图,如图5.3所示。功能整理的过程就是建立功能系统图的过程。

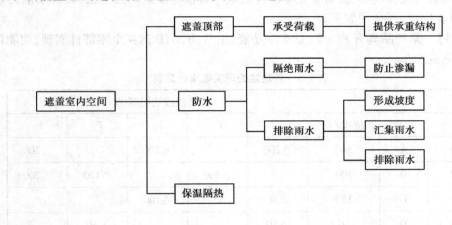

图5.3 平屋顶功能系统图

通过功能整理,能够审查功能定义的正确性,从而确认用户所需求的功能;发现不必要的功能,或目的不明确的功能,或重复的功能;可正确掌握和区分功能区域,并为对象提出改进措施,以大幅度改善功能与成本的比值;明确功能级别,可以有目的地选择级位高的功能作为改善产品的方向。

▶ 5.3.4 功能评价

功能评价是指对产品功能的价值进行测试和评定,是对产品功能进行的定量分析。即在产品功能分析的基础上,应用一定的科学方法,进一步求出实现某种功能的最低成本(或称目标成本),并以此作为功能评价的标准,也称为功能评价值。通过与实现该功能的现实成本(或称目前成本)相比较,求出两者的比值即为功能价值;两者差值为成本改善期望值,也就是成本降低幅度。其计算公式为:

$$V = \frac{F}{C} \tag{5.6}$$

式中　V——功能价值(或价值系数);

　　　F——功能评价值;

　　　C——功能的现实成本(即目前成本)。

$$功能成本改善期望值 = C - F \tag{5.7}$$

在通常情况下,功能评价值 F 是功能的最低成本,此时功能评价值常常被作为功能成本降低的奋斗目标,也称为目标成本或标准成本。可从功能评价评出的数据中,将那些功能价值低、改善期望值大的功能作为开展 VE 的重点对象。

功能评价的基本程序是:计算功能的现实成本(目前成本);确定功能的评价值(目标成本);计算功能的价值(价值系数);计算成本改善期望值;选择价值系数(即 V)低、成本改善期望值大的功能区域作为重点改进对象。现分述如下。

1)计算功能的现实成本(目前成本)

产品中的一个零部件往往具有几种功能,而一种功能也往往通过几个零部件才能实现。因此,计算功能的现实成本,就需要把零部件的成本转移分配到功能上去,计算功能的现实成本可通过填表进行,现举例如下。

【例 5.3】 某产品具有 $F_1 \sim F_5$ 这 5 项功能,由 A,B,C,D 这 4 个零部件实现,功能现实成本计算,详见表 5.5。

表 5.5 各功能的现实成本计算表

零部件			功能或功能区域				
序号	名称	成本/元	F_1	F_2	F_3	F_4	F_5
1	A	500	△200		△100		△200
2	B	300		△100		△100	△200
3	C	150	△50		△100		
4	D	80	△30			△50	
合 计		1 030(C)	280(C)	100(C)	200(C)	150(C)	300(C)

首先,确定每个零部件对实现哪些功能有贡献。例如,表 5.5 中的零部件 A 可用来实现 F_1,F_3 和 F_5,就在相应的格子内作记号"△"。

然后,确定每个零部件对各功能所起作用的比例,并按比例将零部件的成本分配到各功能上。如零部件 A 对 F_1,F_3 和 F_5,所起作用的比例为 212,则将其成本 500 元分配给 F_1 为 200 元,F_3 为 100 元,F_5 为 200 元。

最后,将各功能从各零部件分配到的成本合计起来,即为各功能的现实成本。例如,F_1 的成本为 280 元。

2)计算功能评价值

计算功能评价值的方法比较多,如反推法、实际调查法、理论计算法、经验估算法和功能重要性系数评分法等。现就功能重要性系数评分法举例介绍如下。

(1)确定功能重要性系数 计算和确定功能重要性系数的方法,除有"01"评分法(该方法前面已讲述)、"04"评分法以外,还有倍数确定法。"04"评分法与"01"评分法基本相同,不同的是打分标准有所改进。现重点介绍倍数确定法。

倍数确定法,又称为 DARE 法。这种方法是利用评价因素之间的相关性进行比较,从而计算确定出重要性系数,并据此选择最佳方案。其计算确定步骤如下:

①根据各评价对象的功能重要程度(或现实难度),按上高下底的原则排序(即 F_1 得分为 9 , F_2 得分为 6 , F_3 得分为 3 , F_4 得分为 1);

②从上到下对相邻的两个评价对象的功能重要性程度(或现实难度)进行比较,详见表 5.6;

③令最后一个评价对象得分为 1,按上述各对象之间的相对比值计算其他对象的得分;

④将总分分别除各评价对象的得分,计算出各评价对象的功能重要性系数。

表 5.6　DARE 法确定功能重要性系数计算表

评价对象	相对比值	得　分	功能重要性数
F_1	$F_1/F_2 = 1.5$	9.0	$9/19 = 0.47$
F_2	$F_2/F_3 = 2.0$	6.0	$6/19 = 0.32$
F_3	$F_3/F_4 = 3.0$	3.0	$3/19 = 0.16$
F_4	—	1.0	$1/19 = 0.05$
合　计		19	1

(2)确定功能评价值　其计算有新产品设计和老产品改进设计两种情况,现分别介绍如下。

①新产品设计。在新产品设计前,根据国家计划、价格政策、市场预测等情况,已大致确定了产品的目标成本,因此,当功能重要性系数确定后,就可将产品的目标成本按功能重要性系数加以分配。假设预计总目标成本为 800 元,则根据 DARE 法计算确定的功能重要性系数求出各功能的评价值,详见表 5.7。

表 5.7　功能评价值计算表

功能区域	功能重要性系数	功能评价值
F_1	0.47	$0.47 \times 800 = 376$
F_2	0.32	$0.32 \times 800 = 256$
F_3	0.16	$0.16 \times 800 = 128$
F_4	0.05	$0.05 \times 800 = 40$
合　计	1	800

②老产品改进设计。一般来讲,在老产品设计前已有了目前成本(假设为 300 元),可以将已知的现实成本分摊到各功能上,再根据功能评价值求出价值系数及成本降低值,具体计算详见表 5.8。

按照表 5.8 的计算,在确定功能评价值时,有以下 3 种情况:

a. 如功能区域新分配的成本大于现实成本时,以现实成本作为功能评价值,如 F_1;

b. 如功能区域新分配的成本等于现实成本时,则以现实成本作为功能评价值,如 F_3;

c. 如功能区域新分配的成本小于现实成本时,则以新分配成本作为功能评价值,如

F_2，F_4。

③计算出价值系数和成本改善期望值，详见表5.8。

表5.8 功能评价计算表

功能区域 (1)	功能重要性系数 (2)	现实成本 (3)	重新分配的功能区域成本 (4) = (2) ×300	功能评价值 (5)	价值系数 (6) = (5)/(3)	成本改善期望值 (7) = (3) - (5)
F_1	0.47	80	141	80	1	—
F_2	0.32	130	96	96	0.74	34
F_3	0.16	48	48	48	1	—
F_4	0.05	42	15	15	0.36	27
合　计	1	300	300	239	—	61

④确定 VE 改进对象。在选择改进对象时，主要应考虑价值系数大小和成本改善期望值的大小。其具体确定原则如下：

a.价值系数值低的功能区域。计算出来的价值系数值小于1的功能区域，基本上都应作为改进对象，特别是价值系数值比1小得较多的功能区域，力求通过改进使价值系数值等于1。

b.成本改进期望值大的功能区域。当几个功能区域的价值系数同样低时，要优先选择成本改善期望值大的功能区域作为重点改进对象。

5.4　方案创造与评价实施

上述功能评价明确了 VE 对象及其目标成本，解决并回答了"它的成本是多少？"等问题；而方案创造与评价实施，则主要是解决回答"有无其他方法来实现原有功能？""新方案的成本是多少？""新方案能否满足要求吗？"等问题。

▶ 5.4.1　方案创造

创造可以理解为"组织人们通过对过去经验和知识的分析与综合来实现新的功能"。价值工程能否取得成功，关键是功能分析评价之后能否构思出可行的方案。为了提高产品的功能和降低成本，达到有效地利用资源的目的，因此需要寻求最佳的代替方案。寻求或构思这种最佳方案的过程就是方案的创造过程，这也是一个创造、突破、精制的过程。

方案创造是针对应改进的具体目标，它是依据已建立的功能系统图、功能特性和功能目前成本，通过创造性的思维活动，提出各种不同的实现功能的方案。为了实现产品的基本功能、辅助功能、使用功能、外观功能，任何设想都可以提出来。在提出各种设想时，不应受任何时间和空间的限制，不应受任何权威意见的干扰，只要是符合这些功能的设想，都可以放开思想、大胆提出。现就方案创造的具体方法介绍如下。

（1）头脑风暴法　头脑风暴法又称为"BS"法。这种方法是邀请若干个熟悉产品设计和生产过程的人员参加的研讨会,通过会议主持人的启发和引导,使到会人员在无拘无束、敞开思想、集思广益的气氛中,提出各自的提案并做好记录。然后再邀请有关专家进行评价,对有价值的提案建议加以补充和完善,这样就可以从中精选出一些优秀的提案作为进一步研究的方案。

（2）哥顿法　哥顿法又称为模糊目标法,它是美国人哥顿(Gordon)在1964年提出的一种方法。这种方法的指导思想是把要研究的问题适当抽象,以利于开拓思路。在组织召开研究改进的专题会议上,主持人只提出一个抽象的功能概念,要求参加人员提出各种设想,方案也就可以提得更多。会议主持人要善于引导,即用各种类比的方法提出问题,等到合适的时候,才把要解决的问题揭开,便于进行方案的对比选择。

（3）德尔菲法　德尔菲法又称为专家函询法,它是由美国咨询机构兰德公司率先采用的一种方法。这种方法是将所要提出的方案分解为若干内容,并把这些内容送给提案专家,经专家审阅评价后,整理出各种建议方案,从中再选择出比较实用的方案交给各位专家审查分析。经过这样3次或多次的反复研究分析,最后确定可行的最佳方案。由于这种方法具有匿名性,提案人员互不见面,可以避免不必要的顾虑而提出各自的意见,而且方案是通过反复修改、逐步集中形成的,因此最后的结果具有最佳方案的特性。

▶ 5.4.2　方案评价与选择

方案评价是指经过方案创造过程得到大量的提案,但是必须从大量可供选择的设想方案中进行筛选,因此要对这些方案作出评价。方案评价一般分为概略评价和详细评价两种。概略评价可采用定性分析法对方案进行初选,舍弃明显不合理的方案。详细评价是对筛选后的各提案和原案一起来评价其经济性、技术特性等优劣,最后选择满意的最佳方案。

方案的概略评价和详细评价,均包括技术评价、经济评价、社会评价和综合评价。方案评价框图如图5.4所示,现分述如下。

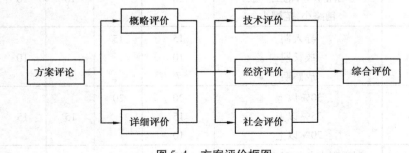

图5.4　方案评价框图

1）技术评价

技术评价主要是评价方案能否实现所要求的功能,以及方案本身在技术上能否实现。它包括:功能实现程度(如性质、质量、寿命等)、可靠性、可维修性、安全性、整个系统的协调、与环境条件的协调性能等。技术评价可通过现场试验、模型试验、理论试验等方法进行。

2）经济评价

经济评价是从经济效益上评价改进方案经济上的合理性。它包括：成本、利润、企业经营需要、适用期限和数量、实施改进方案所需的费用等。经济评价的方法包括前面有关章节已介绍过的总额法、差额法、盈亏平衡分析法、现金流量法等。

3）社会评价

社会评价是考核改进方案实施后对社会产生的影响及企业利益能否一致。它包括：方案的功能条件与国家的技术改善和科学发展规划是否一致，方案的实施与社会环境、公害污染、能源耗费以及国家的法律、法规、条例是否一致等。

4）综合评价

综合评价是在技术评价、经济评价和社会评价的基础上进行的整体评价，从中可找出一个在技术、经济、社会3个方面彼此协调的最优方案。方案综合评价是一个多目标决策问题，常用的方法有加法评分法、连乘评分法和加权评分法等。

（1）加法评分法　加法评分法是指按照评价的项目规定若干等级，并按项目的重要程度规定不同的评分标准，重要程度高的评分值标准定得高些，反之，则定得低些；然后，根据各方案对各评价项目的实现程度按规定标准打分；最后汇总各方案的得分总数，按总分多少评定方案的优劣，详见表5.9。

表5.9　某新产品开发的综合评价表

评价项目	评价等级	评分标准	评价方案			
			A	B	C	D
功　能	很好地满足用户所需功能	30	30			
	基本满足用户所需功能	20		20		20
	尚能满足用户所需功能	10			10	
销　路	销路大，范围大	15	15			
	销路中等，范围一般	10		10	10	
	销路小，范围小	5				5
生命期	导入期	15	15			
	成长期	10			10	10
	成熟期	7		7		
盈利能力	30%以上	20	20			
	25%以上	15		15	15	
	20%以上	10				10
生产可能性	利用现有条件可成批生产	10				10
	增加若干设备	8		8	8	
	需要大量投资	4	4			
合　计		90~36	84	60	53	55

（2）连乘评分法　连乘评分法是指把各评价项目所得分数相乘，按乘积的大小评价方案

的优劣。由于总分是由连乘所得,故不同方案的总分差距很大,比较醒目,便于选择。

(3)加权评分法 加权评分法的具体计算步骤如下:

①确定评价加权系数,并利用 FD 法(或 DARE 法)确定各评价项目的加权系数 W_j,详见表 5.10。

表 5.10 利用 FD 法确定加权系数

j	评价因素	灵敏度	可靠性	耐冲击	尺 寸	外 观	成 本	评分值	加权系数 W_j
1	灵敏度	×	0	0	1	1	1	3	0.200
2	可靠性	1	×	1	1	1	1	5	0.333
3	耐冲击	1	0	×	1	1	1	4	0.266
4	尺 寸	0	0	0	×	1	0	1	0.067
5	外 观	0	0	0	0	×	0	0	0.000
6	成 本	0	0	0	1	1	×	2	0.133
	合 计							15	1.000

②分别就每个评价项目,利用 FD 法确定出每个方案 i 对项目 j 的满足系数 S_{ij},详见表 5.11。

表 5.11 方案综合评价表

评价因素		方案 1		方案 2		方案 3		方案 4		方案 5	
项目	W_j	S_{ij}	$W_j S_{ij}$	S_{ij}	$W_j S_{ij}$	S_{ij}	$W_j S_{ij}$	S_{ij}	$W_j S_{ij}$	S_{ij}	$W_j S_{ij}$
灵敏度	0.200	0.0	0.000	0.3	0.06	0.1	0.020	0.4	0.080	0.2	0.040
可靠性	0.333	0.0	0.000	0.4	0.133	0.3	0.100	0.1	0.033	0.2	0.066
耐冲击	0.266	0.2	0.053	0.4	0.106 7	0.3	0.080	0.1	0.026	0.0	0.000
尺 寸	0.067	0.1	0.006 7	0.2	0.013 2	0.3	0.020	0.4	0.026	0.0	0.000
外 观	0.000	0.1	0.000	0.3	0.000	0.2	0.000	0.1	0.000	0.0	0.000
成 本	0.133	0.2	0.026	0.1	0.013	0.4	0.053	0.3	0.039	0.0	0.000
$T_i = \sum_{j=1}^{n} W_j S_{ij}$			0.086		0.326		0.273		0.204		0.106

③按式(5.8)计算技术方案 i 的加权评分总值 T_i。

$$T_i = \sum_{j=1}^{n} W_j S_{ij} \tag{5.8}$$

④最佳方案应选取加权评分总值 T_i 为最大值方案,即可选择表 5.11 中的方案 2 为最佳方案。

▶ 5.4.3 方案实施与成果评价

1）提案审批

经过评价后而选定的最佳方案，在尚未实施前必须对其进行必要的试验与验证，试验通过后方可正式提案并上报审批。方案试验与论证内容包括产品结构、零部件、新材料、新工艺、新方法、样机或样品的性能、使用要求等。

为使提案能被接受，应将产品的技术经济指标、使用要求、存在的主要问题、提高价值的措施、预计达到的目标等作出具体说明，并附上功能分析、改进依据、试验数据、设计图纸、预计效果等资料，报主管部门审批。

2）提案实施

在方案实施的过程中，VE 小组要跟踪检查，并对方案实施负责，若发现方案内容有不合适的地方，VE 小组应再次进行研究与修改。

3）成果评价

开展价值工程的目的在于提高产品的价值，取得好的经济效益。通过功能分析、方案创造和方案实施等一系列活动，实际取得的技术经济效果如何，必须认真进行成果评价总结。

价值工程活动成果的总结，就是将改进方案的各项技术经济指标与原设计进行比较，以考查方案（活动）所取得的综合效益。

在保证产品质量、性能，以及保证产品功能的前提下，方案实施以后，应对 VE 活动成果进行以下的评价：

（1）技术评定 技术评定可以通过价值改进系数来进行，即改进后的产品价值 V_2 和改进前的产品价值 V_1 之差与改进前的产品价值 V_1 之比，称为价值改进系数，用 ΔV 表示。即：

$$\Delta V = \frac{V_2 - V_1}{V_1} \tag{5.9}$$

当 $\Delta V > 0$ 时，说明价值工程活动的技术性良好，ΔV 值越大，效果就越好；

当 $\Delta V < 0$ 时，说明价值工程活动的技术性较差。

（2）经济评定 经济评定包括以下指标的计算：

$$成本节约率 = \frac{改进前成本 - 改进后成本}{改进前成本} \times 100\% \tag{5.10}$$

$$全年节约额 = （改进前成本 - 改进后成本）\times 全年产量 - 价值工程年活动费用 \tag{5.11}$$

$$投资效率 = \frac{全年净节约额}{价值工程年活动费用} \tag{5.12}$$

$$达到目标比率 = \frac{改进后成本}{节约目标额} \times 100\% \tag{5.13}$$

（3）社会效益评定 通过价值工程活动，产品满足了用户的需求，企业也取得了经济效益，并且填补了国内外科学技术空白，满足了国家经济和国防建设的需要；降低了能耗，减少了污染；增加了就业和外汇收入等。上述说明了社会效益良好，反之，则说明社会效益不佳。

5.5   价值工程在建筑设计方案优选中的应用案例

在建筑设计中,即使同一建设项目、同一单项工程或单位工程,也可有各种不同的设计方案。由于设计方案的不同,工程造价也就会有较大的差异。这时,设计人员可以通过价值工程活动对设计方案进行优选。价值工程不仅可用于建设项目设计方案的分析选择,也可用于单位工程设计方案的分析选择。现以建筑设计中如何应用价值工程进行住宅设计方案的优选,来说明价值工程在建筑设计中的应用。

▶ 5.5.1   对象选择

由于建筑设计单位承担的设计项目种类繁多,应选择哪些项目作为价值工程的分析对象呢? 建筑设计单位可依据最近几年承担的设计项目建筑面积的统计数据,运用百分比法来选择价值工程的研究对象。以下是某建筑设计单位最近几年承担各类设计项目建筑面积所占比例,详见表5.12。

表5.12   某建筑设计单位设计项目情况统计表

工程类别	比例/%	工程类别	比例/%
住　宅	38	图书馆	1
综合楼	10	商业建筑	2
办公楼	9	体育建筑	2
教学楼	5	影剧院	3
车　间	5	医　院	5
宾　馆	3	其　他	17

通过表5.12的情况统计来看,价值工程研究人员决定,将设计项目占比例最大的住宅工程作为价值工程的研究分析对象。

▶ 5.5.2   信息资料

通过优选确定了价值工程分析对象之后,价值工程人员应进行以下资料的搜集:
①通过工程回访,搜集广大用户对住宅的使用意见;
②对地质情况和基础形式不同的住宅,进行定期的沉降观察,以获取地基方面的第一手资料;
③了解有关住宅施工方面的情况;
④搜集大量有关住宅建设的新工艺及新材料的性能、价格和使用效果等方面的资料;
⑤分地区按不同的地质、基础形式和设计标准,统计分析近年来住宅建筑的各种技术经济指标。

5.5.3 功能分析

功能分析活动是价值工程人员组织设计、施工和建设单位等有关人员,对住宅的各种功能进行定义、整理和评价分析,参与人员应按适用、安全、美观和其他方面对住宅功能进行分析研究。就适用功能而言,可具体分为平面布置、采光通风和层高层数等功能;就安全功能而言,可具体分为牢固耐用、"三防"设施等功能;就美观功能而言,可具体分为建筑造型、室外装修、室内装修等功能;就其他方面而言,可具体分为环境、便于施工等。在功能分析中,坚持把用户的意见放在第一位,结合设计、施工单位的意见进行综合评价(打分),一般是把用户、设计和施工单位三者意见的权数,分别定义为70%,20%和10%,详见表5.13。

表5.13　住宅功能重要系数表

功能		用户评分		设计人员评分		施工人员评分		功能重要系数
		得分 F_a	$0.7F_a$	得分 F_b	$0.2F_b$	得分 F_c	$0.1F_c$	$0.7F_a + 0.2F_b + 0.1F_c/100$
适用	平面布置 F_1	41	28.7	38	7.60	43	4.30	0.406
	采光通风 F_2	16	11.2	17	3.40	15	1.50	0.161
	层高层数 F_3	4	2.80	5	1.00	4	0.40	0.042
安全	牢固耐用 F_4	20	14.0	21	4.20	19	1.90	0.201
	"三防"设施 F_5	4	2.80	3	0.60	3	0.30	0.037
美观	建筑造型 F_6	3	2.10	5	1.00	3	030	0.034
	室外装修 F_7	2	1.40	3	0.60	2	0.20	0.022
	室内装修 F_8	7	4.90	6	1.20	5	0.50	0.066
其他	环境、便于施工等 F_9	3	2.10	2	0.40	6	0.60	0.031
合　计		100	70	100	20	100	10	1.00

5.5.4 方案设计与评价

建筑设计单位根据随机整理的信息资料及上述功能重要程度的分析结果,设计人员集思广益,对某郊区住宅设计了十几个不同的方案。价值工程人员针对所设计的方案,先采用优缺点列举法进行分析筛选后,保留了5个较优方案作进一步筛选。5个备选方案的主要特征及单方造价,详见表5.14。

表5.14　某住宅备选方案表

方案名称	主要特征	造价/(元·m^{-2})
A 方案	7层混合结构,层高 3 m,240 mm 内外墙,钢筋混凝土预制桩基础,半地下室作储藏间,外装修一般,内装修较好,室内设备较好	784

方案名称	主要特征	造价/(元·m⁻²)
B 方案	7 层混合结构,层高 2.9 m,240 mm 内外墙(120 砖非承重内墙),钢筋混凝土条形桩基础(地基经过真空预压处理),装修一般,室内设备中等标准	596
C 方案	7 层混合结构,层高 3 m,240 mm 内外墙,沉管灌注基础,外装修一般,内装修好,半地下室作杂放间,室内设备中等水平	740
D 方案	5 层混合结构,层高 3 m,空心砖内外墙,钢筋混凝土满堂基础,装修及室内设备一般,屋顶无水箱	604
F 方案	层高 3 m,其他特征与 B 方案相同	624

按照从 5 个备选的方案中选出的优选方案,价值工程人员可从技术与经济两者综合的角度选择确定其最佳方案。最佳方案的综合评价与优选步骤如下:

①计算各方案的功能评价系数,其结果见表 5.15;

②计算各方案的成本功能系数,其结果见表 5.16;

③计算各方案的价值系数,其结果见表 5.17;

④根据以上计算结果,按其价值系数大小选择最佳方案。

从以上的计算来看,B 方案的价值系数最高为 1.112,故 B 方案为最佳方案。

表 5.15 功能评价系数计算表

评价因素		方案名称				
功能因素	重要系数	A	B	C	D	E
F_1	0.406	10	10	9	9	10
F_2	0.161	10	9	10	10	9
F_3	0.042	9	8	9	10	9
F_4	0.201	9	9	9	8	9
F_5	0.037	7	6	7	6	6
F_6	0.034	9	7	8	6	7
F_7	0.022	7	7	7	7	7
F_8	0.066	9	6	8	6	7
F_9	0.031	9	7	8	7	7
方案总分		9.449	8.881	8.912	8.553	8.990
功能评价系数		0.211	0.198	0.199	0.191	0.201

(注:评价因素列中"方案满足分数"为竖排说明)

表 5.16　各方案成本评价系数计算表

方案名称	A	B	C	D	E
单位造价/元	784	596	740	604	624
成本评价系数	0.234 2	0.178 0	0.221 0	0.180 4	0.186 4

表 5.17　价值系数计算表

方案名称	A	B	C	D	E
功能评价系数	0.211	0.198	0.199	0.191	0.201
成本评价系数	0.234 2	0.178 0	0.221 0	0.180 4	0.186 4
价值系数	0.901	1.112	0.900	1.059	1.078

本章小结

本章主要讲述价值工程的产生和发展,价值、功能、成本等基本概念,价值工程的特点,应用价值工程的重要意义,价值工程的工作步骤,以及价值工程在建筑设计方案优选中的应用等。现将本章的基本要点归纳如下:

(1)价值工程是指从功能分析入手,力求以最低的寿命周期成本,以实现包括产品、工作和劳务等必要功能的有组织的创造性活动。而价值工程中的"价值"是指产品(或工艺、劳务等对象)的功能与获得该功能所花费的全部费用之比。它是评价某一对象所具备的功能与实现其功能所需耗费相比的合理程度(或尺度)。这里的"对象"可以是产品,也可以是工艺、劳务等。

(2)价值工程的工作步骤如下:

①首先要进行价值工程对象的选择和信息情报的搜集,而选择价值工程对象的方法包括经验分析法、ABC 分析法、价值系数法等。

②进行产品功能分析与评价,这是价值工程的核心内容,它包括功能定义、功能分类、功能整理和功能评价。而计算功能评价值的方法,主要包括经验估算法、实际调查法和功能重要性系数评分法(其中分为"01"评分法、"04"评分法和倍数确定法等)。

③进行价值工程方案创造、实施与评价。方案创造的方法,主要包括头脑风暴法、哥顿法和德尔菲法等。方案评价与选择的方法,主要包括加法评分法、连乘评分法、加权评分法等。

④在优选的最佳方案实施后,再从技术、经济、社会效益等方面进行成果评价。

通过本章学习,应了解价值工程的基本概念、特点、应用的重要意义,熟悉价值工程的工作步骤,掌握价值工程对象的选择、功能分析与评价,以及方案创造、设施与评价的具体方法等。

复习思考题

5.1　什么是功能？如何对功能进行分类？

5.2　什么是寿命周期和寿命周期成本？

5.3　什么是价值？提高价值有哪些途径？

5.4　什么是价值工程？价值工程有何特点？

5.5　功能分析的目的是什么？功能系统图的要点又是什么？

5.6　什么是功能评价？常用的评价方法有哪些？

5.7　怎样选择价值工程的对象？其选择方法有哪些？

5.8　应用价值工程进行产品优选有何重要意义？

5.9　简述价值工程的工作步骤。

5.10　某产品由 13 种零部件组成,各种零部件的个数和每个零部件的成本详见表 5.18,试用 ABC 分析法选择 VE 目标,并绘出 ABC 分析图。

表 5.18　各种零部件个数和每个零部件成本表

零部件名称	a	b	c	d	e	f	g	h	i	j	k	l	m
零部件个数	1	1	2	3	18	1	1	1	1	1	1	2	1
每件成本/元	3.42	2.61	1.03	0.80	0.10	0.73	0.67	0.33	0.32	0.19	0.11	0.05	0.08

5.11　利用"01"评分法对习题 5.10 的产品进行功能评价,评价后各零部件的平均得分详见表 5.19,利用价值系数法,若取价值系数最小作为 VE 目标,应选择哪一种零部件？

表 5.19　各种零部件个数和每个零部件成本表

零件名称	a	b	c	d	e	f	g	h	i	j	k	l	m
平均得分	8	8	3	4	5	11	10	8	6	11	1	3	1

5.12　根据表 5.20 中的数据,试计算功能区域的功能价值和成本改善期望值,并确定各功能区域改进的先后顺序。

表 5.20　各区域的功能价值和成本改善期望值计算表

功能区域	功能现实成本 C	功能评价值 F	功能价值 $V = F/C$	成本改善期望值 $C - F$	功能改进顺序
F_1	45	30			
F_2	60	28			
F_3	120	90			
F_4	75	75			
F_5	20	12			
合　计					

5.13 某工厂研究人员对建筑测量仪器提出了 3 种方案,评价人员确定的各个方案对各功能的满足系数和各功能的加权系数,详见表 5.21 和表 5.22。试利用加权评分法选择最佳改进方案。

表 5.21 各功能满足系数表

方案名称	准确程度	防 震	防 水	防 磁	夜 光	样式新颖	价格低廉
A	0.90	0.90	0.90	0.95	0.00	0.90	0.80
B	0.80	0.85	0.80	0.80	0.90	0.85	0.90
C	0.70	0.75	0.70	0.70	0.00	0.90	1.00

表 5.22 各功能加权系数表

功能名称	准确程度	防 震	防 水	防 磁	夜 光	样式新颖	价格低廉
功能加权系数	0.30	0.09	0.10	0.04	0.04	0.27	0.16

6 建设工程技术经济分析

6.1 技术经济分析的基本原理及程序

▶ 6.1.1 经济效果的评价原理

技术经济分析就是研究技术方案、技术规划和技术政策等技术实践活动的经济效果问题。经济效果是人们在实用技术的社会实践中所得与所花费用的比较,可用效率型指标表示,即:

$$经济效果 = \frac{收益}{费用}$$

或用价值型指标表示,即:

$$经济效果 = 收益 - 费用$$

人们从事任何社会实践活动都有一定的目的,都是为了获得一定的效果,建筑生产活动也不例外。社会实践的效果随实践活动的性质不同而异,分为技术效果、经济效果、军事效果、艺术效果和教育效果等,所有这些效果都有一个共同特征,都是要通过经济环境有投入物和产出物。而经济效果的评价就是指在特定环境下以货币计量的一定资源消耗和社会有用成果的对比分析,评价的基本标准为:

$$E_1 = \frac{V}{C} > 1 \tag{6.1}$$

$$E_2 = V - C > 0 \tag{6.2}$$

$$E_3 = \frac{V - C}{C} > 0 \tag{6.3}$$

式中　E_1,E_2,E_3——经济效果；

　　　V——劳动收益；

　　　C——劳动消耗。

▶ 6.1.2　技术经济分析的基本程序

一个完整的技术经济分析活动可分为以下 4 个阶段：

(1)调查研究,确定目标　技术经济分析活动的第一个阶段就是通过调查,搜集与技术实践活动有关的资料和信息,分析经济环境中的显在和潜在的需求,确定研究目标。

(2)寻求关键要素　关键要素就是实现目标的制约因素。只有找出主要矛盾,确定系统的各种关键要素,才有可能采取有效的措施,为技术活动实现最终目标扫清障碍。

(3)建立方案　为达到已确定的目标,可采取各种不同的途径,提出多种可供选择的方案。例如,降低人工费可以采用新设备,也可以采用简化操作的方法,新设备可降低产品的允许废品率,但同样的结果也可以通过质量控制方法得到。

在提出多个可供选择的方案时,有一个什么都不做而维持现状的方案,这也是需要考虑的备选方案之一。

(4)评价方案　前面所提出和建立的方案往往在技术上是可行的,但是在收益一定时,只有费用最低的方案才能成为最佳方案,这就需要对备选方案进行经济效果评价。

评价方案,首先要使不同的方案具有共同比较的基础,因此,要根据评价的目的、要求来建立方案评价的指标体系,才能将参与分析的各种因素定量化；其次,将方案的投入和产出转化为统一的用货币表示的费用和收益,最终通过方案评价的数学模型进行综合运算、分析对比,从中选出最优方案。

▶ 6.1.3　技术方案经济效果评价的基本原则

在评价技术方案的经济效果时,必须用系统分析的观点正确处理各方面的矛盾关系,主要贯彻以下原则。

(1)预测分析的原则　技术方案的经济效果评价主要是采用预测的方法,以现有状况为基础,以统计资料为依据,通过事前分析,作为预测,力求把系统的运作控制在最满意的状态。

除了对现金流入和流出量进行常规预测外,技术经济分析还对某些不确定性因素和风险作出估算,包括敏感性分析、盈亏平衡分析和概率分析。

(2)动态分析的原则　资金具有时间价值,传统的评价方法是以静态分析为主,不考虑投入-产出资金的时间价值,其评价指标很难反映未来时期的变动情况。而考虑资金时间价值进行的动态价值判断,将项目建设和生产不同时间阶段上资金的流入、流出折算成同一时点的价值,为不同项目活动或方案的比较提供同等的基础,这对于提高决策的科学性和准确性有重要的作用。

(3)定量分析的原则　技术方案的经济分析,是通过项目建设和生产过程中的费用-效益计算,给出数量概念,进行事实判断。因此,凡可量化的经济要素都应作为量的表述,一切技术方案都应尽可能通过计算定量指标将隐含的经济价值揭示出来。

(4)适当满足原则 现代决策理论是与古典决策理论相对而言的。古典决策的准则是最优化原则,即根据定量化分析的结果,按计算出的最大值(如收益)或最小值(如消耗)来选择方案。而现在决策的准则是适当满足的原则。美国经济学家西蒙认为,由于人的头脑能够思考和解决问题的容量同问题本身的规模相比非常渺小,在现实世界里,要采用客观的合理举动,哪怕接近客观合理性也是很困难的,因此,对决策人来说,最优化决策几乎是不可能的。适当满足原则不单纯依据目标计算最大和最小值来选择方案,而是把定量分析和定性分析结合起来,把数值计算与决策者的主观判断结合起来,依据目标计算结果较好、能满足决策目标要求、决策者认为合适的原则来选择方案。

(5)全过程效益分析的原则 项目的技术经济活动主要包括目标确定、方案提出、方案决策、方案实施以及生产运营活动的组织 5 个阶段。必须重视每一个阶段的经济效益,尤其要根据我国工程建设活动的实际状况,在技术经济分析时把工作的重点转移到建设前期阶段上来,才能取得事半功倍的效果。

6.2 建设项目的经济要素

对于一个建设项目来说,投资、折旧、成本、销售收入、税金和利润等经济量是构成经济系统现金流量的基本要素,也是进行技术经济分析最重要的基础数据。

1)投资

(1)固定资产投资 固定资产投资是指项目按拟定建设规模(分期建设项目应为分期建设规模)、产品方案、建设内容进行建设所需的费用。它包括建筑工程费用、设备购置费、安装工程费、建设期借款利息、工程建设其他费用和预备费用。

项目寿命周期结束时,固定资产的残余价值(一般指当时市场上可实现的预测价值)对于投资者来说是一项在期末可回收的现金流入。

(2)流动资金 流动资金是指为维持生产所占用的全部周转资金,它是流动资产与流动负债的差额。在项目寿命期结束时,应予以回收。

项目建成后,建设投资转化为固定资产、无形资产和递延资产。

2)折旧

建设项目投入运营之后,固定资产在使用过程中会逐渐磨损和贬值,其价值逐步转移到产品中去。这种伴随固定资产损耗发生的价值转移称为固定资产折旧。转移的价值以折旧费的形式计入产品成本,并通过产品的销售以货币形式收回到投资者手中。从产品销售收入中提取的折旧费可以看作是补偿固定资产损耗的准备金。固定资产使用一段时间后,其原值扣除累计的折旧费总额称为当时的固定资产净值。

企业常用的计算、提取折旧的方法有平均年限法、工作量(或产量)法和加速折旧法等。我国企业一般采用平均年限法或工作量法。在符合国家有关规定的情况下,经批准也可采用加速折旧法。此外,建设项目的经济分析一般也采用平均年限法计算折旧。

（1）平均年限法（直线法）　固定资产折旧一般采用平均年限法，又称直线法，其计算公式为：

$$年折旧率 = \frac{1 - 预计净残值率}{折旧年限} \times 100\%$$

$$年折旧额 = 固定资产原值 \times 年折旧率$$

（2）工作量法　下述的专用设备一般采用工作量法计提折旧。

①对于交通运输企业或其他企业专用车队的客运和货运汽车，可按照行驶里程计算折旧费，其计算公式为：

$$单位里程折旧费 = \frac{原值 \times (1 - 预计净残值率)}{总行驶里程}$$

$$年折旧费 = 单位里程折旧额 \times 年行驶里程$$

②对于大型专用设备，可按照工作小时计算折旧费，其计算公式为：

$$每小时折旧费 = \frac{原值 \times (1 - 预计净残值率)}{总工作小时}$$

$$年折旧费 = 每工作小时折旧费 \times 年工作小时$$

（3）加速折旧法　加速折旧法又称递减折旧法，是指在固定资产使用初期较多地提取折旧，在使用后期较少地提取折旧，使固定资产价值在使用年限内可以尽早得到补偿的一种计算折旧的方法。常用的加速折旧法主要有双倍余额递减法和年数总和法。

①双倍余额递减法。该方法是以平均年限法折旧率2倍的折旧率来计算折旧费的方法，其计算公式为：

$$年折旧率 = \frac{2}{折旧年限} \times 100\%$$

按双倍余额递减法计算各年折旧额，是在不考虑固定资产净残值情况下，用年初固定资产净值（即固定资产价值余额）乘以直线折旧率的2倍。

$$年折旧额 = 固定资产净值 \times 年折旧率$$

按双倍余额递减法计算固定资产折旧时，应当在固定资产折旧年限到期的前两年内，平均摊销固定资产净值扣除预计净残值后的净额，即最后两年改用平均年限法计算折旧。

②年数总和法。该方法是根据固定资产原值减去预计净残值后的余额，按照逐年递减的分数（即年折旧率，也称折旧递减系数）计算折旧的方法，每年的折旧率为一变化的分数，其计算公式为：

$$年折旧率 = \frac{折旧年限 - 已使用年限}{折旧年限 \times (折旧年限 + 1) \div 2} \times 100\%$$

$$年折旧额 = (固定资产原值 - 预计净残值) \times 年折旧率$$

采用加速折旧法，并不意味着固定资产提前报废或多计折旧。无论采用何种方法计提折旧，在整个固定资产折旧年限内，折旧总额都是一样的。采用加速折旧法只是在固定资产使用前期计提折旧较多，而使用后期计提折旧较少。一般来说，加速折旧法是一种鼓励投资的措施，国家先让利给企业，让企业加速回收投资，增强还贷能力，并进一步发展。因此，加速折旧法一般适用于某些确有特殊原因的工程项目。

无形资产从开始使用之日起，应按照有关的协议、合同在受益期内分期平均摊销，没有规定受益期的按不少于 10 年的期限分期平均摊销。

递延资产中的开办费应在企业开始生产经营之日起,按照不短于 5 年的期限分年平均摊销。租入固定资产改良及大修理支出应当在租赁期内分年平均摊销。

3）经营成本

经营成本是技术经济分析中经济评价的专用术语,它是指项目总成本费用扣除固定资产折旧费用、无形及递延资产摊销费和利息支出以后的全部费用,即:

$$经营成本 = 总成本费用 - 折旧费 - 摊销费 - 利息支出$$
$$总成本费用 = 生产成本 + 销售费用 + 管理费用 + 账务费用$$
$$总成本费用 = 外购原材料、燃料及动力 + 工资及福利费 + 修理费 +$$
$$折旧费 + 摊销费 + 利息支出 + 其他费用$$

经营成本是为了便于经济分析,从产品成本中分离出来的一部分费用。因为一般产品销售成本中包含有固定资产折旧费用、无形及递延资产摊销费和利息支出等费用。在技术经济分析中,固定资产投资是计入现金流出的,如再将折旧随成本计入现金流出,会造成现金流出的重复计算;同样,由于无形及递延资产摊销费只是项目内部的现金转移,而非现金支出,故为了避免重复计算也不予考虑;贷款利息是使用借贷资金所要付出的代价,对于项目来说是实际的现金流出,但在评价项目全部投资的经济效果时,并不考虑资金来源问题,故在这种情况下也不考虑贷款利息的支出;在自有资金现金流量表中由于已将利息支出单列,因此经营成本中也不包括利息支出。

4）销售收入

销售收入是指向社会出售商品或提供劳务的货币收入,即:

$$销售收入 = 商品销售量 \times 商品单价$$

企业的销售收入与总产值是有区别的。总产值是企业生产的成品、半成品和处于加工过程中的在制品的价值总和,可按当前市场价格或不变价格进行计算。而销售收入是指出售商品的货币收入,是按出售时的市场价格计算的。企业生产的产品只有在市场上被出售,才能成为给企业和社会带来收益的有用的劳动成果。因此,销售收入才是反映工业项目真实收益的经济参数。技术经济分析中将销售收入作为现金流入的一个重要项目。

5）税金

税金是国家凭借政治权力、法律规定对经济单位和个人无偿征收的货币(或实物)量。目前,企业应当缴纳的税有多种,可分为 5 大类,即:流转税(包括增值税、消费税和营业税)、资源税(包括资源税、土地使用税等)、所得税(包括企业所得税、个人所得税等)、财产税(主要包括车船税、房产税和土地增值税等)、行为目的税(主要有城乡维护建设税等)。

税金中,房产税、车船税和土地使用税可计入成本费用。增值税属价外税,不含在销售收入中。计算销售利润时,应从销售收入中减除消费税、营业税、资源税和城乡维护建设税。企业所得税应从销售利润中缴纳。

6）利润

利润是项目经济目标的集中表现,它是项目投产后所获得的纯收入。根据企业财务核算和分析的需要,项目利润可分为销售利润、实现利润(又称利润总额)和税后利润(又称项目

留利)3 个层次。

$$销售利润 = 销售收入 - 销售成本 - 销售税金及附加$$
$$实现利润 = 销售利润 + 营业外收支净额 - 上年度亏损额$$
$$税后利润 = 实现利润 - 所得税$$

6.3 技术经济分析的基本方法

▶ 6.3.1 静态评价方法

静态评价方法是指方案的经济效果进行分析计算时,不考虑资金的时间价值。尽管静态评价方法不能完全反映方案寿命周期的全部情况,但计算简便、直观,在实际工作中应用较广,尤其是适用于建设工期短、见效快的建设项目。

1)投资回收期法

投资回收期是指建设项目投产后用净收益回收全部投资所需要的时间,用公式表达为:

$$P = \sum_{t=0}^{T} (A_t - C_t - t) \tag{6.4}$$

式中　P——项目的总投资;

　　　T——静态投资回收期;

　　　A_t——项目的年收益;

　　　C_t——项目的年经营成本(不含折旧);

　　　t——项目的年税金。

对建设项目进行评价时,投资回收期越短,项目的经济效益就越高。因此,应用投资回收期法,需要制定作为评价尺度的标准投资回收期。我国虽然未作出统一的规定,但有实际积累的平均值和各行业的参照标准。

投资回收期法的优点在于简单和容易理解,但也有缺点:它没有考虑投资回收以后的经济效益,也没有考虑项目的盈利能力。因此,一般只用于初步可行性研究阶段。

2)投资效果系数法

投资效果系数法又称投资回收率、投资收益率等,它是年收益与投资额之比,说明每年的回收额占投资额的比重。投资效果系数是投资回收期的倒数,其计算公式为:

$$E = \frac{1}{T} \geqslant E_0 \tag{6.5}$$

式中　E——投资效果系数;

　　　E_0——标准投资效果系数;

　　　T——投资回收期。

同理,当两个方案对比分析时,可采用差额投资效果系数法,其计算公式为:

$$\Delta E = \frac{C_2 - C_1}{P_1 - P_2} = \frac{\Delta C}{\Delta P} \tag{6.6}$$

$$\Delta E = \frac{C_2/Q_2 - C_1/Q_1}{P_1/Q_1 - P_2/Q_2} \qquad (6.7)$$

式中　P_1, P_2——方案一、二的投资；

　　　C_1, C_2——方案一、二的投资成本；

　　　Q_1, Q_2——方案一、二的工程量；

　　　ΔE——差额投资效果系数；

　　　ΔP——差额投资；

　　　ΔC——差额成本。

▶ 6.3.2　动态评价方法

动态评价方法是指对方案经济效果进行分析计算时,必须考虑资金时间价值的一种技术经济评价方法。它的主要优点是考虑了方案在其经济寿命期限内投资、成本和收益随时间而发展变化的真实情况,能够体现真实可靠的技术经济评价。

1)净现值(NPV)法

所谓净现值是指在项目的经济寿命周期内,根据某一规定的基准收益率或折现率,将各期的净现金流量折算为基准期(0期)的现值,然后求其代数和,其计算公式为:

$$NPV = \sum_{t=0}^{n} F_t(1+i)^{-t} \qquad (6.8)$$

或

$$NPV = \sum_{t=0}^{n} \frac{CI_t - CO_t}{(1+i)^t} \qquad (6.9)$$

式中　NPV——项目的净现值；

　　　F_t——第 t 期的净现金流量；

　　　CI_t——第 t 期的现金流入量；

　　　CO_t——第 t 期的现金流出量；

　　　i——基准收益率或折现率。

对于单个方案,当 $NPV > 0$,说明该方案能满足基准收益率要求的盈利以外的超额收益,方案可行;当 $NPV = 0$,说明该方案基本能够满足基准收益率要求的盈利水平,方案基本可行或有待改进;当 $NPV < 0$,说明该方案不能满足基准收益率要求的盈利水平,方案不可行。

对于多个方案的比较,在净现值大于零的前提下,以净现值最大者为优先选择方案。

【例 6.1】　某建筑机械,可以用 18 000 元购得,净残值是 3 000 元,年净收益是 3 000 元,如果要求 15% 的基准收益率,而且建筑公司期望使用该机械至少 10 年,问是否购买此机械?

【解】　$NPV = -18\,000$ 元 $+ 3\,000(P/A, 15\%, 10) + 3\,000(P/F, 15\%, 10)$

　　　　　　$= -18\,000$ 元 $+ 3\,000$ 元 $\times 5.019 + 3\,000$ 元 $\times 0.2\,472$

　　　　　　$= -2\,201.4$ 元 < 0

因为 $NPV < 0$,所以建筑公司不应购买此机械。

例 6.1 中,如果该公司期望的基准收益率不是 15%,而是 10%,那么结果又如何呢?用 $i = 10\%$ 代入,有

$$NPV = -18\ 000\ 元 + 3\ 000(P/A,10\%,10) + 3\ 000(P/F,10\%,10)$$
$$= -18\ 000\ 元 + 3\ 000\ 元 \times 6.144 + 3\ 000\ 元 \times 0.385\ 5$$
$$= 1\ 588.5\ 元 > 0$$

如果该公司所期望的收益率为10%,那么购买此机械是可行的。由此可见,折现率或基准收益率的选取对方案的评价影响极大。

2)年度等值(AE)法

净现值法是把项目的净现金流量按照基准收益率或折现率折算到基准期(0期)的现值代数和。同理,把项目的净现金流量按照基准收益率折算到最后一期,其代数和就是净终值。

年度等值法是把项目经济寿命期中发生的不均匀的净现金流量,通过基准收益率换算成与其等值的各年年度等值。年度等值越大,表示项目的经济效益越好。

任何一个项目的净现金流量可以先折算成净现值,然后用等额支付序列资金回收复利系数相乘,就可以得到年度等值(AE),其计算公式为:

$$AE = \left[\sum_{t=0}^{n} \frac{F_t}{(1+i)^t} \right] \left[\frac{i(1+i)^n}{(1+i)^n - 1} \right] \tag{6.10}$$

或者将项目的净现金流量先折算成净终值,然后用等额支付序列偿债基金复利系数相乘,也可以得到年度等值(AE),其计算公式为:

$$AE = \left[\sum_{t=0}^{n} F_t(1+i)^t \right] \left[\frac{i}{(1+i)^n - 1} \right] \tag{6.11}$$

年度等值与净现值、净终值代表相同的评价尺度,只是所代表的时间不同而已。但年度等值法适用于只有负现金流量时的方案,特别适用使用年限不同时的方案,可使计算比较方便。

【例6.2】 某项目投资100万元,年净收益50万元,试用期为5年,净残值5万元,设$i_0 =$10%,试求其年度等值。

【解】 $AE = [-100\ 万元 + 50(P/A,10\%,5) + 5(P/F,10\%,5)](A/P,10\%,5)$
$= (-100\ 万元 + 50\ 万元 \times 3.791 + 5\ 万元 \times 0.620\ 9) \times 0.263\ 80$
$= 24.44\ 万元$

3)内部收益率(IRR)法

内部收益率就是净现值为零时的折现率。

表6.1列出了某项目的净现金流量及其净现值随i变化而变化的对应关系。若以纵坐标表示净现值,横坐标表示折现率i,上述函数关系如图6.1所示。

表6.1 某项目的净现金流量及其净现值函数

年　份	净现金流量/万元	i/%	$NPV(i) = -2\ 000 + 800$ $(P/A,i,4)$/万元
0	-2 000	0	1 200
1	800	10	536
2	800	20	71

续表

年 份	净现金流量/万元	i/%	$NPV(i) = -2\,000 + 800$ $(P/A, i, 4)$/万元
3	800	22	0
4	800	30	−267
		40	−521
		50	−716
		∞	−2 000

在图 6.1 中,随着折现率 i 的不断增大,净现值不断减少。当折现率增至 22% 时,即在 i^* 处,曲线与横轴相交,项目净现值为零,i^* 是折现率的临界值。对于该项目而言,其内部收益率即为 22%。一般来说,IRR 是在 NPV 曲线与横坐标交点对应的折现率。

内部收益率可通过解下述方程求得,即:

$$NPV(IRR) = \sum_{t=0}^{n} (CI - CO)_t (1 + IRR)^{-t} = 0$$

$$(6.12)$$

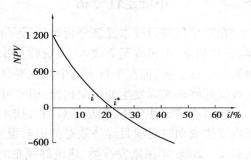

图 6.1　净现值函数曲线

式中　IRR——内部收益率。

判别准则:设基准收益率为 i_0,若 $IRR \geq i_0$,则项目在经济效果上可以接受;若 $IRR < i_0$,则项目在经济效果上不可接受。

【例 6.3】　某项目净现金流量见表 6.2。当基准收益率 $i_0 = 12\%$ 时,使用内部收益率指标判断该项目在经济效果上是否可以接受。

表 6.2　某项目的净现金流量表　　　　　　　　　　单位:万元

年 份	0	1	2	3	4	5
净现金流量	−100	20	30	20	40	40

【解】　设 $i_1 = 10\%$，$i_2 = 15\%$，分别计算其净现值:

$NPV_1 = -100$ 万元 $+ 20(P/F, 10\%, 1) + 30(P/F, 10\%, 2) + 20(P/F, 10\%, 3)$
$\quad + 40(P/F, 10\%, 4) + 40(P/F, 10\%, 5) = 10.16$ 万元

$NPV_2 = -100$ 万元 $+ 20(P/F, 15\%, 1) + 30(P/F, 15\%, 2) + 20(P/F, 15\%, 3)$
$\quad + 40(P/F, 15\%, 4) + 40(P/F, 15\%, 5) = -4.02$ 万元

用内插法计算出内部收益率 IRR,即:

$$IRR = 10\% + (15\% - 10\%) \frac{10.16 \text{ 万元}}{10.16 \text{ 万元} + 4.02 \text{ 万元}} = 13.5\%$$

由于 $IRR = 13.5\%$ 大于基准折现率 $i_0 = 12\%$,故该项目在经济上是可以接受的。

内部收益率被普遍认为是项目投资的盈利率,反映投资的使用效率,概念清晰明确。与计算净现值和年度等值相比较,它不需事先给出基准折现率。

在技术经济分析中,独立方案是指作为评价对象的各个方案的现金流量是独立的,不具有相关性,且任一方案的采用与否都不影响其他方案是否采用。如果决策的对象是单一的方案,则可认为是独立方案的特例。

独立方案的采用与否,只取决于方案自身的经济性,即只需检验它们是否能够通过净现值、年度等值或内部收益率指标的评价标准。

除独立方案外,还有互斥方案和相关方案的经济效果评价。

▶ 6.3.3 不确定性分析

在对项目进行技术经济分析时,其评价所依据的主要数据,如投资额、建设工期、经营成本、贷款利息、销售或租赁收入、投资收益率等,都是预测或估算出来的。尽管使用了科学的预测与估算方法,但在项目实施中及在寿命期内,项目的外部环境会发生难以想象的变化,这些数据同将来实际发生的情况相比,很有可能有相当大的出入,从而产生不确定性。

所谓不确定性分析,就是针对项目技术经济分析存在的不确定性因素,分析其在一定幅度内发生变动时对项目经济效益的影响程度,它对确保项目取得预期经济效益具有十分重要的意义。2006 年国家发改委、建设部颁布的《建设项目经济评价法与参数》(第三版)规定在完成基本方案的评价后,要作不确定性分析,并指出"不确定性分析主要包括敏感性分析和盈亏平衡分析"。

1)盈亏平衡分析

(1)固定成本与变动成本　盈亏平衡分析是将成本划分为固定成本与变动成本,假定产销量一致,根据项目正常年份的产量、成本、售价和利润四者之间的函数关系,分析产销量对项目盈亏的影响。

固定成本是指在一定的产量范围内不随产量的增减变动而变化的成本,如辅助人员工资、职工福利费、折旧及摊销费、维修费等。

变动成本是指随产量的增减变动而成正比例变化的成本,如原材料消耗、直接生产用辅助材料、燃料、动力等。

在盈亏平衡分析中,分离固定成本和变动成本十分重要,常用的分离方法有:

①费用分解法。即按会计项目的费用属性进行归类分离。

②高低点法。即取历史资料中产量最高和最低两个时期的成本数据为样本,通过求出单位变动成本来推求固定成本和变动成本,其计算公式为:

$$C_u = \frac{C_{\max} - C_{\min}}{Q_{\max} - Q_{\min}} \tag{6.13}$$

式中　C_u——单位变动成本;

　　　$C_{\max}$——最高产量时期的成本额;

　　　$C_{\min}$——最低产量时期的成本额;

　　　$Q_{\max}$——最高产量;

$Q_{\min}$——最低产量。

求出单位变动成本后,便可得到:

$$C_V = C_u Q \qquad (6.14)$$
$$C_F = C_T - C_V \qquad (6.15)$$

式中 C_V——变动成本额;

C_F——固定成本额;

C_T——成本总额,$C_T = C_F + C_V$;

Q——产量。

③回归分析法。采用一元线性回归方程 $y = a + bx$ 来描述成本与产量之间的线性相关关系。根据回归分析法的基本原理,有:

$$C_u = \frac{\sum QC - nQC}{\sum Q^2 - \bar{n} Q^2} \qquad (6.16)$$

$$C_F = \bar{C} - \bar{C}_u Q \qquad (6.17)$$

$$C = C_F + G_u Q \qquad (6.18)$$

式中 C——年成本;

Q——年产量;

$\bar{C}$——统计期各年成本的平均值,$\bar{C} = \sum_{t=1}^{n} \dfrac{C_t}{n}$;

$\bar{Q}$——统计期各年产量的平均值,$\bar{Q} = \sum_{t=1}^{n} \dfrac{Q_t}{n}$;

其余符号含义同前。

由于回归分析考虑了统计期各年的所有数据,当然比只考虑最高、最低点数据的高低点法更合理、更准确些,因此,在成本分离方面应用较普遍。

(2)线性盈亏平衡分析 如果成本和销售收入与产量之间成正比例关系,称为线性盈亏平衡,否则,就是非线性盈亏平衡。线性盈亏平衡分析有图解法和数解法两种。

①图解法。所谓图解法就是利用二维坐标的盈亏平衡图来分析项目的产量与成本、销售收入之间的关系。如图 6.2 所示,横轴表示产量 Q,纵轴表示费用(总成本和总销售收入)。

在一定时期内,产品售价不变时,销售总收入 R 随产销量的增加而增加,即:

$$R = (P - t)Q \qquad (6.19)$$

式中 R——项目的年销售收入。

P——产品销售单价(含税);

t——单位产品的销售税金(包括增值税、营业税、资源税、城市维护建设税以及教育费附加等)。

$$R = P(1 - t')Q \qquad (6.20)$$

式中 t'——销售税率1%。

在图 6.2 中,总成本 C_T 是固定成本 C_F 与变动成本 C_V 之和,也成线性变化。总销售收入线 R 和总成本线 C_T 的交点称为盈亏平衡点。在平衡点上,收入等于成本,利润等于零。在该点左边区域,总成本高于总销售收入,为亏损区;在该点右边区域,总销售收入大于总成本,为盈利区。与该点对应的产量 Q_{BEP},就是项目的保本点,即利润为零时的临界产量。盈亏平衡点越低,即 Q_{BEP} 越小越好,说明项目只要有少量的产销量即可不发生亏损,表示抗风险能力强,获利能力大。

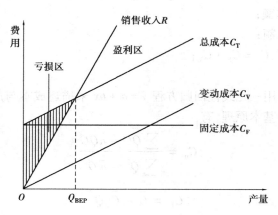

图 6.2　盈亏平衡分析图

②数解法。由盈亏平衡时的总成本与总销售收入相等,利润为零,有:

$$P(1 - t')Q = C_F + C_u Q$$

则盈亏平衡点(BEP)产量为:

$$Q_{BEP} = \frac{C_F}{P(1 - t') - C_u} \tag{6.21}$$

将式(6.21)两边除以项目的设计能力 Q_c,得:

盈亏平衡点生产能力利用率为:

$$F_{BEP} = \frac{Q_{BEP}}{Q_c} \tag{6.22}$$

盈亏平衡点价格为:

$$P_{BEP} = \frac{C_F}{Q_c} + C_u + t = \frac{C_F/Q_c + C_u}{1 - t'} \tag{6.23}$$

【例6.4】　某项目年生产能力为120万 t,单位产品含税,售价 $P = 150$ 元/t,单位产品变动成本 $C_u = 40$ 元/t,固定成本总额 $C_F = 6\ 000$ 万元,综合税率为13.85%,计算盈亏平衡产量、盈亏平衡点生产能力利用率及 P_{BEP}。

【解】　$Q_{BEP} = \dfrac{6\ 000\ 万元}{150\ 元/t \times (1 - 13.85\%) - 40\ 元/t} = \dfrac{6\ 000\ 万元}{89.225\ 元/t} = 67.24\ 万\ t/年$

$$F_{BEP} = \frac{67.24\ 万元/t}{120\ 万\ t} \times 100\% = 56\%$$

$1 - F_{BEP} = 44\%$,即若项目减产幅度不大于44%,项目还不会亏损。

$$P_{BEP} = \frac{\dfrac{6\ 000}{120} + 40}{1 - 13.85\%}\ 元 = 104.47\ 元$$

当价格下降幅度在 $\dfrac{150-104.47}{150}\times100\%=30.35\%$ 以内,该项目仍不会出现亏损。

(3)多方案比较时的优劣平衡点分析 盈亏平衡分析也可以用于两个及两个以上方案的优劣比较与分析。如果两个或两个以上的方案,其成本都是同一变量的函数时,便可以找到该变量的某一数值,恰能使对比方案的成本相等,该变量的这一特定值称为方案的优劣平衡点。

设有两个互斥方案,它们的成本函数决定于一个共同的变量 Q 时,

$$C_1=f_1(Q) \qquad C_2=f_2(Q)$$

令 $C_1=C_2$,即:

$$f_1(Q)=f_2(Q)$$

由此可求出 Q 值,即为两个方案费用平衡时的变量值,据此判断方案的优劣性。

对于两个以上方案的优劣分析,原理与两个方案的优劣分析相同,仍然先设共同变量,再以共同变量建立每个方案的成本费用函数方程,如

$$C_1=f_1(x);$$
$$C_2=f_2(x);$$
$$C_3=f_3(x);$$
$$\vdots$$

不同之处在于求优劣平衡点时要每两个方案进行求解,分别求出两个方案的平衡点,然后两两比较,选择其中最经济的方案。

【例6.5】 现有一挖土工程,有两个挖土方案;一是人力挖土,单价为 3.5 元/m³;另一个是机械挖土,单价为 2 元/m³,但需购置机械费 1 万元,问在什么情况下(土方量为多少时)应采用人力挖土?

【解】 设土方量为 Q,则

人力挖土费用 $C_1=3.5Q$

机械挖土费用 $C_2=2Q+10\,000$

令 $C_1=C_2$,即 $3.5Q=2Q+10\,000$

$$Q_{BEP}=\frac{10\,000\ \text{元}}{(3.5-2)\ \text{元/m}^3}=6\,667\ \text{m}^3$$

可见,当土方量小于 $6\,667$ m³ 时,应采用人力挖土。

2)敏感性分析

敏感性分析又称为灵敏度分析,它主要研究不确定性因素的变化大小对项目经济效益的影响程度。通过敏感性分析,找出影响项目经济效益最大、最关键的主要因素,并确定项目可行区间,对项目提出合理的控制与改善措施,充分利用有利因素,尽量避免不利因素,以便达到最佳经济效益。

所谓敏感性大小,是指经济效益评价值对不确定因素变化的敏感程度。通常把对经济效益评价值产生强烈影响的不确定因素称为敏感因素,而把相对较弱者称为不敏感因素。

敏感性分析的方法主要是因素替换法,又称为逐项替换法。它是将方案中的变动因素每次替换其中的一个,以求得该因素的敏感性的一种方法。计算时,只变动某个因素而令其他

因素固定不变,观察其变动的因素对方案经济效果的影响程度,从而确定其是否是敏感因素;然后逐次替换其他因素,计算出其他影响因素的敏感性,直到得出方案全部影响因素的敏感性为止。敏感性分析的具体步骤如下:

①确定敏感性分析的指标,如净现值、年度等值、内部收益率、投资收益率等。

②选择影响项目指标的不确定性因素,如投资、建设工期、销售单价、年经营成本、基准收益率、项目经济寿命周期等。

③按照预先给定的变化幅度(如 ±10%, ±15%, ±20% 等),先改变一个变量因素,而其他因素不变,计算该因素的变化对经济效益指标的影响程度。如此逐一进行,对所有变量因素进行考察。

④在逐步计算的基础上,将结果加以整理分析,选择其中变化幅度大的因素为敏感因素,变化幅度小的因素为不敏感因素。

⑤综合分析,采取对策。

【例6.6】 假定某公司计划在一个建设区建立一个混凝土搅拌站,出售商品混凝土。估计 10 年之内销售不成问题。该站需要投资 150 000 元,每天可以生产混凝土 75 m³,每年开工 250 d,生产能力的利用程度可以达到 75%,每年的人工费为 160 000 元,年度使用费为 35 000 元,每立方米商品混凝土售价估计为 48 元,每立方米商品混凝土的材料费为 28 元,基准收益率规定为 15%。

【解】 根据以上数据,计算结果如下:

年度收入 $75 \text{ m}^3/\text{d} \times 250 \text{ d} \times 48 \text{ 元}/\text{m}^3 \times 0.75 = 675\ 000 \text{ 元}$

年度支出:

①资金恢复费用

$$A/P,15,10$$

$$150\ 000 \text{ 元} \times (0.199\ 30) = 29\ 895 \text{ 元}$$

②人工费 $160\ 000 \text{ 元}$

③年度使用费 $35\ 000 \text{ 元}$

④材料费 $75 \times 250 \times 0.75 \times 28 = 393\ 750 \text{ 元}$

总额 $= 618\ 645 \text{ 元}$

年底净收入 $675\ 000 \text{ 元} - 618\ 645 \text{ 元} = 56\ 355 \text{ 元}$

净收入率 $\left(\dfrac{A}{P}\right)$ $\dfrac{56\ 355 \text{ 元}}{150\ 000 \text{ 元}} = 37.6\%$

本例敏感性分析指标选用年度净收入、净收入率,不确定因素有生产能力利用程度、产品售价、搅拌站的使用寿命、材料费等。材料费虽然很重要,但它对其他搅拌站的影响是相同的,可以不加以考虑。现取生产能力的利用程度、产品售价、使用寿命 3 个不确定因素进行敏感性分析。

(1)生产能力利用程度的敏感性 对生产能力利用程度为 50%,60%,65%,70%,80% 的 5 种情况,假定其他因素不变,分别计算年度净收入和净收入率,年度使用费假定其中一半是固定费用,另外一半与产量成比例。计算结果列于表 6.3 中。

表6.3　生产能力利用程度敏感性表　　　　　　单位:万元

估计项目	50%	60%	65%	70%	80%
年度收入	450 000	540 000	585 000	630 000	720 000
年度支出					
资金恢复费用	29 895	29 895	29 895	29 895	29 895
人工费	160 000	160 000	160 000	160 000	160 000
年度使用费	29 167	31 500	32 667	33 834	36 167
材料费	262 500	315 000	341 350	367 500	420 000
总　额	481 562	536 395	563 812	591 229	646 062
年度净收入	−31 562	3 605	21 088	38 771	73 938
净收入率/%	−21	2.4	14	25.8	49.3

从表6.3中可以看出,净收益率对生产能力的利用程度是比较敏感的。如果生产能力利用程度估计达到65%以上,则这个搅拌站就是值得建立的。

(2)售价的敏感性　假定搅拌站的生产能力利用程度为75%,要使售价发生变化,它与净收入的关系见表6.4。

表6.4　售价敏感性表

估计项目	售　价				
	44.40（降低7.5%）	45.6（降低5%）	46.8（降低2.5%）	48	50.4（升高5%）
年度收入/元	624 375	641 250	658 125	675 000	708 750
年度支出/元	618 645	618 645	618 645	618 645	618 645
净收入/元	5 730	22 605	39 480	56 355	90 105
净收入率/%	3.82	15.07	26.32	37.57	60.07

由表6.4中可以看出,净收入率对售价是很敏感的。如果售价降低5%,还有利可图;如果降低7.5%,则收入降到4%以下。因此,必须对售价进行更细致的调查研究,了解与该地区内其他搅拌站的竞争可能性。

(3)使用寿命的敏感性　假定搅拌站的生产能力利用程度为75%,售价为48元/m³,两者都保持不变,要使使用寿命变化,这时只有资金恢复费用不同,计算结果见表6.5。

表6.5　使用寿命敏感性表

估计项目	使用寿命			
	5 年	8 年	10 年	15 年
年度收入/元	675 000	675 000	675 000	675 000

续表

估计项目	使用寿命			
	5 年	8 年	10 年	15 年
年度支出/元	633 495	622 185	618 645	614 400
年度支出/元	633 495	622 185	618 645	614 400
资金恢复费用/元	44 745	33 435	29 895	25 650
净收入/元	41 505	52 815	56 355	60 600
净收入率/%	27.7	35.2	37.6	40.4

由表 6.5 中可以看出,净收入率对使用寿命是不敏感的,即使这个搅拌站只使用 5 年,净收入率仍然可以达到 27.7%。

根据表 6.3、表 6.4 和表 6.5 中的计算数据,可以绘制出本例中的净收入率对于售价、生产能力利用程度、使用寿命的敏感性分析图,如图 6.3 所示。

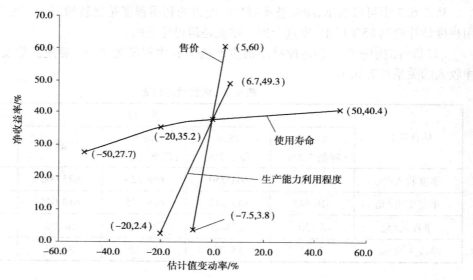

图 6.3 净收入率对售价、生产能力利用强度、使用寿命的敏感性

根据以上分析,决策人就可以对建设搅拌站的方案作出比较全面、合理的判断。

▶ 6.3.4 概率分析

概率分析又称为风险分析,是根据随机事件出现的概率来研究不确定性因素对项目评价指标的影响程度的一种定量方法。它通过计算项目经济寿命周期内现金流量的期望值和经济效益评价指标的期望值来判断项目的风险程度。一般是计算项目净现值的期望值及净现值大于等于零时的累计概率值,累计概率值越大,项目亏损的概率越小,承担的风险就越小。

通过概率分析,可以弄清各种不确定性因素变化的可能性,预估项目经济收益的大小及其可能性,从而为项目的风险分析提供可靠的依据。

所谓期望值是同时考虑项目经济效益指标的取值大小及取值概率的一种度量,其计算公式为:

$$E(X) = \sum_{i=1}^{n} X_i P_i \qquad (6.24)$$

式中 $E(X)$——不确定性因素 X 的期望值;

　　X_i——不确定性因素 X 的取值;

　　P_i——不确定性因素 X 取值为 X_i 时的概率。

【例6.7】 某工厂在河岸附近将建一个水处理装置。现在考虑建造一道堤,以保护该装置不受洪水影响。有关数据见表6.6。规定该装置的使用年限为15年,利率按12%计算,不考虑残值。求堤应建多高才使总的费用最低?

表6.6 损益表

高度 X /m	河水超出正常水位 X m 的年份/年	河水超出正常水位 X m 的概率/%	河水超过堤顶 Xm 所造成的损失/万元	造 Xm 高的堤的投资/万元
0	24	0.48	0	0
1.5	12	0.24	10	10
3	8	0.16	15	21
4.5	6	0.12	20	33
	50	1.00	—	—

【解】 这里可按4种方案,即不修(堤高为0 m)、建造1.5,3和4.5 m,分别计算其年度总费用的期望值(AC),择其最小者为最优方案。年度总费用期望值 $E(AC)$,等于建造 X m 堤的投资年分摊费用与河水水位高于堤坝 X m 造成的损失期望值之和。

①不建造堤坝

$$E(AC_1) = 0 + 10.24 \times 10 + 0.16 \times 15 + 0.12 \times 20$$
$$= 7.20$$

②堤高1.5 m

$$E(AC_2) = 10 \times (A/P,12\%,15) + (0.16 \times 15 + 0.12 \times 20)$$
$$= 10 \times 0.146\,82 + 4.8 = 6.268\,2$$

③堤高3 m

$$E(AC_3) = 21 \times (A/P,12\%,15) + 0.12 \times 20$$
$$= 21 \times 0.146\,82 + 2.4 = 5.483\,22$$

④堤高4.5 m

$$E(AC_4) = 33 \times (A/P,12\%,15) + 0$$
$$= 33 \times 0.146\,82 = 4.845\,06$$

$$E(AC)_{\min} = E(AC_4) = 4.845\,06$$

所以,以建造4.5 m 高的堤为最经济方案。

本章小结

本章主要讲述建设工程技术经济分析（评价）的基本原理、基本程序、基本原则,建设项目的经济要素和技术经济分析的基本方法等主要内容。现将本章的基本要点归纳如下:

（1）建设技术的经济效果分析（评价）原理,就是指在特定环境下以货币计量的一定资源消耗与产生的社会有用成果进行对比分析。分析（评价）的基本程序是调查研究、确定目标,寻求关键要素,建立方案和分析（评价）方案。分析（评价）的基本原则是预测分析、动态分析、定量分析、适当满足和全过程效益分析等原则。

（2）建设项目的经济要素,对于一个建设项目来说,投资（固定资产投资和流动资金）、折旧、经营成本、销售收入、利润和税金等是构成经济系统现金流量的基本经济要素,也是进行技术经济分析最重要的基础数据。

（3）静态评价方法包括:投资收益率法和投资回收期法。静态投资收益率法又称静态投资利润率法,以 E 或 ROI 表示,它是反映静态投资方案盈利程度的指标,表示每年的回收额占投资额的比重。静态投资回收期法是指建设项目投产后用净收益回收全部投资所需要时间的一种计算方法。

（4）根据其评价指标的不同,动态评价方法主要有:净现值法、年度等值法、内部收益率法等。它主要考虑了方案在其经济寿命期限内投资、成本和收益随时间而发展变化的真实情况,能够体现真实可靠的技术经济评价。

（5）不确定性分析是指针对项目技术经济分析存在的不确定性因素,分析其在一定幅度内发生变动时对项目经济效益的影响程度。主要包括盈亏平衡分析、敏感性分析和概率分析。它对确保项目取得预期经济效益具有十分重要的意义。

通过本章学习,应了解建设技术的经济效果分析（评价）基本原理、程序和原则,建设项目的经济要素,静态评价方法、动态评价方法和不确定性分析的一些概念;重点掌握净现值、年度等值、内部收益率、静态投资回收期等经济指标的计算方法,并能正确地运用其评价方法,为工程项目建设进行经济效果评价打下一定基础。

复习思考题

6.1　为什么在技术实践活动中要讲求经济效果?

6.2　技术经济分析的基本原理是什么?

6.3　技术经济分析的基本程序是什么?

6.4　技术方案经济效果评价的基本原则是什么?

6.5　建设项目的经济要素包括哪些内容?

6.6　试求表 6.7 中的静态投资回收期。（$i_0 = 10\%$）

表6.7 现金流量表

年	0	1	2	3	4	5	6
净现金流量/万元	−60	−40	30	50	50	50	60

6.7 假设有以下3项投资,其资料数据见表6.8。

表6.8 现金流量表

时间 投资	0 年末	1 年末	2 年末
	现金流量/万元		
A	−5 000		9 000
B	−5 000	4 000	4 000
C	−5 000	7 000	

试计算如下:

①利率分别为5%,10%和15%时的投资净现值是多少?

②计算各项投资的内部收益率。

③应用内部收益率法比较哪项投资有利?应用净现值法,利率为10%时,哪项投资有利?

6.8 ××项目初始投资为8 000万元,在第1年末现金流入为2 000万元,第2年末现金流入3 000万元,第3,4年末的现金流入均为4 000万元,请计算该项目的净现值、净年值、净现值率、内部收益率是多少?($i_0 = 10\%$)

6.9 某施工方案服务年限8年,第一年净利润10万元,以后每年递减0.5万元,若年利率为10%,问相当于每年等额赢利多少元?

6.10 某建设项目一次性投资130万元,使用年限6年,每年销售收入100万元,年经营成本50万元,税金15万元,期终无残值,部门基准收益率为15%,试用投资内部收益率指标进行评价。

6.11 某工厂建设方案实现后,生产一种产品,单位产品变动成本60元,售价150元,年固定成本120万元,问该厂最低年产量应是多少?如果产品产量达到年设计能力30 000件,那么每年获利又是多少?假如再扩建一条生产线,产量增加10 000件,每年增加固定成本40万元,但可降低单位成本30元,市场产品售价下降10%,问此扩建方案是否可行?

6.12 某施工企业急需一设备,如果购置需一次投资25 000元,使用15年,届时残值4 000元,每年维修费2 800元,运转费50元/台班;如果租赁,租金50元/台班,运转费50元/台班,设年利率10%,问应该采取投资购置还是租赁?

6.13 某土石方公司考虑配备一种施工机械,该机械的定额年产量为5 000个单位,据测算,需一次性投资20万元,年运营费用5万元,使用年限10年,期末无残值。预计该机械单位产量的收益为18元,设基准收益率$i = 12\%$,以投资内部收益率为评价指标的分析对象,选择一次性投资、年经营费用、年收益、使用年限为影响评价指标的主要变量因素,假定每种因素的变化幅度分别是增加20%和减少20%,试进行敏感性分析。

6.14 今有甲、乙两种设备可供选择,甲设备需投资70 000元,乙设备投资20 000元,两

种设备的使用寿命都为 5 年,利率 10%,但年经营费不能确定,有以下资料可供判断(见表 6.9),试进行设备选择。

表 6.9　年经营费用

甲设备		乙设备	
年经营费/元	出现概率	年经营费/元	出现概率
2 000	0.17	2 000	0.17
3 000	0.50	15 000	0.33
5 000	0.33	20 000	0.33
		30 000	0.17

7

建设工程招投标与合同管理

7.1 招标投标概述

　　为了规范施工招标资格预审文件、招标文件编制活动,提高资格预审文件、招标文件编制质量,促进招标投标活动的公开、公平和公正。2003 年 3 月 8 日国家七委、部、局联合发布了第 30 号令,即《工程建设项目施工招标投标办法》(以下统一简称为《招标投标办法》);2007年 11 月 1 日国家九委、部、局联合发布了第 56 号令,即《标准施工招标资格预审文件》和《标准施工招标文件》试行规定(以下统一简称为《标准文件》),于 2008 年 5 月 1 日起施行。要求工程项目招标人应根据《标准文件》,结合招标项目特点和管理需要,按照公开、公平、公正和诚实信用原则,编写施工招标资格预审文件或施工招标文件。现就有关建设工程项目施工招标投标的基本知识分别介绍如下。

▶ 7.1.1 招标投标的概念

　　招标投标是一种商品交易行为,它包括招标和投标两个方面的内容。目前,招标投标在国际上广泛采用,不仅政府、企事业单位用它来采购原材料、器材和机械设备,而且各种工程项目也日益采用这种形式进行物资采购和工程承包。

　　商品生产的进一步发展,商品交换便出现了现货交易和期货交易两种方式。现货交易是买卖双方在商品市场上见面以后,通过讨价还价,达成契约,进行银货授受行为,即进行交割,或在极短的期限内履行交割的一种买卖。交割完成后,交易即告结束。期货交易也称"定期交易"或"期货买卖",是交易成立时,双方约定一定时期实行交割的一种买卖。这种方式适用于大宗商品、外汇、证券等交易。期货交易方式的出现,客观上要求交易成立之前的洽谈具有广泛性质,交易成立之后的契约具有约束性,这就促使了招标投标的产生。

由于招标投标是由一家买主通过发布招标广告,吸引多家卖主前来投标,进行洽谈,这样买主可享有灵活的选择权。因此,招标投标非常适合期货交易方式的需要。买卖双方通过招标投标达成协议,但交易成立之后,还没有实行交割,此时还需要签订合同,以保证交易顺利进行。因此,招标投标制与合同制是紧密相连的,两者结合起来才能保证期货交易的成功。

下面就招标投标的一些基本概念分述如下。

1)招标

招标人在采购货物、发包建设工程项目或购买服务之前,以公告或邀请书的方式提出招标的项目、价格和要求,以便愿意承担项目的投标人按照招标文件的条件和要求,提出自己的价格,填好标书进行投标,这个过程称为招标。招标人通过招标的手段,利用投标人之间的竞争,达到货比三家、优中选优的目的。至于选优的标准,要根据每个招标人的实际需要和要求来决定。招标人是指依法提出施工招标项目、进行招标的法人或者其他组织。

2)投标

投标人响应招标人的要求参加投标竞争的行为,也就是投标人在同意招标人在招标文件中所提出的条件和要求的前提下,对招标项目估算自己的报价,在规定的日期内填写标书并递交给招标人,参加竞争并争取中标,这个过程称为投标。投标人是指响应招标、参加投标竞争的法人或其他组织。

3)开标

招标人在规定的地点和时间,在有投标人出席的情况下,当众拆标书(即投标函件),宣布标书中投标人的名称、投标价格和投标价格的有效修改等主要内容,这个过程称为开标。开标应当在招标文件确定的提交投标文件截止时间的同一时间公开进行,开标地点应当是招标文件中确定的地点。开标应当在法律保障和有公证员的监督下进行。开标一般具有以下3种方式:

①在有投标人自愿参加的情况下,公开开标,不当场宣布中标候选人或中标人;
②在公证人的监督下,公开开标,当场宣布与确定中标候选人;
③在有投标人自愿参加的情况下,公开开标,当场宣布与确定中标人。

4)评标定标

招标人按照招投标的要求,由专门的评标委员会对各投标人所报送的投标数据进行全面审查,择优选定中标人,这个过程称为评标。评标是一项比较复杂的工作,要求有生产、质量、检验、供应、财务、计划等各方面的专业人员参加,对各投标人的质量、价格、期限等条件,进行综合分析和评比,并根据招标人的要求,择优评出中标候选人或中标人。其评定办法有以下3种:

①全面评比,综合分析条件,最优者为中标候选人或中标人;
②按各项指标打分评标,以得分最高者为中标候选人或中标人;
③以能否满足招标人的侧重条件,如工期短或报价低等,选择中标候选人或中标人。

5）中标（得标）

当招标人以中标通知书的形式，正式通知投标人得了标，作为投标人来说就是中标。在开标以后，经过评标，择优选定的中标人，就称为中标人。在国际工程招标投标中，称为成功的投标人。招标人应当接受评标委员会推荐的中标候选人，一般是按排序限定 1～3 个为中标人。排名第一的中标人放弃，招标人可以确定排名第二的中标候选人为中标人。

6）招标投标

招标投标是招标与投标两者的统称，它是指招标人通过发布公告，吸引众多投标者前来参加投标，择优选定中标人，最后双方达成协议的一种商品交易行为。买卖双方在进行商品交易时，一般是经过协商洽谈、付款、提货等几个环节，招标投标则属于协商洽谈这一环节。招标人进行招标，实际上是对自己所想购买的商品询价。因此，人们把买方先行询价的一种商品交易行为统称为招标投标。

7）招标投标制

招标投标是一种商品交易行为，招标人与投标人之间存在一种商品经济关系。为体现招标投标双方的经济权力，推动双方负起经济责任，并维护他们的经济利益而建立的一套招投标管理制度就是招标投标制。由于制度本身是一种法的形式，它反映统治阶级的利益，属于上层建筑领域，所以，在不同的社会形态中，招标投标制的内容也就不一样。

▶ 7.1.2 工程项目招标分类

工程项目招标按其建设程序、承包范围和行业类别的不同进行分类。

1）按工程项目建设程序分类

建设工程项目建设的全过程，可分为建设前期阶段、勘察设计阶段和实施施工阶段。因此，按建设工程项目的建设程序，招标可分为建设工程项目开发招标，勘察、设计招标，施工招标，材料、设备供应招标和其他招标。

（1）建设工程项目开发招标　建设工程项目开发招标是指招标人（业主）在工程项目可行性研究及项目建议书阶段，为科学、合理地选择投资开发建设方案，通过投标竞争寻找满意的建设咨询单位所进行的投标。投标人是指建设咨询公司或建筑设计研究院。中标人的最终成果，是向业主提交该工程项目的可行性研究报告，据此作为业主对该工程项目投资开发决策的依据。

（2）建设工程项目勘察、设计招标　勘察、设计招标是指招标人（业主）根据批准的工程项目可行性研究报告，选择勘察、设计单位所进行的招标。勘察、设计可由勘察单位和设计单位分别完成。勘察单位的最终成果，是向业主提交该工程项目的勘察报告，包括该工程项目施工现场的地理位置、地形、地貌、地质、水文等勘察资料；设计单位的最终成果，是向业主提交该工程项目的初步设计图纸或施工图设计图纸和该工程概预算，据此作为业主对该工程项目实施施工招标的依据。

（3）建设工程项目施工招标　建设工程项目施工招标是指招标人（业主）在工程项目的初步设计或施工图设计完成后，利用招标方式选择施工企业所进行的招标。施工企业的最终成果，是向业主交付符合招标文件规定、工程质量合格的建筑产品。

（4）建设工程项目的材料、设备供应招标　建设工程项目的材料、设备供应招标是指招标人（业主）或施工企业根据设计图纸的要求和工程施工的需要，利用招标的方式选择建筑材料和机械设备供货商的招标。建筑材料和机械设备供货商的最终成果，是向业主或施工企业交付符合质量要求的建筑材料和机械设备。

（5）其他招标　其他招标主要包括与工程项目建设有关的建设监理、工程劳务、特殊进口材料、设备等的招标。不过，有的是业主组织的招标，如建设监理的招标；有的是施工企业组织的招标，如工程劳务的招标。

2）按工程承包范围分类

按工程承包范围分为建设项目总承包、建筑安装工程承包和专项工程承包等。工程项目招标也可相应地按上述工程承包范围的不同进行分类。

（1）建设项目总承包招标　建设项目总承包招标是指招标人（业主）为选择建设项目总承包人所进行的招标，即建设项目实施全过程的招标。它是从建设项目建议书开始，包括该项目的可行性研究报告、勘察设计、材料、设备询价与采购、工程施工、生产准备、投料试车，直至竣工投产、交付使用等全面实行招标，所以，又称为"交钥匙工程"的招标。

（2）建筑安装工程承包招标　建筑安装工程承包招标是指招标人（业主）在施工图设计完成后，为选择建筑安装工程施工承包人所进行的招标。这种招标其范围仅包括工程项目的建筑安装施工活动，不包括建设项目的建设前期准备、勘察设计和生产准备等。

（3）专项工程招标　专项工程招标是指在建设项目的招标中，对其中某些技术比较复杂、专业性或保密性强、施工和制作要求特殊的专项工程所进行的专项工程招标。

3）按行业类别分类

按与工程建设相关业务性质的不同，分为勘察设计招标、材料设备采购招标、土木工程招标、建筑安装工程招标、生产工艺技术转让招标和工程咨询服务招标等。

▶　**7.1.3　招标投标制的特点、存在的主要问题及改进措施**

1）建设工程招标投标制的特点

在进一步完善社会主义市场经济的条件下，我国建设工程招标投标制与国际上许多国家的做法相比较，具有以下特点：

①具有中国特色的招标范围和管理机构；

②具有全国性法规和地方性法规互为补充的招标投标法规体系；

③具有以"建设工程工程量清单计价"为核心的投标报价体系；

④以百分制为主进行评标定标；

⑤招标投标在工程交易中心进行；

⑥重视中介服务机构的作用。

2）存在的主要问题

我国自推行建设工程招标投标制以来，促进了建设市场的建立与健康发展，加快了建筑企业管理改革的步伐，取得了一定的成绩，但也存在以下主要问题：

①行政干预较多。在建设工程招标投标的实际操作中，人情工程、关系工程时有出现，行

政干预对建设市场的过分渗透,难以实现公平竞争,同时也容易滋生腐败。实际上有的建设工程的拍板定案,建设单位(业主)不能独立自主地进行,而要受来自各方面的行政力量的制约。如有的主管部门滥用行政权力,将所属单位的建设工程"内定"给某个承包企业,其他投标人只是做个陪衬,使招标投标徒具形式。

②招标控制价(标底)缺乏合理性,漏标现象时有发生。在市场供求失衡的状态下,一些建设单位不顾客观条件,人为压低工程造价,使招标控制价(标底)不能真实反映工程价格,从而使招标投标缺乏公平和公正,使投标人的利益受到损害。加之一些招标人在发包工程时有自己的主观倾向性,或因收受贿赂,或有碍关系、情面,总是希望某个承包企业中标,所以招标控制价(标底)泄漏现象时有发生,保密性差。

③投标报价缺乏规范性。有的投标人为了获取工程项目,常常先报低价"钓鱼",再采取偷工减料、转手倒卖合同、工程结算和验收时行贿送礼、蒙混过关等不法手段,造成建设市场的混乱。

④评标定标缺乏科学性。有的招标人(业主)仍单纯看重报价的高低,以取低标为主;评标小组成员中有部分是招标人(业主)的派出人员,评标时有失公正性;评标过程中自由性、随意性较大,规范性不强;评标中定性因素多,定量因素少,缺乏客观公正;开标后议标现象仍然存在,甚至把公开招标演变为透明度极低的议标。

⑤招标投标法规建设还需健全。建设工程招标投标是一个相互制约、相互配套的系统工程,目前招标投标的法律、法规体系还不健全,市场监督和制约机制力度还不够,配套的改革措施还需完善。

3)改进措施

我国建设部在 1999 年《整顿和规范建设市场的意见》中严肃指出:"纠正和查处项目法人规避招标或搞假招标的行为,严格实行建设工程招标投标制。"按照国家《招标投标办法》和《标准文件》的规定,现就其进一步改进与完善措施分述如下:

①继续坚定不移地推行建设工程招标投标制。

②建立和健全招标投标法律体系,采取强有力措施使这些法律、法规得到切实的贯彻执行。

③进一步改善招标投标活动的监督管理,强化招标投标管理机构的作用与行为规范,对违法乱纪行为给予严厉打击。

④按照《招标投标办法》和《标准文件》的规定,改进招标投标工作,逐步完善审批环节,改善评标定标方法,推行招标模板,统一建设工程工程量清单的编制和计价方法,弱化招标控制价(标底)作用,强化监督与服务等,使之逐步符合国际惯例做法。

⑤切实发挥有形建筑市场的交易功能,真正做到工程项目发包方、承包方、中介机构都纳入有形市场管理,并把建设工程项目的发、承包交易安排在这个市场上公开进行,切实把好造价、质量、安全等主要关口,使建设市场交易行为走向规范化和公开化。

⑥积极扶植发展招标投标代理咨询机构,培养一支素质高、业务精、服务优的招标投标专业人才队伍。

7.2 建设工程施工招标

▶ 7.2.1 建设工程施工招标的概念

建设工程施工招标是指业主(建设单位、招标人或发包人,统称甲方)在拟建工程具备了工程招标所必需的招标文件、施工图纸和有关的技术经济资料等基本条件以后,公开邀请若干建筑承包企业(承包商、投标人和承包人,统称乙方)参加投标,并按招标文件规定的条件和要求,择优选定拟建工程的建筑承包企业,这个工作过程称为工程项目施工招标。

目前,国内外的建设工程项目普遍采用工程项目施工招标的方法发包工程任务。业主(招标人)通过工程项目施工招标这一经济手段,吸引建筑承包企业前来投标报价,并利用他们之间的竞争,达到择优选定建筑承包企业的目的。实践证明,这种发包方式是可行的,其效果也是显著的。

▶ 7.2.2 建设工程施工招标方式

建设工程施工招标前招标人应做好准备,以保证招标工作的顺利进行。其准备工作在国外大多由业主委托咨询公司承担,主要是编写招标文件及标底计算等。我国的工程招标准备工作,一般由工程发包人组织进行。应该指出的是,整个招标工作的好坏和质量的高低,关键取决于招标前的准备工作。在招标准备工作中,标底的计算与确定是至关重要的。目前,国内一些招标人不熟悉编制标底的业务,可请中介机构或建设银行代为编制,或者委托招标咨询小组为招标人编制。准备工作完成后,即可组织进行招标,其招标方式如下:

1)公开招标

公开招标是指招标人(业主)以招标公告的方式邀请不特定的法人或其他组织参加投标的一种方式。公开招标也称为开放型招标,是一种无限竞争性招标。采用这种招标,由招标人利用报刊、电台、广播等形式,公开发表招标公告,宣布招标项目的内容与要求。公开招标不受地区限制,各承包企业凡对此感兴趣者,通过资格预审后,都有权利购买招标文件,都可积极参加投标活动。招标人则可在众多的投标人中优选出理想的承包人(或企业)为中标人。

我国规定,国家重点建设项目和各省、自治区、直辖市确定的地方重点建设项目,以及全部或控股的国有资金投资的工程建设项目都应当公开招标。

公开招标的优点是可以给一切有法人资格的承包商以平等竞争的机会参加投标。招标人可以从大量的投标书中,获取较为价廉而优质的报价,选择出理想的承包人,真正做到优中选优。其缺点是,参加者越多,其竞争越激烈,可能出现少数的承包人为了得标,故意采取压低报价的手段,力图排挤那些持严肃认真态度的投标人的现象,但是,只要认真对标书严格审查,这种招标方式仍是十分可取的。

2)邀请招标

邀请招标是指招标人(业主)以投标邀请书的方式邀请特定的法人或其他组织参加投标

的一种方式。这是一种有限竞争性招标,招标人根据工程特点,有选择地邀请若干具有承包该工程项目能力的承包人前来投标。具有下列情况之一的,经批准可以进行邀请招标:

①项目技术复杂或有特殊要求,只有少量几家潜在投标人可供选择的;

②受自然地域环境限制的;

③涉及国家安全、国家秘密或者抢险救灾,适宜招标但不宜公开招标的;

④拟公开招标的费用与项目的价值相比,不值得的;

⑤法律、法规规定不宜公开招标的。

《招标投标办法》规定,国家重点建设项目的邀请招标,应当经国务院发展计划部门批准;地方重点建设项目的邀请招标,应当经各省、自治区、直辖市人民政府批准;国有资金投资(控股)的需要批准的工程建设项目的邀请招标,应当经项目审批部门批准立项,由有关行政监督部门审批。

这种方式的招标同样要进行资格预审,经过标书评审择优选定中标人和发出中标通知书。邀请招标目标明确,经过选定的投标人在施工经验、施工技术和信誉上都比较可靠,基本上能保证工程质量和进度。邀请招标的整个组织管理工作比公开招标相对要简单一些,但报价也可能高于公开招标。

► 7.2.3　建设工程施工招标文件

1)施工招标文件的要求与使用条件

根据我国自 2000 年 1 月 1 日起施行的《招标投标法》,2007 年 11 月 1 日国家九委、部、局发布的《标准施工招标文件》规定,招标人(业主)应按照招标项目的特点和需要编制招标文件,招标文件应包括招标项目的技术要求、对投标人资格预审的标准、投标报价的规定、评标标准和签订合同的主要条款等所有实质性要求及条件。

2)施工招标文件的主要内容

建设工程施工招标文件是由招标人(业主)或其委托相关的咨询机构编制并发布的,它既是投标人(承包商)编制投标文件的依据,也是招标人与投标人签订工程承包合同的基础。招标文件中提出的各项要求,对整个招标工作乃至承发包双方均有约束力。

由于建设工程招标投标分为若干个不同的标段,每个标段招标文件的编制内容和要求不尽相同。其招标文件的内容由招标方式(招标公告或投标邀请书)、投标人须知、评标办法、合同条款及格式、工程量清单、施工图纸、技术标准和要求、投标文件格式、投标人须知前附表规定的其他材料等部分组成。招标人对招标文件所作的澄清、修改,也是招标文件的组成部分。如果采用邀请招标方式,其招标文件内容除没有资格审查表以外,其余均与上述内容完全相同。关于建设工程施工招标文件的具体条款(内容),详见《标准施工招标文件》中关于招标文件具体条款(内容)的规定。

► 7.2.4　建设工程施工招标程序

1)建设工程施工招标条件

根据国家七委、部、局 2003 年 3 月 8 日颁发的第 30 号令,即《工程建设项目施工招标投标办法》中的规定,对招标人(业主)及建设工程项目的招标条件均作了明确规定,并以此规范招标人(业主)的行为,维持招投标市场秩序,确保招标工作有条不紊地进行。

(1)招标人(业主)招标应具备的条件

①招标人(业主)是法人或依法成立的其他组织;

②有与招标工程相适应的经济、技术、管理人员;

③有组织编制招标文件的能力;

④有审查投标人(承包商)资质的能力;

⑤有组织开标、评标、定标的能力。

上述条件中,前两条是对招标人(业主)招标资格的认定,后三条则是对招标人(业主)能力的要求。若招标人(业主)不具备上述某些条件时,可以委托具有相应资质的咨询、监理等单位来代理工程项目的招标事宜。

(2)工程项目施工招标应具备的条件

①招标人已经依法成立;

②初步设计及概算应当履行审批手续的,已经批准;

③招标范围、招标方式和招标组织形式等应当履行核准手续的,已经核准;

④有相应资金或资金来源已经落实;

⑤有招标所需的设计图纸及技术资料;

⑥已经建设项目所在地规划部门批准,施工现场的"三通一平"已经完成或一并列入施工招标范围。

上述规定将促使招标人(业主)严格按建设程序办事,防止"三边"工程的发生,确保建设工程项目招标工作的顺利进行。

2)建设工程施工招标程序

招标投标活动涉及招标人(业主)和投标人(承包商)两个方面,且是一个整体活动。因此,在工程项目招标活动中必然涉及投标活动的内容。工程项目招标程序如图7.1所示。

(1)建设工程项目报建 建设工程项目报建是工程项目招标活动的前提,其报建范围包括:各类房屋建筑、道路、桥梁、管道线路及设备安装、装饰整修等建设工程。报建内容主要包括:工程名称、建设地点、投资规模、资金来源、工程概况、发包方式、计划开竣工日期和工程筹建情况等。

在建设工程项目立项批准文件或固定资产投资计划下达后,招标人(业主)应根据《工程建设项目报建管理办法》的规定进行报建,并由当地建设行政主管部门进行审批。具备招标条件的,可开始办理招标人资格审查。

(2)审查招标人(业主)资格 审查招标人资格主要是审查招标人是否具备招标条件,不具备招标条件的招标人(业主)必须委托具有相应资质的中介机构代理招标。在招标人(业主)与中介机构签订委托代理招标协议后,即可报招标管理部门备案。

(3)编制招标文件与送审 《招标投标法》规定:凡是已确定招标的工程项目,必须是列入本年度计划的工程项目,设计文件齐备,建设用地、建设资金、建筑材料、主要设备和协作配套条件等准备工作均已落实才能据此编制工程招标文件,同时计算拟建工程标底,并报建设主管部门审批备案。

标底的计算与确定是招标文件编制的重要环节。由业主(建设单位)或其委托的招标咨询单位根据设计图纸和有关规定计算,并经招标主管部门审定的发包标价称为标底。标底的内容除合理造价外,还包括与造价相对应的施工、质量要求,以及为缩短工期所需的措施费等。它是进行评标和定标工作的主要参考依据之一。标底在开标前要严格保密,如有泄漏,对责任者要严肃处理,甚至给予经济和法律制裁。目前,标底的计算多数以现行计价定额为计算基础,按建设工程工程量清单计价的方法计算;有的也以当地平方米造价包干为计算基础,上下浮动。标底的确定既应控制在概算或修正概算以内,又要体现建筑产品的合理价格;既要努力降低造价,又要考虑承包企业基本的合理权益,以调动双方的积极性。关于标底的概念及具体计算方法后面再作详细介绍。

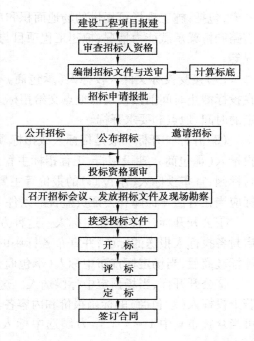

图 7.1 工程项目施工招标程序框图

(4)招标申请报批 招标人(业主)在工程招标准备工作基本完毕后,应向政府建设主管部门报送招标申请文件,并由主管部门对招标人(业主)进行招标条件审查,招标人必须等待审查批准后才能进行招标。审查的主要内容包括:招标人(业主)资格、建设资金有无保证、主要建筑材料与设备是否落实、招标文件内容是否齐全、工程标底是否计算完毕、工程招标方式是否确定等。工程招标方式的确定,一般是业主(招标人)根据工程情况与建设主管部门共同商定。

(5)投标资格预审 招标人或招标领导小组对投标人(承包商)进行工程投标资格预审是一项很重要的工作,按照《招标投标法》规定,只有通过投标资格预审后,投标人才具有参加工程投标的资格。

按照《标准施工招标资格预审文件》的规定,资格预审文件包括:资格预审公告、申请人须知、资格审查办法、资格预审申请文件格式和项目建设概况,以及招标人对资格预审文件的澄清及修改。其中资格预审申请文件包括:资格预审申请函、法定代表人身份证明或附有法定代表人身份证明的授权委托书、联合体协议书、申请人基本情况表、近年财务状况表、近年完成的类似项目情况表、正在施工和新承接的项目情况表、近年发生的诉讼及仲裁情况和其他材料。资格预审申请文件应包含"申请人须知"规定的全部内容。

(6)召开招标会议 招标人(业主)或招标领导小组在工程招标准备工作结束后,就可以召开有投标人(承包商)、设计单位、建设银行和当地工程招标主管部门等参加的招标会议,同时对通过资格预审的投标人发售招标文件(包括施工图纸)等数据。招标会议一般是由当地招标主管部门主持,招标人介绍工程情况及施工要求,解答提出的有关问题,补充与完善招标文件的内容,明确投标人报送标函的具体时间与地点等。对招标文件内容所提出的修改和补充意见,应做出会议纪要,并分发给有关单位。会后招标人可组织各投标人对施工现场进行考察,包括:施工现场可提供的场地面积和房屋数量;施工用水、电源位置及可供量;施工运输道路和桥梁承载能力情况;拟建工程项目与已建房屋的关系;施工现场的地貌、地质和水文情况等。

(7)接受投标文件 投标人(承包商)根据招标文件的要求,编制投标文件并进行密封,在投标截止时间前按规定的地点交给招标人(业主)。招标人接收投标文件后将其封存,按规定的时间、地点和要求开标。

(8)开标 开标一般是招标人或招标领导小组在规定的时间、地点,在有招标人(业主)、投标人(承包商)、建设银行、工程招标主管部门和公证机关参加的情况下公开举行,并当众启封标函,宣布投标人(承包商)的报价等主要内容。按照《招标投标法》的规定,工程招标的开标应当在有法律保障和公证员监督的条件下公开进行。现将开标的具体方式分述如下:

①公开开标,当场确定中标人。这种方式是在召开的开标会上,由评标委员会负责,当众启封各投标人报送的标函,并宣布各标函的报价等内容,经评标委员会成员与招标人短时间评标磋商后,当场定标宣布中标人(承包商);

②公开开标,当场预定中标候选人。这种方式是在召开的开标会上,当众启封标函,在有若干投标人(承包商)的标函报价和内容各具特色、各有长处、难以当场确定中标人的情况下,可当众宣布其中 1~3 个作为候选中标人进行第二次报价,经评标后再定标,确定最后中标人;

③公开开标,当场不定中标人。当众启封标函后,当各投标人(承包商)的标函报价与标底等要求相差甚远,难以从现有投标人中确定候选中标人或中标人时,只好另行招标,或会后从现有投标人中选择若干投标人进行协商议标,最后确定中标人。

按我国《招标投标法》的规定,凡有标函未密封,或标函未按要求填写,或填写字迹模糊辨认不清,或标函未加盖本企业和法人印鉴,或标函寄出(交付)时间超过投标截止日期(以邮戳为准)等情况之一者均按废标处理。

(9)评标 评标是招标人和评标委员会,对投标人(承包商)所报送的标函进行审查、评议和分析的决策过程,它是整个招标投标活动的重要环节。评标委员会在评标时,应贯彻公正平等、经济合理、技术先进的原则,并按规定的评标标准进行评标。

①评标标准。

a.标价合理。我国的标价确定仍以施工图纸为依据,投标人按招标文件中的"建设工程工程量清单计价"的方法计算工程费用,各投标人的报价主要是在企业管理费或材料价格调整上浮动。评标时应保证投标人(承包商)的正当经济利益,不能只讲标价越低越好。

b.工期适当。一般以国家或当地规定的工期定额为准,不能突破,或所定工期要在采取一定的技术组织措施下保证能够实现。

c.保证质量。工程质量关系工程建设项目的投产使用,因此,要求投标人有严格的质量保证体系和措施,使工程质量达到国家的规范要求。

d.企业信誉好。承包企业的信誉主要体现在信守合同、遵守法律、工程质量和服务质量良好等方面,且得到社会的广泛承认。投标人(承包商)的信誉,是在自己的实际施工经历中树立的,不是自己吹嘘所能获得的。

在不同工程、不同条件下,其评定标准不尽相同。如某商业大厦,地处闹市区,商业利润高,招标人希望尽量缩短工期,早日投入使用而获得更多利润,因此,评定标准中便将工期列为重点,报价稍高的投标企业,只要工期短,其他条件也适当,就有可能中标。

②评标方法。目前,常用的评标方法主要有条件对比法和打分评标法两种。

a.条件对比法。条件对比法是指在公开开标后,按条件分别进行登记并排列次序,然后评价对比各项条件,如标价、工期、质量、安全、技术素质、协作条件等。

b.打分评标法。打分评标法是指对投标人(承包商)所报送的标函,按工期、造价、质量、材料、社会信誉等进行定量评价。标函的评分指标构成情况大致为:工程造价 30 分(或 25 分),工期 30 分(或 25 分),工程质量 15 分(或 20 分),材料 10 分(或 15 分),附加条件 15 分。

评标是一项比较复杂的工作,其认识也不尽一致,故有的地区采用评分与对比评价相结合的办法进行。如某市规定,评分的办法是根据标价、工期、质量、企业信誉、材料消耗等情况分别计分,计分比例为:标价为 40 分(低于标价 5% 以内的,每低于 1% 加 1 分;高于标价 5% 以内的,每高于 1% 扣 1 分;超过标价 5% 以上或低于标价 5% 以下不计分)、工期为 25 分、品质为 25 分(参照企业信誉及各项措施进行评分)、材料消耗为 10 分。

(10)定标　开标后,由招标人或评标委员会对各投标人(承包商)的标函经过各项条件的对比分析,综合平衡,择优确定最佳中标人(承包商)的过程称为定标,也称为决标。定标方法有以下几种:

①全面评比、分析各项条件,选择综合条件最优者为中标候选人或中标人(承包商);

②按各项指标打分评标,以得分最高者为中标候选人或中标人(承包商);

③以能否满足招标人(业主)的特殊要求或侧重条件,如工期短或报价低等,选择中标候选人或中标人(承包商)。

(11)签订承包合同　确定中标人后,应填写中标通知书,报送当地建设主管部门审核签发,并与中标人(承包商)签订承包合同。凡未按规定的时间(中标后 20 d 或 30 d)签订合同,经建设主管部门裁决,其责任属于投标人的,取消其该工程的承包权;其责任属于招标人(业主)的,由招标人赔偿投标人的延期开工损失,其额度由建设主管部门裁定。

▶　**7.2.5　建设工程施工招标文件的编制**

我国《招标投标法》规定,招标人(业主)应根据招标工程项目的特点和需要编制招标文件。建设工程招标文件的编制,除包括上节所介绍的主要内容外,还包括该项工程招标控制价(标底)的编制,并将其作为招标文件的一个组成部分。由于建设工程的招标控制价(标底)是评标、定标的重要参考依据,因此,招标控制价(标底)具有严格的保密性,可不与前述的招标文件一同发出。现将建设工程项目施工招标文件及建设工程招标控制价(标底)的编制分述如下。

1)工程项目施工招标文件的编制

工程项目施工招标文件的编制,按照招标方式的不同,又分为建设工程施工公开招标的招标文件编制和邀请招标的招标文件编制。依据公开招标的施工招标文件内容组成与要求,主要介绍以下内容的编制和国家有关《标准文本》的选用。

(1)投标须知　投标须知包括投标须知前附表和投标须知。投标须知前附表和投标须知的具体内容,在《标准施工招标文件》中都有明确的规定与表述。招标人(业主)在编制招标文件中的投标须知时,应认真选用与执行,并根据建设工程的特点及要求,对部分条款可作修改与补充。

(2)合同条款　建设工程招标文件中的合同条件,按照《标准施工招标文件》中的规定,参照住建部新修订和颁发的《建设工程施工合同文本》中的条款进行编制。该部分由《协议书》《通用条款》《专用条款》三部分组成。

(3)合同格式　为了便于投标工作和评标工作的顺利进行,合同格式在招标文件中都作了统一的规定,主要包括"合同协议书""银行履约保函""履约担保书""预付款银行保函"等格式。其具体格式详见《标准施工招标资格预审文件》试行规定中所示。

(4)技术规范　技术规范是投标人(承包商)制订施工技术措施的依据,也是检验工程质量的标准和进行工程管理的依据。招标人(业主)应根据招标项目的具体特点和实际要求编制。但其各项技术标准应符合国家强制性标准,不得要求或标明某一特定的专利、商标、名称、设计、原产地或生产供应者,不得含有倾向或者排斥潜在投标人的其他内容。如果必须引用,应在参照后面加上"或相当于"字样。

(5)投标文件　投标文件中的投标书(即标函)及投标书附录、辅助资料表和资格审查表等,招标人(业主)可按《标准施工招标文件》中的规定和要求,以及上节中所介绍的投标文件内容和一般格式进行编写。

关于"工程量清单"的编制,招标人(业主)应根据住建部2013年颁发的《建设工程工程量清单计价规范》(GB 50500—2013)中有关"工程量清单"的编制规定、招标项目具体特点和实际需要进行编制,并与"投标人须知""合同条款""技术标准与要求""施工图纸"等相衔接。

(6)图纸　施工图纸是招标文件的重要组成部分,是招标人(业主)编制工程量清单和计算确定工程造价不可缺少的资料,也是投标人(承包商)拟定施工组织设计或施工方案的依据。施工图纸应由招标人根据行业标准施工招标文件(如有)、招标项目具体特点和实际需要编制,主要是委托建筑设计院进行设计,并负责设计文件的交底。对于图纸修改和补充,编写人员应在招标文件中作出明确规定。

2)建设工程施工招标标底的编制和审查

(1)招标标底概述

①招标标底的概念。建设工程招标标底是建筑安装工程造价的一种重要表现形式,它是由招标人(业主)或委托具有资格和能力的工程咨询机构,根据设计图纸、定额、取费标准等数据编制,并按规定报经当地建设主管部门和建设银行审定的招标项目的控制价格。因此,又称招标控制价。

招标标底是审核投标人报价、评标人评标、招标人定标的参考依据,要求在招标文件发出之前完成。招标标底的编制是一项十分严肃的工作,在开标前要严格保密,不许泄漏。

②招标项目标底的组成内容。招标项目标底的组成内容主要包括:

a.招标项目标底综合编制说明,包括招标项目标底的编制目的、编制依据、编制要求、计算方法和有关规定等;

b.招标项目标底主要文件,包括标底价格审定书、标底价格计算书、带有价格的工程量清单、现场因素、各施工措施费用的测算明细表、采用固定价格的风险系数测算明细表等;

c.主要材料用量,包括水泥、木材、钢材(含钢筋、型钢、管材、板材等)、电器设备、电线、灯

具、大宗材料(砖、瓦、砂、石)等;

d. 招标项目标底附件,包括各项交底纪要,各种材料和设备的价格来源,现场的地质、水文、地上情况等有关资料,以及编制标底价格所依据的施工方案或施工组织设计等。

③招标项目标底的作用。

a. 能够使招标人(业主)预先明确自己在拟建工程上应承担的财务义务;

b. 为上级主管部门提供核实建设资金的依据;

c. 是衡量投标人(承包商)报价的参考依据。有了标底才能正确判断投标人所投报价的合理性、可靠性;

d. 是评标的参考依据之一。只有制订了科学的标底,才能在定标时作出正确的抉择,否则评标就是盲目的。

(2)编制招标项目标底的主要程序 招标文件中的商务条款一经确定,即可进入标底编制阶段。招标项目标底编制程序如下:

①确定标底的编制单位。标底可由招标人(业主)自行编制或委托经建设行政主管部门批准具有编制标底资格和能力的中介机构代为编制。

②提供以下数据,以便进行标底计算:

a. 全套施工图纸及现场地质、水文、地上情况的有关资料;

b. 招标文件;

c. 领取标底价格计算书及报审的有关表格。

③参加交底会及现场勘察。标底编审人员均应参加施工图纸交底、施工方案交底、现场勘察、招标预备会,以便于标底的编审工作。

④编制标底。编制人员应严格按照国家的有关政策、规定,科学公正地编制标底。

(3)编制招标项目标底应遵循的原则

①根据国家公布的统一工程项目划分、统一计量单位、统一计算规则,以及施工图纸、招标文件,并参照国家制定的基础定额和国家、行业、地方规定的技术标准规范,以及市场价格确定工程量和编制标底。

②标底作为招标人(业主)对招标项目的控制价格,应力求与市场的实际变化相吻合,要有利于竞争和保证工程质量。

③标底应由成本、利润、税金等组成,应控制在批准的总概算(或修正概算)及投资包干的限额内。

④标底应考虑人工、材料、设备、机械台班等价格变化因素,还应包括不可预见费(特殊情况)、预算包干费、措施费(施工技术措施费、赶工措施费)、现场因素费用、保险以及采用固定价格时的风险金等。工程质量要求优良的还应增加相应的费用。

⑤标底编制完成后,应密封报送招标管理机构审定。审定后必须及时妥善封存,直至开标。所有接触过标底价格的人员均负有保密责任,不得泄漏。

(4)编制标底的主要依据 根据《标准施工招标文件》和《招标文件范本》中的规定,标底的编制依据主要有:

①招标文件的商务条款;

②工程施工图纸、工程量计算规则;

③施工现场地质、水文、地上情况的有关资料；

④施工组织设计或施工方案；

⑤现行预算定额、工期定额、工程项目计价类别及取费标准、国家或地方有关价格调整文件规定等；

⑥招标时建筑安装材料及设备的市场价格。

（5）标底的编制方法　目前,我国建设工程施工招标标底主要采用工料单价法和综合单价法来编制。

①工料单价法。具体做法是根据施工图纸及技术说明,按照分部分项工程子目,逐项计算出工程量,再套用工料单价确定分部分项工程费,然后按规定的费用定额确定措施项目费、其他项目费、规费、利润和税金,还要加上材料调价和适当的不可预见费,汇总后即为工程标底的基础费,也可采用概算定额编制标底,主要适用于技术设计阶段进行招标的工程。在施工图阶段招标,也可按施工图计算工程量,按概算定额和单价计算分部分项工程费,既可保证计算结果的可靠性,又可减少工作量,节省人力与时间。

运用工料单价法编制一个合理、可靠的标底还必须在上述计算的基础上考虑以下因素：

a. 标底必须适应目标工期的要求,应依据目标工期对照工期定额,按提前天数给出必要的赶工费和奖励,并列入标底。

b. 标底必须适应招标方的质量要求,对高于国家验收规范的质量应给予费用补偿,因为承包商要付出比合格水平更多的费用。根据某些地区测算,建筑产品从合格到优良,其人工和材料的消耗要使成本相应增加3%～5%,因此,标底的计算应体现优质优价。

c. 标底必须适应建筑材料采购渠道和市场价格的变化,应考虑材料差价因素,并将材料差价列入标底。

d. 标底必须合理考虑招标工程的自然地理条件和招标工程范围等因素,应将地下工程和"三通一平"等招标工程范围内的费用正确地计入标底。由于自然条件导致的施工不利因素也应考虑计入标底。

②综合单价法。综合单价就是各分项工程的单价,包括人工费、材料费、机械费、管理费、利润等。综合单价确定后,再与各分项工程量相乘,并计算有关文件规定的调价、利润、税金以及采用固定价格的风险金等全部费用,汇总即可得到标底。

a. 一般住宅和公共设施工程中,以平方米造价包干为基础编制标底。这种标底主要适用于大量采用标准图建造的住宅工程。考虑基础工程因地基条件不同而有很大差别,平方米造价多以工程的"0"以上为对象,基础及地下室工程仍以施工图预算为基础编制标底,二者之和构成完整标底。

b. 在工业项目的工程中,尽管其结构复杂,用途各异,但整个工程中分部工程的构成则大同小异,主要有土方工程、桩基工程、砌筑工程、混凝土及钢筋混凝土工程、防腐防水工程、管道工程、金属结构工程、机电设备安装工程等。按照分部工程分类,在施工图、材料、设备及现场条件具备的情况下,经过科学的测算,可以得出综合单价,有了这个综合单价即可计算出该工程项目的标底。

（6）标底的审定　工程施工招标的标底应在投标截止后至开标之前,按规定报招标管理部门审查,招标管理部门在规定的时间内完成标底的审定工作,未经审定的标底一律无效。

①标底审查时应提交的各类文件。标底报送招标管理机构审查时,应提交工程施工图纸、施工组织设计或施工方案、填有单价与合价的工程量清单、标底计算书、标底汇总表、采用固定价格的工程风险系数测算明细表,以及现场因素、各种施工技术措施测算表、主要材料用量、设备清单等。

②标底审定内容。

a. 采用工料单价法编制的标底,主要审查以下内容:

• 计价内容与计价方法:包括承包范围、招标文件规定的计价方法,以及招标文件的其他有关条款。

• 计算内容:包括工程量清单单价、补充定额单价、分部分项工程费、措施项目费、其他项目费、规费、利润、税金、设备费和主要材料设备数量等。

• 其他费用:包括材料、设备市场价格、现场因素费、不可预见费(特殊情况)、材料设备差价,以及采用固定价格的工程测算的在施工周期内价格波动风险系数等。

b. 采用综合单价法编制的标底,主要审查以下内容:

• 计价内容与计价方法:包括承包范围、招标文件规定的计价方法,以及招标文件的其他有关条款。

• 计算内容:工程量清单单价组成分析,人工、材料、机械台班计取的价格、分部分项工程费、措施项目费、其他项目费、规费、利润、税金、有关文件规定的调价、采用固定价格的工程测算的在施工周期价格波动风险系数、不可预见费(特殊情况)以及主要材料数量等。

• 其他费用:包括设备市场供应价格、现场因素费用等。

c. 标底的审定时间。标底的审定时间一般在投标截止日后、开标之前。结构不太复杂的中小型工程 7 d 以内,结构复杂的大型工程 14 d 以内。

d. 标底的保密。标底应在保密的环境中编制,标底完成之后应密封送审,审定完成后应及时封存,直至开标。

7.3 建设工程施工投标

▶ 7.3.1 概述

1)投标人及其资格条件

(1)投标人 按照《工程建设项目施工招标投标办法》和《标准施工招标文件》的规定,投标人是指响应招标、参加投标竞争的法人或者其他组织。所谓响应招标,主要是指投标人对招标人在招标文件中提出的实质性要求和条件作出响应。《招标投标办法》还规定,依法招标的科研项目允许个人参加投标,投标的个人适用本法有关投标人的规定。因此,投标人的范围除了包括法人、其他组织,还应包括自然人。随着我国招标事业的不断发展,自然人作为投标人的情形也会经常出现。

(2)投标人的资格条件 按照《招标投标办法》的规定,投标人应具备下列条件:

①投标人应具备承担招标项目的能力及国家有关规定,或者具备招标文件对投标人资格

条件的规定,投标人应当具备规定的资格条件。

②投标人应当按照招标文件的要求编制投标文件,投标文件应当对招标文件提出的要求和条件作出实质性响应。

③投标人应当在招标文件所要求提交投标文件的截止时间前,将投标文件送达投标地点。招标人收到投标文件后,应当签收保存,不得开启。招标人在招标文件要求的截止时间后收到的投标文件,作为废标应原样退还,不得开启。

④投标人在招标文件要求的截止时间前,可以补充、修改或撤回已提交的投标文件,并书面通知招标人。补充、修改的内容可作为投标文件的组成部分。

⑤投标人根据招标文件载明的项目实际情况,拟在中标后将中标项目的部分非主体、非关键性工作交由他人完成的,应当在投标文件中载明。

⑥两个以上法人或者其他组织可以组成一个联合体,以一个投标人的身份共同投标。但是,联合体各方均应具备承担招标项目的相应能力及相应资格条件。各方应当签订共同投标协议,明确约定各方拟承担的工作和相应的责任,并将共同投标协议连同投标文件一并提交给招标人。联合体各方应当共同向招标人承担连带责任。招标人不得强制投标人组成联合体共同投标,也不得限制投标人之间的竞争。

⑦投标人不得相互串通投标报价,不得排挤其他投标人的公平竞争,损害招标人或其他人的合法权益。

⑧投标人不得以低于合理预算成本(即按照国家有关成本核算规定计算成本)的报价竞标,也不得以他人名义投标或以其他方式弄虚作假,骗取中标。

2)投标的组织

投标的组织主要包括组建一个强有力的投标机构和配备高素质的各类人才。投标人进行工程投标,需要有专门的投标机构和人员对投标的全部活动加以组织与管理,这是投标人获得成功的重要保证。

参加投标竞争,不仅是比报价的高低,还要比技术、比实力、比经验和比信息。尤其是在国际工程承包市场上,由于技术密集型工程项目越来越多,这给投标人带来两个方面的挑战:一方面要求投标人具有先进的科学技术,能够完成高、新、尖、难的工程;另一方面要求投标人具有现代企业先进的管理水平,能够实现优质、高效、低成本,获得好的经济效益。

投标机构可由以下几种类型的人员组成:

(1)经营管理类人员 经营管理类人员是指专门从事工程承包经营管理,制订和贯彻经营方针与规划,负责投标工作的全面筹划和具有决策能力的人员。为此,这类人员应具备以下基本条件:

①知识渊博、视野广阔,能全面、系统地观察和分析问题;

②具备一定的法律知识和税务工作经验,了解我国和国际上有关的法律和国际惯例,并对开展投标业务所应遵循的各项规章制度有比较全面的了解;

③勇于开拓,具有较强的思维能力和社会活动能力,积极参加有关的社会活动,扩大信息交流,不断地吸收投标业务工作所必需的新知识和情报信息;

④掌握一套科学的管理研究方法和手段,如科学的调查、统计、分析、预测的方法等。

(2)专业技术类人员 专业技术类人员主要是指工程及施工中的各类技术人员,诸如建筑师、土木工程师、电气工程师、机械工程师等各类专业技术人员。他们应具有本学科最新的专业知识,具备熟练的实际操作能力,以便在投标时能从本公司的实际技术水平出发,制订各项专业实施方案。如果是国际工程项目投标(包含国内涉外工程),则应配备懂专业和懂合同管理的外语翻译人员。

(3)商务金融类人员　商务金融类人员主要是指具有金融、贸易、税法、保险、采购、保函、索赔等专业知识的人员。财务人员要懂得税收、保险、涉外财会、外汇管理和结算等方面的知识。

以上是对投标组织三类人员个体素质的基本要求。一个投标组织仅仅做到个体素质良好是不够的,还需要各方人员的共同协作,充分发挥各方的力量,并要保持投标组织成员的相对稳定,不断提高其整体素质和水平。同时,还应逐步采用和开发投标报价的软件,使投标报价工作更加快速、准确。

▶ 7.3.2 建设工程施工投标文件

投标文件的组成,也就是投标文件的内容。根据招标项目的不同,投标文件的组成也会存在一定的差异。按照《招标投标办法》的规定:"招标项目属于工程施工的,投标文件的内容应当包括拟派出的项目负责人与主要技术人员的简历、业绩和拟用于完成招标项目的机械设备等"。下面重点介绍工程建设项目投标文件的组成。

(1)证明文件及有关资料　证明文件包括营业证书、委托书、银行资信证明、注册证书及缴税证明等。有关资料包括投标人(承包商)章程与简介、管理人员名单、资产负债表等。投标人(承包商)应当按照规定提交上述证明与资料。

(2)投标函(书)及投标书附件　投标函(书)是指需要填写的投标文件。投标人(承包商)应当按照招标文件的要求填写投标项目的名称、投标人名称、投标人地址、投标总价等内容,并由投标人签名、盖章。另外,投标人还应按照要求对投标函(书)附录等进行填写。

(3)投标保证金　投标保证金一般采用银行保函的形式。保函应写明委托人(被担保人)名称、担保人名称、债权人名称、担保金额、担保期限及担保责任的范围等内容,并由担保人、被担保人共同签字、盖章。

(4)履约保证金　履约保证金一般也采用银行保函形式。履约保函同样应写明委托人(被担保人)名称、担保人名称、债权人名称、担保金额、担保期限及担保的责任范围等内容,并由担保人、被担保人共同签字、盖章。

(5)报价单与工程量清单计价　投标人在报价单(含工程量清单计价)中需要填写工程名称、工程量、单价、成本价、总报价等,报价须有投标人签字、盖章。报价单随着合同类型不同而不同,在综合单价合同中,一般都将各项单价列在工程量清单计价表上,并按照招标人的要求,全部综合单价都应附上工程量清单综合单价分析表。

(6)施工规划　施工规划是投标文件的一项重要内容,也是投标人中标后履行合同时的工作计划。其内容包括施工方案、施工技术措施和施工进度计划,同时还包括有关的工程机械设备清单、技术说明书和投标附函。施工方案中主要说明工程项目概况,准备采用的施工技术和施工方法。施工进度计划主要说明开竣工时间及整个工程的工期与进度等。

工程机械和设备清单,应详细列出工程拟采用的机械设备名称、规格、型号、数量、制造厂家名称等。投标人提供上述内容的目的是说明这些机械设备能够满足工程施工的需要。投标人还可通过技术说明书对有关机械和设备的性能及使用特点进行文字说明,以增强招标人的信任感。

投标附件是指投标人在投标文件外仍需说明的问题而对招标人的致函,包括施工方案、施工进度计划的修改、工程的付款方式及汇率等。施工规划基本上由投标人自行确定格式编写,没有统一的规定及要求。

(7)资格审查表和辅助资料表　资格审查表是投标人(承包商)填报和提交的文件资料,便于招标人对其投标人的资格进行全面审查。已通过资格审查的可不再填报。辅助资料表是投标人进一步说明参加工程的管理机构与人员、施工技术人员、机械设备和各项相关工作的安排情况,以便于评标时进行比较。

▶ 7.3.3　建设工程施工投标程序

1)建设工程施工投标程序

投标人(承包商)在取得投标资格并愿意参加投标时,就可以按照图7.2 投标工作程序图所列的步骤进行投标。

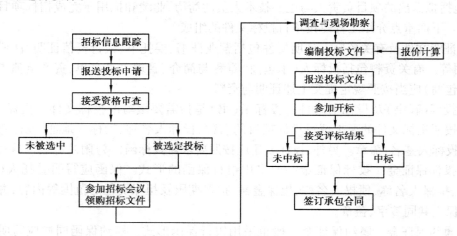

图 7.2　建设工程施工投标程序框图

2)建设工程施工投标过程

投标过程主要是指投标人(承包商)从填写资格预审调查表申报资格预审时开始,到将编制完毕的正式投标文件报送招标人(业主)为止所进行的全部工作。这一过程的工作量很大,其内容包括:填写资格审查表和申报资格预审,当资格预审通过后,参加招标会议和购买招标文件,进行投标前的调查与现场勘察,分析招标文件,校核工程量和编制施工规划,进行工程估价,确定利润方针,计算和确定报价,编制投标文件,办理投标保函,报送投标文件。如果中标,则与招标人协商并签订承包合同。

下面将介绍投标过程中各个步骤的主要工作内容。

(1)申报与接受资格预审　资格预审是投标人(承包商)投标过程中的第一关。有关资格预审文件的要求、内容及资格预审评定的内容,在本章第2节中已有详细介绍,这里仅就投标人申报资格预审时应注意的事项介绍如下：

①应注意平时对一般资格审查有关资料的积累工作，并储存在计算机内，当要参加某个项目投标需要填写资格审查表时，再将有关资料调出来，并加以补充完善。如果平时不积累资料，完全靠临时填写，则往往会达不到招标人（业主）要求而失去机会。

②加强填表时的分析，既要针对工程特点，下功夫填好重点栏目，又要全面反映出本公司的施工经验、施工水平和施工组织能力。这往往是招标人（业主）考虑的重点。

③在研究本公司今后发展的地区和项目时，注意搜集信息，如果有合适的工程项目应及早动手作资格审查的申请准备。可以参照亚洲开发银行的评分办法给自己公司评分，这样可以及早发现问题。如果发现某个方面的缺陷（如资金、技术水平、经营年限等）不是公司本身可以解决的，则应考虑寻找适宜的伙伴，组成联营体来参加资格预审。

④作好递交资格审查表后的跟踪工作，以便及时发现问题，补充资料。如果是国际工程投标，可通过当地的分公司或代理人进行有关查询工作。

（2）投标前的调查与现场考察　这是投标前极其重要的准备工作。如果事前对招标工程有所了解，拿到招标文件后一般只需进行有针对性的补充调查，否则，应进行全面的调查研究。如果是去国外工程投标，拿到招标文件后再进行调查研究，则时间是很紧迫的。

现场考察主要是指去工地现场进行考察，招标人一般在招标文件中会注明现场考察的时间和地点。施工现场考察是投标人必须经过的投标程序。按照国际惯例，投标人提出的报价单一般被认为是在现场考察的基础上编制的。一旦在报送投标函规定的截止时间之后发现问题，投标人就无权因为现场考察不周、情况了解不细或因素考虑不全而提出修改投标报价或提出补偿等要求。现场考察既是投标人的权利，也是投标人的职责。因此，投标人在报价前必须认真进行施工现场考察，全面、仔细地调查了解工地现场及其周围的情况。

现场考察之前，应先仔细研究招标文件，特别是招标文件中的工程范围、专用条款，以及设计图纸和说明，然后拟定考察提纲，确定重点要解决的问题，做到事先有准备。

进行现场考察应重点作好以下 5 个方面的工作：

①工程的性质以及该工程与其他工程之间的关系；

②投标人投标的那一部分工程与其他承包商或分包商之间的关系；

③工地地貌、地质、气候、交通、电力、水源等情况，有无障碍物等；

④工地附近的住宿条件、料场开采条件、其他加工条件、设备维修条件等；

⑤工地附近治安情况。

（3）分析招标文件，校核工程量，编制施工规划

①分析招标文件。招标文件是投标的主要依据，因此，投标人应仔细分析研究招标文件，其重点应放在投标须知、合同条件、设计图纸、工程范围和工程量清单与计价上，最好有专人或专门小组负责研究技术规范和设计图纸，弄清其特殊要求。

②校核工程量。对于招标文件中的工程量清单，投标人一定要进行校核，因为它直接影响投标报价和中标机会。例如，当投标人大体上确定了工程总报价之后，对某些项目工程量可能增加的，可以提高单价；而对某些项目工程量估计会减少的，可以降低单价。如发现工程量有重大出入的，特别是漏项的，必要时可与招标人核对，要求招标人认可，并给予书面证明，这对于总价固定合同尤为重要。

③编制施工规划。该工作对于投标报价影响很大。在投标过程中,必须编制施工规划,其深度和广度都不如施工组织设计细致、全面。如果中标,再编制施工组织设计。施工规划的内容一般包括施工方案和施工方法、施工进度计划、施工机械需要量计划、材料设备需要量计划和劳动力需要量计划,以及临时生产、生活设施等。制订施工规划的依据是设计图纸、现行规范、经复核的工程量、招标文件要求的开竣工日期,以及对市场材料、设备、劳动力价格的调查。编制的原则是在保证工期和工程质量的前提下,使成本最低,利润最大。

a.选择和确定施工方法。根据工程类型,研究可以采用的施工方法。对于一般的土石方工程、混凝土工程、房屋建筑工程等比较简单的工程,可结合已有施工机械及工人技术水平来选定实施方法,努力做到节省开支,加快进度。对于大型复杂的工程,则要考虑几种施工方案,进行综合比较。如水利工程中的施工导流方式对工程造价及工期均有很大影响,投标人应结合施工进度计划及能力进行研究确定。又如地下工程(开挖隧洞或洞室),则要进行地质资料分析,确定开挖方法(用掘进机还是用钻孔爆破等),确定支洞、斜井、竖井数量和位置,以及出渣方法、通风方式等。

b.选择施工机械和施工设施。此工作一般与研究施工方法同时进行。在工程估价过程中还要不断进行施工机械和施工设施的比较,如考虑利用旧机械设备还是采购新机械设备,在国内采购还是在国外采购,并对机械设备的型号、配套、数量(包括使用数量和备用数量)进行比较。还应研究哪些类型的机械可以采用租赁办法,对于特殊的、专用的机械设备的折旧率须进行单独考虑。如新购机械设备,订货清单中应考虑辅助和修配机械及备用零件,尤其是订购外国的机械设备时应特别注意这一点。

c.编制施工进度计划。编制施工进度计划应紧密结合施工方法和施工设备考虑。施工进度计划中应提出各时段应完成的工程量及限定日期。施工进度计划是采用网络进度计划还是采用横线条进度计划,应根据招标文件的要求而定。在投标阶段,一般采用横线条进度计划即可满足要求。

(4)投标报价的计算　投标报价计算包括定额分析、单价分析、计算工程成本、确定利润方针,最后确定标价。这部分内容将在本章后面作详细介绍。

(5)编制投标文件　编制投标文件也称填写投标书,或称编制报价书。投标文件应完全按照招标文件的各项要求编制,一般不能带任何附加条件,否则将导致投标作废。

(6)准备备忘录提要　招标文件中一般都有明确规定,不允许投标人对招标文件的各项要求进行随意取舍、修改或提出保留。但是在投标过程中,投标人对招标文件反复深入地进行研究后,往往会发现很多问题,这些问题可归纳如下:

①发现的问题对投标人有利。可以在投标时加以利用或在以后可提出索赔要求的,这类问题投标人一般在投标时是不提的。

②发现的错误明显对投标人不利。如总价包干合同工程项目漏项或是工程量偏少,这类问题投标人应及时向业主提出质疑,要求业主更正。

③投标人企图通过修改某些招标文件和条款,或是希望补充某些规定,以使自己在合同实施时能处于主动地位的问题。

如发现上述问题,在编写投标文件时应单独另写一份备忘录提要,但这份备忘录提要不能附在投标文件中提交,只能自己保存。第③类问题可保留在合同谈判时使用,也就是说,当该投标使招标人感兴趣,邀请投标人谈判时,再把这些问题根据当时情况一一提出并进行谈判,将谈判结果写入合同协议书的备忘录中。

(7)递送投标文件 递送投标文件也称递标,是指投标人在规定的投标截止日期之前,将准备好的所有投标文件密封递送到招标人的行为。对于招标人,在收到投标人的投标文件后,应签收或通知投标人已收到其投标文件,并记录收到日期和时间。同时,在开标之前,所有投标文件均不得启封,并应采取措施确保投标文件的安全。

除了上述规定的投标文件外,投标人还可以写一封更为详细的致函,对自己的投标报价作必要的说明,以吸引招标人对递送这份投标文件的投标人感兴趣和有信心。例如,关于降低报价的决定,说明与业主有友好而长远合作的诚意,决定按报价单的汇总价格无条件地降低某一个百分点,或按总价降低多少金额,并愿意以这一降低后的价格签订合同。又如,若招标文件允许替代方案,并且投标人又制订了替代方案,可以说明替代方案的优点,明确如果采用替代方案,可能降低或增加的标价。还可说明愿意在评标时,与业主或咨询公司进行进一步讨论,使报价更为合理等。

▶ 7.3.4 建设工程施工投标文件的编制

建议工程施工投标文件的编制是一项比较复杂的计算与决策过程,投标人(承包商)在编制时,应切实做好下述工作。

1)投标文件编制的准备工作

投标人(承包商)在建设工程施工投标文件编制前,应认真做好以下准备工作:

①及时组建投标工作领导班子,确定该项目施工投标文件的编制人员。

②投标人(承包商)应搜集与投标文件编制有关的政策文件和资料,如现行的各种定额、费用标准、政策性调价文件及各类标准图等。上述有关的文件与资料是编制施工投标文件(投标报价书)的重要依据。

③投标人(承包商)应认真阅读和仔细研究工程项目施工招标文件中的各项规定与要求,如认真阅读投标须知、投标书和投标书附录的编制等各项内容,尤其是要仔细研究其合同条款、技术规范、质量要求和价格条件等内容,以明确上述的具体规定和要求,从而增强投标文件编制内容的针对性、合理性和完整性。

④投标人(承包商)应根据施工图纸、设计说明、技术规范和计算规则,对工程量清单表中的各分部分项工程量进行认真审查,若发现内容、数量有误时,应在收到工程项目招标文件7 d内,用书面形式通报给招标人(业主),以利于工程量的调整和报价计算的准确。

2)投标文件的编制

投标人(承包商)应重点做好施工规划、投标报价书等施工投标文件的编制工作。现将其编制内容与步骤分述如下:

①投标文件编制人员根据工程项目施工招标文件、工程技术规范等,结合工程项目现场施工条件等编制施工规划,包括施工方法、施工技术措施、施工进度计划和各项物资、人工需用量计划等;

②投标文件编制人员根据现行的各种定额、费用标准、政策性调价文件、施工图纸(含标

准图）、技术规范、工程量清单、综合单价或工料单价等资料编制投标报价书，并确定其工程总报价；

③投标文件编制人员根据招标文件的规定与要求，认真做好投标函（书）、投标书附录、投标辅助资料等投标文件的填写编制工作，并与有关部门联系，办理投标保函；

④投标文件编制人员在投标文件编制完成以后，应认真进行核对、整理和装订成册，再按照招标文件的要求进行密封和标记，并在规定的截止时间内递交给招标人（业主）。

▶ 7.3.5 建设工程施工投标策略与技巧

投标策略是承包商经营企业成功或失败的关键。在投标竞争中，一个承包商纵然有丰富的企业经营知识，有一个强有力的组织机构，但是，如果缺乏投标艺术和策略观念，几乎也是要失败的。投标策略是研究在工程投标竞争中，如何制定正确的谋略和投标时的指导方针，以便保证用少量的消耗取得最大的经济效果。本节重点研究国际承包工程中的投标策略问题，也能为国内的投标竞争所应用。

1）投标决策

（1）投标决策的概念 投标人为了在激烈的投标竞争中取胜而获得施工任务，并且从承包工程中盈利，就必须认真研究投标决策问题。所谓投标决策就是指投标人（承包商）对是否参加投标，投什么标和采用什么投标策略所作出的决定。投标人投标决策的正确与否，关系到能否中标及中标后所取得的效益，关系到企业的发展和职工的经济利益。因此，投标人及决策班子必须充分认识投标决策的重要意义，并应将投标决策列入企业的重要议事日程。

（2）投标决策的划分 投标决策可分为两个阶段进行，即投标的前期决策和投标的后期决策。

①投标的前期决策。主要是投标人及其决策班子对是否参加投标进行研究、论证并作出决策。这一阶段的决策必须是在投标人参加投标资格预审前完成。以下就这一阶段决策的主要依据和应放弃投标的项目分述以下：

a. 决策依据。
- 招标人发布的招标公告；
- 对招标工程项目的跟踪调查情况；
- 对招标人（业主）情况的研究及了解程度；
- 若是国际招标工程，其决策依据还必须包括对工程所在国家和所在地的调查研究及了解程度。

b. 应放弃投标的招标项目。在通常情况下，以下招标项目投标人可以放弃投标：
- 本承包企业主营和兼营能力以外的招标项目；
- 工程规模、技术要求超过本企业等级的招标项目；
- 本承包企业因施工生产任务饱满无力承担的招标项目；
- 工程盈利水平较低或风险较大的招标项目；
- 本承包企业等级、信誉、施工技术、施工管理水平明显不如竞争对手的招标项目。

②投标的后期决策。通过前期论证并决定参加投标后，便进入投标的后期决策阶段。该阶段是指从申报投标资格预审资料至投标报价（报送投标文件）期间的决策研究阶段，主要研

究投什么样的标及投标的策略问题。投标决策一般有以下分类：

a. 按性质分类。投标决策按性质的不同,可分为投风险标和投保险标两种。

● 投风险标。投标人通过前期阶段的调查研究,知道该工程承包难度大、风险多,且技术、设备、资金等问题尚未完全解决。但由于本企业任务不足、处于窝工状态,或者工程盈利丰厚,或者为了开拓市场而决定参加投标。投标后,若上述存在的问题解决得好,企业可取得较好的经济效益,同时还可锻炼出一支好的施工队伍;若上述存在的问题解决得不好,企业就会在经济上遭受损失,信誉上受到损害,严重的会导致企业破产。因此,这种情况下的投标具有很大的风险性,投标人投风险标须审慎决策。

● 投保险标。投标人对可以预见的技术、设备、资金等重大问题都有了解决对策后再进行投标,称为投保险标。若企业经济实力较弱,经不起失误或风险的打击,投标人往往投保险标,尤其是在国际工程承包市场上,承包商大多愿意投保险标。

b. 按效益分类。投标决策按取得效益的不同,可分为投盈利标和投保本标两种。

● 投盈利标。投标人如果认为工程是本企业的强项,又是竞争对手的弱项,或招标人(业主)的意向明确,或本企业虽任务饱满,但利润丰厚,企业愿意超负荷运转等都可以投盈利标。

● 投保本标。投标人在无后续工程,或已出现部分停工时,必须争取中标,但其招标工程对本企业既无优势,竞争对手又多,此时,投标人就可投保本标或薄利标。

(3)投标决策的主观条件　投标人决定参加投标或放弃投标,首先要取决于投标人的实力,即投标人自身的主观条件。现分述如下：

①技术实力方面。

a. 有精通本专业的建筑师、工程师、造价师、会计师和管理专家等所组成的投标组织机构;

b. 有一支技术精良、操作熟练、经验丰富、责任心强的施工工人队伍;

c. 有工程项目施工专业特长,特别是有解决工程项目施工技术难题的能力;

d. 有3个与招标工程项目同类工程的管理经验;

e. 有一定技术实力的合作伙伴、分包商和代理人。

②经济实力方面。

a. 具有垫付建设资金的能力,即具有"带资承包工程"的能力,但由于这种承包方式风险很大,投标决策时应慎重考虑;

b. 具有一定的固定资产、机具设备,如大型施工机械、模板与脚手架等;

c. 具有一定资金周转能力,足以支付施工费用;

d. 具有承包国际工程所需的外汇;

e. 具有支付国内工程和国际工程各种担保金的能力;

f. 具有支付各项税金和保险金的能力;

g. 具有承担不可抗力带来的风险的能力;

h. 承担国际工程时,具有重金聘请有丰富经验或较高地位代理人的酬金以及其他佣金的支付能力。

③管理实力方面。投标人为取得好的经济效益,必须在成本控制上下功夫,向管理要效

益。因此,要加强企业管理,建立健全企业管理制度,制订切实可行的措施。如实行工人一专多能,管理人员精干,采用先进技术,进行定额管理,缩短施工工期,减少各种消耗,降低工程成本,提高经济效益,努力实现企业管理的科学化和现代化。具有较强的管理实力,投标人就能在激烈的投标竞争中战胜对手而获得胜利。

④信誉实力方面。投标人(承包商)具有良好的信誉,这是中标的一个重要条件。因此,投标人必须具有"重质量""重合同""守信用"的意识。要建立良好的信誉,就必须遵守法律和行政法规,按国际惯例办事,保证工程施工的安全、工期和质量。

(4)投标决策的客观因素

①招标人(业主)和监理工程师的情况。招标人(业主)的合法地位、支付能力、履约能力,监理工程师处理问题的公正性、合理性等,是投标人投标决策的重要影响因素。

②投标竞争形势和竞争对手的情况。投标竞争形势的好坏、竞争对手的实力优势及在建工程的情况等,都是投标人是否参加投标竞争的重要影响因素。一般来说,大型承包公司技术水平高、管理经验丰富、适应性强,具有承包大型工程的能力,因此,在大型工程项目的投标中中标的可能性就大;而中小型工程项目的投标中,一般中小型承包公司或当地的工程公司中标的可能性更大。另外,如果竞争对手的在建工程即将完工,急于获得新的工程项目,其报价不会很高;而如果竞争对手在建工程规模大、时间长,若仍参加投标,则标价可能很高。以上这些情况对本公司的投标决策都有很大影响。

③法律和法规情况。我国的法律和法规具有统一或基本统一的特点,而且法制环境基本相同。因此,对于国内工程承包,适用本国的法律和法规。如果是国际工程承包,则有一个法律适用问题。法律适用的原则有:

a.强制适用工程所在地法的原则;

b.意思自治原则;

c.最密切联系原则;

d.适用国际惯例原则;

e.国际法效力优于国内法效力的原则。

如很多国家规定,外国承包商在本国承包工程,必须与当地承包公司成立联营体才能承包该国的工程。因此,如果是适用工程所在地法,就必须对合作者的信誉、资历、技术水平、资金、债权与债务等方面进行全面地分析了解,然后才能决定投标还是弃标。又如,外汇管制情况,各国法规也有不同,有的规定,可以自由兑换、汇出,基本上无任何管制;有的规定,必须履行一定的审批手续;有的规定,外国公司在缴纳所得税后的50%可以兑换、汇出,其余50%只能在当地再投资或用作扩大再生产。同样,如果是适用工程所在地法,通常在这类国家承包工程必须注意以上问题。

④投标风险的情况。在国内参加投标竞争和承包工程,其风险相对要小一些,对国际工程投标和承包工程则风险要大得多。

决定投标与否,要考虑的因素很多。因此,投标人需要广泛、深入地调查研究,系统地积累资料,并作出全面的分析,才能对投标作出正确决策。其中相对重要的是承包工程的效益性,投标人应对承包工程的成本、利润进行预测和分析,以便作为投标决策的重要依据。

(5)投标前的报价调整因素 报价低是确定中标人的条件之一,但不是唯一的条件。一般来说,在工期、质量、社会信誉相同的条件下,招标人才选择最低标。因此,投标人不应追求报价最低,而应当在评价标准的诸因素上多下功夫,例如,企业若自身掌握有三大材料、流动资金拥有量大、施工组织水平高、工期短等,就可以以自身的优势去战胜竞争对手。报价过高或过低,不但不能中标,而且还会严重损害本企业的信誉和效益。

现将投标前对报价的减价和加价因素分别介绍如下:

①减价因素。

a. 对于大批量工程或有后续分期建设的工程,可适当减计临时设施费用;

b. 对施工图设计详细无误、不可预见因素小的工程可减计不可预见包干费;

c. 对无冬雨季施工的工程,可以免计冬雨季施工增加费;

d. 对工期要求不紧或无须赶工的工程,可减计或免计夜间施工增加费;

e. 技术装备水平较高的建筑企业,可减计技术装备费;

f. 大量使用当地民工的,可适当减计远征工程费和机构调迁费;

g. 采用先进技术、先进施工工艺或廉价材料等,也可削减其有关费用。

②加价因素。

a. 合同签订后的设计变更,可另行结算;

b. 签订合同后的材料差价变更,可另行结算或估算列入报价;

c. 材料代用增加的费用,可另行结算或列入报价;

d. 大量压缩工期增加的赶工措施费用,可增加报价;

e. 为了防止天灾人祸等意外费用发生,可在允许范围内增加报价;

f. 无预付款的工程,因贷款所增加的流动资金贷款利息应列入报价;

g. 要求垫付资金或材料的,可增加有关费用。

一般来说,承包合同签订后所增加的费用,应另行结算,不列入报价。

上述减价、加价因素,应视其招标办法和合同条款而定,不能随便套用。

2)投标机会的评价与选择

(1)有利因素分析和投标积极性评估　承包商投标的有利因素和积极程度,取决于承包商的经营目标和经营状况。凡是工程项目符合企业经营目标,承包商积极程度就高,就会千方百计地设法战胜困难和竞争对手,使投标获胜;反之,承包商则会决定不参加投标。承包商参加投标的积极程度和有利因素,按承包商的经营目标和水平分为以下 5 种情况:

①获得较大利润。凡是投资大、利润高的工程项目,对想获得较高利润的承包商都有很大的吸引力和积极性。

②打开局面,占领市场。承包商想在某地开拓市场,打开局面,并为以后连续获得更多项目奠定基础。为此,承包商为了战胜对手,就会采取压低报价、先亏后盈的策略。

③任务不足,设备、劳力闲置。由于任务不足,为解决当前设备、劳力闲置问题,也为维持当前收支平衡,承包商不一定去追求高额利润,而应以不产生亏损为目标,可采取低利或保本的报价。

④能否达到要求的质量标准。承包企业的技术水平、装备能力及工程质量状况等,都是衡量承包商在竞争中处于优势和劣势的重要内容。如果承包商技术与装备水平高,能够达到工程质量标准的要求,承包商的积极性就高;反之,其积极性就低。

⑤投标竞争对手的数量及水平。参加投标的竞争对手数量越多,竞争越激烈,中标的可能性就越低,因此,竞争对手的多少与水平高低也直接影响承包商投标的积极性。

根据上述各项内容的重要程度,先规定出一个相应的权数;然后根据承包商自身的具体情况对各项给出估计值(为上、中、下三级),分别按10,5,0打分;再将每一项的权数与所得分相乘,其乘积为该项目的总评分。总分值的大小表示了企业投标的积极程度,承包商可事先规定一个决定投标总分值的最低限,如总分值超过该最低限,承包商才参加投标。

上述各项的权数是可以变化的。承包商可以根据经营目标及竞争有利因素的变化情况改变权数值,以便更好地体现承包商完成目标的积极程度。

(2)一次投标机会的评价

①评价内容。承包商对一次投标机会的选择,取决于对一次(即某项工程)投标机会的评价。承包商可通过确定投标机会的评价内容并根据评价结果来判断是否值得参加投标。评价内容如下:

a.工程项目需要劳动者的技术水平和技术能力;

b.承包商现有的机械设备能力;

c.完成此项目后,对带来新的投标机会和信誉提高的影响;

d.该项目需要的设计工作量;

e.竞争激烈程度;

f.对这个项目的熟悉程度;

g.交工条件;

h.以往此类工程的经验。

②评价步骤。一次投标机会评价,即评价一次投标机会的价值,其步骤如下:

a.按照上述8项因素对承包商的重要性,分别确定相应的权数,权数累计为100;

b.确定各因素的相对价值(分为高、中、低3个等级),并分别按10,5,0打分;

c.把每项因素权数与等级分相乘,求出每项因素的得分,8项因素得分之和,就是这个投标机会价值的总分数;

d.将总分数与过去其他投标情况进行比较,或者与承包商事先确定的最低可接受的分数比较,大于最低分数的可参加投标,小于最低分数的则不参加投标。

一次投标机会的评价实例见表7.1。

表7.1 某项工程投标机会评价表

序　号	评价因素	权　数	评分等次			得　分
			高 (10)	中 (5)	低 (0)	
1	劳动者技术水平与技能	20	10			200
2	机械设备能力	20	10			200
3	对以后投标机会的影响	10			0	0
4	设计工作量能否承担	5	10			50

续表

序 号	评价因素	权 数	评分等次			得 分
			高（10）	中（5）	低（0）	
5	竞争激烈程度	10		5		50
6	对项目的熟悉程度	15		5		75
7	交工条件	10		5		50
8	以往对此类工程的经验	10	10			100
9	总　计	100				725
10	承包商事先决定最低可接受的分数					650

从表 7.1 中可以看出,承包商事先决定最低可接受的分数为 650 分。而评价结果是劳动者技能和现有机械设备可以满足承包这个任务的要求,设计工作量小,有此类工程的施工经验,可以使成本有所下降。尽管承包商完成这项工程任务后不会带来其他投标机会,但是,承包商对竞争对手有一些了解,对工程项目也比较熟悉,工期也有一定的把握,且总分也超过最低限分数值。因此,结论是承包商应该参加这项工程投标。

（3）用决策树法进行投标选择　当投标项目较多,承包商施工能力有限时,只能从中选择一些项目投标,而对另一些项目则放弃投标。当然,选择投标项目时考虑的因素很多,这里只从获利大小这一因素来分析,从中选择期望利润最大的项目作为投标项目。承包商投标有两种可能性:一是中标,二是失标。中标才有可能获利,失标不但谈不上利润,反而有所损失,因为投标前的准备工作是要耗费一定资金的。中标或不中标的可能性可以用概率表示,中标概率大则表示中的可能性大。这种决策称为风险型决策,决策树法就是风险型决策的一种有效方法。

①决策树及其寻优过程。决策树是模拟树枝成长过程,从出发点开始不断分枝来表示所分析问题的各种发展可能性,并以各分枝期望值中的最大值作为选择的依据。决策树的画法如图 7.3 所示,且说明如下:

a. 先画一个方框作为出发点,又称决策节点。

b. 从决策节点向右引出若干条直线（或折线）,每条线代表一个方案,称为方案枝。

c. 每个方案枝末端,画一个圆圈,称为概率分叉点,又称自然状态点。

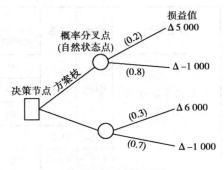

图 7.3　决策树图

d. 从自然状态点引出代表各自然状态发生的概率分枝,并注明其发生的概率。

e. 如果只需一级决策,则概率分枝末端画 Δ 表示终点,终点右侧写上各自然状态点的损益值;如需要第二阶段决策,则用决策节点代替终点 Δ,再重复上述步骤画出决策树图。

决策树的寻优过程是从左向右计算各机会点的期望值,期望利润值大者为优方案,或者期望亏损值小者亦为优方案;反之,期望利润值小者或期望亏损值大者均为劣方案。

②利润分析。利润在报价分析中,分为直接利润和期望利润两种。直接利润为投标报价与实际成本之差,而期望利润等于直接利润乘以中标概率。

$$I = B - C \tag{7.1}$$
$$E(I) = PI = P(B - C) \tag{7.2}$$

式中 I——直接利润;

   $E(I)$——期望利润;

   B——投标报价值;

   C——实际成本(估计成本);

   P——中标概率。

中标概率与投标报价大小有关,报价高则中标概率就小,报价低则中标概率就会增大。但是,报价低获利小,相应产生亏损的可能性也会加大。一般中标概率是由报价及竞争对手的数量所决定的,它可以从历史统计资料中得出。

现就决策树寻优过程举例说明如下。

【例7.1】 某承包商由于施工能力及资源限制,只能在A,B两个工程项目中任选一项进行投标,或者两项均不投标。在选择A,B工程投标时,又可分高报价与低报价两种策略。因此,在进行整个决策时就有5种方案可供选择,即A高、A低、B高、B低、不投标5种方案。假定报价超过估计成本的20%列为高标,20%以下的报价列为低标。根据历史资料统计分析得知,当投高标时,中标概率为0.3,失标概率为0.7;而当投低标时,中标概率及失标概率各为0.5。若每种报价不论高低,实施结果都产生好、中、差3种不同结果,这3种不同结果的概率及损益值见表7.2。当投标不中时,A,B两个工程要分别损失0.8万元及0.6万元的费用,主要包括购买标书、计算报价、差旅、现场踏勘等费用的损失。

表7.2　工程项目投标选择分析表

方案类型	结果	概率	A项工程			B项工程		
			实际效果	概率	损益值/万元	实际效果	概率	损益值/万元
报价高于估计成本的120%以上	中标	0.3	好	0.3	800	好	0.3	600
			中	0.6	400	中	0.5	300
			差	0.1	−15	差	0.2	−10
	失标	0.7			−0.8			−0.6
报价低于估计成本的80%以下	中标	0.5	好	0.2	500	好	1.3	400
			中	0.6	200	中	1.6	100
			差	0.2	−20	差	0.1	−12
	失标	0.5			−0.8			−0.6
不报价		1.0			0			0

【解】 根据工程项目投标选择分析表,可以绘制投标项目选择决策树图,如图7.4所示。然后计算各机会点的期望损益值,计算方法从右向左逐一进行,$E(I)$表示机会点的期望利润值。其计算如下:

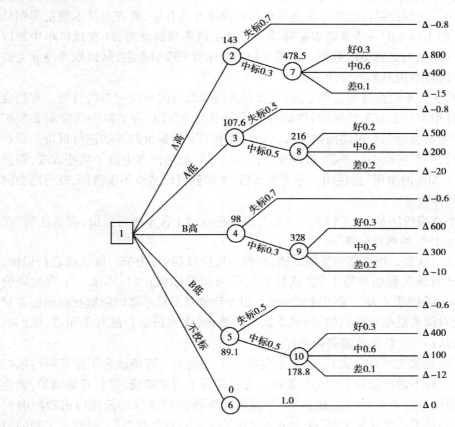

图 7.4 投标项目选择决策树图

A 高方案 $E(I)7 = 0.3 \times 800$ 万元 $+ 0.6 \times 400$ 万元 $+ 0.1 \times (-15)$ 万元 $= 478.5$ 万元
              $E(I)2 = 0.3 \times 478.5$ 万元 $+ 0.7 \times (-0.8)$ 万元 $= 143$ 万元

A 低方案 $E(I)8 = 0.2 \times 500$ 万元 $+ 0.6 \times 200$ 万元 $+ 0.2 \times (-20)$ 万元 $= 216$ 万元
              $E(I)3 = 0.5 \times 216$ 万元 $+ 0.5 \times (0.8)$ 万元 $= 107.6$ 万元

B 高方案 $E(I)9 = 0.3 \times 600$ 万元 $+ 0.5 \times 300$ 万元 $+ 0.2 \times (-10)$ 万元 $= 328$ 万元
              $E(I)4 = 0.3 \times 328$ 万元 $+ 0.7 \times (-0.6)$ 万元 $= 98$ 万元

B 低方案 $E(I)10 = 0.30 \times 400$ 万元 $+ 0.6 \times 100$ 万元 $+ 0.1 \times (-12)$ 万元 $= 178.8$ 万元
              $E(I)5 = 0.5 \times 178.8$ 万元 $+ 0.5 \times (-0.6)$ 万元 $= 89.1$ 万元

不投标方案 $E(I)6 = 0$ 万元

根据上述计算,各机会点的期望值中,$E(I)2 = 143$ 万元,为最大值,而 $E(I)3$,$E(I)4$,$E(I)5$,$E(I)6$ 均小于 $E(I)2$,故选择 A 项目,且以高报价进行投标竞争为最优方案。

3)投标报价的技巧

(1)报价方法   投标报价主要有以下5种方法:

①扩大标价法。这是一种常用的投标报价方法,即除了按正常的已知条件编制标价外,对工程中风险分析得出的估计损失采用扩大标价,以增加"不可预见费"的方法来减少风险。这种做法,往往会因为总标价过高而失标被淘汰。

②逐步升级法。这种投标报价的方法是将投标看成协商的开始,首先对技术规范和图纸说明书进行分析,把工程中的一些难题如特殊基础等费用最多的部分抛弃(在报价单中加以注明),将标价降至无法与之竞争的数额。利用这种最低标价来吸引业主,从而取得与业主商谈的机会,再逐步进行费用最多部分的报价。

③不平衡报价法。承包商通过这种方法,主要是达到修改合同和说明书的目的。有些合同和说明书的条件很不公正或不够明确,使承包商承担很大的风险,为了减少风险就必须扩大工程单价,这样做又会因报价过高而被淘汰,因此,可用不平衡报价的方法进行报价。即在标书上报两个单价:一是按标书的条款,拟定单价;二是加以"如果标书中做了某些改变,则报价可以减少15%～20%的费用"的说明。业主看到后,考虑到可以减少不少费用,就可能会同意对原标书作某些修改。

还有一种不平衡报价法是,对工程中的一部分没有把握的工程不进行报价,而是注明"此部分工程按成本加15%的费用估算"等。

④突然袭击法。这是一种迷惑对手的方法,在整个报价过程中,仍按一般情况进行报价,甚至故意表现自己对该工程的兴趣不大(或甚大),等快到投标截止时,再来一个突然降价(或加价),使竞争对手措手不及。采用这种方法是因为竞争对手总是随时随地互相侦察着对方的报价情况,绝对保密是很难做到的,如果不搞突然袭击,你的报价若被对手知道,他们就会立即修改报价,从而使你的报价偏高而失标。

⑤赔价争标法(也称先亏后盈法)。这是承包商为了占领某一市场或为了在某一地区打开局面,而采取的一种不惜代价只求中标的策略。先亏是为了占领市场,等打开局面后,就会带来工程盈利。伊拉克的中央银行主楼招标,德国霍夫斯曼公司就以较低报价击败所有对手,在巴格达市中心搞了一个样板工程,成为该公司在伊拉克的橱窗和广告,而整个工程的报价几乎没有盈利。

(2)作标技巧　投标策略一经确定,就要具体反映到作标上。在作标时,什么工程定价应高,什么工程定价可低,在一个工程总价无较大出入的情况下,哪些单价宜高,哪些单价宜低,都有一定的技巧。技巧运用的好与坏、得法与否在一定程度上可以决定工程能否中标和盈利。因此,它是不可忽视的一个环节。下面是一些可供参考的做法。

①对施工条件差的工程(如场地窄小或地处交通要道等)、造价低的小型工程、自己施工上有专长的工程以及由于某些原因自己不想干的工程,标价可高一些;结构比较简单而工程量又较大的工程(如成批住宅区和大量土方工程等)、短期能突击完成的工程、企业急需拿到任务以及投标竞争对手较多时,标价可低一些。

②海港、码头、特殊构筑物等工程,标价可高;一般房屋土建工程,则标价宜低。

③在同一个工程中可采用不平衡报价法,但以不提高总标价为前提,并避免忽高忽低,以免导致投标作废。具体做法如下:

a. 对能先拿到钱的项目(如开办费、土方、基础等),单价可以定得高一些,有利于资金周转,存款也有利息;对后期的项目(如粉刷、油漆、电气等),单价可以适当降低。

b. 估计以后会增加工程量的项目,单价可提高;工程量会减少的项目,单价可降低。

c. 图纸不明确或有错误的,估计今后会修改的项目,单价可提高;工程内容说明不清楚的,单价可降低,这样做有利于以后的索赔。

d. 没有工程量,只填单价的项目(如土方中的挖淤泥、岩石等备用单价),其单价宜高。因为它不在投标总价之内,这样做既不影响投标总价,以后发生时又可获利。

e. 计时工作一般可稍高于工程单价中的工资单价,因为它不属于承包总价的范围,发生时实报实销,也可多获利。

f. 暂定金额的估计,分析它发生的可能性大,价格可定高一些;估计不一定发生的,价格可定低一些。

作标技巧的方法很多,如具体作标中,把前期工程报价加大,把后期工程报价适当压低;又如掌握分寸,善于加价与削价等,这些作标技巧都是投标竞争获胜的重要因素。

一般地讲,决定标价有3个因素:不变因素、削价因素和加价因素。不变因素一般指分部分项工程费中各种必需的消耗性费用,如人工、材料设备和施工机具费用;削价因素则是根据工程的具体情况可以减少的费用,如企业管理费中的某些费用和利润;加价因素则是指风险损失等。国内外工程投标报价中,凡是在投标规定限期以前,都可作出加价或削价的决定,这是投标决策的最后环节。

7.4　国际工程招标与投标

国际工程是指我国建筑施工企业参与投标竞争的国外工程项目,同时也包括在我国建设而需采用国际招标的工程项目。

▶ 7.4.1　国际工程招标

1)国际工程招标方式和阶段划分

(1)招标方式　国际工程招标方式分为国际竞争性招标方式、国际有限招标方式、两阶段招标方式和议标方式4种类型。

①国际竞争性招标。国际竞争性招标方式也称国际公开招标方式。它是指在国际范围内采用公平竞争的方式,按照事前规定的原则,对所有具备投标资格的投标人(承包商),都以其投标报价文件和评标标准等为评标依据,并按招标文件规定的工期要求、可兑换的外汇比例、承包商的综合能力等因素进行评标和定标。这种招标方式可以形成一个建设工程的买方市场,使招标人(业主)可以最大限度地利用投标人(承包商)之间的投标竞争,选择满意的投标人(承包商),以取得有利的成交条件。

采用国际竞争性招标方式,招标人(业主)可以在国际市场上选择投标人(承包商),无论在价格和质量方面,还是在工期及施工技术方面都可以满足自己的要求。国际竞争性招标方式的招标条件由业主(或招标人)决定,因此,订立最有利于业主,有时甚至对承包商很苛刻的合同是必然的。国际竞争性招标比其他方式更能使投标商折服,因为尽管在评标、选标工作中不能排除种种不光明正大行为,但比起其他方式,国际竞争性招标毕竟影响大、涉及面广,

当事人不得不有所收敛而显得比较公平合理。

国际竞争性招标的适用范围如下：

a.按资金来源划分。根据工程项目的全部或部分资金来源,适应国际竞争性招标的项目主要有：

● 由世界银行及其附属组织的国际开发协会和国际金融公司提供优惠贷款的工程项目；

● 由联合国多边援助机构和国际开发组织地区性金融机构(如亚洲开发银行)提供援助性贷款的工程项目；

● 由某些国家基金会(如科威特基金会)和一些政府(如日本政府)提供资助的工程项目；

● 由国际财团或多家金融机构投资的工程项目；

● 两国或两国以上合资的工程项目；

● 需要承包商提供资金即带资承包或延期付款的工程项目；

● 以实物偿付(如石油、矿产或其他实物)的工程项目；

● 发包国拥有足够的自有资金而自己无力实施的工程项目。

b.按工程性质划分。按照工程的性质,国际竞争性招标主要适用于以下项目：

● 大型土木工程,如水坝、电站、高速公路等；

● 施工难度大,发包国在技术或人力方面均无实施能力的工程,如工业综合设施、海底工程等；

● 跨越国境的国际工程,如非洲公路、连接欧亚两大洲的陆上贸易通道等。

②国际有限招标。国际有限招标是一种有限竞争招标,较之国际竞争性招标有其局限性,即投标人选有一定的限制,不是任何对发包项目有兴趣的承包商都有资格参加投标。国际有限招标包括两种方式：

a.一般限制性招标。这种招标虽然也是在国际范围,但对投标人选有一定的限制。其具体做法与国际竞争性招标颇为相似,只是更强调投保人的资信。采用一般限制性招标方式,也应该在国内外主要报刊上刊登广告,但必须注明是有限招标和对投标人选的限制范围。

b.特邀招标。特邀招标是指特别邀请性招标。采用这种招标方式时,一般不在报刊上刊登广告,而是根据招标人自己积累的经验和资料或由咨询公司提供的承包商名单,由招标人在征得世界银行或其他项目资助机构的同意后,对某些承包商发出邀请,经过对应邀人进行资格预审后,再行通知并提出报价,递交投标书。这种招标方式的优点是：经过选择的承包商在经验、技术和信誉方面比较可靠,基本上能保证工程的质量和进度；其缺点是：由于招标人所了解的承包商数目有限,在邀请时很可能漏掉一些在技术上和报价上有竞争力的承包商。

国际有限招标是国际竞争性招标的一种修改方式,这种方式通常适用以下情况：

a.工程量不大,投标商数目有限或有其他不宜国际竞争性招标的正当理由,如对工程有特殊要求等。

b.某些大而复杂且专业性很强的工程项目,如石油化工项目,可能参加的投标者很少,准备招标的成本很高。为了节省时间,又能节省费用,还能取得较好的报价,招标可以限制在少数几家合格企业的范围内,以使每家企业都有争取合同的较好机会。

c.由于工程性质特殊,要求有专门经验的技术队伍和熟练的技工以及专门技术设备,只有少数承包商能够胜任。

d. 工程规模太大，中小型公司不能胜任，只好邀请若干家大公司投标。

e. 工程项目招标通知发出后无人投标，或承包商数目不足法定人数（至少 3 家），招标人可再邀请少数公司投标。

③两阶段招标。两阶段招标方式往往用于以下 3 种情况：

a. 招标工程内容属高新技术，需在第一阶段招标中博采众议，进行评价，选出最新最优方案，然后在第二阶段中邀请被选中方案的投标人进行详细的报价。

b. 在某些新型的大型项目承包之前，招标人对此项目的建造方案尚未最后确定，这时可以在第一阶段招标中向投标人提出要求，要求投标人按各自最擅长的建造方案进行报价，或者按其他建造方案报价。经过评价，选出其中最佳方案的投标人再进行第二阶段的按其具体方案的详细报价。

c. 一次招标不成功，即所有投标报价超出标底 20% 以上，只好在现有基础上邀请若干家较低报价者再次报价。

④议标。议标也称邀请协商。就其本意而言，议标乃是一种非竞争性招标。严格来说，这不算是一种招标方式，只是一种"合同谈判"。最初，议标的习惯做法是由发包人物色一家承包商直接进行合同谈判，这是因为某些工程项目的造价过低，不值得组织招标；或由于其专业为某一家或几家垄断；或因工期紧迫不宜采用竞争性招标；或者招标内容是关于专业咨询、设计和指导性服务，或属于保密工程，或属于政府协议工程等情况，才采用议标方式。

随着承包商活动的广泛开展，议标的含义和做法也在不断发展与变化。目前，在国际承包实践中，发包单位已不再仅仅是同一家承包商议标，而是同时与多家承包商进行谈判，最后无任何约束地将合同授予其中的一家，无须优先授予报价最优惠者。

由于议标毕竟不是招标，竞争对手少，有些工程由于专业性过强，议标的承包商往往是"只此一家，别无分号"，因此发包人往往无法获得有竞争力的报价。然而，我们不能不充分注意到议标常常是获取巨额合同的主要手段。综观近 10 年来国际承包市场的成交情况，国际上 225 家大承包商的承包公司每年的成交额大约占世界总发包额的 40%，而他们的合同有 90% 是通过议标取得的。由此可见，议标在国际承发包工程中所占的重要地位。

采用议标形式，发包单位同样应采取各种可能的措施，运用各种特殊手段，挑起多家可能实施合同项目的承包商之间的竞争。当然，这种竞争并不像其他招标方式那样必不可少或完全依照竞争法规。

议标通常是在以下情况下采用：

a. 以特殊名义（如执行政府协议）签订承包合同。

b. 按临时签约且在业主监督下执行的合同。

c. 由于技术的需要或重大投资原因，只能委托给特定的承包商或制造商实施的合同。这类项目在谈判之前，一般都事先征求技术或经济援助方的意见。近年来，凡是提供经济援助的国家资助的建设项目大多采取议标方式，由受援国有关部门委托给供援国的承包公司实施。这种情况下的议标一般是单向议标，且以政府协议为基础。

d. 属于研究、试验或有待完善的项目承包合同。

e. 项目已付诸招标，但没有中标者或没有理想的承包商。这种情况下，业主通过议标，另

行委托承包商实施工程。

f. 出于紧急情况,或急迫需求的项目。

g. 秘密工程。

h. 属于国防需要的工程。

i. 系业主实施过的项目且已取得业主满意的承包商重新承担基本技术相同的工程项目。

适于议标方式的项目如上所列,但这并不意味着上述项目不适于其他招标方式。

(2)招标阶段划分　招标阶段分为方案设计阶段和施工图设计阶段两种。目前国际上采用后者较多,其优点是工程量正确性较高,以后在施工中的修改变更也少;缺点则是在设计阶段所花时间较长。前者一般适用于工期较长、规模较大的工程,其优点是可以充分利用时间,早签合同早开工;其缺点是在招标时往往是根据类似工程调整估算的,其正确性较差,在以后的施工图设计和施工中的变更也多。有些国家的做法甚至连工程量也提不出来,在招标中只要求投标者提供分项工程单价,择优选择承包商草签合同,先进行施工准备工作,一旦施工图设计出来计算工程量后,再计算工程造价,签订正式合同。

2)国际工程招标文件的内容

国际工程招标文件的内容一般包括4大类,即投标须知、技术规范、工程量清单及设计图纸资料。

(1)投标须知　投标须知包括投标人须知、投标方式、合同条款与投标书等。

①投标人须知。

a. 投标保证书。即以银行开出的投标保函作为投标人投标后不中途退标的保证书。

b. 保密要求。投标文件均属保密文件,参加投标的承包商不得任意泄密,以免参加投标的承包商互相串通,抬高标价。

c. 不选择最低标的声明。国际招标中,绝大部分招标文件中均有一条"业主不接受最低标"的规定。因为往往有些承包商报价低于成本,这显然是不合理的,如果一旦承包施工,势必赔本破产,使工程无法完成。

d. 支付各种货币百分比的要求。很多国家都规定采用本国货币计价与支付,受援项目往往用援助国家货币或美元计价和支付。此外,还允许招标人以一定比例的其他国家货币支付工程价款的要求(如美元、英镑、法郎、日元等)。货币的兑换率一般规定按投标截止之前30 d当地国家银行所使用的兑换率,并适用于合同的整个执行期间。

②投标方式。

a. 履约保证书。即以履约保函形式作为保证书,确保工程合同的履行。

b. 对业主不采用最低标的承认。主要让投保人对这一条规定做书面的确认,以免对业主今后的选择发生争议。

c. 第三方保险金。

d. 工期、罚款、维修期及保留金。工期在招标文件中均有明确规定,一般按多少个月计算,如到期不能完工,则有具体罚款的规定,通常确定在若干周内(也有以天计算)延期的罚款为报价的百分之几,但最大罚款一般不大于 15% ~ 20% 。维修期及保留金也有明确的规定,保留金一般占投标报价的 5% ~ 10% 。

e. 工程投标及开标。明确规定工程投标时间和地点,在此时间之前投标,为可接受的标书,如过期则视为废标。开标时间一般与投标截止日期的时间(大多为中午12时)一致。

f.投标人应增送的文件。包括报价文件、进度总表、工程主要职员情况一览表等。

③合同条款。

④投标书。已在本章中详述。

(2)技术规范　技术规范部分主要内容包括:总纲,工程概况及各分部分项工程中的材料,施工技术和质量的详细要求及标准,中东国家常部分地采用英国标准(BS)或美国材料试验学会标准(ASTM标准)。有的设计只做方案设计,图纸中往往缺少具体做法的详图,这时规范中要说明各分项工程的简单做法。规范中对驻地工程师的现场办公室和室内设备也应有说明和详细规定。

关于分部工程的划分,由于具体工程项目及采用的工程量计算规则的不同而有所区别,其划分可参见表7.3。

表7.3　国外建筑工程分部工程划分表

序号	建筑工程量计算原理(国际通用)	英国建筑工程计算工程量标准方法	约旦某工程工程量计算原则
1	现场工程	建筑物拆除工程	挖方填方与垫层
2	混凝土工程	土石方工程	混凝土与钢筋
3	砌筑工程	打桩及地下室连续梁工程	墙体工程
4	金属工程	混凝土工程	抹灰工程
5	木作工程	砌砖及砌块工程	楼地面工程
6	隔热与防潮工程	托换基础工程	金属工程
7	门窗工程	砌毛石工程	木作工程
8	饰面工程	其他砌体工程	油漆工程
9	附件工程	沥青工程	卫生工程
10	设备	屋面工程	屋面工程
11	家具陈设	木作工程	室外工程
12	特殊工程	钢结构	电气工程
13	传送系统	金属(铁件)工程	机械及安装工程
14	机械设备安装工程	管道及机械安装工程	
15	电气安装工程	电气安装工程	
16		饰面工程	
17		玻璃工程	
18		油漆及装饰工程	
19		排水工程	
20		围栏工程	

（3）工程量清单表 工程量清单表是报价的主要依据，其分部分项的划分及次序与表7.3基本一致，国际上大都是按照该表划分的。工程量一般都比较正确，即使发现错误，也不允许随便改变。有的招标文件中，对于工程量及项目附有增加或调整的表格，以便在工程量有出入或漏项时，可以在该表格上补充调整。此外，有的工程量表中只列项目名称和内容，有的工程量表中还注明为"暂定数额"，上述情况表示工程量可作调整。工程量的计量单位基本与国内相同。

（4）设计图纸 国外施工图的表示方法与国内基本相同，但粗细程度有所不同。如土建图纸较粗，对于建筑上的一些具体做法用文字说明的较多（技术规范内），用详图表示的较少；结构施工图中的混凝土构件的表示方法尤为简单，如梁、柱断面的配筋往往仅用表格说明，且只列出断面尺寸、配筋，国外使用直筋的较多，因此，也只说明主筋、架立筋、钢筋规格、中距、根数等；门、窗只做外形示意，无断面尺寸及大样。

水电设备图纸都比国内详细，甚至对设备及管件都画出大样详图。

至于方案设计图纸，在国外也极其简单，样板仅画单线的总体布置图和个别建筑物的平面图、立面图和剖面图等。

▶ 7.4.2 国际工程投标

国际承包市场的投标竞争是一个比技术、比信誉、比能力、比策略的竞争，实际上是一个高度的智力竞争、人才竞争。因此，单凭投标人个人的智慧是难以做好报价工作的，必须建立一个专门的报价机构，依靠工程、物资、财务等部门提供的各种信息，才能做好工程的投标报价工作。

1）国际工程投标报价的准备工作

（1）调查熟悉工程所在国的法规 国际工程投标报价受许多因素的影响，如所在国的法规、技术规范和商业条款等。这些规定都会从外部影响投标报价工作和工程进度，而各国的法规又因国家的不同而异。因此，投标人（承包商）进入该国后，首先要熟悉有关规定，做好准备工作。一般法规包括：

①外国公司法。外国公司法又称为外国公司管理法，它规定外国公司注册、参加投标的条件以及应遵守该国哪些法律规定等。

②劳工法。劳工法是对劳动者雇佣的工资、福利、解聘、赔偿、工作时间等的具体规定。如约旦规定外国劳务进入该国必须使用40%～60%本国劳务，雇佣期满后若继续雇佣，则工资应有所增加。

③税收法。这是许多国家都有的税收规定，包括所得税、海关税、大学税等。

④保险法。包括保险种类、保险费率等。

⑤环境保护法。对三废、噪声等的规定。

总之，熟悉法规，才能根据法规采取相应的对策，避免投标报价中的失误。

（2）工程项目的调查

①当地社会情况调查。主要是了解当地的风土人情、民间风俗、社会治安状况、经济政治稳定情况、遵守合同信用等。

②工程项目调查。主要调查资金来源的可靠性和落实情况，以及工程的施工现场情况。工程施工现场的调查，包括施工场地内外的交通运输条件，施工用电、用水条件，施工辅助生

产、生活用房场地条件,施工现场的水文、地质、气象条件,当地辅助工种劳动力的来源和技术水平等。

③工程经济调查。主要是对影响报价的有关经济因素进行调查。调查内容包括:

a. 工程所需的各种材料、设备等的销售价格、货源地、运输方式、厂商信誉等,特别是大宗材料,如水泥、钢材、木材、河沙、石子等的价格及价格浮动状况等。掌握上述可靠的信息与资料是正确报价的重要依据。

b. 当地可供工程机械的性能、价格和生产厂商的资料,当地有否施工机械租赁公司、租赁机械的台班收费标准、厂商信誉等。

c. 当地交通运输价格和有关规定、载重汽车价格,以及牌照税、养路费、保险费及油料价格等。

d. 当地劳动力的技术状况、工资水平、工作时间、节假日规定等情况,当地分包商的承包工程内容、报价及信誉等情况。

e. 当地其他工程的报价、竣工成本、工程项目单价和定额等有关经济情报。

f. 银行保函的手续费、保险、税收的费率和标准,外国公司人员进入该国办理各种证件及保险的费用开支等。

g. 影响工程造价有关的法律条款,如工作时间限制、爆破时间限制、该国劳工规定的罢工、节假日休息等。

2)国际工程投标报价的编制

(1)熟悉招标文件及图纸　工程项目投标报价的基本依据是招标文件及施工图纸。国外工程项目的招标文件量大,且不尽相同,但就其内容来看是可以归纳为一定体系的。

①首先要搞清楚招标文件规定的具体事项,如投标、开标、定标、保证金、竣工日期、维修期、保留金、延期罚款等。

②其次要搞清楚该工程招标中有无特殊规定,如进口物资免税规定、必须使用本国的材料等。

③要详细阅读合同条款。

④必须掌握技术规范、图纸中工程量表的内容。技术规范是报价人确定分部分项工程单价的依据,而图纸并未完全标明详细做法(土建部分),故二者就必须结合为一体阅读。

(2)工程量复核和施工规划制订

①工程量复核。工程量复核的依据是技术规范、图纸和工程量清单表。国外工程项目分部分项工程的划分是由技术规范确定的,故要改变在国内按定额划分分部分项工程的习惯。首先要对照图纸与技术规范复核工程量清单表中有无漏项。其次要从数量上复核,一般来说数量比较准确,但有时也有错误,投标人发现后,若招标文件允许改动则改动;不允许改动的,应在投标文件中向招标人声明某一项工程量有错误,将来需要按实际完成量计算。如果招标人不能按实结算(招标文件中已声明),则投标人应将此项记住,在单价中调整。有些招标文件中没有工程量表,需要投标人计算,其计算依据是技术规范和施工图纸。无论是复核还是计算工程量都应力求准确,因为工程量直接影响报价的高低。对于采用固定总价承包方式的,如果漏算了工程量,将会带来不可挽回的损失。

②施工规划的制订。国外施工规划不同于国内的施工组织设计,它的内容与深度没有施

工组织设计要求高。施工规划的目的是为了报价时便于计算有关费用,一旦中标,它对编制施工组织设计也有指导作用。

施工规划的内容,一般包括施工方法、施工机械、施工进度、材料计划、设备计划、劳动力需用量计划、临时设施计划等。其编制依据是施工图纸、已复核的工程量、业主提出的开竣工日期、现场施工条件和调查研究搜集的资料。

施工规划制订的原则是,在保证工程质量、工期的前提下,尽可能使工程成本最低,经济效益做好。投标人要力求采用多方案的分析与对比,寻求最佳方案,切忌孤立、片面地看问题。劳动力可分为国内派人与当地雇用或分包,如何选择由工效、费用、工期等因素决定。施工机械的选择不像国内那样一般是自有机械即可承包工程。国外承包工程,首先要确定应采用机械施工的项目。如中东地区,机械费用比人工费便宜,因此,应尽量采用机械施工,特别是那些工程量大的工程项目,更应如此。当然,确定的原则是经济效益最好为前提。

③单价分析。在国外承包工程,尤其是较大的建设工程,应专门制定一套分项工程单价表。在作单价分析时,有关现场情况、气候情况、工程复杂程度、工期长短、材料和设备有何特殊要求、是否是免税项目、有哪些竞争对手、是否积极争取中标等,都要全面考虑,确定投标报价的战略性方针。然后通过市场调查,对专业设备或分包工程进行对外询价,施工方案的确定,工效、机械和管理水平的测算和调整,最后逐项确定工资、材料价格、施工机械费、管理费及利润等的具体数据,作为确定各分项工程单价的依据。

在国际上参加承包工程投标竞争,不仅要能中标,还要能够盈利。标价确定中没有统一的概、预算定额,地区单价表和取费标准等的规定可作依据,一切是承包企业自主定价。在定价中要预先考虑工资、材料、设备等的涨价因素,但也不能盲目加大系数。所有工料、机械台班等基本单价一定要合理确定,然后根据工程说明书和工程量表中的工程项目要求,逐项进行工料、机械台班用量的单价分析,还要按照国际通常做法,将管理费、利润都列入每项单价中,以确定各分项工程的单价,再与工程量相乘,从而确定分部分项造价,直至全部工程总价。

④开办费的估算。在国际工程投标中,还有一项开办费要专门单独报价,它一般是列在各分部分项工程的最前面。其内容因不同国家和不同工程而异,主要包括施工用水用电费、施工机具费,临时设施费,脚手架,驻地工程师的办公室及家具、设备仪器费,现场材料试验室及设备仪器费,工人的安全保险费,差旅交通费,日常天气报告及其他报表费等。开办费占总价的10%～20%,有的甚至高达25%左右,一般与工程的大小成反比。这些费用每笔只需列出总额,其具体估算则应根据具体情况分别计算,其内容往往涉及施工组织和施工方法,范围比较广泛,要有比较丰富的经验才便于估算,如临时设施费的估算,在国外的临时设施是指施工单位的现场和非现场的生产、生活用房等,而临时道路、停车场、临时管线及围墙等则称为临时工程,这笔费用较大,应根据施工工期、总造价及每人每月平均产值、工人和管理人员的人数配备、每人所需面积定额,分别计算出生产、生活等用房面积;再根据国外一般临时设施标准、使用年限(回收作价一般可不考虑),确定每平方米的临时设施造价,计算出全部费用,并酌情增加采暖或空调设备的费用。临时道路管线等可按具体施工组织设计或占临时房屋的比例计算。此外,按要求所配备的服务人员,其工资费用也应列入,至于施工用水用电费的估算,在现场缺少水源、电源的情况下,应按照具体供水、供电方法(如打井、汽车运水、柴油机

发电等)选购设备,既要考虑基建的一次投资或折旧摊销,还要考虑施工期间人力、燃料等的经常费用。

⑤标价的汇总及测算。在各分部的标价初步确定并汇总成总造价后,应进行一次全面的分析测算,从总造价上权衡一下是否得当合理,单位造价指标是否与工程的设计标准相符,与当地当时同类建筑的单位造价是否有偏高或偏低情况,是否有竞争能力,最后结合投标决策作策略性调整。

⑥投标、开标及定标。标价确定后应密封,按规定的手续在规定的时间和地点送给业主。业主在预定时间当众开标,公开宣布各投标商所报的标价,开标后一般要经过 3~6 个月的定标期,在这段时间内业主要多方面分析研究各家的标价,并全面考虑承包商的资金、设备、技术力量及施工水平等综合因素,最后才确定由哪家中标。

▶ 7.4.3　国际工程招标投标程序

1)国际工程招标投标程序

随着我国改革开放的不断深化和现代化建设的迅猛发展,建设工程项目吸收世界银行、亚洲开发银行、外国政府、外国财团和基金会的贷款作为建设资金来源的情况越来越多。因此这些建设工程项目的招标与投标,必须符合世界银行的有关规定或遵从国际惯例采用国际工程项目招标投标方式进行。国际工程招标投标程序,如图 7.5 所示。

2)国际工程招标投标工作过程

国际工程招标投标主要是指国际工程项目的施工招标与投标,其主要工作过程简要分述如下。

(1)业主确定项目和设计　在国外确定某建设工程项目一般要经过分析研究、可行性研究和规划设计几个阶段。这些都由业主或业主委托设计咨询公司进行,并由业主或咨询公司负责招标文件的编制,然后再由业主发出招标广告或招标邀请书进行招标。

(2)承包商的资格预审　业主对愿意参加投标的承包商,在投标前就该承包商的组织机构、能力、经验、财务状况等方面事先进行审查,以确保参加投标者均系具有承包能力的最合适的承包商。

(3)发售招标文件　国际工程招标文件一般是由资格预审合格的承包商向业主(招标单位)购买。根据招标工程的规模、技术复杂程度及标书资料的多少,购买标书的金额有所不同,一般招标文件的金额在 600~3 000 美元,但是大型工程则需上万美元。

(4)现场勘察　招标人在招标文件中,都要告诉投标人到工地现场勘察的时间,业主或其委托人有义务组织和陪同投标人勘察现场,并给予必要的介绍和解答问题。

(5)编制标函和报价

(6)开标　目前,国外工程招投标的开标有公开开标和秘密开标两种,以招标广告或招标邀请书为准。

①公开开标。即由招标人(业主)按照规定的时间、地点通知所有的投标人参加。除招标人(业主)外,至少有两名招标机构的成员参加,否则,开标在法律上无效。这种方式经常被采用,尤其是国家投资或地方政府投资的工程经常采用。

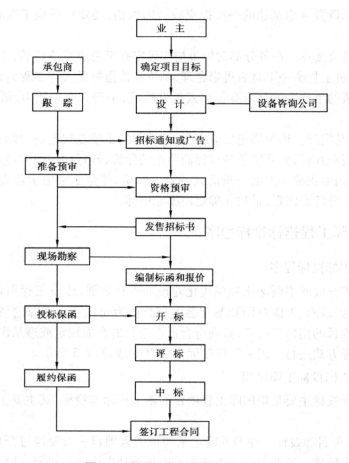

图 7.5　国际工程招标投标程序图

②秘密开标。即在招标机构内部进行,投标人和其他人员概不介入,然后招标人(业主)或委托人将开标的结果通知参加投标的承包商。开标时,主持开标的业主和咨询工程师,应该当众检查并展示每份标书的密封情况是否完好无损,然后可逐件启封,当场宣布以下内容:

a. 投标人姓名;

b. 收到标书的日期、时间;

c. 标书报价总额(若有投标人变更或替换标书,则同时宣布变更或替换标书的报价总额)。

业主或咨询工程师要根据招标文件,检查每份投标文件的完整性。在对标书的初步审查中,要征求投标人在不更改报价或标书重要内容的情况下有没有需要当众说明及澄清的地方。有上述情况均应全部记入开标纪要中,所有招标机构成员和投标人均应在纪要上签字,签字后的开标纪要可作为开标正式文件。

对于未按时递交投标报价文件的投标人,原则上应取消投标资格。

(7)评标　国际工程项目一般不采用当众开标、当众定标的办法,而是采取评标的办法,最后确定中标人。评标一般是以报价、工期、技术、管理、财务和工程风险等方面综合评定。评标过程实际上是投标人进行最后竞争的过程。但是,招标人与投标人私下商议降低报价的个别现象也存在。

（8）中标　招标人或招标机构经过评价后，最后选定承包商，并以书面形式通知中标人，这时承包商才成为真正的竞争胜利者，即中标人。一般来说，中标人的择优选择是在报价最低的前三名承包商中选定。

（9）签订工程合同　中标人在接到中标通知书后，应在招标文件规定的时间内，与招标人进行合同条款的谈判，在双方取得一致意见后，即可签订工程合同。签约双方应认真履行工程合同条款，以保证工程任务的顺利完成。

7.5　建设工程合同及其分类

▶ 7.5.1　建设工程合同的概念

建设工程合同是具有法律效力的一种经济合同。它是指企事业法人之间实现一定经济目的或完成某项工程建设任务，通过签订建设工程合同的形式，明确相互权利与义务关系的一种经济契约。建设工程合同不同于上级机关或主管部门下达的计划指令，也不存在一方强加于另一方的特权，缔约者各方都是以平等地位签订工程合同。建设工程合同一旦签订生效后，缔约的各方都必须认真履行，并受我国法律或国际法律的保护，若一方违约给另一方造成经济损失，必须由违约方给予补偿。

通过建设工程合同的签订与履行，可以促使业主、勘察、设计、施工、材料与设备供应、材料与构件生产等有关企事业单位更好地配合协作，从而保证建设工程任务的顺利进行和圆满完成。

▶ 7.5.2　建设工程合同的种类

1）按建设工程合同的适用范围分类

（1）建设工程勘察设计合同　建设工程勘察设计合同是委托方与承包方为完成勘察设计任务、明确相互权利和义务关系而签订的经济契约。签约双方都必须具有法人地位，委托方一般是业主，承包方是持有建筑勘察设计营业执照的建筑勘察设计院（所）。建设工程勘察设计合同的签订等事项，必须符合国家规定的基本建设程序。

（2）建设工程监理合同　建设工程监理合同是业主与建设监理单位签订，为承担监理业务、明确双方权利义务关系的协议。建设工程监理是依据国家法律、行政法规及技术规范、设计图纸、工程合同等，对工程任务承包单位在工程质量、建设工期和建设资金使用等方面，代表业主实施建设监理。建设监理可以是对建设工程全过程的监理，也可分阶段进行设计监理、施工监理等。

（3）建设工程施工准备合同　建设规模大、技术复杂的建设工程项目，在不具备直接签订建设工程施工合同的情况下，可根据业主提供的国家批准的建设工程任务书、投资计划和上级主管部门下达的施工任务，由业主与建筑施工企业签订建设工程施工准备合同，据此进行施工准备工作。

（4）建设工程施工合同　建设工程施工合同是由业主与建筑安装施工企业根据《合同法》及招标投标条件签订。合同中的主要内容包括工程范围、建筑工程量、开竣工日期、承包方式、工程造价、质量标准、材料供应、付款方式和奖罚等内容。

（5）物资供应合同　物资供应合同是由施工企业与材料供应单位签订的合同，其应明确规定材料的性能、规格、数量、供货日期、价格及违约条款等。

（6）成品、半成品加工订货合同　成品、半成品加工订货合同是由施工企业与构件厂、木材厂、建筑制品厂以及其他加工厂签订的合同。加工合同中的主要内容包括成品和半成品的加工数量、规格、供货日期、单价、奖罚规定等。

（7）劳务合同　劳务合同是施工企业与提供劳务的单位之间签订的合同。劳务合同也包含使用劳动力的单位与劳动者签订的合同。

2）按承包方式分类

（1）工程总承包合同　当一个建设项目由几个施工企业共同施工时，为健全承包体系，发挥各个承包企业的优势，加强配套和协作，达到分期、分批竣工和投产使用的目的，通常有业主（建设单位）将全部建筑安装工程交给一个施工企业总包，并签订工程总承包合同，其整个建设项目的施工任务由总包企业负责组织完成。

（2）工程分包合同　工程分包合同一般有以下几种：

①机械化施工工程分包合同。它由总包施工企业与机械化施工企业签订，如土石方、基础打桩、结构安装和运输等分包合同。

②设备安装工程分包合同。它由总包施工企业（当土建施工企业为总包企业时）与设备安装施工企业或其他专业施工企业签订，如工业管道、通风、设备、锅炉、变电和电梯等安装分包合同。

③分部（分项）工程分包合同。这种分包合同由总包企业与专业施工企业签订，如基础工程、铝合金门窗工程、防水工程等分包合同。

工程分包合同的内容通常先由分包企业提出，交总包企业认可后，双方签订正式分包合同。其内容包括：工程名称、地点、分包工程项目的工程量、工程造价和施工期限以及其他应明确的事项。总包与分包企业的主要职责包括：总包与分包的施工责任、工程范围、技术资料供应、设计变更及经济责任、预结算及工程拨付款办法、现场安全、工程质量及竣工验收办法、奖励罚款等。

3）按合同造价形式分类

（1）固定总价合同　这种合同主要是以图纸和说明书为计算依据，将计算出的总造价一次包死。如果能比较精确地计算工程总造价，对业主或承包商来讲比较省事，都乐意采用，否则会给双方带来不利和风险。

（2）单价合同　这种合同主要是以业主提出的工程量清单、承包商填报的单价为依据，将计算出的工程造价实行合同总造价包干。这种合同形式，业主只审查单价是否合理，承包商只复核工程量是否正确，双方承担风险小，也省事，因此国际上普遍采用。

（3）总造价（或成本）加酬金合同　这种合同主要是指除工程总造价（或成本）按实结算外，业主另给承包商一笔酬金，即管理费和利润，并实行合同包干。其酬金计算办法有固定酬金、百分数酬金和浮动酬金 3 种。这种合同形式,承包商不必承担多大风险,酬金虽不多但有保证,比较安全,因此受国际承包商的青睐。

7.6 　建设工程施工合同的签订与管理

工程合同是确定发承包人之间的法律关系和双方责任、权利等关系的重要文件。在合同签订之前,当事人双方务必对合同条款作认真而细致的研究。合同条款涉及法律、技术、财务等项工作内容,若对工作内容、招标文件、合同条件等不够熟悉,就必须对国家(或驻在国)的有关合同规定、费用划分和计算资料进行调查搜集与分析,否则对当事人双方的责任划分就很难达到意见的统一,也很难签署一份既合理又合法的合同。在签订合同时,当事人总希望合同条款对己有利,但能否被对方接受就显得困难了。因此,签订合同时,应使合同条款内容具体、公平合理、责任明确、协商一致、措辞清晰、便于管理。

▶ 7.6.1 　工程合同的签订

工程合同签订前,必须作好以下工作:

(1)建立合同管理机构,配备专职人员　由于工程合同条款涉及面广泛(特别是国外工程合同),又是明确双方经济责任的重要文件,必须由懂法律、懂业务的有关领导干部、技术骨干和业务人员组成合同管理机构,负责合同的签订工作。其成员必须既有政策水平,又有一定的灵活性,且具有谈判能力。

(2)做好谈判前的准备工作　国内工程合同,一般由施工企业根据国家颁布的《合同法》和《建筑安装工程承包合同条例》的要求,结合工程实际情况拟定,既要维护施工企业的正当利益,又不能损害发包人的利益。谈判前应作好详尽的资料准备,应说明各项合同条款草拟的理由和依据,并要估计发包人可能出自各种原因而提出的问题,准备充分的资料,以便于答辩。

国外工程合同的谈判更应做好准备。首先,要全面消化原标书中各种合同条款和技术规范要求等文件;其次,要整理从投标报价中已经发现的各种必须在谈判中明确的事项,并拟定出自己的意见;然后,对原合同中的修订建议作好充分的论据;最后,对对方提出的问题作出估计,且准备好有理有据的答辩意见。

一切参与的人员均应事先作好充分准备,谈判前要仔细研究问题,统一意见、口径,所有谈判人员都应明确谈判的策略和目标,做到在重大问题上不失原则,在细小问题上有所弹性。国外工程合同的谈判,特别要与翻译人员密切配合。翻译人员均应参加各种准备工作,应明确整个谈判策略与意图。

(3)善于在谈判中争取对自己有利的条款　在合同谈判时既要坚持自己的原则,又要善于寻求多种解决办法,不使谈判破裂。有时由于发包人条件过于苛刻而不能达成协议,也要寻求适当的理由,将其原因归于对方。

合同谈判要多次才能完成,因此不能急于求成,谈判时对合同中含混不清的词句,应在谈判中加以明确。如合同中写有"除另有规定外的一切工程"等含混词句,应争取写明"未列入工程量及其价格表中的工程内容不包括在合同总价之内";又如合同中不能笼统地写上"发包

人提交的图纸属于合同文件",只能承认"由双方签字确认的图纸属于合同文件",应防止发包人借补充图纸的机会增加内容。又如,关于现场驻工地代表对工序质量的检查,在合同中尽量避免写有"不得无理拖延"等含混词句,最好作出具体规定,这对承包人较为有利。

谈判双方达成一致协议后,即可由双方法人代表签字,签字后的合同文件即成为工程正式承发包的法律依据。

▶ 7.6.2 工程合同的管理

1)合同文件的熟悉与交底

当合同经双方签订生效后,即成为具有法律效力的正式文件,双方均需为自己履约的行为负法律责任。工程开工前,承发包人均应对合同中的各项条款逐字学习领会,明确双方承担的责任与义务,以及履约时间和有关事项。国外承包工程的工地经理及其工程、技术、财务、材料等人员更应熟悉合同条款,以便按合同条款的规定指导自己的工作。

另外,承包人在开工前应对参与该项工程施工与管理的有关人员进行合同交底,全面交代主要条款的内容及其含义,特别是谈判中双方有争议的问题是如何处理的,更应交代清楚。对于合同执行过程中可能出现的问题以及应注意的事项,也要事先交代清楚,以便采取相应的措施。合同交底的目的,是为了按照合同条款贯彻执行,以免发生违约而受到不应有的经济损失,同时,也是为了使承包人得到应有的经济效益。

2)合同执行中的管理

工程合同在执行过程中,发现对方有违约行为,均以书面方式通知对方,这在国外工程合同执行中更为重要。承包人在合同执行中应作好以下管理工作:

①要有专人研究标书和图纸有无漏洞,如有漏洞要及时向驻工地代表报告,并签证索赔;

②核对原标书、图纸与施工实际是否相符,如不符,其增加范围必须迅速找工地代表签字认可,并增加其预算;

③设计变更需按规定程序进行,并作好记录,由驻工地代表签字结算;

④做好各种记录,包括材料、设备进场的记录,天气记录,停水、停电记录,施工活动记录;

⑤国外工程,要拍摄工作照片,以便为反映工程进度和质量提供资料。

3)合同的变更与监督

(1)合同变更　引起合同变更的原因是多方面的,通常有以下几种原因:

①施工图与现场情况不符,施工图和施工说明书不符,图纸错误或遗漏,或发生未预料到的变化;

②由于发包人的原因,变更工程的内容或暂时中止整个或部分工程的施工;

③承包人提出合理延长工期的要求,或发包人需要缩短工期;

④物价或工资的显著变化需要改变总价金额;

⑤天灾及其他人力不可抗拒原因造成的损失等。

(2)合同的监督　国内合同的监督是由建设银行进行的;国外合同的监督,双方均有同等权利。

发包人对合同监督的处理一般按下列程序进行:发包人认为承包人在施工生产、技术和管理上有违约行为,应书面通知承包人,并指出其理由,请承包人采取处理措施;承包人接到请求应在规定期限内作出处理决定,并通知发包人。

同样,承包人认为发包人在执行中有违约行为,也应以书面形式通知发包人要求处理,而发包人也应在规定的期限内作出处理决定,并通知承包人。

当上述原因发生时,一般由承发包双方协商处理,或者由第三者调解,如调解无效即请仲裁机构仲裁。

4)合同的仲裁

仲裁就是指经济合同纠纷经过调解无效时,根据当事人双方的协议或一方的申请,由国家规定的合同管理机关进行裁决,这是解决合同纠纷的一种方式。仲裁是解决合同纠纷的一种行政措施,是维护合同法律效力的必要手段,仲裁要依照法令、法律和有关政策严肃处理合同纠纷。仲裁作出裁决,由国家规定的合同管理机关作出仲裁决定书,当事人一方或双方对仲裁不服时,可以在收到仲裁决定书之日起 10~15 d 内(我国现行规定)向人民法院起诉,逾期不起诉的,裁决即具有法律效力。

5)工程合同的解除

工程合同的解除(或结束)有正常解除和非正常解除两种情况。

(1)正常解除 在工程合同获得正常履行,当事人在合同实施中未发生法律上的纠纷,双方都完成了本身的义务,经过交工验收,结算、支付事务处理完毕,该工程合同即宣告解除,原来缔约的合同关系也就圆满结束。

(2)非正常解除 非正常解除包括以下几种情况,如由于多种原因造成在合同期限内使合同不能履行,对当事人一方或当事人双方都可能发生严重的经济损失,此时,只好中途予以中止。这种中止,一种是属于有限期的中止,构成中止的因素一旦消除,合同即继续有效地执行;一种是中途解除,取消当事人的合约关系。中途解除合同必须具有合法的条件并履行合法的手续。不合法律而单方面中止合同,称为毁约,除应承担毁约的一切后果和责任外,还要受到法律制裁。合同的解除必须履行正当的法律程序。未经正式解除的合同,应视为继续有效。

7.7 FIDIC《土木工程施工合同条件》简介

▶ 7.7.1 国际咨询工程师联合会

1)国际咨询工程师联合会简介

FIDIC 是国际咨询工程师联合会(Fédération Internationale Des Ingénieurs-Conseils)法语名称的缩写。FIDIC 最早于 1913 年由欧洲 3 个国家的咨询工程师协会组成。自 1945 年第二次世界大战结束以来,已有全球各地 60 多个国家和地区的成员加入 FIDIC,中国在 1996 年正式加入。可以说,FIDIC 代表了世界上大多数独立的咨询工程师,是最具有权威性的咨询工程师组织,它推动了全球范围内的高质量的工程咨询服务业的发展。

FIDIC 下属有两个地区成员协会:FIDIC 亚洲及太平洋地区成员协会(ASPSC)和 FIDIC 非洲

成员协会集团(CAMA)。FIDIC下设有5个长期性的专业委员会:业主与咨询工程师关系委员会(CCRC)、合同委员会(CC)、风险管理委员会(RMC)、质量管理委员会(QMC)和环境委员会(ENVC)。FIDIC的各专业委员会编制了许多规范性的文件,这些文件不仅FIDIC成员国采用,世界银行、亚洲开发银行、非洲开发银行招标时也常常采用。其中,最常用的有《土木工程施工合同条件》《电气和机械工程合同条件》《业主/咨询工程师标准服务协议书》《设计—建造与交钥匙工程合同条件》(国际上分别通称为FIDIC"红皮书""黄皮书""白皮书"和"橘皮书")以及《土木工程施工分包合同条件》。1999年9月,FIDIC又出版了新的《施工合同条件》《工程设备与设计—建造合同条件》《EPC交钥匙工程合同条件》及《合同简短格式》。

2)FIDIC编制各类合同条件的特点

FIDIC编制的合同条件具有以下特点:

(1)权威性、通用性　FIDIC编制的合同条件(以下简称"FIDIC合同条件")是在总结国际工程合同管理各方面的经验教训的基础上制订的,并且不断地吸取各方意见加以修改完善。如FIDIC"红皮书"从1957年制订第1版以来,已经多次修订和增补,各大洲的承包商也曾提出不少意见和建议。1999年出版的"新红皮书"更是在广泛采纳众多专家意见的基础上,全面修改了原合同条件的结构和内容。由此可见,FIDIC的合同条件是在总结各个地区、国家的业主、咨询工程师和承包商各方的经验的基础上编制出来的,是国际上一个高水平的通用性的文件。它既可用于国际工程,稍加修改后又可用于国内工程,我国有关部委编制的合同条件或协议书范本都将FIDIC合同条件作为重要的参考文本。一些国际金融组织的贷款项目以及一些国家和地区的国际工程项目也都采用了FIDIC合同条件。

(2)公正合理、职责分明　FIDIC合同条件的各项规定具体体现了业主、承包商的义务、权利和职责,以及工程师的职责和权限。同时也体现了业主和承包商之间风险合理分担的精神,并倡导合同各方以坦诚合作的精神去完成工程。合同条件中对有关各方的职责既有明确的规定和要求,也有必要的限制,这一切对合同的实施都是非常重要的。

(3)程序严谨,易于操作　FIDIC合同条件中对处理各种问题的程序都有严谨的规定,特别强调要及时处理和解决问题,以避免由于任一方拖拉而产生新的问题。另外,还特别强调各种书面文件及证据的重要性。这些规定使各方均有规可循,并且也易于操作和实施。

(4)通用条件和专用条件的有机结合　FIDIC合同条件一般都分为两个部分:第一部分是"通用条件"(General Conditions);第二部分是"特殊应用条件"(Conditions of Particular Application),也可称为"专用条件"(本书中用"专用条件")。

"通用条件"是指对各类工程都适用,如FIDIC《土木工程施工合同条件》对于各种类型的土木工程(如工业和民用建筑、公路、桥梁、水利、港口、铁路等)均适用;"专用条件"则是针对一个具体的工程项目,考虑国家和地区的法律、法规的不同,项目特点和业主对合同实施的要求也不同,而对"通用条件"进行的具体修改和补充。"通用条件"和"专用条件"共同构成了一个完整的合同条件。本节主要介绍"通用条件"。

3)FIDIC合同条件的运用

(1)国际金融组织贷款和一些国际项目直接采用　在世界各地,凡是世行、亚行、非行贷款的工程项目以及一些国家的工程项目招标文件中,都全文采用FIDIC合同条件(或适当修改)。因此参与项目实施的各方都必须十分了解和熟悉这些合同条件,才能保证工程合同的执行,并根据合同条件行使自己的职权和保护自己的权益。在我国,凡亚行贷款项目都全文采用FIDIC"红皮书";凡世行贷款项目,在财政部编制的招标文件范本中,对FIDIC合同条件有一些特殊的规定和修改,请读者在使用时注意。

(2)对比分析时采用　许多国家和一些工程项目都有自己编制的合同条件,这些合同条件的条目、内容和FIDIC编制的合同条件大同小异,只是在处理问题的程序规定以及风险分担等方面有所不同。FIDIC合同条件在处理业主和承包商的风险分担和权利义务上是比较公正的,各项程序也是比较严谨完善的,在掌握了FIDIC合同条件之后,可以把它作为一把尺子来与工作中遇到的其他合同条件逐条对比、分析和研究,由此可以发现风险因素,以制订防范风险或减小风险的措施,也可以发现索赔的机遇。

(3)合同谈判时采用　因为FIDIC合同条件是国际上权威性的文件,在招标过程中,如果承包商认为招标文件中有些规定不合理或是不完善,可以用FIDIC合同条件作为"国际惯例",在合同谈判时要求对方修改或补充某些条款。

(4)局部选择采用　当咨询工程师协助业主编制招标文件时,或总承包商编制分包项目招标文件时,可以局部选择FIDIC合同条件中的某些条款、某些思路、某些程序或某些规定,也可以在项目实施过程中借助于某些思路和程序去处理遇到的问题。

FIDIC还对"红皮书""黄皮书""白皮书"和"橘皮书"分别编制了"应用指南"。在"应用指南"中除介绍招标程序、合同各方及工程师的职责外,还对每一条款进行了详细的解释和讨论,对使用者深入理解合同条款有很大帮助。

▶ 7.7.2　FIDIC《土木工程施工合同条件》

由于目前世行、亚行的工程采购招标文件标准文本中以及我国财政部的范本中均采用FIDIC"红皮书"(第4版,1992年版),因而本书也仅介绍FIDIC"红皮书"(第4版,1992年版)。在此要特别强调的是:如果读者在工作中要使用FIDIC编制其他项目的合同条件时,应以正式的英文版合同条件文本为准。

FIDIC"红皮书"第4版于1987年出版,1988年出修订版,进行了17处修订,1992年再次出修订版,有28处修订,增加了"期中支付证书"和"最终支付证书"两个概念。1996年又出版了增补本。

(1)FIDIC"红皮书"(1992年)的主要条款内容　FIDIC"红皮书"第一部分通用条件包括25节、72条、194款,论述了以下25个方面的问题:定义与解释,工程师及工程师代表,转让与分包,合同文件,一般义务,劳务,材料、工程设备和工艺,暂时停工、开工和延误,缺陷责任,变更、增添与省略,索赔程序,承包商的设备、临时工程和材料,计量,暂定金额,指定分包商,证书和支付,补救措施,特殊风险,解除履约,争端的解决,通知,业主的违约,费用和法规的变更,货币和汇率;第二部分为专用条件。

通用条款规定了业主和承包商的职责、义务和权利,以及监理工程师(条款中均用"工程师"一词,下同)根据业主和承包商的合同,执行对工程监理任务时的职责和权限。通用条件后面附有投标书、投标书附录和协议书的格式范例。

(2)关于FIDIC(1996年版)"施工合同条件"的增补内容　FIDIC在1996年对1992年版

的"红皮书"作了增补,包括总价支付、拖延签发支付证书和争端解决方式 3 个部分内容。

(3) FIDIC(1999 年版)"施工合同条件"及其特点 根据国际工程承包的多年实践经验,以及相关管理学科的发展情况,FIDIC 每隔 10 年左右即对其编制的合同条件进行一次修订,1999 年 FIDIC 正式出版了 4 本新的合同条件,其中"施工合同条件"(1999 年第 1 版)又称"新红皮书"(以下用"新红皮书")。这本合同条件的主要应用条件与 FIDIC"土木工程施工合同条件"(以下用"红皮书",1987 年第 4 版,1992 年修订版)基本相同。与"红皮书"对照,"新红皮书"仍具有以下特点:

①在合同条件和内容方面有较大的改动及补充;

②对业主的职责、权利和义务制订了新规定;

③对承包商的工作也提出了更严格、更具体的要求;

④索赔争端与仲裁方式的规定。

总之,FIDIC 合同条件在国际工程中被广泛应用,世行、亚行、非行等国际金融机构的贷款项目以及许多国家的国际工程项目都要求采用或推荐采用 FIDIC 合同条件。因此,我们应认真地学习这几本新的合同条件。

本章小结

在我国社会主义市场经济条件下,工程建设实行招标投标制,促使建筑企业进入建筑市场参与公平竞争,从而创造了竞争环境,确保了工程质量,提高了投资效益。本章主要介绍建设工程合同及其分类,建设工程合同的签订与管理,FIDIC《土木工程施工合同条件》简介等基本知识和主要合同条款。现将本章要点归纳如下:

(1)建设工程施工招标投标是一种特殊商品的交易行为,包括建设工程施工招标和建设工程施工投标。建设工程施工招标是指招标人(业主)通过招标的经济手段,利用投标人之间的竞争,达到货比三家、优中选优的目的。招标方式有公开招标、邀请招标和协商议标 3 种。建设工程施工投标是指投标人根据招标文件的规定与要求,对建设工程项目进行估算与报价,并参与竞争及争取中标,达到战胜对手并获得施工任务的目的。投标文件编制和投标决策是投标过程中至关重要的两个环节,而在投标文件编制中合理计算报价,则是战胜对手而一举夺标的重要条件。

(2)投标报价策略主要是研究和制定投标竞争中的谋略和指导方针,以便战胜竞争对手而中标,并取得好的经济效益。其策略包括承包工程风险的控制与处理、投标机会的评价与选择、投标报价的策略,以及做标方法和做标技巧等。

(3)国际工程招标与投标,包括国际工程项目招标、投标及报价的计算等。为了与国际惯例接轨,了解和熟悉国际工程招标与投标的规定和具体做法是非常重要的。

(4)建设工程合同是指企事业单位法人之间为完成某项建设工程任务,通过签订建设工程合同的形式,明确双方权利和义务的经济契约。建设工程合同的种类较多,按使用范围的不同分为建设工程勘察设计合同、建设监理合同、建设(安装)工程施工准备合同、建设(安装)工程施工合同、建设物资供应合同、劳务合同,构配件、半成品加工订货合同;按承包方式的不同分为工程总承包合同、工程分包合同；按工程造价组成形式的不同分为固定总价合同、单价合同和总价加酬金合同。

（5）建设工程施工合同内容广泛，主要包括：工程概况、承包方式、施工准备、设计资料、物资供应、现场管理、工程质量、交工验收、工程结算、付款方式、违约责任、奖励惩罚等。

（6）建设工程合同签订前，业主和承包商双方都要认真作好调查研究、资料准备、科学分析等准备工作，力求合同条款内容具体、公平合理、责权明确、文字清晰、措辞准确、方便管理。在签约双方协调一致、达成共识后，由法人代表签章即可生效，并可作为建设工程承发包的法律依据。在建设工程合同的执行中，应加强工程合同的管理工作，如工程合同的交底、变更、监督、仲裁及解除。

（7）FIDIC《土木工程施工合同条件》具有权威性和通用性，主要由"通用条件"和"专用条件"两部分组成。系统而认真地学习和运用 FIDIC 的各种合同条件，对我国建筑企业参与国际工程投标竞争、建设工程施工合同的签订具有重要的现实意义。

通过本章学习，应了解工程项目施工招标、投标及国际工程招标投标等基础知识和基本方法，建设工程合同及其分类，FIDIC 合同条件等基本知识。重点掌握工程项目施工投标文件的编制、投标报价策略与做标技巧等，以及建设工程施工合同的签订与管理。

复习思考题

7.1 什么叫招标？什么叫投标？它们应具备什么条件？

7.2 什么叫开标？什么叫评标？什么叫中标？

7.3 什么叫建设工程施工招标？有哪几种招标方式？这些招标方式有何特点？

7.4 建设工程施工招标文件有哪些主要内容？

7.5 什么叫工程标底（招标控制价）？如何计算和确定工程标底？

7.6 建设工程施工招标的主要程序是什么？这些程序包括哪些工作内容与要求？

7.7 什么叫建设工程施工投标？其投标报价计算有什么依据？

7.8 建设工程施工投标文件的编制包括哪些内容？

7.9 确定报价时应考虑哪些削价因素和加价因素？

7.10 建设工程施工招标投标的主要程序是什么？

7.11 国际工程招标的阶段是如何划分的？其招标文件包括哪些主要内容？

7.12 国际工程投标文件编制时应注意什么问题？其招标投标程序有哪些？

7.13 什么叫投标策略？其方法技巧有哪些？适用范围如何？

7.14 做标技巧有哪几种主要方法？投标报价时如何灵活运用这些方法？

7.15 某公司有 3 个工程可供选择，但是由于施工能力有限，仅能参加其中的一项工程投标，现有"高标"（中标概率 0.4）与"低标"（中标概率 0.6）方案。如失标 A 工程损失 2 000 元，B 工程损失 3 000 元，C 工程损失 2 000 元。已知条件见表 7.4，用决策树法求出应投哪个工程的哪一方案？

表 7.4　工程方案表

工程项目	标　型	利润情况估计	中标概率/%	利润损益/元
A	高　标	(一)好	0.3	10 000
		(二)较好	0.7	4 000
	低　标	(一)好	0.4	8 000
		(二)较好	0.6	2 000
B	高　标	(一)好	0.4	8 000
		(二)较好	0.6	3 000
	低　标	(一)好	0.3	5 000
		(二)较好	0.7	2 000
C	高　标	(一)好	0.3	2 000
		(二)较好	0.7	6 000
	低　标	(一)好	0.4	8 000
		(二)较好	0.6	4 000

7.16　建设工程合同是怎样分类的？它们又包括哪些主要合同？

7.17　建设工程合同签订的主要程序是什么？

7.18　建设工程合同管理包括哪些主要内容？

7.19　什么是国际咨询工程师联合会？有何特点？其作用是什么？

7.20　运用 FIDIC 编制合同条件时可采用哪些方式？这些方式有什么特点？

8

建设工程施工索赔

8.1 索赔及施工索赔

▶ 8.1.1 索赔及施工索赔的概念

随着我国社会主义市场经济的建立和完善,商品交易中发生索赔是一种正常现象。因此,我们应该提高对索赔的认识,加强索赔理论和索赔方法的研究,正确对待和认真作好索赔工作,这对维护合同签约各方的合法权益都具有十分重要的意义。

索赔是一种权利主张,是指合同在履行过程中,合同一方发生并非由于本方的过错或原因造成的,也不属于自己风险范围的额外支出或损失,受损方依据法律或合同向对方提出的补偿要求。

施工索赔是指在工程项目施工过程中,由于业主或其他原因,致使承包商增加了合同规定以外的工作和费用或造成的其他损失,承包商可根据合同规定,并通过合法的途径和程序,要求业主补偿在时间和经济上所遭受损失的行为。

施工索赔是一项涉及面广、学问颇深的工作,参与索赔工作的人员必须具有丰富的管理经验,熟悉施工中的各个环节,通晓各种建筑法规,并具有一定的财务知识。由于工程项目的复杂多变,现场条件、气候和环境的变化,标书及施工说明错误等原因的存在,索赔在承包过程中是必然存在的。索赔工作中重要的一环是证明承包商提出的索赔要求是正确的。但仅仅证明自己正确还是不能收回已损失的费用,只有准确地计算要求赔偿的数额,并证明此数额合情合理,索赔才能获得成功。承包商的任何索赔要求,只要能定出价格并证明作价的依

据可靠无误,那就越早提出越好。

总之,施工索赔是利用经济杠杆进行项目管理的有效手段,对承包商、业主和监理工程师来说,处理索赔问题水平的高低,也反映出他们项目管理水平的高低。随着建筑市场的建立与发展,索赔将成为项目管理中越来越重要的问题。

▶ 8.1.2 索赔的产生原因

在执行合同的过程中,承包商提出索赔理由大都是由于合同条款的变更而引起的。当承包商支付的实际工程费用大于工程收入时,就应检查其原因。如果查明原因是由业主造成的,才能提出索赔要求,并使自己受到的损失得到补偿。施工索赔的产生原因主要有以下几种:

1)工程变更

一般在合同中均规定有变更条款,即业主均保留变更工程的权利。业主在任何时候均可对施工图、说明书、合同进度表,用文字写成书面文件进行变更。工程变更的原则是:不能带来人身危险或财产损失;不能额外增加工程量,如要增加工程量必须有工程师的书面签证确认;不能增加工程总费用,除非是增加工程的同时也必须增加造价,但也必须有工程师或业主的书面签证。除上述3个方面外,工程师在发布工程通知书时,有权提出较小的改动,但不得额外加价,并且这种改动与建设本工程的目标应完全一致。

在工程变更的情况下,承包商必须熟悉合同规定的工程内容,以便确定执行的变更工程是否在合同范围以内。如果不在合同范围以内,承包商可以拒绝执行,或者经双方同意签订补充协议。

如果因这种变更,合同造价有所增减,引起工期延迟,合同也要相应加以调整。除此之外,其他均应在原合同条款上予以执行。

关于合同的调整问题,有的规定了一个公认的合同调整百分比公式,也有的只简单规定因工程变更而对合同价款作出公平合理的调整。不过,这种简单的规定容易引起争议,如果变更的程度较大,在规定的时限内承包商应作出预算,并及时用书面形式通知业主与工程师,若在规定的时限内得不到答复,则有权对此提出索赔要求。

2)施工条件变化(即与现场条件不同)

这里所说的施工条件变化是针对以下两种情况:一是该条规定用来处理现场地面以下与合同出入较大的潜在自然条件的变更,例如,地质勘探资料和说明书上的数据错误,造成地基或地下工程的特殊处理而给承包商带来损失,承包商则有权要求对合同价格进行公平合理的调整;二是现场的施工条件与合同确定的情况大不相同,承包商应立即通知业主或工程师进行检查确认。

3)工程延期

在以下情况下,工程完成期限是允许推迟的:

①由于业主或其雇员的疏忽失职;

②由于提供施工图的时间推迟;

③由于业主中途变更工程;

④由于业主暂停施工；

⑤工程师同意承包商提出的延期理由；

⑥由于不可抗力所造成的工程延期。

在发生上述任何一种情况时，承包商应立即将备忘录送给工程师，并提出延长工期的要求。工程师应在接到备忘录 5 d 内给承包商签认。如果业主要求暂停施工而没有在备忘录上标明复工日期和期限，那么承包商可以被迫放弃暂停施工的部分工程，并将停工部分进行估算，开具账单，请业主结付工程款，而且还可以按被迫放弃的工程价值加一个百分比作为补偿管理费、专用设施和预期利润等所遭受的损失。

4）不可抗力或意外风险

不可抗力，顾名思义即指超出合同各方控制能力的意外事件。其中任何一件不可抗力事件发生，都会直接干扰合同的履行，由此造成的施工时间延长、工程修理的义务和费用、终止合同，或业主、第三方的破产和损害及人身伤亡，承包商概不承担任何责任。业主应对就此引起的一切权利、要求、诉讼、损害赔偿费、各项开支和费用等负责，保证承包商免受损害并给予承包商补偿。

凡是发生上述情况的，承包商应迅速向业主报告，并提供适当的证明文件，以便业主核实。业主或其代表接到通知后也应及时答复。如长期拖延不予处理，也要负违约的责任。对于自然灾害的影响，承包商不仅可以要求顺延工期，而且应当声明，除顺延工期外，还应对由于灾害暂时停工而需要对承包价格进行合理的调整。

5）检查和验收

如业主对已检查验收过的隐蔽工程和设备内部再次要求拆下或剥开检查时，承包商必须照办。经检查工程完全符合合同要求时，承包商应要求补偿因拆除、剥开部分工程所造成的损失，包括修复的直接费用和间接费用，以及因检查所引起的额外工程费用等。

6）在工程竣工验收前业主占用

业主有权占用或使用已竣工的或部分竣工的工程。关于这一情况，在签订合同时应分清双方的责任和义务。一般这种占用或使用不得被认为是对已完成的、不符合合同规定的工程的验收。但是对于工程所遭受的损失和损害，如不是由于承包商的过失或疏忽造成，则不应该由承包商负责。如这种先期占用或使用使工程进度受到拖延给承包商造成额外费用，就应对合同价款和竣工期限进行公平合理的调整，承包商必须对此作详细记录。

7）业主提供设备

设备如由业主提供，合同中都规定有设备的交付时间或履行合同日期，如业主未按期供应，按规定就要公平合理地调整合同价格，延长竣工期限。

8）劳动力、材料费用涨价

如果材料价格及劳动力费用受到供求关系或市场因素的巨大影响，业主会在合同中同意准许材料价格及劳动力费用调整。因此，合同实施中如遇到市场价格上涨的情况，承包商应及时向业主提供工程价格调整的要求。

除以上情况外，还有许多引起承包商提出索赔要求的因素，如加快工程进度、波及效应

等。承包商必须熟悉合同条款的具体规定,对各种因素进行仔细斟酌,严加推敲,以便适时地采取措施,保护自己的利益。

► 8.1.3　施工索赔的分类

施工索赔分类的方法很多,从不同的角度看,有不同的分类方法。现就处理施工索赔的几种分类方法介绍如下。

1)按索赔的目的不同分类

按索赔的目的不同可分为要求延长工期和要求经济补偿,这是施工索赔业务中常见的分类方法。当提出索赔时,必须要明确是要求工期索赔还是经济索赔,前者是要求得到工期的延长,后者是要求得到经济补偿。

2)按索赔的处理方式不同分类

按索赔的处理方式不同,可分为单项索赔和一揽子索赔两种。

(1)单项索赔　单项索赔是指在工程施工过程中出现干扰原合同实施的某项事件,承包商为此而提出的索赔。如业主发出设计变更指令,造成承包商成本增加、工期延长,承包商为变更设计这一事件提出索赔要求,就属于单项索赔。应当注意,单项索赔往往在合同中规定必须在索赔有效期内完成,即在索赔有效期内提出索赔报告,经监理工程师审核后交业主批准。如果超过规定的索赔有效期,则该索赔无效。因此对于单项索赔,必须有合同管理人员对日常的每一个合同事件进行跟踪,一旦发现问题即应迅速研究是否对此提出索赔要求。单项索赔由于涉及的合同事件比较简单,责任分析和索赔计算不太复杂,金额也不会太大,双方往往容易达成协议,使承包商获得成功索赔。

(2)一揽子索赔　一揽子索赔又称总索赔,它是指承包商在工程竣工前后,将施工过程中提出但未解决的索赔汇总在一起,向业主提出一份索赔报告的索赔。这种索赔,有的是在合同实施过程中因为一些单项索赔问题比较复杂,不能立即解决,经双方协商同意留待以后解决;有的是业主对索赔迟迟不作答复,采取拖延的办法,使索赔谈判旷日持久;有的是由于承包商对合同管理的水平差,平时没有注意对索赔的管理,忙于工程施工,当工程快完工时发现自己亏了本,或业主不付款时,才准备进行索赔。

由于以上原因,在处理一揽子索赔时,因许多干扰事件交织在一起,影响因素比较复杂,有些证据事过境迁,责任分析和索赔值的计算困难,使索赔处理和谈判很艰难,加上一揽子索赔的金额较大,往往需要承包商作出较大让步才能解决。因此,承包商在进行施工索赔时,一定要掌握索赔的有利时机,力争单项索赔,使索赔在施工过程中逐项解决。对于实在不能单项解决,需要一揽子索赔的,也应力争在施工建成移交之前完成主要的谈判与付款。如果业主无理拒绝和拖延索赔,承包商还有约束业主的合同"武器";否则,工程移交后,承包商就失去了约束业主的"王牌",业主有可能赖账,使索赔长期得不到解决。

3)按索赔发生的原因不同分类

索赔发生的原因有很多,但归纳起来有4类:施工延期索赔、工程变更索赔、施工加速索赔和不利现场条件索赔。

(1)施工延期索赔　施工延期索赔主要是由于业主的原因不能按原定计划的时间进行施

工所引起的索赔。如为了控制建设成本,业主往往把材料和设备规定为自己直接订货,再供应给施工的承包商,业主如不能按时供货而导致工期延期,就会引起施工延期的索赔。又如业主不能按合同约定提供现场必要的施工条件而延误开工或减缓施工速度,承包商也会因此而要求延期索赔。还有设计图纸和规范的错误或遗漏,设计者不能及时提交审查或批准的图纸等,都可能引起延期索赔。

(2)工程变更索赔 工程变更索赔是指因合同中规定工作范围的变化而引起的索赔。这类索赔有时不如延期索赔那么容易确定,如某分项工程所包含的详细工作内容和技术要求、施工要求很难在合同文件中用语言描述清楚,设计图纸也很难对每一个施工细节都表达得很详尽,因此实施中很难界定此工程内容是否有所变更,即使有变更,也很难确定其变更程度有多大。但是对于明显的设计错误或遗漏、设计变更以及工程师发布的工程变更指令而引起的工期延误和施工费用增加,承包商则应及时向业主提出工程变更索赔。

(3)施工加速索赔 施工加速索赔通常是延期或工程变更的结果,有时也被称为"赶工索赔",而施工加速索赔与劳动生产率的降低关系极大,因此又被称为劳动生产率损失索赔。如业主要求承包商比合同规定的工期提前,或者因前一阶段的工程拖期,要求后一阶段工程弥补已经损失的工期,使整个工程按期完工。这样,承包商可以因施工加速成本超过原计划的成本而提出索赔,其索赔的费用一般应考虑加班工资,以及雇用额外劳动力,采用额外设备,改变施工方法,提供额外监督管理人员,由于拥挤、干扰、加班引起疲劳的劳动生产率损失等所引起的费用增加。在国外的许多索赔案例中,提出的劳动生产率损失通常很大,但一般不易被业主接受,这就要求承包商在提交施工加速索赔报告中提供施工加速对劳动生产率的消极影响的确切证据。

(4)不利现场条件索赔 不利现场条件索赔是指图纸和技术规范中所描述的条件与实际情况有实质性的不同或合同中虽未做描述,但遇到的是一个有经验的承包商无法预料的情况,一般是地下的水文地质条件,以及某些隐藏着的不可知的地面条件。如果承包商证明业主没有给出某地段的现场资料,或所给的资料与实际相差甚远,或所遇到的现场条件是一个有经验的承包商不能预料的,那么承包商对于不利现场条件的索赔应能成功。

不利现场条件索赔近似于工程变更索赔,然而又不大像大多数工程变更索赔。不利现场条件索赔应归咎于确实不易预知的某个事实。如现场的水文、地质条件在设计时全部弄得一清二楚几乎是不可能的,只能根据某些地质钻孔和土样试验资料来分析和判断。要对现场进行彻底全面的调查将会耗费大量的成本和时间,一般业主不会这样做,承包商在投标报价的短时间内更不可能作这种现场调查工作。这种不利现场条件的风险由业主来承担是合理的。

4)按索赔的依据不同分类

索赔的目的是为了得到经济补偿和工期延长,而索赔必须有其可靠的依据。因此,按索赔的依据不同,可分为合同内索赔、合同外索赔和道义索赔。

(1)合同内索赔 合同内索赔是指以合同条款为依据,在合同中有明文规定的索赔,如工程延误、工程变更、工程师给出错误数据导致放线的错误、业主不按合同规定支付进度款等。这种索赔,由于在合同中有明文规定,故往往容易成功。

(2)合同外索赔 合同外索赔一般是指难于直接从合同的某个条款中找到依据,但可以从对合同条件的合理推断或同其他的有关条款联系起来论证该索赔是属于合同规定的索赔。

例如,因天气的影响给承包商造成的损失一般应由承包商自己负责,如果承包商能证明是特殊反常的气候条件(如100年一遇的洪水、50年一遇的暴雨),就可利用《合同条件》中规定的"一个有经验的承包商无法合理预见不利的条件"而得到工期的延长(见FIDIC《土木工程施工合同条件》12.1和44.1条),同时若能进一步论证工期的改变属于"工程变更"的范畴,还可提出费用的索赔(见FIDIC《土木工程施工合同条件》51.1条)。合同外的索赔需要承包商非常熟悉合同和相关法律,并有比较丰富的索赔经验。

(3)道义索赔 道义索赔是指索赔无合同和法律依据,承包商认为自己在施工中确实遭到很大的损失,想要得到优惠性质的额外付款,只有在遇到通情达理的业主时才有希望成功。一般在承包商的确克服了很多困难,使工程圆满完成,而自己却蒙受重大损失时,若承包商提出索赔要求,业主可出自善意,给承包商一定的经济补偿。

5)按索赔的业务性质不同分类

按索赔的业务性质不同,可分为施工索赔和商务索赔两种。

(1)施工索赔 施工索赔是指涉及工程项目建设中施工条件或施工技术、施工范围等变化引起的索赔,一般发生频率高、索赔费用大。本章将重点论述施工索赔。

(2)商务索赔 商务索赔是指实施工程项目过程中的物资采购、运输、保管等活动引起的索赔事项。由于供货商、运输公司等在物资数量上短缺、质量上不符合要求、运输损失或不能按期交货等原因,给承包商造成经济损失时,承包商将向供货商、运输公司等提出索赔要求;反之,当承包商不按合同规定付款时,则供货商或运输公司将向承包商提出索赔。

6)按索赔的当事人不同分类

按索赔的当事人不同,可分为承包商同业主之间的索赔,总承包商同分承包商之间的索赔,承包商同供货商之间的索赔,承包商同保险公司、运输公司的索赔和承包商同劳务供应商的索赔。

7)按索赔的对象不同分类

按索赔的对象不同,可分为索赔和反索赔两种。

(1)索赔 索赔是指承包商向业主、供货商、保险公司、运输公司等提出的索赔(本书以下的"索赔"主要指承包商向业主提出的索赔)。

(2)反索赔 反索赔是指业主、供货商、保险公司、运输公司等向承包商提出的索赔。

8.2 施工索赔程序及其规定

在工程项目施工阶段,每出现一个索赔事件,都应按照国家的有关规定、国际惯例和工程项目合同条件的规定,认真及时地协商解决。

▶ 8.2.1 施工索赔程序和时限的规定

我国《建设工程施工合同(示范文本)》(GF—2013—0201)中对索赔的程序和时间要求有明确而严格的规定。主要包括:

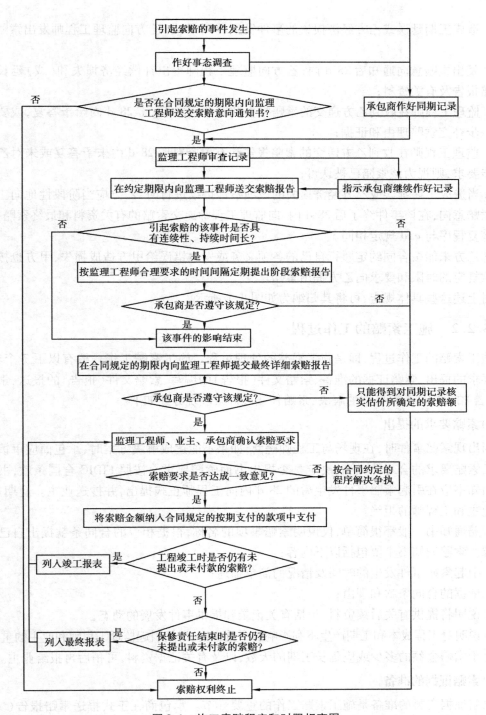

图 8.1　施工索赔程序和时限规定图

①甲方未能按合同约定履行自己的各项义务或发生错误,以及出现应由甲方承担责任的其他情况,造成工期延误或甲方延期支付合同价款,或因甲方原因造成乙方的其他经济损失,乙方按下列程序以书面形式向甲方索赔:

a.造成工期延误或乙方经济损失的事件发生后28 d内,乙方向监理工程师发出索赔意向通知;

b.发出索赔意向通知后28 d内,乙方向监理工程师提出补偿经济损失和(或)延长工期的索赔报告及有关资料;

c.监理工程师在收到乙方递交的索赔报告和有关资料后,于28 d内给予答复,或要求乙方进一步补充索赔理由和证据;

d.监理工程师在收到乙方递交的索赔报告和有关资料后28 d内未予答复或未对乙方作进一步要求,则视为该索赔已被认可;

e.当造成工期延误或乙方经济损失的该项事件持续进行时,乙方应当阶段性地向工程师发出索赔意向,在该事件终了后28 d内,向监理工程师递交索赔的有关资料和最终索赔报告。索赔答复程序与c、d规定相同。

②乙方未能按合同约定履行自己的各项义务或发生错误给甲方造成损失,甲方也按以上各条款规定的时限和要求向乙方提出索赔。

对上述这些具体规定,可将其归纳为如图8.1所示。

▶ 8.2.2 施工索赔的工作过程

施工索赔的工作过程,即是施工索赔的处理过程。施工索赔工作一般有以下7个步骤:索赔要求的提出、索赔证据的准备、索赔文件(报告)的编写、索赔文件(报告)的报送、索赔文件(报告)的评审、索赔事件的解决、索赔仲裁或诉讼。现分述如下。

1)索赔要求的提出

当出现索赔事件时,在现场与工程师磋商,如果不能达成解决方案时,承包商应审慎地检查自己索赔要求的合理性,然后决定是否提出书面索赔要求。按照FIDIC合同条款,书面的索赔通知书应在引起索赔事件发生后的28 d内向工程师正式提出,并抄送业主。逾期提送,将遭业主和工程师的拒绝。

索赔通知书一般都很简单,仅说明索赔事项的名称,根据相应的合同条款提出自己的索赔要求。索赔通知书主要包括以下内容:

①引起索赔事件发生的时间及情况的简单描述;

②依据的合同条款和理由;

③说明将提供有关后续资料,包括有关记录和提供事件发展的动态;

④说明对工程成本和工期产生不利影响的严重程度,以期引起监理工程师和业主的重视。

至于索赔金额的多少或应延长工期的天数,以及有关证据资料,可稍后再报给业主。

2)索赔证据的准备

索赔证据资料的准备是施工索赔工作的重要环节。承包商在正式报送索赔报告(文件)前,要尽可能地使索赔证据资料完整齐备,不可"留一手"待谈判时再抛出来,以免造成对方的不愉快而影响索赔事件的解决。索赔金额的计算要准确无误,符合合同条款的规定,具有说服力。索赔报告应力求文字清晰,简明扼要,要重事实、讲理由,语言婉转而富有逻辑性。关于索赔证据资料包括哪些内容,将在8.3节作详细介绍。

3）索赔文件（报告）的编写

索赔文件（报告）是承包商向监理工程师（或业主）提交的要求业主给予一定的经济（费用）补偿或工期延长的正式报告。关于索赔报告的编写内容及应注意的问题等,将在后述章节中作详细介绍。

4）索赔文件（报告）的报送

索赔报告编写完毕后,应在引起索赔事件发生后 28 d 内尽快提交给监理工程师（或业主）,以正式提出索赔。索赔报告提交后,承包商不能被动等待,应隔一定的时间,主动向对方了解索赔的处理情况,根据对方所提出的问题进一步作资料方面的准备,或提供补充资料,尽量为监理工程师处理索赔提供帮助、支持和合作。

索赔的关键问题在于"索",承包商应积极主动去"索",业主没有任何义务去"赔"。因此,提交索赔报告虽然是"索",但还只是刚刚开始,要让业主"赔",承包商还有许多更艰难的工作要做。

5）索赔文件（报告）的评审

监理工程师（或业主）接到承包商的索赔报告后,应立即仔细阅读其报告,并对不合理的索赔进行反驳或提出疑问,监理工程师可根据自己掌握的资料和处理索赔的工作经验提出意见和主张。具体如下:

①索赔事件不属于业主和监理工程师的责任,而是第三方的责任;

②事实和合同依据不足;

③承包商未能遵守索赔意向通知的要求;

④合同中的开脱责任条款已经免除了业主补偿的责任;

⑤索赔是由不可抗力引起的,承包商没有划分和证明双方责任的大小;

⑥承包商没有采取适当措施避免或减少损失;

⑦承包商必须提供进一步的证据;

⑧损失计算夸大;

⑨承包商以前已明示或暗示放弃了此次索赔的要求。

但监理工程师提出这些意见和主张时也应当有充分的根据和理由。评审过程中,承包商应对监理工程师提出的各种质疑作出圆满的答复。

6）索赔谈判与调解

经过监理工程师对索赔报告的评审,并与承包商进行较充分的讨论后,监理工程师应提出对索赔处理决定的初步意见,并参加业主和承包商进行的索赔谈判,通过谈判作出索赔的最后决定。

在双方直接谈判没能取得一致解决意见时,为争取通过友好协商办法解决索赔争端,可邀请中间人进行调解。有些调解是非正式的,例如,通过有影响的人物（业主的上层机构、官方人士或社会名流等）或中间媒介人物（双方的朋友、中间介绍人、佣金代理人等）进行幕后幕前调解;也有些调解是正式性质的,例如,在双方同意的基础上共同委托专门的调解人进行调解,调解人可以是当地的工程师协会或承包商协会、商会等机构。这种调解要举行一些听证会和调查研究,然后提出调解方案,如双方同意则可达成协议由双方签字和解。

7）索赔仲裁与诉讼

对于那些确实涉及重大经济利益而又无法用协商和调解办法解决的索赔问题,成为双方难以调和的争端,只能依靠法律程序解决。在正式采取法律程序解决之前,一般可以先通过自己的律师向对方发出正式索赔函件,此函件最好通过当地公证部门登记确认,以表示诉讼法律程序的前奏。这种通过律师致函属于"警告"性质,多次警告而无法和解(如由双方的律师商讨仍无结果),则只能根据合同中"争端的解决"条款提交仲裁或司法程序解决。

8.3 施工索赔证据及索赔文件

▶ 8.3.1 施工索赔证据

任何索赔事项的确立,其前提条件是必须有正当的索赔理由。对正当索赔理由的说明必须要有证据,因为索赔的进行主要是靠证据说话。没有证据或证据不足,索赔是难以成功的。这正如《建设工程施工合同(示范文本)》中所规定的,当一方向另一方提出索赔时,要有正当索赔理由,且有引起索赔事件发生时的有效证据。

（1）索赔证据的要求

①真实性。索赔证据必须是在实施合同过程中确实存在和发生的,必须完全反映实际情况,能经得起推敲。

②全面性。所提供的证据应能说明事件的全过程。索赔报告中涉及的索赔理由、事件过程、影响、索赔值等都应有相应证据,不能零乱和支离破碎。

③关联性。索赔的证据应当能够互相说明,相互具有关联性,不能互相矛盾。

④及时性。索赔证据的取得及提出应当及时。

⑤具有法律证明效力。一般要求证据必须是书面文件,有关记录、协议、纪要必须是双方签署的。工程中重大事件及特殊情况的记录、统计必须由监理工程师签证认可。

（2）索赔证据的种类

①招投标文件。主要包括招标文件、工程合同及附件、业主认可的投标报价文件、技术规范、施工组织设计等。招标文件是承包商报价的依据,是工程成本计算的基础资料,也是索赔时进行附加成本计算的依据。投标文件是承包商编标报价的成果资料,对施工所需的设备、材料列出了数量和价格,也是索赔的基本依据。

②工程图纸。监理工程师和业主签发的各种图纸,包括设计图、施工图、竣工图及其相应的修改图,应注意对照检查和妥善保存。设计变更一类的索赔,原设计图和修改图的差异是索赔最有力的证据。

③施工日志。应指定有关人员现场记录施工中发生的各种情况,包括天气、出工人数、设备数量及其使用情况、进度、质量情况、安全情况、监理工程师在现场有什么指示、进行了什么实验、有无特殊干扰施工的情况、遇到了什么不利的现场条件、多少人员参观了现场等。这种现场记录和日志有利于及时发现和正确分析索赔,是索赔的重要证明材料。

④来往信件。对与监理工程师、业主和有关政府部门、银行、保险公司的来往信函必须认

真保存,并注明发送和收到的详细时间。

⑤气象资料。在分析进度安排和施工条件时,天气是考虑的重要因素之一,因此,要保持一份如实完整、详细的天气记录,包括气温、风力、温度、降雨量、暴雨雪、冰雹等。

⑥备忘录。承包商对监理工程师和业主的口头指示和电话应随时用书面记录,并请签字给予书面确认。这些是事件发生和持续过程的重要情况记录。

⑦会议纪要。承包商、业主和监理工程师举行会议时要作好详细记录,对其主要问题形成会议纪要,并由会议各方签字确认。

⑧工程照片和工程声像资料。这些资料都是反映工程客观情况的真实写照,也是法律承认的有效证据,应拍摄有关资料并妥善保存。

⑨工程进度计划。承包商编制的经监理工程师或业主批准同意的所有工程总进度、年进度、季进度、月进度计划都必须妥善保管。任何与延期有关的索赔,工程进度计划都是非常重要的证据。

⑩工程核算资料。主要是指工人劳动计时卡和工资单,设备、材料和零配件采购单,付款收据,工程开支月报,工程成本分析资料,会计报表,货币汇率,物价指数,收付款票据都应分类装订成册。这些都是进行索赔费用计算的基础资料。

⑪工程供电供水资料。主要是指工程供电、供水的日期及数量记录,工程停电、停水和干扰事件的影响情况及恢复施工的日期等。这些也是索赔费用计算的原始资料。

⑫有关文件规定。主要包括国家、省、市有关影响工程造价、工期的文件和规定等。

由此可见,高水平的文档管理和信息系统,对索赔进行资料准备和提供证据是极为重要的,也是索赔取得成功的强有力的保证。

▶ 8.3.2　施工索赔文件

施工索赔文件是承包商向业主索赔的正式书面材料,也是业主审议承包商请求索赔的主要依据。施工索赔文件一般由索赔信函、索赔报告和附件3个部分组成。

(1)索赔信函　索赔信函是承包商致业主或其代表的一封简短信函,主要是提出索赔请求,应包括以下内容:

①简要说明引起索赔事件的有关情况;

②列举索赔理由;

③提出索赔金额与工期延长要求;

④附件说明。

(2)索赔报告　索赔报告书的质量和水平,与索赔成败的关系极为密切。对于重大的索赔事项,有必要聘请合同专家或技术权威人士担任咨询,并邀请有背景的资深人士参与活动,才能保证索赔成功。

索赔报告的具体内容随索赔事项的性质和特点有所不同,但大致由4个部分组成。

①总述部分。概要叙述引起索赔的事件的发生日期和过程;承包商为该事件付出的努力和附加开支;承包商的具体索赔要求。

②论证部分。论证部分是索赔报告的关键部分,其目的是说明自己有索赔权和索赔的理由。立论的基础是合同文件并参照所在国法律,要善于在合同条款、技术规程、工程量表、往

来函件中寻找索赔的法律依据,使索赔要求建立在合同、法律的基础上。如有类似情况索赔成功的具体事例,无论是发生在工程所在国或其他国际工程项目上的,都可作为例证提出。

合同论证部分在写法上要按引起索赔的事件发生、发展、处理的过程论述,使业主历史地、逻辑地了解事件的始末及承包商在处理该事件上作出的努力、付出的代价。论述时应指明所引证资料的名称及编号,以便于查阅。应客观地描述事实,避免用抱怨、夸张,甚至刺激、指责的用词,以免使读者反感、怀疑。

③索赔款项(或工期)计算部分。如果说论证部分的任务是解决索赔权能否成立,则款项计算是为解决能得到多少补偿。前者定性,后者定量。在写法上先写出计价结果(索赔总金额),然后再分条论述各部分的计算过程,引证的资料应有编号、名称。计算时切忌用笼统的计价方法和不实的开支款项,勿给人以漫天要价的印象。

④证据部分。要注意引用的每个证据的效力与可信程度,对重要的证据资料最好附以文字说明,或附以确认件。例如,对一个重要的电话记录或对方的口头命令,仅附上承包商自己的记录是不够有力的,最好附以经过对方签字的记录,或附上当时发给对方要求确认该电话记录或口头命令的函件,即使对方未复函确认或修改,亦说明责任在对方,按惯例应理解为他已默认。

证据选择可根据索赔内容的需要而定。工程所在国家的重大政治、经济、自然灾害的正式报道(如罢工、动乱、地震、飓风、异常天气、税收、海关新规定、汇率变化、涉外经济法、工资和物价定期报道等),施工现场记录及报表,往来信函及照片摄像,工程项目财务记录和物资记录、报表等都可能成为证据。应根据具体施工索赔中提出的问题,选择相关证据材料,统一编号列入。

(3)附件　附件是指索赔报告所列举事实、理由、影响的证明文件和各种计算基础、计算依据的证明。包括以下主要内容:

①证明文件。索赔报告中所列举事实、理由、影响等的证明文件和其他有关证据。

②详细计算书。这是为了证实索赔金额的真实性而设置的,为了简明扼要,可以运用图表来表述。

(4)索赔报告的格式　索赔报告的一般格式详见表8.1。

表8.1　单项索赔报告表

负责人: 编　号:　　　　　　日　期: ××项目索赔报告 题　目: 事　件: 理　由: 影　响: 结　论:成本增加,工期延误。

一揽子索赔报告的格式可以比较灵活。无论什么格式的索赔报告,尽管形式可能不同,但实质性的内容相似,主要内容包括:

①题目。简明地说明针对什么事件提出索赔。

②索赔事件。叙述事件的起因（如业主的变更指令、通知等）、事件经过、事件过程中双方的活动,重点叙述己方按合同所采取的行动(以推卸自己的合同责任)、对方不符合合同的行为或未履行合同责任的情况。这里要提出事件的时间、地点和事件的结果,并引用报告后面的证据作为证明。

③理由。总结上述事件,同时引用合同条文或合同变更及补充协议条文,以证明对方行为违反合同或对方的要求超出合同规定,造成了干扰事件,有责任对由此造成的损失作出补(赔)偿。

④影响。简要说明事件对承包商施工过程的影响,而这些影响与上述事件有直接的因果关系。重点围绕由于上述事件原因造成成本增加和工期延长,与后面费用的分项计算应有对应关系。

⑤结论。由于上述事件的影响,造成承包商的工期延长和费用增加。通过详细的索赔值计算(这里包括对工期的分析和各项费用损失项目的分项计算),提出具体的费用索赔值和工期索赔值。

8.4 施工索赔费用组成与计算方法

▶ 8.4.1 施工索赔费用的组成

在已论证拥有索赔权的情况下,如果采用不合理的计价方法,没有事实根据地扩大索赔金额,往往使索赔搁浅,甚至失败。因此,客观分析索赔费用的组成和合理计算,就显得尤为重要。

1)索赔费用的组成

索赔费用与工程计价相似,包括直接费、间接费和利润。直接费部分主要是人工费、材料费、设备费、工地杂费和分包费;间接费主要包括工地和总部管理费、保险费、手续费和利息等。

《施工索赔》(J. Adrian 著,Construction Claims,1988)一书对索赔费用的组成部分进行了详细划分,并指明对不同种类的施工索赔,哪些费用应列入(V),哪些不应列入(○),哪些经分析后决定是否列入(★),参见表8.2。该表仅列出4种常见索赔原因造成的各计价成分的组成情况。因索赔原因多种多样,其他原因索赔的计价成分视具体情况分析确定。

2)可以索赔的费用

只要各种工程资料和会计资料齐全,承包商若在下述各项费用中遭受了损失,均可通过索赔得到补偿。现将施工索赔中可以索赔的费用归纳如下:

(1)人工费 人工费在工程费用中占很大比重,人工费的索赔是工程索赔中主要的索赔内容之一。如发生下列情况,承包商有权提出人工费的索赔。

①由于业主增加合同以外的工程内容,或由于业主方面的原因而造成工期延误,导致承包商增加了人工或延长了工作时间,则承包商就可以向业主要求补偿人工费的损失。

表 8.2　施工索赔费用的组成部分及可索赔性

施工索赔计价的组成部分	不同原因引起的索赔			
	工程拖期索赔	施工范围变更索赔	加速施工索赔	施工条件变化索赔
1. 工程量增大　新增的现场劳动时间	○	V	○	V
2. 由于工效降低　新增的现场劳动时间	V	★	V	★
3. 人工费增长数	V	★	V	★
4. 新增的建筑材料量	○	V	★	★
5. 新增的建筑材料单价	V	★	★	★
6. 新增的分包工程量	○	V	○	★
7. 新增的分包工程成本	V	★	★	V
8. 租赁设备费	★	V	V	V
9. 承包商已有设备使用费	V	V	V	V
10. 承包商新增设备费	★	○	★	
11. 工地管理费(可变部分)	★	V	★	V
12. 工地管理费(固定部分)	V	○	○	★
13. 公司管理费(可变部分)	V	★	★	★
14. 公司管理费(固定部分)	V	★	○	★
15. 利息(投资费用)	V	★	★	★
16. 利润	★	V	★	V
17. 可能的利润损失	★	★	★	★

注：引自 J. Adrian《施工索赔》。

②当地政府为了推行社会保险计划和劳动工人福利计划,向建筑公司征收薪税金,承包商可向业主提出索赔,一般这种索赔都能成功。

③由于业主对工程的无理干扰而打乱了承包商的施工计划并延误了工期,结果承包商投入的人工没有创造出应有的生产效率,使承包商受到工效损失,按目前承包企业已有的营业原则,承包商有权向业主提出工效损失的索赔。

（2）材料费　由于业主修改工程内容,使工程材料数量增加,则承包商可向业主提出索赔。计算材料增加的数量比较容易,只要把原来的材料数量与实际使用的材料订购单、发货单或其他材料单据加以比较,就可确定材料增加的数量。

（3）设备费　在工程索赔中,除了人工费外,设备费是另一大项索赔内容。计算设备索赔的第一个步骤是要计算设备增加的工作时间。一般来说,设备增加工作时间有 3 种情况:一是原有设备比预定计划增加的工作时间;二是增加设备数量;三是上述两项的结合。为了及时得到这些数据,承包商在施工中应该详细记录设备使用情况,编制设备使用日报表,这些报表可为计算设备增加的工作时间提供依据。

（4）分包费　分包费是指总包商转包给分包商的那部分工程的总费用。由于业主方面的原因而造成分包工程费用增加时,分包商可以提出索赔。但分包工程费用的增加,除了业主的原因外,往往与总包的协调和配合也有关系。因此,分包商在考虑索赔时应先向总包商提出索赔方案,总包对分包的索赔方案有检查和修改的权利,经检查修改后由分包和总包一起联合向业主提出索赔。

(5)保险费 当业主要求增加工程内容,而且增加的工程使工期延长时,承包商必须购买增加工程的各种保险,办理已购保险的延期手续。对于增加的保险费用,承包商向业主提出索赔后,肯定能得到补偿。

(6)保证金 如果业主临时取消部分工程内容,导致合同总额减少时,承包商应得到上述保证金的返回,返回额按合同额减少的数字予以计算。

(7)管理费 当承包商就某一工程的直接费用(人工费、材料费、设备费、分包费等)向业主提出索赔时,承包商可同时提出上述直接费相应产生的管理费用索赔。

(8)利息 利息的索赔额通常是根据利息的本金、种类和利率以及发生利息的时间来确定。在合同执行过程中,如发生下列情况,承包商均可向业主提出利息索赔:

①业主推迟按合同规定时间支付工程款;

②业主推迟退还工程保留金;

③承包商动用自己的资金来建造业主修改过的工程或被业主延误的工程。

承包商提出索赔后,如索赔成功,则索赔额本身的利息不应计算。

(9)利润 对于不同性质的索赔,取得的利润索赔成功率是不相同的。一般来说,由于工程范围的变更和施工条件变化所引起的索赔,承包商是可以列入利润索赔的;由于业主的原因终止或放弃合同时,承包商不仅有权获得已完成的工程款,还应得到原定比例的利润补偿。而对于工期延误的索赔,由于利润通常是包括在每项实施的工程内容的价格之内的,而延误工期并未削减某些项目的实施而导致利润减少,因此,监理工程师很难同意在延误的费用索赔中加进利润损失。

利润索赔款额计算的百分率通常是与原报价单中的利润百分率保持一致,即在索赔款直接费的基础上乘以原报价单中的利润率,即为该项索赔款中的利润额。

▶ 8.4.2 施工索赔的计算方法

1)工期索赔的计算方法

工期索赔的计算主要有网络分析法和比例计算法两种。

(1)网络分析法 网络分析法是利用进度计划的网络图,分析其关键线路,如果延误的工作为关键工作,则延误的时间为索赔的工期。如果延误的工作为非关键工作,当该工作由于延误超过时差限制而成为关键时,可以索赔延误时间与时差的差值;若该工作延误后仍为非关键工作,则不存在工期索赔问题。

可以看出,网络分析要求承包商切实使用网络技术进行进度控制,才能依据网络计划提出工期索赔。按照网络分析得出的工期索赔值是科学合理的,容易得到认可。

(2)比例计算法 比例计算法又称对比分析法。在实际工程中,干扰事件一般仅影响某些单项工程或单位工程或分部分项工程的工期,要分析它们对总工期的影响,可以采用比例计算法。计算公式如下:

对于已知受干扰部分工程的延期时间,其计算公式为:

$$工期索赔值 = \frac{受干扰部分工程的合同价}{原合同总价} \times 该受干扰部分工期拖延时间$$

对于已知额外增加的工程量部分的工程价格,其计算公式为:

$$工期索赔值 = \frac{额外增加的工程量部分的工程价格}{原合同总价} \times 原合同总工期$$

比例计算法简单方便,但有时不符合实际情况,不适用于引起变更施工顺序、加速施工、删减工程量等事件的索赔。

2)费用索赔的计算方法

(1)总费用法　总费用法又称总成本法,就是计算出该项工程的总费用,再从这个已实际开支的总费用中减去投标报价时的成本费用,即为要求补偿的索赔费用额。

总费用法并不十分科学,但仍被经常采用,原因是对于某些引起索赔的事件,难于精确地确定它们导致的各项费用增加额。

一般认为在具备以下条件时采用总费用法是合理的:

①已开支的实际总费用经过审核,认为是比较合理的;

②承包商的原始报价是比较合理的;

③费用的增加是由于对方原因造成的,其中没有承包商管理不善的责任;

④由于引起索赔事件的性质模糊以及现场记录不足,难于采用更精确的计算方法。

(2)修正总费用法　修正总费用法是对总费用法的改进,即在总费用计算的基础上,去掉一些不合理的部分,使其更合理。修正的内容如下:

①将计算索赔费用的时段局限于受外界影响的时间,而不是整个施工期;

②只计算受影响时段内的某项工作所受影响的损失,而不是计算该时段内所有施工工作所受的损失;

③与该项工作无关的费用不列入总费用中;

④对投标报价费用重新进行核算,即按受影响时段内该项工作的实际单价,乘以实际完成的该项工作的工作量,得出调整后的报价费用。

按修正后的总费用计算索赔费用的公式如下:

索赔费用 = 某项工作调整后的实际总费用 - 该项工作的报价费用(或调整后的报价费用)

修正总费用法与总费用法相比,有了实质性的改进,可相当准确地反映出事件增加的费用。

(3)分项法　分项法是将索赔损失的费用分项进行计算。这种方法是在明确责任的前提下,将需索赔的费用分项列出,并提供相应的工程记录、票据等证据资料,这样可以在较短时间内加以分析、核实,有利于索赔费用的顺利解决。在实际工作中,绝大多数工程的施工索赔都采用分项法计算。其具体内容如下:

①人工费索赔。人工费索赔包括额外雇佣劳务人员、加班工作、工资上涨、人员闲置和劳动生产率降低的费用。

对于额外雇佣劳务人员和加班工作的费用,用投标时的人工单价乘以工时数即可;对于人员闲置费用,一般折算为人工单价的0.75;工资上涨是指由于工程变更,使承包商的大量人力资源的使用从前期推到后期,而后期工资水平上调,因此应得到相应的补偿。

有时监理工程师指令实行计日工,则人工费按计日工的人工单价计算。

对于劳动生产率降低导致的人工费索赔,一般可用以下方法进行计算:

a.实际成本和预算成本比较法。这种方法是对受干扰影响的工程实际成本与合同中的预算成本进行比较,索赔其差额。这种方法需要有正确合理的估价体系和详细的施工记录。

b.正常施工期与受影响期比较法。这种方法是在承包商的正常施工受到干扰、生产率下降,通过比较正常条件下的生产率和干扰状态下的生产率,得出生产率降低值,以此为基础进行索赔。

如某工程吊装浇注混凝土,前5 d工作正常,第6 d起业主架设临时电线,共有6 d时间使吊车不能在正常条件下工作,导致吊运混凝土的方量减少,承包商有未受干扰时正常施工记录和受干扰时施工记录,见表8.3和表8.4。

表8.3 未受干扰时正常施工记录

时间/d	1	2	3	4	5	平均值
平均劳动生产率/($m^3 \cdot h^{-1}$)	7	6	6.5	8	6	6.7

表8.4 受干扰时施工记录

时间/d	1	2	3	4	5	6	平均值
平均劳动生产率/($m^3 \cdot h^{-1}$)	5	5	4	4.5	6	4	4.75

通过以上记录比较,劳动生产率降低值为 $6.7 \ m^3/h - 4.75 \ m^3/h = 1.95 \ m^3/h$。

c.索赔费用的计算公式为:

索赔费用 = 计划台班 ×(劳动生产率降低值/正常劳动生产率)× 台班单价

②材料费索赔计算。材料费索赔包括材料消耗量增加和材料单位成本增加两种。追加额外工作、变更工程性质、改变施工方法等,都可能造成材料用量的增加或使用不同的材料;材料单位成本增加的原因包括材料价格上涨、手续费增加、运输费用增加(运距加长、二次倒运等)、仓储保管费增加等。材料费索赔需要提供准确的数据和充分的证据。

③施工机械费索赔计算。机械费索赔包括增加台班数量、机械闲置或工作效率降低、台班单价上涨等费用。

增加台班量的费用计算数据应取自机械使用记录和台班单价。租赁的机械费用按租赁合同计算。机械闲置费有两种计算方法:一是按公布的行业标准租赁单价进行折减计算;二是按定额标准的计算方法,一般建议将其中的不变费用和可变费用分别扣除一定的百分比进行计算。工作效率降低的费用应参考劳动生产率降低的人工索赔的解决方法。进行台班单价上涨的费用计算时,原台班单价按有关定额和标准手册取值。

对于监理工程师指令实行计日工作的,按计日工作表中的单价计算。

④现场管理费索赔计算。现场管理费(工地管理费)包括工地的临时设施费、通信费、办公费、现场管理人员和服务人员的工资等。现场管理费索赔计算的方法一般为:

现场管理费索赔值 = 索赔的直接成本费用 × 现场管理费率

现场管理费率的确定选用下面的方法：

a.合同百分比法，即管理费率按合同中规定的百分比；

b.行业平均水平法，即采用公开认可的行业标准费率；

c.原始估价法，即采用投标报价时确定的费率；

d.历史数据法，即采用以往相似工程的管理费率。

⑤总部管理费索赔计算。总部管理费是承包商的上级部门提取的管理费用，如公司总部办公楼折旧、总部职员工资、交通差旅费、通信费、广告费等。

总部管理费与现场管理费相比，数额较为固定，一般仅在工程延期和工程范围变更时才允许索赔总部管理费。目前，国际上应用最多的总部管理费索赔的计算方法是 Eichealy 公式，该公式是在获得工程延期索赔后进一步要求总部管理费索赔的计算方法。获得工程成本索赔后，也可参照本公式的计算方法以求进一步获得总部管理费索赔。

a.已获延期索赔的 Eichealy 公式是根据日费率分摊的办法计算总部管理费索赔的，其计算步骤如下：

延期工程应分摊的总部管理费 A =（被延期工程的原价/同期承包工程合同价之和）× 同期承包工程计划总部管理费

单位时间（日或周）总部管理费率 $B=A/$ 计划合同工期（日或周）

总部管理费索赔值 $C=B×$ 工程延期时间（日或周）

运用 Eichealy 公式计算工程拖期后的总部管理费索赔的原理是：若工期延期，就相当于该工程占用了可调往其他工程的施工力量，这样就损失了在其他工程中可得的总部管理费。也就是说，由于该工程拖期，影响了这一时期内其他工程的收入，总部管理费也因此而减少，故应从延期项目中索补。

b.对于已获得工程直接成本索赔的总部管理费索赔也可用 Eichealy 公式计算，其步骤如下：

被索赔工程应分摊总部管理费 A_1 =（被索赔工程原价格直接成本/同期所有工程直接成本总和）× 同期公司计划总部管理费

每元直接成本包含的总部管理费率 $B_1=A_1/$ 被索赔工程计划直接成本

应索赔总部管理费 $C_1=B_1×$ 工程直接成本索赔值

⑥融资成本、利润与机会利润损失的索赔计算。融资成本又称资金成本，即取得和使用资金所付出的代价，其中最主要的是支出资金供应者的利息。由于承包商只有在索赔事项处理完结后一段时间内才能得到其索赔的金额，所以承包商往往需从银行贷款或以自有资金垫付，这就产生了融资成本问题，主要表现在额外贷款利息的支付和自有资金的机会利润损失。以下情况，承包商可以索赔利息损失：

a.业主推迟支付工程款，这种利息通常以合同约定的利率计算。

b.承包商借款或动用自有资金弥补合法索赔事项所引起的资金缺口。在这种情况下，可以参照有关金融机构的利率标准，或者以把这些资金用于其他工程承包可得到的收益计算索赔金额，后者实际上是机会利润损失的计算。

利润是完成一定工程量的报酬，因此在工程量减少时可索赔利润。不同的国家和地区对利润的理解和规定有所不同，有的将利润归入总部管理费中，因此，不能单独索赔利润。

机会利润损失是由于工程延期而使承包商失去承揽其他工程的机会而造成的损失。在某些国家和地区,是可以索赔机会利润损失的。

8.5 施工索赔案例及案例分析

施工索赔是一项涉及面比较广泛和细致的工作,包括建设工程项目施工过程中的各个环节和各个方面。承包商的任何索赔要求,只有准确地计算要求赔偿的数额,并证明此数额是正确和合情合理的,索赔才能获得成功。现将施工现场实际情况收集整理和经常发生的几种主要施工索赔案例,分别介绍如下。

▶ 8.5.1 关于人工费超支和损失的索赔

1)关于工程量增加和等待工程变更造成人工费超支的索赔

【例8.1】 某商住楼工程报价中,有钢筋混凝土框架 80 m^3,经计算模板面积为 570 m^2,其整个模板工程的工作内容包括模板的制作、运输、安装、拆除、清理、刷油等。由于以下因素的影响,造成人工费的增加,因此承包商对人工费超支向业主提出索赔。

(1)合同约定分析 双方合同约定,预算规定模板工程用工 3.5 h/m^2,人工费单价为 8 元/h,则模板工程报价中合计人工费计算为:

$$8 元/h \times 3.5\ h/m^2 \times 570\ m^2 = 15\ 960\ 元$$

(2)影响因素分析 从工程施工中实际验收的工程量、用工记录、承包商的人工工资报表而得知其影响因素如下:

①该模板工程小组 10 人共工作了 28 d,每天 8 h,其中因等待工程变更的影响,使现场模板工作小组 10 人停工 4 h。

②由于设计图纸修改,使实际现浇钢筋混凝土框架工程量为 88 m^3,模板为 630 m^2。

③因国家政策性人工工资调整,人工费单价调增到 10 元/h。

以上影响因素是承包商提出索赔的主要依据。因此,进一步收集和整理上述影响因素的索赔证据是十分重要的,并在认真加以核实计算后,才能拟写索赔报告。

(3)人工费索赔的计算

①实际模板工程人工费与报价人工费差额的计算。

实际模板工程人工费计算为:

$$10 元/h \times 8\ h/(d \cdot 人) \times 28\ d \times 10\ 人 = 22\ 400\ 元$$

人工费差额(即实际人工费支出与报价人工费之差额)的计算为:

$$22\ 400\ 元 - 15\ 960\ 元 = 6\ 440\ 元$$

②由于设计变更所引起的人工费增加,其计算为:

$$8 元/h \times 3.5\ h/m^2 \times (630 - 570)m^2 = 1\ 680\ 元$$

③工资调整所引起的人工费增加,其计算为:

$$(10 - 8)元/h \times 3.5\ h/m^2 \times 630\ m^2 = 4\ 410\ 元$$

④停工等待业主指令所引起的人工费增加,其计算为:

$$10 \ \text{元/h} \times 4 \ \text{h/人} \times 10 \ \text{人} = 400 \ \text{元}$$

则承包商有理由提出人工费索赔的数量,计算为:

$$1 \ 680 \ \text{元} + 4 \ 410 \ \text{元} + 400 \ \text{元} = 6 \ 490 \ \text{元}$$

2)关于工期延误造成人工费损失的索赔

【例8.2】 某校教学楼工程,合同规定该工程全部完工需要 127 960 工日。开工后,由于业主没有及时提供设计资料而造成工期拖延 6.5 个月。

设计资料供应不及时,可能产生降效问题。一般来说,主要是产生窝工问题,对此承包商应对现场劳动力作适当调整,如减少现场施工人数或安排做其他工作,因此承包商要索赔最多也只能是窝工的人工费损失,即:

$$\text{窝工人工费} = \text{工日单价} \times 0.75 \times \text{窝工工日}$$

注意:工期延长引起的其他损失另计。

在工期拖延的这段时间里,该工程实际使用了 42 800 工日,其中非直接生产用工 15 940 工日,临时工程用工 4 850 工日。上述用工均有记工单和工资表为证据。而在这段时间里,实际完成该工程全部工程量的 10.5% 。另外,由于业主指令对该工程作了较大的设计变更,使合同工程量增加了 20%(工程量增加所引起的索赔另行提出计算)。合同约定生产工人人工费报价为 85 元/工日,工地交通费为 5.5 元/工日。

(1)影响因素分析 由于工程量增加了 20% ,则该工程的劳动力总需要量也相应按比例增加,其具体计算为:

$$\text{劳动力总需要量} = 127 \ 960 \ \text{工日} \times (1 + 20\%) = 153 \ 552 \ \text{工日}$$

而在工期拖延的期间,实际仅完成 10.5% 的工程量,所需劳动力计算为:

$$\text{完成} \ 10.5\% \ \text{的工程量所需劳动力} = 153 \ 552 \ \text{工日} \times 10.5\% = 16 \ 123 \ \text{工日}$$

(2)索赔费用计算 承包商对工期延误而造成的生产效率降低提出费用索赔,其方法是实际用工数量减去完成 10.5% 工程量所需用工数量、非直接生产用工数量和临时工程用工数量。即:

$$\text{劳动生产效率降低(工日数)} = 42 \ 800 \ \text{工日} - 16 \ 123 \ \text{工日} - 15 \ 940 \ \text{工日} - 4 \ 850 \ \text{工日} = 5 \ 887 \ \text{工日}$$

$$\text{人工费损失值} = 85 \ \text{元/工日} \times 5 \ 887 \ \text{工日} = 500 \ 395 \ \text{元}$$

$$\text{工地交通费用} = 5.5 \ \text{元/工日} \times 5 \ 887 \ \text{工日} = 32 \ 378 \ \text{元}$$

(3)案例分析

①因工期延误造成人工费损失的索赔计算,要求报价中劳动效率的确定是科学的、符合实际的。如果承包商在报价中把劳动效率定得较高,计划用工数就较少,则承包商可通过索赔获得意外的收益。所以驻地工程师在处理此类问题时,要重新审核承包商的报价依据。

②对于承包商的责任和风险所造成的劳动效率降低,如由于气候原因造成现场工人停工,计算时应在其中予以扣除,对此驻地工程师必须有详细的现场记录,否则因审核计算无依据,容易引起索赔争议。

▶ **8.5.2 关于材料和劳务价格上涨的索赔**

在合同约定允许对材料和劳务等费用进行调整时,则可采用国际上通用的方法,对工资和各种主要建筑材料按价格指数变化分别进行调整,其计算公式为:

$$P = P_0 \times (I_i \times T_i / T_0)$$

式中　P_0——原合同价格；

　　　I_i——某项目价格占总价格的比例系数，$\sum I_i = 1$；

　　　T_0——投标截止期前 28 d 当日的该项目价格指数；

　　　T_i——第 i 月公布的该项目价格指数；

　　　P——调整后的合同价格。

则 $P - P_0$ 即为索赔值。

【例 8.3】　某技术开发区国际投资工程,合同规定允许价格调整,为与国际接轨采用国际通用的调整公式。其具体调整方法是:以投标截止期前 28 d 的参考价格为基数,通过对报价的测算分析确定各个调整项目占合同总价的比例。在第 i 个月完成的投资额为 460 万美元。投标截止期前 28 d 当日的参考价格及第 i 个月的参考价格见表 8.5。

表 8.5　价格调整表

调整项目	占合同价比例 $I/\%$	投标截止期前 28 d 参考价格 T_0	第 i 个月公布参考价格 T_i	T_i/T_0	$I_i(T_i/T_0)/\%$
不可调整部分	0.3	无	无	1	0.3
工资/(美元·工日$^{-1}$)	0.25	6	7.2	1.2	0.3
钢材/(美元·t^{-1})	0.12	500	550	1.1	0.132
水泥/(美元·t^{-1})	0.06	60	64	1.067	0.064
燃料/(美元·L^{-1})	0.08	0.3	0.36	1.2	0.096
木材/(美元·m^{-3})	0.10	320	380	1.188	0.119
其他材料(按物价指数调整)	0.09	120	132	1.1	0.099
合计	1				1.11

在索赔值的计算中,其价格上涨的调整索赔通常不计算总部管理费和利润收入。因此,从表 8.5 可知,第 i 个月的物价调整后工程价款的计算为:

$$P_i = P_0 \times \sum I_i \times (T_i/T_0) = 460 \text{ 万美元} \times 1.11 = 510.6 \text{ 万美元}$$

由于工资和材料价格的上涨所引起的合同价格调整计算为:

$$P_i - P_0 = 510.6 \text{ 万美元} - 460 \text{ 万美元} = 50.6 \text{ 万美元}$$

若是我国国内的建设工程,因工作和材料价格上涨,也可按照国家和地区所规定的方法进行合同价格调整。

▶　**8.5.3　关于工程工期延误造成管理费用增加的索赔**

由于工程工期延误或工程范围变更,造成企业管理费用增加,则可以向业主提出索赔。按照我国现行费用定额(即费用标准)的规定,管理费用分为现场管理费用和企业(总部)管理费。关于工程工期延误造成管理费用增加的索赔计算详见下面的案例。

【例 8.4】 某承包商承包某工程,原计划合同工期为 240 d,工程在实施过程中工期延误了 60 d,即实际施工工期为 300 d,原计划合同工期的 240 d 内,承包商的实际经营状况见表8.6。试计算其管理费索赔值。

表 8.6 承包商实际经营状况   单位:元

序 号	名 称	延误工程	其余工程	总 计
1	合同金额	200 000	400 000	600 000
2	直接成本	180 000	320 000	500 000
3	总部管理费			60 000

(1)现场管理费用的索赔计算　现场管理费费率应按照各地区对现场管理费费率的规定取值。若按 16% 规定取值,则计算式为:

$$现场管理费用索赔值 = 索赔的直接成本费用 \times 现场管理费费率$$
$$= 180\ 000\ 元 \times 16\% = 28\ 800\ 元$$

(2)企业(总部)管理费用的索赔计算　企业(总部)管理费用的索赔可按照管理费用的日费率分摊的办法计算,其计算步骤和计算公式为:

$$延误工程应分摊的企业(总部)管理费\ A = (被延误工程的原价/同期承包工程合同价之$$
$$和) \times 同期承包工程计划企业(总部)管理费$$
$$单位时间(日或周)企业(总部)管理费费率\ B = A/计划合同工期(日或周)$$
$$企业(总部)管理费用索赔值\ C = B \times 工程延误时间(日或周)$$

计算式为:

$$A = (200\ 000\ 元\ /600\ 000\ 元) \times 60\ 000\ 元 = 20\ 000\ 元$$
$$B = A/240\ d = 20\ 000\ 元\ /240\ d$$
$$C = B \times 60\ d = (20\ 000\ 元\ /240\ d) \times 60\ d = 5\ 000\ 元$$

若用工程直接成本来代替合同金额,则:

$$A_1 = (180\ 000\ 元\ /500\ 000\ 元) \times 60\ 000\ 元 = 21\ 600\ 元$$
$$B_1 = A_1/240\ d = 21\ 600\ 元\ /240\ d$$
$$C_1 = B_1 \times 60\ d = (21\ 600\ 元\ /240\ d) \times 60\ d = 5\ 400\ 元$$

(3)案例分析　按照以上工期延误后其企业(总部)管理费用索赔的原理,企业(总部)管理费用索赔值的计算就有了可靠的依据。就是说一旦工程工期延误,相当于该工程占用了可调往其他工程的施工力量,包括部分管理人员和费用,即损失了在其他工程中可以获取的收入。也就是说,由于工程工期延误,影响了这一时期内其他工程的收入,其企业(总部)管理费用也因此而减少,故应在工程工期延误的施工项目中索取补偿。

▶ 8.5.4　关于调整增加工程量所引起的补偿(索赔)

【例 8.5】 ××国××住宅工程,在承包商的投标报价中,业主发现该住宅门窗的报价很低,于是下达工程变更指令调整门窗面积、增加门窗层数,使门窗面积达到 25 000 m²,且门窗均改为木板窗、玻璃窗、纱窗 3 层。试计算业主这一调整所增加的价款应是多少?

1）合同规定与实际情况分析

（1）合同规定　合同条件中关于工程变更的条款为："……业主有权对本合同范围的工程进行他认为必要的调整。业主有权指令不加代替地取消任何工程或部分工程，有权指令增加新工程……但增加或减少的总量不得超过合同总额的25%。这些调整并不减少承包商全面完成工程的责任，而且不赋予承包商针对业主指令工程量的增加或减少提出任何要求价格补偿的权利。"

（2）实际情况分析　在承包商的报价单中门窗工程量为10 200 m²。对其工作内容，承包商的理解（翻译）为"以平方米计算，根据工艺要求包括门窗的运进、安装和油漆，并按照图纸标明的尺寸和规范要求施工"。即认为承包商不承担木门窗制作的责任。因此，承包商该项的报价仅为3.5 美元/m²。而上述承包商的翻译"运进"是错误的，应是"提供"的意思，即承包商应承担门窗制作的责任。承包商报价时也没有提交门窗施工详图，如果包括门窗制作，按照当时的正常报价应为140 美元/m²。

2）要求与答复

①承包商以业主调整门窗面积、增加门窗层数为由，提出要求与业主重新商讨价格。业主答复是："合同规定业主有权变更工程，且工程变更总量在合同总额的25%范围以内，承包商无权要求重新商讨价格，所以门窗工程仍按原单价支付；合同中25%的增减量是指合同总价格，不是某个分项工程量，尽管门窗量增加了145%，但墙体工程量减少，最终合同总额并没有多少增加，所以合同价格不能调整；尽管这个单价仅为正常报价的2.5%，实际付款必须按实际工程量乘以此合同单价。"

②承包商在其无奈的情况下，主动与业主的主管部门商讨。由于该工程承包商报价时存在较大失误，损失很大。最后业主根据承包商的实际情况及从双方友好关系的角度考虑，同意承包商的部分补偿（索赔）要求。

3）补偿（索赔）值计算

①在门窗面积工程量增加25%的范围内仍按原合同单价支付，即12 750 m²按原报价单价3.5 美元/m²计算。

②对超过25%的部分，业主最终确定，按双方重新商讨的价格140 美元/m²计算，则承包商取得补偿（索赔）的费用计算为：

$$140 \text{ 美元}/m^2 \times (25\ 000\ m^2 - 10\ 200\ m^2 \times 1.25)$$
$$= 140 \text{ 美元}/m^2 \times 12\ 250\ m^2 = 1\ 715\ 000 \text{ 美元}$$

4）案例分析

①这个索赔案例实际上是一项道义补偿，因承包商所提出的索赔要求没有合同条件的支持，即按合同条件规定是不应该赔偿的，业主完全是从友好合作的角度出发同意给予补偿。

②在国际工程投标报价中，翻译人员翻译错误是经常发生的，它会造成承包商对合同理解的错误和报价的错误。如果投标前对招标文件和施工图纸把握不准，或不知业主的意图应及时向业主询问，请业主解释，切不可自以为是地解释合同。

③从本案例可知：承包商在没有门窗详图的情况下进行报价会有很大的风险，正确的做法是请业主对门窗的做法要求予以说明，并根据业主所作的说明与要求再进行报价。

④当有些索赔问题发生争执难以解决时,可提交双方高层商讨解决办法,索赔问题常常容易解决。对于高层来讲,许多索赔问题可能都是些"小事",为从长远友好合作的角度出发,往往经过双方高层的协商,看似难以解决的索赔问题也就迎刃而解了。

8.6　反索赔

▶ 8.6.1　反索赔概述

1)反索赔的概念

反索赔是指对对方提出的索赔要求(索赔报告),在通过调查研究与分析的基础上,找出充分的理由与证据,证明对方所提出的索赔要求不符合实际情况,或不符合工程施工合同的规定,或计算不准确等,并据此拒绝给对方以补偿而进行的索赔反驳(即反索赔报告),这种索赔反驳称为反索赔。

索赔的任务主要包括两个方面:一方面是对本身已产生的损失所进行的追索赔偿;另一方面是对将要产生或可能产生损失的防止,追索损失的赔偿主要是通过索赔手段来进行,而防止损失的产生主要是通过反索赔手段来进行。因此,索赔与反索赔是进攻与防守的关系。在建设工程施工合同实施的过程中,承包商必须能攻善守,攻守相济,才能立于不败之地。

在建设工程项目的实施过程中,业主与承包商之间,总承包商与分承包商之间,承包商与材料、设备供应商之间,联合经营成员之间,都可能有双向的索赔或反索赔。也就是说承包商向业主提出索赔,而业主可以向承包商进行反索赔;同样业主向承包商提出索赔,而承包商可以向业主进行反索赔。施工现场监理工程师,一方面要求签约双方认真执行合同条款防止索赔事件发生,另一方面又必须妥善解决双方的各种索赔与反索赔问题。因此,在建设工程实施过程中,各种索赔与反索赔问题其关系是复杂而又多样的。

怎样才能进行有效的索赔与反索赔呢?重要的是要认真做到:我方提出的索赔,对方无法推卸自己的合同责任,找不到反驳的理由;而对方企图提出索赔,却找不到我方存在的问题及薄弱环节,无法找到向我方提出索赔的理由。即"攻必克、守必固",这里所指的攻守武器主要是指工程施工合同和索赔证据。

2)反索赔的基本原则

为使反索赔目的能够得到合理解决,必须遵循以下原则:

(1)实事求是的原则　即以事实为依据,以法律法规或工程合同为准绳,实事求是地认可合理的索赔要求,反驳或拒绝不合理的索赔要求。

(2)公平合理的原则　应按照"合同法"条款的相关规定,公平合理地解决索赔或反索赔问题。

无论是不符合实际损失的超额赔偿,还是对合理的索赔要求不予承认,或赖着不给以索赔,都不是索赔要求或反索赔要求的合理解决,而反索赔的目的同样是力求索赔问题能够得到合理解决。

▶ 8.6.2　反索赔的重要意义与作用

1)反索赔的重要意义

由于建设工程项目实施过程中的多变性或复杂性,对于一些干扰事件的发生常常双方都有一定的责任,因此,反索赔中有索赔,索赔中有反索赔,从而形成错综复杂的局面,这也就存在着不仅要对对方提出的索赔要求进行反驳,而且要反驳对方对我方索赔要求的反驳,因此,反索赔对合同签订双方具有同等重要的意义。

2)反索赔的重要作用

反索赔对业主或承包商双方都有同等重要的作用,主要包括:

(1)反索赔可以减少或防止损失的发生　合同签约双方不能进行有效的反索赔,不能推脱自身对干扰事件的合同责任,则必须接受对方的索赔要求,支付赔偿费用,致使自己蒙受经济损失。由于合同签约双方的利益不一致,索赔与反索赔又是一对矛盾。对于合同签约双方来讲,反索赔成功与否,同样直接关系建设工程项目经济效益的好坏,反映其管理水平的高低。

(2)不能进行有效的反索赔,同样要蒙受经济损失　合同签约双方不能进行有效的反索赔,事事处于被动的局面,从而影响建设工程项目施工与管理的顺利进行,这种情况在国际工程项目中经常发生。如有的承包商采用这个策略,在工程项目刚开始就抓住时机积极进行索赔,打击对方管理人员的锐气和傲气,使他们在心理上惧怕索赔要求。不过,业主对这种精明的承包商对手,也必须针锋相对、丝毫不让。

(3)不能进行有效的反索赔,同样也不能进行有效的索赔　合同签约双方不能进行有效的反索赔,事事处于被动的局面,同样也不可能进行有效的索赔。在建设工程项目实施中,承包商的工作也不是十全十美的,总有一些不足,业主对对方的索赔无法反击进行反索赔,就难以避免损失的发生,也无力追回其损失。反之,如果不能进行有效的索赔,整天只忙于研究和分析对方的索赔报告,不知主动出击,也难以摆脱被动局面,同样不能进行有效的反索赔。

通过反索赔,不仅可以否定对方的索赔要求,使自己免受损失,而且还可从中发现向对方提出索赔的线索,找到向对方提出索赔的理由,这是反索赔的一项重要策略。因此,索赔与反索赔是同时存在且不可分离的。在建设工程项目实施过程中,业主和承包商必须同时具备索赔与反索赔两个方面的本领。对于监理工程师,由于他的特殊地位和职责,作好反索赔工作具有更为重要的意义和作用。

▶ 8.6.3　反索赔的主要内容

1)防御对方提出索赔

在建设工程施工合同实施过程中,应积极作好对方提出索赔要求的防御工作,以避免因自身工作的失误而被对方提出索赔要求。这也是建设工程合同管理的主要任务。其索赔的防御工作包括以下内容:

(1)按建设工程施工合同办事,防止自己违约　加强建设工程项目管理,特别是加强建设工程施工合同的管理,使对方找不到提出索赔的根据与理由。如果建设工程施工合同实施顺利,没有违约和损失发生,不需提出索赔要求,合同签约双方没有争执,合作非常愉快,工程施工进展顺利,这是最为理想的效果。

(2)干扰事件的发生与处理　在建设工程施工合同实施过程中,干扰事件或多或少总是有的,有些干扰事件承包商(或业主)是无法避免和控制的。干扰事件一旦发生,就应着手研究和搜集证据,一方面作好索赔的准备,另一方面又要作好反击对方的索赔要求,这两个方面的本领都是必不可少的。

(3)先发制人,使自己处于有利地位　在工程项目实施过程中,干扰事件常常是双方都负有一定的责任,而承包商总是采取先发制人的策略,首先提出索赔要求。其好处有:如果能尽早提出索赔要求,使索赔能够尽快地获得解决;尽早提出索赔要求,争取索赔中的有利地位,取得索赔的主动权。

2)反击对方的索赔要求

为了避免和减少损失,就承包商来说,必须反击对方的索赔要求,而这些索赔要求可能来自业主、总(分)包商、联合经营成员、供应商等。反击对方索赔要求的主要措施有:

(1)以索赔对抗索赔　在建设工程项目实施过程中,合同签约双方都可能有失误或违约,工作同样存在薄弱环节。抓住对方的失误,提出索赔要求,以便在最终解决索赔问题时双方都作让步。这种以"攻"对"攻",以索赔对抗索赔的策略,是常用的反索赔手段。

(2)反驳对方的索赔要求　根据对方的索赔报告,找出理由和证据,证明对方的索赔报告不符合实际情况,或不符合工程施工合同的规定,或计算不准确等,以推卸或减轻自己的赔偿责任,使自己不受或少受损失。上述两种措施都很重要,常常同时使用。索赔与反索赔同时进行,索赔报告中既有索赔,也有反索赔;反索赔报告中既有反索赔,也有索赔。"攻""守"同时并用,这样能够达到很好的索赔效果。

关于反索赔报告、反索赔的主要步骤等内容,与索赔报告、索赔的主要步骤基本相同,上述内容在本章的前面几节中已作了详细介绍。

8.7　施工索赔管理

▶　8.7.1　施工索赔意识

在市场经济的环境中,建筑承包商要提高工程经济效益,必须重视施工索赔问题,必须要有索赔意识。而索赔意识主要体现在以下3个方面:

(1)法律意识　索赔是法律赋予承包商的正当权利,是承包商保护自己正当权益的手段。强化索赔意识,实质上是强化承包商的法律意识。这不仅可以加强承包商的自我保护意识,可以提高自我保护能力,而且还能够提高承包商履约的自觉性,从而自觉地避免侵害他人的利益。这样合同双方有一个好的合作气氛,有利于工程合同总目标的实现。

(2)市场经济意识　在市场经济的环境中,建筑承包企业是以追求经济效益为目标。而施工索赔是指在合同规定的范围内,合理合法地追求经济效益的手段。通过施工索赔可以提高合同价格,增加收益。不讲索赔,不重视索赔,放弃索赔机会,是不讲经济效益的表现。

（3）工程管理意识　施工索赔工作涉及工程项目管理的各个方面,要取得施工索赔的成功,必须提高整个工程项目的管理水平,进一步健全和完善管理机制。在工程项目管理中,必须有专人负责索赔管理工作,将施工索赔管理贯穿于工程项目施工全过程、工程实施的各个环节和各个阶段。所以,搞好施工索赔能带动建筑施工企业管理工作和工程项目管理整体水平的提高。

（4）提高索赔意识的重要作用　承包商提高了索赔意识,才能重视索赔,用于索赔,善于索赔。在现代工程的施工中,施工索赔的作用不仅仅是争取经济上的补偿以弥补损失,而且还包括以下重要作用:

①可以防止损失的发生。即通过有效的施工索赔管理,可以避免影响正常施工的事件(后面皆称干扰事件)的发生,也可以避免自己的违约行为。

②可以加深对工程合同的理解。因为对工程合同条款的解释,通常都是通过工程合同案例进行的,而这些工程合同案例必然又都是索赔案例。如果有较强的索赔意识,就会对工程合同理解得更透彻。

③有助于企业素质和工程项目管理水平的提高。施工索赔管理是工程项目管理中高层次的管理工作,重视和加强施工索赔管理工作,可以带动整个工程项目管理水平和企业素质的提高。

▶ 8.7.2　施工索赔管理的任务

1）索赔的任务

索赔的重要作用主要是对自己已经受到的经济损失进行追索补偿,其任务包括以下几个方面:

（1）预测索赔机会　虽然干扰事件产生于工程项目的施工中,但它的根由却存在于招标文件、合同条款、设计图纸和各项计划中,因此,在招标文件分析、合同条件谈判中(包括在工程实施中双方召开的工程变更会议、签署补充协议等),承包商应对干扰事件有充分的考虑和防范,预测索赔的可能。预测索赔机会又是工程合同风险分析和对策的内容之一。对于一个工程承包合同,其具体的工程和工程环境,干扰事件的发生有其一定的规律性,因此,承包商对干扰事件必须有充分的估计和准备,在投标报价、合同条件谈判、制订实施方案和各项计划编制中考虑它可能的影响。

（2）在工程实施中寻找和发现索赔机会　在任何工程实施中,干扰事件是不可避免的,问题是承包商能否及时发现并抓住索赔机会。承包商应有敏锐的感觉,并通过对工程承包合同实施过程进行监督、跟踪、分析和诊断,以求寻找和发现索赔机会。

（3）处理索赔事件和解决索赔争执　承包商一旦发现索赔机会,则应迅速作出反应,进入索赔处理过程。在这个过程中有大量的、具体的、细致的索赔管理工作和索赔业务工作,主要包括:

①向业主和监理工程师提出索赔的意向;

②进行事件调查,寻找索赔理由和证据,分析干扰事件的影响,计算索赔价值,起草索赔报告(即索赔文件);

③向业主提交索赔报告,通过谈判、调解或仲裁等方法,最终解决索赔争执,使自己的经

济损失得到合理的补偿。

2)反索赔的任务

承包商反索赔应着眼于对经济损失的避免和防止,反索赔有以下两个方面的含义:

(1)反驳对方不合理的索赔要求　包括对对方(包括业主、总包或分包)已提出的索赔要求进行反驳,尽力推卸自己对已经产生的干扰事件的合同责任,否定或部分否定对方的索赔要求,使自己不受或少受损失。

(2)防止对方提出索赔　通过有效的合同管理,使自己完全按合同办事,处于主动的地位,即着眼于避免损失和争执的发生。

在工程实施过程中,签订合同的双方都在进行合同管理,都在寻找索赔的机会。所以,如果承包商不能进行有效的索赔管理,不仅容易丧失索赔机会,使自己的损失得不到补偿,而且可能反被对方索赔,蒙受更大的损失,这样的经验教训是很多的。

▶ 8.7.3　索赔管理与项目管理其他职能的关系

承包商承包工程要获得好的经济效益,必须高度重视施工索赔。要取得施工索赔的成功,必须进行有效的索赔管理。索赔管理是工程项目管理的一部分,它涉及面很广,是工程项目管理的综合体现。它与工程项目管理的其他职能有密切的联系,主要表现如下:

1)索赔与合同管理的关系

工程合同是施工索赔的依据。索赔就是针对不符合或违反合同的事件,并以工程合同条文作为最终判定的标准。索赔是合同管理的继续,是解决双方合同争执的独特方法,所以人们常常将索赔称为合同索赔。

(1)签订有利于自己的合同是索赔成功的前提　索赔是以合同条文作为理由和根据,所以,索赔的成败、索赔额的大小及解决结果常常取决于合同的完善程度和表达方式。签订一个有利于自己的合同,则承包商在工程实施中将处于有利地位,无论进行索赔和反索赔都能得心应手,处理索赔事件时有理有利;一个不利于自己的合同,如责权利不平衡、单方面的约束性太多、风险太大、合同中没有索赔条款,或索赔权利受到严格的限制,则使承包商处于不利的地位,往往只能被动挨打,对经济损失防不胜防。因此,签订一个有利于自己的合同对索赔管理是至关重要的。

在工程项目的投标、议标和合同签订过程中,承包商应仔细研究工程所在地(或国)的法律、政策、规定及合同条件,特别是关于合同工程范围、义务、付款、价格调整、工程变更、违约责任、业主风险、索赔时限和争端解决等条款,必须在合同中明确当事人各方的权利和义务,以便为将来可能的索赔提供合法的依据和基础。

(2)从合同中寻找和发现索赔机会　承包商应从对合同的分析、监督和跟踪中寻找和发现索赔机会。即在合同签订前和合同实施前,通过对合同条款的审查和分析,预测和发现潜在的索赔机会。其中,应对合同变更、价格补偿、工期索赔条件、索赔的可能及程序等条款予以特别的注意和研究。在工程合同实施过程中要进行监督和跟踪,首先应保证承包商自己全面执行合同、不违约,并且监督和跟踪对方合同完成情况,将每天的工程实施情况与合同分析的结果相对照,一旦发现两者之间不相符合,或出现有争议的问题,就应作进一步的分析并进行索赔准备。这些索赔机会就是索赔的起点。因此,索赔的依据在于日常管理工作的积累,在于对工程合同执行的全面控制。

(3)合同变更可直接作为索赔事件　业主的工程变更指令、合同签约双方对新的特殊问题的协议、会议纪要、修正方案等都会引起合同变更。承包商不仅要落实这些变更,调整合同实施计划,修改原合同规定的责权利关系,而且要进一步分析合同变更造成的影响。合同变更如果造成工期延误和费用增加,就可能导致索赔。

(4)合同管理可为处理索赔事件提供所需依据　在合同管理中要处理大量的合同文件和工程资料,这些文件和资料可作为索赔的证据。单项索赔事件一般是由合同管理人员负责处理,并由他们进行干扰事件的影响分析、搜集证据、准备索赔报告、参加索赔谈判。对重大的一揽子索赔事件,必须成立专门的索赔小组负责具体索赔工作,合同管理人员在索赔小组中起主导作用。

在国际工程中,索赔已被看成是一项正常的合同管理业务。索赔实质上是对合同双方责权利关系的重新分配,索赔事件的解决结果也可作为工程合同的一部分。

2)索赔与计划管理的关系

索赔从根本上讲是由于干扰事件造成实际施工过程与预定计划的差异而引起的,而索赔值的大小常常由这个差异所决定。所以,计划必然是干扰事件影响分析的尺度和索赔值计算的基础。通过施工计划和实际施工状态的对比分析可发现索赔机会,具体如下:

①在实际施工过程中工程进度的变化,施工顺序、劳动力、机械、材料使用量等的变化,都可能对工程施工产生影响,作进一步的定量分析即可得到索赔值。

②工期索赔可由计划和实际的关键线路分析得到。

③可以提供索赔值计算的基础和计算证据。

3)索赔与成本管理的关系

在工程项目管理中,工程成本管理包括工程预算与估价、成本计划、成本核算、成本控制(监督、跟踪、诊断)等,它们都与索赔有密切的联系。

(1)工程预算和报价是费用索赔的计算基础　工程预算确定的是"合同状态"下的工程费用开支。如果没有干扰事件的影响,则承包商可按合同完成工程施工和保修责任,业主如数支付合同价款。如干扰事件引起实际成本的增加,从理论上讲这个增加量就是索赔值。在实际工程中,索赔值以合同报价为计算基础和依据,并通过分析实际成本和计划成本的差异得到。要取得索赔的成功,必须做到以下两点:

①工程预算费用项目的划分必须详细合理,报价应当符合实际,这样不仅可以及时发现索赔机会,而且对干扰事件影响的分析才能准确,才能使索赔计算方便合理,索赔要求有根有据。

②由于提出索赔报告有严格的有效期限,索赔值必须符合一定的精度要求,因此,必须有一个有效的成本核算和成本控制系统。

(2)通过对实际成本的分析可以寻找和发现索赔机会　在工程预算基础上确定的成本计划是成本分析的基础。成本分析主要是研究计划成本与实际成本的差异,以及差异产生的原因。而这些原因常常就是干扰事件,就是索赔机会。在此基础上进行干扰事件的影响分析和

索赔值的计算就十分清楚和方便了。

（3）成本分析资料是索赔值计算的证据　索赔值的准确计算，需要及时、准确、完整及详细的成本核算和分析资料，以作为索赔值计算的依据和证据，例如，各种会计凭证、财务报表和账单等。

4）索赔与文档管理的关系

索赔需要有证据，它是索赔报告的重要组成部分。没有证据或证据不足，索赔是不能成立的。文档资料可以给索赔及时、准确、有条理地提供分析资料和证据，用以证明干扰事件的存在和影响，证明承包商的损失确实存在，证明索赔要求的合理性和合法性。承包商应重视收集经济活动的证据，要有完整的实际工程记录，应建立工程文档管理系统，并委派专人负责工程文档资料的收集和整理工作；对于较大和复杂的工程项目，运用计算机进行文档管理，可以极大地提高工作效率，并能很好地满足索赔管理的需要。

索赔管理还涉及工程技术、工程设计、工程保险、企业经营、公共关系等各个方面。一个成功的索赔不仅在于合同管理人员和索赔小组的努力，而且还依赖于工程项目管理各职能人员和企业各职能部门在工程实施的各个环节进行卓有成效的管理工作。因此，索赔和反索赔的能力是承包商经营管理水平的综合反映。

► 8.7.4　施工索赔小组

索赔小组由组长、合同专家、法律专家、索赔专家、预算师、会计师、施工工程师等人员组成，组长一般由工程项目经理担任。索赔是一项复杂细致的工作，涉及面广，除索赔小组成员的努力工作外，还需要工程项目管理各个职能人员和企业各个职能部门的密切配合，才能保证索赔的圆满成功。对重大索赔或一揽子索赔必须成立专门的索赔小组，负责具体的索赔处理工作和谈判。一个复杂的工程，其合同文件、各种工程资料的研究和分析要花很多时间，不能到索赔谈判时才拼凑人马，因此，需要及早建立索赔小组并进入工作。由于索赔工作的重要性，索赔小组作为一个工作集体，应具备全面的知识、能力和经验，其具体要求如下：

①索赔小组成员应具备合同、法律等方面的专业知识，具有合同分析、索赔处理方面的能力和经验，并应参与该工程项目的合同谈判和合同实施过程，熟悉该工程合同的条款内容和施工过程中的各个细节问题。必要时还要请索赔公司或法律专家进行咨询，甚至直接参与索赔工作。

②索赔小组成员应具备建筑施工组织与计划安排等方面的专业知识、能力和经验，能编制施工网络计划和关键线路分析，以及计划网络与实际网络的对比分析，应参与该工程施工计划的编制和实施过程的管理工作。

③索赔小组成员应具备工程成本核算、财务会计核算等方面的知识、能力和经验，参与该工程报价，以及工程计划成本的编制，懂得工程成本核算方法，如成本项目的划分和分摊的方法等。

④索赔小组成员应具备其他方面的知识和能力，包括索赔的计划和组织能力、合同谈判能力、文字写作和语言表达能力以及外语水平等。

总之，索赔小组成员为争取索赔的成功，应全面领会和贯彻执行企业总部的索赔总战略，认真细致地作好索赔工作，同时还应加强索赔过程中的保密性，这样才能取得索赔的圆满成功,为企业追回经济损失和增加盈利。

▶ 8.7.5　索赔工作应注意的几个问题

1)索赔应是贯穿工程始终的经常性工作

承包商因无经验,往往在开始时对索赔并不重视,不是收集的证据不具有说服力,就是因索赔时限已过,致使索赔难以成功。因此,应当在工程合同执行之初即成立索赔小组,在工程项目经理的直接领导下,认真作好以下经常性的工作:

(1)认真细致地研究合同条件　在投标、议价或签订合同阶段,承包商应非常细致地研究合同条件。除研究合同通用条款外,更应注意研究特殊条款,特别是关于合同范围、义务、付款、工程变更、索赔时限、违约罚款和争端解决等条款。形成正式合同过程中的一切要约、反要约或争论,包括承包商的声明和重要的额外要求等,都应当得出双方确认的一致结论并写入合同补充条款中,一切口头承诺都是没有法律效力的。

(2)及时处理索赔事件　承包商在每月申报工程进度款时,应同时申报额外费用补偿要求,即使不被批准而从进度款中被剔除,也应再次书面申述理由并保留今后索赔的权利。对于一时还不可能提出全面和正确计算数据的索赔事件,也应当讲明该事件将发生额外费用,在适当时再提出详细计算资料供监理工程师审核。

(3)收集积累一切可能涉及索赔论证的资料　这是索赔小组和有关合同管理人员的重要任务。在与监理工程师、业主一起研究技术问题、进度问题和其他重大问题的会议时,应认真作好文字记录,并争取与会者签字作为正式文档资料。即使未能取得各方签字,也应当将其资料编号,标明日期和发送单位,作为正式会议纪要发给与会者单位,并应有收件人的签收手续。

(4)建立严密的施工记录制度　认真作好记工卡片、工程日进度记录、每日的气象记录、工程进展照片、工程验收记录、返工修改记录、材料入库化验使用记录、实验报告、来往函件编号归档记录、财务会计和成本核算资料、物资采购凭证保管等工作,这些都是索赔金额计算的基础资料和必要的索赔证据。同时,还应建立相应的管理制度,并严格贯彻执行。

(5)建立密切的内部联系制度　工程项目的工程技术、施工管理、物资供应、财务会计人员之间,应建立密切的内部联系制度,经常在一起研究索赔和额外费用补偿等问题。各部门草拟的有关索赔或承诺责任的对外信函,在发出前都应进行审核、会签,以保证信函在内容上的前后协调一致。

(6)明确总包对分包的约束力　如果工程需要分包,在工程分包合同中应写明总包对分包商的约束力,特别是有关违约罚款和各种责任条款,要求他们提供相应的各类保函和保险单。对于分包商要求的索赔应认真进行分析,属于业主原因造成的损失,还应加上总包商自己的管理费用和附加额外开支的费用一并报送监理工程师,申请赔偿或索取额外补偿。对于业主指定的分包商违约造成的各项损失或工期延误,应及时报告监理工程师研究处理。

(7)加强与常年法律顾问和律师的联系　承包商应加强与常年法律顾问和律师的联系,不要在发生索赔纠纷时才向律师请教,而应经常同他们探讨审定合同等重要信件和文稿,以保证所有重要文件在法律上的正确性和无懈可击。

(8)正确掌握提出索赔事件的时机和时限　承包商要正确掌握提出索赔事件的时机,注意索赔事件提出的时限。有的索赔事件,如工程暂停、意外风险损失等,在合同条件中有时限的规定,应严格遵守;还有一些索赔事件,如工程修改变更、自然条件变化等,合同条款中虽没有索赔时限的规定,但有"及时通知业主及现场工程师"的明确规定,特别是那些需要在现场调查和估算的索赔,只有及时通知业主和现场工程师才有可能获得确认。承包商如果担心影响与业主和现场工程师的关系,有意将索赔拖到工程结束时才正式提出,极有可能事与愿违。

(9)索赔事件要一事一议,争取尽早尽快解决　索赔事件应一事一议,争取将容易解决的索赔问题尽早尽快地在现场解决,这样既保全了现场工程师的"面子",承包商又能得到合理补偿,这种变通妥协的方案更容易被双方所接受。

2)索赔报告书写应注意的问题

索赔报告书写应注意的问题主要表现在以下几个方面:

①索赔报告(即索赔文件)书写时要实事求是、符合实际情况,即以事实为基础,不虚构扩大,使审阅者看后的第一印象是觉得合情合理,不会立即拒绝;

②论据坚实充分,具有说服力;

③计算费用准确,计算数据无误,不该计入的费用决不列入。不给人以弄虚作假、漫天要价的感觉,而是给对方留下严肃认真的印象;

④内容充实,条理清晰,具有逻辑性。

3)索赔小组人员的选用

索赔问题涉及的层面广泛,索赔小组人员不仅应具备合同、法律、商务、工程技术等专业知识,以及一定的外语水平和施工的实践经验,并且其个人品格也十分重要。仅靠"扯皮吵架"或"硬磨软缠"就可以搞索赔工作的想法是不正确的。索赔小组人员应当头脑冷静,思维敏捷,办事公正,性格刚毅而有耐心,坚持以理服人。索赔小组人员选用的具体做法分述如下:

①承包商在选用索赔小组人员时,应从那些具有现场工程经验的人员中选聘,或委托专门从事工程索赔的咨询公司为其索赔代理人。

②索赔小组人员应精干而强有力,承包商应选聘包括有实践工作经验的合同专家、法律专家、工程技术专家等,因为他们熟悉合同条款、法律规定、建筑施工情况和索赔文件的详细内容及要求。

③索赔小组组长(即谈判组长)的人选和作用关系重大,他的知识、经验、权威直接关系索赔谈判的成功。在一般情况下,索赔小组组长负责参与索赔谈判,但他不是索赔谈判最终的决策者,最终决策者是承包商经理,这样可以给承包商经理最终决策有一定的谈判回旋余地。当然,在索赔事件谈判基本达成一致意见后,或在一些关键问题需要领导决策时,双方的决策者应该出面进行确认和签字。

在索赔事件谈判时,应注意以下问题:

①索赔谈判应严格按照合同条款的规定进行商议,甚至发生争议,但要以理服人,不把自己的观点强加于人;

②坚持原则,又有灵活性,并留有余地;

③索赔谈判前做好准备,对要达到的索赔目的做到心中有数;

④谈判时应认真听取并善于采纳对方的合理意见,努力寻求双方都可接受的妥协方案;

⑤索赔谈判要有耐心,不首先退出谈判,不率先宣布谈判破裂;

⑥索赔谈判可采用会上谈判与会下加强公共活动相结合的方法,以促成索赔谈判的圆满成功。

本章小结

本章主要讲述施工索赔的概念、产生原因和分类,施工索赔程序及其规定,施工索赔证据和索赔文件,施工索赔计算方法,施工索赔案例及分析,反索赔和施工索赔管理等。现就其要点分述如下:

(1)施工索赔是承包商根据工程合同条款和相关法律规定,向承担责任方索回不应该自己承担的经济损失。施工索赔是双方的,工程合同签订的双方都可以向违约方提出索赔要求。要取得施工索赔事件的成功,主要依据工程合同条款和法律规定,以及与此有关的证据资料;否则,索赔事件不能成立,也不会取得成功。

(2)我国住建部颁发的《建设工程施工合同(示范文本)》中,对施工索赔的程序和时限有明确的规定,如索赔事件发生后的28 d内,应向业主或监理工程师发出索赔意向通知,在索赔意向通知发出后的28 d内再向业主或监理工程师提交索赔报告(即索赔文件),业主或监理工程师在接到索赔报告28 d内应给予答复等。整个索赔工作过程都必须按照规定的程序和时限要求进行,否则业主或监理工程师就不予认可,也不会同意办理。

(3)施工索赔的成功与否,很大程度上取决于承包商是否具有充分的索赔依据和强有力的索赔证据资料。因此,承包商在正式提交索赔报告前的索赔依据和证据资料的准备极为重要。这就要求承包商在工程项目的施工过程中,高度重视收集和积累有关索赔事件的证据资料,以便满足索赔工作的需要。索赔文件一般由索赔信函、索赔报告和附件组成,其索赔文件的重点是高水平、高质量的索赔报告,它是取得索赔成功的关键。

(4)施工索赔费用项目组成与建筑安装工程费用项目组成基本相同。工期延误索赔的计算有网络分析法和比例计算法两种。关于费用索赔的计算,在实际的索赔工作中,大多采用分项法,这是因为分项法能在较短的时间内作出索赔事件的分析与核算,确定索赔费用的多少,有利于索赔事件的顺利解决。

(5)施工索赔涉及层面比较广泛,本章介绍的几个施工索赔案例,如工期延误造成人工费超支与损失的索赔、材料价格和劳务价格上涨的索赔、工期延误造成管理费用增加的索赔等,上述索赔案例是施工现场常见且具有一定代表性的索赔案例。通过这些典型的施工索赔案例介绍,以期能为读者掌握索赔知识和提高施工索赔能力提供帮助。

(6)施工索赔管理是一项基础性工作,也是索赔成功的重要保证。承包商要取得好的经济效益,必须重视索赔;要取得索赔的成功,必须进行有效的索赔管理。索赔管理是工程项目管理的组成部分,涉及层面广泛,学问深,是企业工程项目管理水平的综合体现。

通过本章学习,应了解索赔及施工索赔的概念、产生原因及分类,施工索赔的程序与时限规定,以及施工索赔管理的主要内容,熟悉索赔证据和索赔文件(含索赔报告)的内容,掌握施工索赔的计算方法和计算要求。

复习思考题

8.1 什么叫索赔？什么叫施工索赔？

8.2 施工索赔产生的原因包括哪些方面？

8.3 什么叫延期索赔？施工索赔按其目的、发生原因和处理方式的不同如何分类？

8.4 施工索赔的程序和时限有何具体规定？其重要性是什么？

8.5 施工索赔工作包括哪些内容？由哪几个主要环节构成？

8.6 施工索赔对证据资料有何具体要求？其证据资料又包括哪些方面？

8.7 施工索赔文件由哪几部分组成？书写索赔报告应注意哪些问题？

8.8 施工索赔费用项目由哪些费用项目组成？

8.9 工期延误索赔的计算方法有哪几种？哪种方法更科学合理？为什么？

8.10 费用索赔的计算方法有哪几种？哪种方法应用得比较多？为什么？

8.11 试查阅其他书籍对"索赔"一词的不同解释，分析它们的差异。

8.12 在实际工程中，应尽力避免一揽子索赔，为什么？

8.13 "在任何工程，使用任何形式的合同都不能完全避免索赔"这句话对吗？为什么？

8.14 "施工索赔管理是全面的，同时又是高层次的管理工作"这种说法对吗？为什么？

8.15 为什么说"签订有利于自己的施工合同对索赔管理是至关重要的"？

8.16 把施工索赔的成功归结为4个要素，即合同、证据、逻辑、关系。请说明其理由。

8.17 分析我国《建设工程施工合同（示范文本）》，并列出承包商可以索赔的干扰事件及理由。

第2部分
建设工程管理

建设工程进度管理

9.1 进度管理概述

工程项目的施工进度是一个综合的概念,除施工工期以外,还包括工作量、资源的消耗量等因素,所以对进度状况的管理必须是综合的、多角度的。工程进度拖延产生的原因常常也是多方面的,对工程进度拖延也必须采取综合措施。

1)基本概念的分析比较

进度通常是指工程项目实施结果的进展情况,在工程项目实施过程中要消耗时间(工期)、劳动力、材料、资金等资源才能完成项目的任务。在现代施工项目管理中,由于工程项目对象系统的复杂性,进度的含义已越来越趋于综合化,它将工程项目任务、工期、成本有机地结合起来,形成一个综合指标,能全面反映项目的实施状况。进度管理已不只是传统的对工期的管理,而是将工期与工程实物、成本、劳动消耗、资源等统一起来进行管理。

工期和进度是两个既相互联系,又有区别的概念。

工期控制的目的是使工程实施活动与上述工期计划在时间上吻合,即保证各工程活动按计划及时开工、按时完成,保证总工期不推迟;进度控制的总目标与工期控制是一致的,但控制过程中它不仅追求时间上的吻合,而且还追求在一定的时间内工作量的完成程度或消耗的一致性。

工期常常作为进度的一个指标,它在表示进度计划及其完成情况时有重要作用,所以进度控制首先表现为工期控制,有效的工期控制才能达到有效的进度控制,但仅用工期表达进度会产生误导。进度拖延的结果一定会表现为工期的拖延。对进度的调整常常表现为对工期的调整,为加快进度,改变施工次序、增加资源投入,则意味着通过采取措施使总工期提前。

施工项目进度管理就是指为实现预定的进度目标而进行的计划、组织、指挥、协调和控制等活动。

2)影响施工进度的因素

(1)项目经理部内部因素

①施工组织不合理,人力、机械设备调配不当,解决问题不及时;

②施工技术措施不当或发生事故;

③质量不合格引起返工;

④与相关单位关系协调不善;

⑤项目经理部管理水平低等。

(2)相关单位因素

①设计图纸供应不及时或有误;

②业主要求设计变更;

③实际工程量增减变化;

④材料供应、运输不及时或质量、数量、规格不符合要求;

⑤水、电、通信出现问题;

⑥分包单位没有认真履行合同或违约;

⑦资金没有按时拨付等。

(3)不可预见因素

①施工现场水文地质状况出现预计外的情况;

②严重自然灾害;

③战争、政变等政治因素。

3)施工进度管理的目标

施工项目进度管理应以实现合同约定的竣工日期为最终目标。这个目标,首先是由企业管理层承担的。企业管理层根据经营方针在"项目管理目标责任书"中确定项目经理部的进度管理目标。项目经理部根据这个目标在"施工项目管理实施规划"中编制施工进度计划,确定计划进度管理目标,并进行进度目标分解。总进度目标分解可按单位工程分解为交工分目标,可按承包的专业分解为完工分目标,亦可按年、季、月、旬(周)计划分解为时间目标、里程碑事件目标(里程碑事件目标是指关键工作的开始和完成时刻)。

4)施工进度控制程序

①确定进度管理目标。项目经理部要根据施工合同的要求确定施工进度目标,明确计划开工日期、计划总工期和计划竣工日期,确定项目分期分批的开竣工日期。

②编制施工进度计划。包括施工总进度计划与单位工程施工进度计划,具体安排实现计划目标的工艺关系、组织关系、搭接关系、起止时间、劳动力计划、材料计划、机械计划及其他保证性计划。分包人负责根据项目施工进度计划编制分包工程施工进度计划。

③建立保障制度。建立进度控制的组织系统、目标系统、工作制度、责任制度,并落实相

应的保证措施,包括信息管理措施、组织措施、技术措施、合同措施、经济措施等。

④申请开工。向监理工程师提出开工申请报告,按监理工程师开工令确定的日期开工。

⑤施工进度计划的实施与检查。项目经理应通过施工部署、组织协调、生产调度和指挥、改善施工程序和方法的决策等,应用技术、经济和管理手段实现有效的进度控制。项目经理部首先要建立进度实施、控制的科学组织系统和严密的工作制度,然后依据施工项目进度控制目标体系,对施工的全过程进行系统控制。正常情况下,进度实施系统应发挥监测、分析职能并循环运行,即随着施工活动的进行,信息管理系统会不断地将施工实际进度信息,按信息流程反馈给进度控制者,经过统计整理、比较分析后,确认进度无偏差,则系统继续运行;一旦发现实际进度与计划进度有偏差,系统将发挥调控职能,分析偏差产生的原因,纠正偏差或调整计划。

⑥施工进度计划的调整。在发现实际进度与计划进度产生偏差后,应及时对施工进度计划进行调整,确定调整的关键点和时间限制条件。在对原计划进度调整的过程中,应提出纠正偏差的方案和实施的技术、经济、合同保证措施,以及取得相关单位支持与配合的协调措施,确认切实可行后,将调整后的新进度计划输入进度实施系统,施工活动继续在新的计划控制下运行。当新的偏差出现后,再重复上述过程,直到施工项目全部完成。

⑦进度管理的分析与总结。全部任务完成后,进行进度管理的分析与总结,编写进度控制报告。

5)施工进度管理的措施

①信息管理措施。建立对施工进度能有效地监测、分析、反馈的信息系统和信息管理工作制度,随时监控施工项目的信息流,实现连续、动态的全过程进度目标管理。

②组织措施。建立施工项目进度实施和控制的组织系统;制定进度管理工作制度;落实各层次管理人员、具体任务和工作职责;确定施工项目进度目标,建立施工项目进度管理目标体系。

③技术措施。尽可能采用先进施工技术、方法和新材料、新工艺、新技术,保证进度目标实现;落实施工方案,一旦发生问题时,能适时调整工作之间的逻辑关系,加快施工进度。

④合同措施。以合同形式保证工期进度的实现。

⑤经济措施。落实实现进度目标的保证资金;签订并实施关于工期和进度的经济承包责任制;建立并实施关于工期和进度的奖惩制度。

9.2 施工进度计划的编制

施工进度计划是进度管理的依据。因此,如何编制施工进度计划以提高进度管理的质量便成为进度管理的关键问题。由于施工进度计划分为施工总进度计划和单位工程施工进度计划两类,故其编制应分别对待。

1)施工总进度计划

施工总进度计划是建设项目施工或群体工程施工时编制的施工进度计划。由于施工的内容较多,施工期较长,故其计划项目综合性大,较多控制性,很少作业性。

编制依据:施工合同、施工进度目标、工期定额、有关技术经济资料、施工部署与主要工程施工方案。

编制内容:编制说明、施工总进度计划表、资源需要量及供应平衡表等。施工总进度计划表为最主要内容,用来安排各单位工程的计划开竣工日期、工期、搭接关系及其实施步骤。资源需要量及供应平衡表是根据施工总进度计划表编制的保证计划,可包括劳动力、材料、预制构件和施工机械等资源的计划。

2)单位工程施工进度计划

单位工程施工进度计划是对单位工程、单体工程或单项工程编制的施工进度计划的总称。由于它所包含的施工内容比较具体明确,施工期较短,故其作业性较强,是进度管理的直接依据。

单位工程施工进度计划有7项编制依据,包括:项目管理目标责任书,施工总进度计划,施工方案,主要材料和设备的供应能力,施工人员的技术素质和劳动效率,施工现场条件、气候条件、环境条件,已建成的同类工程实际进度及经济指标。

单位工程施工进度计划应包含4项内容,包括:编制说明、进度计划图、资源需要量计划、风险分析及控制措施。其中最主要的是进度计划图(或表)。如果编制成表,表头的内容是:分部分项工程、单位、工程量、用工工日数(或机械台班数)、人数(或机械数)、每日工作班数、工作天数、日程进度线。如果编制成图,除包含前述表中内容外,还应编制网络计划图。资源需要量计划根据进度计划图(或表)进行平衡编制,用以保证进度计划的实现,必须做到积极可靠。风险分析及管理措施是根据"项目管理实施规划"中的"项目风险管理规划"和"保证进度目标的措施"调整并细化编制的,应具有可操作性。

编制单位工程施工进度计划提倡采用工程网络计划技术。这是因为网络计划具有以下优点:计划项目之间的关系一目了然,关键线路明确,便于使用计算机进行绘图、计算、优化、调整和统计等;同时,它是国际上通行的惯例,也是世行投资工程对投标文件的要求。我国已经颁布了国家标准《网络计划技术》(GB/T 13400.1~3—2009)和行业标准《工程网络计划技术规程》(JGJ/T 121—99),编制工程网络计划时应当执行上述标准。

3)施工进度计划的内容形式

通常施工项目进度计划包括两部分,即文字说明与进度计划图表。其中,常用的进度计划图表有横道图和网络图,此外还有斜线图和线型图。

(1)横道图 横道图又称甘特图(Gantt),是应用广泛的进度表达方式。横道图通常在左侧垂直向下依次排列工程任务的各项工作名称,而在右边与之紧邻的时间进度表中则对应各项工作逐项绘制道线,从而使每项工作的起止时间均可由横道线的两个端点来表示,横道图示例如图9.1所示。

用横道图编制工程项目进度计划,其特点如下:

①直观易懂,易被接受;

②可形成进度计划与资源(资金)使用计划的各种组合,使用方便;

③不能明确表达工程任务各项工作之间的各种逻辑关系；

④不能表示影响计划工期的关键工作；

⑤不便于进行计划的各种时间参数计算；

⑥不便于进行计划的优化、调整。

工作名称	进 度															
	1	2	3	4	5	6	7	8	9	10	11	12	13	14	15	16
挖土																
铺管																
填土																

图 9.1　横道图示例

（2）网络图　网络图是利用箭头和节点所组成的有向、有序的网状图形来表示总体工程任务中各项工作流程或系统安排的一种进度计划表达方式，如图 9.2 所示。

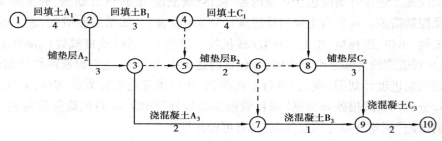

图 9.2　网络图示例

用网络图编制工程项目进度计划，其特点如下：

①能正确表达各工作之间相互作用、相互依存的关系；

②通过网络分析计算能够确定哪些工作是影响工期的关键工作而不容延误必须按时完成，哪些工作则被允许有机动时间以及有多少机动时间，从而使计划管理者能够充分掌握工程进度控制的主动权；

③能够进行计划方案的优化和比较，选择最优方案；

④能够运用计算机手段实施辅助计划管理。

4）施工进度计划的审核

在施工进度计划编制完成后，应及时进行计划的审核，为施工进度计划的实施作好前期准备工作。主要审核内容如下：

①项目总目标和分解的子目标的内在联系是否合理，进度安排能否满足施工合同工期的要求，是否符合其开竣工日期的规定，分期施工是否满足分批交工的需要和配套交工的要求；

②施工进度中的内容是否全面，有无遗漏项目，能否保证施工质量和安全的需要；

③施工程序和作业顺序安排是否正确合理；

④各类资源供应计划是否能保证施工进度计划的实现,供应是否均衡;

⑤总分包之间和各专业之间,在施工时间和位置的安排上是否合理,有无干扰;

⑥总分包之间的进度计划是否相协调,专业分工与计划的衔接是否明确、合理;

⑦对实施进度计划的风险是否分析清楚,是否有相应的防范对策和应变预案;

⑧各项保证进度计划实现的措施是否周到、可行、有效。

9.3　施工进度计划的实施

▶ 9.3.1　编制并执行时间周期计划

施工进度计划的实施过程就是进度目标的过程管理,是 PDCA 循环的 D(DO)阶段。在这一阶段中主要应做好以下工作:

①时间周期计划包括年、季、月、旬、周施工进度计划。每月(旬或周)末,项目经理提出下期目标和作业项目,通过工地例会协调后编制,编制过程中要注意当前施工进度、现场施工环境、劳动力、机械等资源条件。时间周期计划应具有实施性,使施工任务更加明确、具体、可行,便于测量、控制、检查。

②对总工期跨越一个年度以上的施工项目,应根据不同年度的施工内容编制年度和季度的控制性施工进度计划,确定并控制项目施工总进度的重要节点目标。项目经理部应将资源供应进度计划和分包工程施工进度计划纳入项目进度控制范畴。

③时间周期计划的落实应注意长短结合。对于一个工期较长的项目,一般计划是按阶段细化,即一般对近期计划安排得较细,对后期计划安排得较粗,见表9.1。以短期计划的落实来调整并实施长期计划,做到短期保长期、周期保进度、进度保目标。

表9.1　不同阶段计划的详细程度

阶　段	前　期	设计和计划	实　施	验收投产
前　期	详细	较细	适中	较粗
设计和计划	反馈	详细	较细	适中
实　施	反馈	反馈	详细	较细
验收投产	反馈	反馈	反馈	详细

▶ 9.3.2　施工进度计划的具体实施

1)签发施工任务书

施工任务书是下达施工任务、实行责任承包、全面管理和存档记录的综合性文件,其内容包括施工任务单、考勤表和限额领料单。施工任务书是几十年来我国坚持使用的有效班组管理工具,是管理层向作业人员下达任务的主要形式,可用来进行作业控制和核算,特别有利于

进度管理。

施工任务书由工长根据作业计划按班组进行编制,签发后向班组下达以落实施工任务。在实施过程中,应作好记录;任务完成后,回收施工任务书,作为原始记录和业务核算资料保存。

2)施工进度的记录

各级施工进度计划的执行者均应作好施工记录,如实记载每项工作的开始和完成时间、每日完成数量,记录现场发生的各种情况以及干扰因素的排除情况。同时,要密切跟踪作好形象进度、工程量、总产值,耗用的人工、材料、机械台班、能源等数量。以上记录结果应及时进行统计分析并填表上报,为施工项目进度检查和控制分析提供反馈信息。

3)施工调度工作

通过施工调度,掌握计划实施情况,组织施工中各阶段、环节、专业和工种的互相配合,协调各方面关系,采取措施排除各种干扰、矛盾,加强薄弱环节,发挥生产指挥作用,实现连续、均衡、顺利施工,以保证完成各项作业计划,实现进度目标。具体包括以下各项工作:

①执行施工合同中对进度、开工及延期开工、暂停施工、工期延误、工程竣工的承诺;

②落实进度控制措施应具体到执行人、目标、任务、检查方法和考核办法;

③监督检查施工准备工作、作业计划的实施,协调各方面的进度关系;

④督促资源供应单位按计划供应劳动力、施工机具、材料构配件、运输车辆等,并对临时出现的问题采取措施;

⑤由于工程变更引起资源需求的数量变更和品种变化时,应及时调整供应计划;

⑥按施工平面图管理施工现场,遇到问题作必要调整,保证文明施工;

⑦及时了解气候和水、电供应情况,采取相应的防范和保证措施;

⑧及时发现和处理施工中各种事故和意外事件;

⑨协助分包人解决项目进度控制中的相关问题;

⑩定期、及时召开现场调度会议,贯彻项目主管的决策,发布调度令;

⑪当发包人提供的资源供应进度发生变化而不能满足施工进度要求时,应敦促发包人执行原计划,并对造成的工期延误及经济损失进行索赔;

⑫加强分包进度管理。

9.4 施工进度检查

▶ 9.4.1 检查目的与依据

（1）检查目的　检查实际施工进度,搜集整理有关资料,并与计划对比,为进度分析和计划调整提供信息。

（2）检查依据　施工进度计划、作业计划及施工进度计划实施记录。

▶ 9.4.2 检查时间、内容与方法

（1）检查时间　根据施工项目的类型、规模、施工条件和对进度执行要求的程度确定检查时间和间隔时间。

①常规性检查可确定为每月、半月、旬或周进行一次；

②施工中受到天气、资源供应等不利因素严重影响时，间隔时间临时可缩短，次数应频繁；

③对施工进度有重大影响的关键施工作业可每日检查或派人驻现场督促。

（2）检查内容

①对日施工作业效率，周、旬作业进度及月作业进度分别进行检查，对完成情况进行记录；

②检查期内实际完成和累计完成工程量；

③实际参加施工的人力、机械数量和生产效率；

④窝工人数、窝工机械台班及其原因分析；

⑤进度偏差情况；

⑥进度管理情况；

⑦影响进度的特殊原因及分析。

（3）检查方法

①建立内部施工进度报表制度；

②定期召开进度工作会议，汇报实际进度情况；

③进度控制、检查人员经常到现场实地查看。

▶ 9.4.3 数据整理与比较分析

1）数据整理

将实际收集的进度数据和资料进行整理加工，使之与相应的进度计划具有可比性。一般采用实物工程量、施工产值、劳动消耗量、累计百分比与形象进度等进行统计，将整理后的实际数据、资料与进度计划进行比较。

2）比较分析

比较分析通常采用的方法有横道图法、列表比较法、S 形曲线比较法、香蕉形曲线比较法、网络图前锋线比较法等，得出实际进度与计划进度是否存在偏差的结论，即相一致、超前或落后。

（1）横道图法　若要检查分项工程，在匀速施工条件下，时间进度与完成工程量进度是否一致，只需按时间进度标注、检查即可，宜用横道图法进行检查。具体做法是：用粗线表示计划进度，将检查得到的实际进度用细线表示，均标注在横道图上。将到检查日止的实际进度线与计划进度线的长度进行比较，二者之间的时间进度差为 Δt，$\Delta t = 0$，为按期完成；$\Delta t > 0$，为提前时间；$\Delta t < 0$，为拖延时间。

如图 9.3 所示，第 12 d 检查，A 按期完成计划；B 进度落后 2 d；C 因早开工 1 d，实际进度提前了 1 d。

工作编号	工作时间/d	施工进度/d											
		1	2	3	4	5	6	7	8	9	10	11	12 …
A	6												
B	9												
C	8												
…	…												

注： ———— 计划进度， ———— 实际进度。

图9.3 某项目进度横道图

（2）S形曲线比较法 S形曲线比较法适用于变速施工作业或多项工程的综合进度检查，具体做法如下：

①建立直角坐标系，其横轴 t 表示进度时间，纵轴 y 表示施工任务的累计完成任务百分比（%）。

②在图中绘制出表示计划进度时间和相应计划累计完成程度的计划线。因为是变速施工，所以计划线是曲线形态。由于施工速度的不同，计划累计曲线会相应地呈抛物线形态、指数曲线形态、上升的波浪线形态或S形曲线形态。

③对进度计划执行情况进行检查，并在图上标注出每次检查的实际进度点，将各点连接成实际进度线，然后可纵横两个坐标方向进行完成数量和工期进度的比较分析。

（3）香蕉形曲线法 香蕉形曲线是两条S形曲线组合成的闭合图形。如前所述，工程项目的计划时间和累计完成任务量之间的关系都可用一条S形曲线表示。在工程项目的网络计划中，各项工作一般可分为最早和最迟开始时间，于是根据各项工作的计划最早开始时间安排进度，就可绘制出一条S形曲线，称为ES曲线；而根据各项工作的计划最迟开始时间安排进度，绘制出的S形曲线称为LS曲线。这两条曲线都是起始于计划开始时刻，终止于计划完成之时，图形是闭合的。一般情况下，在其余时刻，ES曲线上各点均应在LS曲线的左侧，其图形如图9.4所示，形似香蕉因而得名。

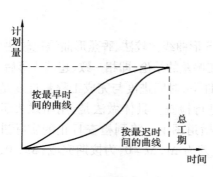

图9.4 香蕉形曲线示意图

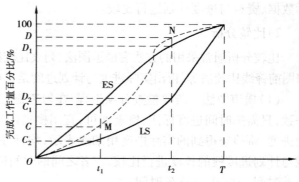

图9.5 香蕉形曲线检查法

检查方法是：当计划进行到时间 t_1 时，实际完成数量记录在 M 点，这个进度比 ES 曲线的要求少完成 $\Delta C_1 = OC_1 - OC$；比 LS 曲线的要求多完成 $\Delta C_2 = OC - OC_2$。由于它的进度比最迟时间要求提前，故不会影响总工期。同理可分析 t_2 时间的进度状况，如图 9.5 所示。

（4）网络图前锋线法 网络图前锋线法是利用时标网络计划图检查和判定工程进度实施情况的方法。其具体做法如下：

①将一般网络计划图转换为时标网络计划图，并在图的上下方绘制出时间坐标，使各工作箭线长度与所需工作时间一致。

②在时标网络计划图上标注出检查日的各工作箭线实际进度点，并将上下方的检查日点与实际进度点依次连接，即得到一条（一般为折线）实际进度前锋线。

③前锋线的左侧为已完施工，右侧为尚需工作时间。

④其判别关系是：工作箭线的实际进度点与检查日点重合，说明该工作按时完成计划；若实际进度点在检查日点左侧，表示该工作未完成计划，其长度的差距为拖后时间；若实际进度点在检查日点右侧，表示该工作超额提前完成计划，其长度的差距为提前时间。

3）检查报告

由计划负责人或进度管理人员与其他相关管理人员协作，检查后及时编写进度控制报告，也可按月、旬、周的间隔时间编写上报。检查报告分为：向项目经理、企业经理或业务部门以及建设单位上报关于整个施工项目进度执行情况的项目概要级进度报告；向项目经理、企业业务部门上报关于单位工程或项目分区进度执行情况的项目概要管理级进度报告；就某个重点部位或重点问题的检查结果应编制业务管理级进度报告，为项目管理者及各业务部门提供参考。

9.5 施工进度计划调整

▶ 9.5.1 施工进度调整内容

依据施工进度计划检查结果，在进度计划执行发生偏离时，调整施工内容、工程量、起止时间、资源供应，或通过局部改变施工顺序，重新确认作业过程相互协作方式等工作关系，还可以充分利用施工的时间和空间进行合理交叉衔接。调整后应编制新的施工进度计划，以保证施工总目标的实现。

在计划总工期大于限定总工期，或计算机网络分析结果出现负时差的情况下，必须进行计划的调整，压缩关键线路的工期。压缩工期是一个非常复杂，计算机也不能取代的技术性工作。

▶ 9.5.2 施工进度调整措施

施工进度调整通常采取以下措施：

（1）进行合理的劳动组织 进行合理的劳动组织，具体如下：

①将原来按先后顺序实施的活动改为平行实施；

②采用多班制施工,或延长工作时间;

③增加劳动力和设备的投入以缩短持续时间;

④在可能的情况下采用流水作业方法安排一些活动,流水作业能够很明显地缩短工期;

⑤将原计划自己生产的构件改为购买,或将原计划由自己承担的某些分项工程分包出去,这样就提高了工作效率,同时将自己的人力、物力集中到关键线路上;

⑥重新进行劳动组合,在条件允许的情况下,减少非关键线路的投入,增加关键线路的投入,缩短关键线路的持续时间,进而缩短总工期。

(2)压缩后续工作持续时间 在原网络计划的基础上,不改变工作间的逻辑关系,而是采取必要的组织措施、技术措施和经济措施,压缩后续工作的持续时间,以弥补前面工作产生的负时差。一般是根据工期-费用优化的原理进行调整,具体做法如下:

①研究后续各工作持续时间压缩的可能性及其极限工作持续时间;

②确定由于计划调整,采取必要措施而引起的各工作的费用变化率;

③选择直接引起拖期的工作及紧后工作优先压缩,以免拖期影响扩大;

④选择费用变化率最小的工作优先压缩,以求花费最小代价,满足既定工期要求;

⑤综合考虑②③两项,确定新的调整计划。

【例9.1】 原计划工期是75 d,假设在第20 d检查,A 工作已完成,B 工作进度在正常范围内,C 工作尚有3 d才能完成,拖期3 d将影响总工期。若保持总工期75 d不变,需在后续关键工作中压缩工期3 d,试确定压缩途径。计划进度调整图例如图9.6所示。

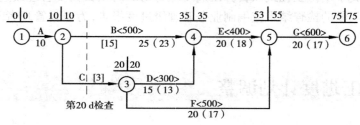

注:()内:极限工作时间 ()外:计划工作时间
[ ]内:尚需工作时间 < >:费用变化率

图9.6 计划进度调整图例

【解】 根据上述调整原理与方法,按以下步骤进行调整。

第1步:先压缩关键工作中费用增加率最小的工作,压缩量不能超过实际可能压缩值。从原网络计划图中可以看出,20 d以后的关键工作B,D,E,F,G 中,赶工费最低的是D,为300,可压缩量为(15 - 13)d = 2 d,因此先压缩D 工作2 d。于是需支出压缩费2 × 300 元 = 600 元。至此,工期缩短了2 d,但D 工作不能再压缩了。

第2步:删去已压缩的工作,按上述方法,压缩未经调整的各关键工作中费用增加率最省者。比较E 和F 两个关键工作,E 的费用增加率较小,为400,可压缩量为(20 - 18)d = 2 d,此时再压缩1 d工期即可满足总工期不变的要求。这样,压缩E 工作1 d,支出压缩费1 × 400 元 = 400 元。至此,工期已压缩了3 d。

第3步:计算总压缩费用。压缩D 工作2 d,压缩E 工作1 d,总压缩费用为2 × 300 元 + 1 × 400 元 = 1 000 元

（3）改变施工活动的逻辑关系及搭接关系　缩短工期的另一个途径是通过改变关键线路上各工作间的逻辑关系、搭接关系和平行流水途径来实现，而施工活动持续时间并不改变。对于大型群体工程项目，单位工程间的相互制约相对较小，可调幅度较大；对于单位工程内部，由于施工顺序和逻辑关系约束较大，可调幅度较小。

（4）其他技术措施　如资源供应的调整；增减施工内容；增减工程量；起止时间的改变等。

但是，上述措施都有一定的适用条件，同时也会带来一些不利的影响，如可能导致劳动效率的降低、资源投入的增加、逻辑关系的矛盾、工程成本的增加或质量的降低等，管理者在选择时应作出周密的考虑和权衡。

9.6　施工进度管理分析与总结

▶ 9.6.1　施工进度管理分析

进度管理分析比进度管理其他阶段的工作更为重要，因为它对实现管理循环和信息反馈起重要作用。同时，进度管理分析是对进度管理进行评价的前提，是提高管理水平的阶梯。

1）进度管理分析的内容

（1）目标完成情况分析

①时间目标完成情况的分析应计算下列指标：

$$合同工期节约值 = 合同工期 - 实际工期$$
$$指令工期节约值 = 指令工期 - 实际工期$$
$$定额工期节约值 = 定额工期 - 实际工期$$
$$计划工期提前率 = (计划工期 - 实际工期)/计划工期$$
$$缩短工期的经济效益 = 缩短一天产生的经济效益 \times 缩短工期天数$$

还要分析缩短工期的原因，大致有以下几种：计划积极可靠；执行认真；控制得力；协调及时有效；劳动效率高。

②资源情况分析应计算下列指标：

$$单方用工 = 总用工数/建筑面积$$
$$劳动力不均衡系数 = 最高日用工数/平均日用工数$$
$$节约工日数 = 计划用工工日 - 实际用工工日$$
$$主要材料节约量 = 计划材料用量 - 实际材料用量$$
$$主要机械台班节约量 = 计划主要机械台班数 - 实际主要机械台班数$$
$$主要大型机械节约率 = (各种大型机械计划费之和 - 实际费之和)/各种大型机械计划费之和 \times 100\%$$

资源节约的原因大致有以下几种：资源优化效果好；按计划保证供应；认真制订并实施了节约措施；协调及时得力；劳动力及机械的效率高。

③成本目标分析应计算下列指标：

$$降低成本额 = 计划成本 - 实际成本$$
$$降低成本率 = 降低成本额/计划成本额 \times 100\%$$

节约成本的原因主要是:计划积极可靠;成本优化效果好;认真制订并执行了节约成本措施;工期缩短;成本核算及成本分析工作效果好。

(2)进度管理中的问题分析 施工项目管理者应按预定的施工项目进度计划定期评审实际进度实施情况,找出引起进度拖延的问题所在并分析问题产生的原因。

进度拖延是工程项目施工过程中常见的现象,各层次的项目单元以及各个项目阶段都可能出现延误,一旦延误产生,要及时对问题产生的原因进行定位。引起进度拖延的原因是多方面的,常见的有以下几种:

①工期及相关计划的失误。计划失误是常见的现象,人们在计划期将持续时间安排得过于乐观,主要包括:

a.计划时遗漏部分必需的功能或工作;

b.计划值(如计划工作量、持续时间)不足,相关的实际工作量增加;

c.资源或能力不足,如计划时没考虑资源的限制或缺陷;

d.出现了计划中未能考虑的风险或状况,未能使工程实施达到预定的效率;

e.通常,上级(业主、投资者、企业主管)常常在一开始就提出很紧迫的工期要求,使承包商或其他设计人员、供应商的工期太紧,而且许多业主为了缩短工期,常常压缩承包商的投标期、前期准备的时间。

②边界条件的变化。

a.工作量的变化,可能是由于设计的修改、设计的错误、业主新的要求、修改项目的目标及系统范围的扩展造成的;

b.外界(如政府、上层系统)对项目新的要求或限制,设计标准的提高可能造成项目资源的缺乏,使得工程无法及时完成;

c.环境条件的变化,如不利的施工条件不仅会对工程实施过程造成干扰,有时直接要求调整原来已确定的计划;

d.发生不可抗力事件,如地震、台风、动乱、战争等。

③管理过程中的失误。

a.计划部门与实施者之间,总包商与分包商之间,业主与承包商之间缺少沟通;

b.工程实施者缺乏工期意识,如相关方拖延了图纸的供应和批准,任务下达时缺少必要的工期说明和责任落实,拖延了工程活动;

c.项目参加单位对各个活动(各专业工程和供应)之间的逻辑关系(活动链)没有清楚地了解,下达任务时也没有作详细的解释,同时对活动的必要前提条件准备不足,各单位之间缺少协调和信息沟通,许多工作脱节,资源供应出现问题;

d.由于其他方面未完成项目计划规定的任务造成拖延,如设计单位拖延设计、运输不及时、上级机关拖延批准手续、质量检查拖延、业主不果断处理问题等;

e.承包商没有集中力量施工,材料供应拖延,资金缺乏,工期控制不紧,这可能是由于承包商同期工程太多以致力量不足造成的。

需要指出的是,某些进度管理目标没有实现或在计划执行中存在缺陷,在总结分析时可以定量计算(指标与前项分析相同),也可以定性地分析。对产生问题的原因也要从编制和执行计划中去找。问题要找够,原因要分析透,不能文过饰非,而且遗留的问题应反馈到下一循环,使之得到解决。

通常进度管理会出现这样一些问题:工期拖后、资源浪费、成本浪费、计划变化太大等。管理中出现上述问题的原因大致可归结为:计划本身的原因、资源供应和使用中的原因、协调方面的原因、环境方面的原因。

2)提高进度管理工作水平的措施

对已产生的进度拖延可以有以下基本策略:

①首先是采取积极的措施赶工,以弥补或部分地弥补已经产生的拖延。主要通过调整后期计划、采取措施赶工、修改网络等方法解决进度拖延问题。

②其次是不采取特别的措施,在目前进度状态的基础上,仍按照原计划安排后期工作。一般来讲,拖延的时间越来越长,影响就会越来越大。这是一种消极的办法,最终结果必然损害工期目标和经济效益。可以采取的赶工措施如下:

a. 增加资源投入,如增加劳动力、材料、周转材料和设备的投入量;

b. 重新分配资源,如将服务部门的人员投入生产中去,投入风险准备资源,采用加班或多班制工作;

c. 减少工作范围,包括减少工作量或删去一些工作包(或分项工程);

d. 改善工具器具以提高劳动效率;

e. 提高劳动生产率,主要通过辅助措施和合理的工作过程;

f. 将部分任务转移,如分包、委托给另外的单位,将原计划由自己生产的结构构件改为外购等;

g. 改变网络计划中工程活动的逻辑关系。

▶ 9.6.2 施工进度管理总结

项目经理部在施工进度计划完成后,应及时进行施工进度管理总结,为进度管理提供反馈信息。总结的依据是:施工进度计划、实际记录、检查结果、调整资料等。总结的内容是:合同工期目标及计划工期目标完成情况、施工进度管理经验、施工进度管理中存在的问题及分析、科学的施工进度计划方法的应用情况、施工进度管理的改进意见等。

本章小结

本章从承包商的角度,以施工项目为对象,按照《建设工程项目管理规范》修订版(GB/T 50326—2006)的要求,讲述了施工进度的基本概念,施工进度计划的编制,施工进度计划的实施,施工进度的检查、调整、管理分析与总结等内容。其基本要点归纳如下:

(1)施工进度通常是指工程项目实施结果的进展情况。由于现代工程项目对象系统的复杂性,进度的含义已越来越趋于综合化,它将工程项目任务、工期、成本有机地结合起来,形成一个综合的指标,能全面反映项目的实施状况。

(2)施工进度管理具有下列任务:一是确定进度管理目标;二是编制施工进度计划,包括施工总进度计划和单位工程施工进度计划;三是通过制订与采取信息措施、组织措施、技术措

施、合同措施、经济措施建立起保障制度;四是施工进度计划的实施与检查;五是施工进度计划的调整;六是施工进度管理分析与总结。

(3)施工进度管理的关键方法是施工组织设计,相关的流水作业、网络计划技术和施工组织设计的详细内容可参阅《建筑施工组织设计》一书。

复习思考题

9.1　什么是施工进度?

9.2　什么是施工进度计划管理?

9.3　简述施工进度控制的概念及管理措施。

9.4　试比较横道图与网络图表达施工进度计划的特点。

9.5　试述施工进度拖延的常见原因及解决办法。

建设工程质量管理

工程质量是项目管理目标控制的重点,是决定工程建设成败的关键。新中国成立以来,党和政府就确立了"精心设计、精心施工""百年大计、质量第一"的建设方针。1979 年建筑施工企业引入了全面质量管理,通过对全面质量管理的基本理论和质量控制的 7 种数理统计工具的学习、应用,转变了施工企业传统的质量观念,取得了明显的效果。自 1998 年以来,国务院、建设部和相关主管部门、机构又先后颁布了《建筑法》《建设工程质量管理条例》《工程建设标准强制性条文》等,并与国际接轨,发布了 ISO 9000 族标准(我国等同转换为 GB/T 19000 族国家标准)。一系列法规和标准的颁布与施行进一步强化了工程项目施工质量管理,保证了社会主义建设的顺利进行,推动了建筑企业和建筑市场的健康发展。

10.1 工程质量概述

▶ 10.1.1 基本概念

1)质量

质量是指产品、体系或过程的一组固有特性满足要求的程度。

对产品来说,例如,水泥的化学成分、细度、凝结时间、强度是固有特性,而价格和交货期是赋予特性;对过程来说,固有特性是过程将输入转化为输出的能力;对质量管理体系来说,固有特性是实现质量方针和质量目标的能力。

要求包括明示的、隐含的和必须履行的需求或期望。明示要求,一般是指在合同环境中,

用户明确提出的需要或要求(包括图纸、技术文件、标准、法令、法规等方面的要求);隐含要求,一般是指其他环境中,用户现在尚未明确提出,而由供方通过市场调查、研究、预测等手段识别出来的用户的需要。

2)工程质量

工程项目的施工过程是产品的建造过程,产品分为有形产品和无形产品两种。有形产品是经过加工的成品、半成品、零部件,如单位工程、分部工程、预制构件、各种原材料等;无形产品包括服务、回访、维修、信息等。因此,工程质量包括有形产品的质量和无形产品的质量。

从功能和使用价值来看,工程项目的质量包括性能、寿命、可靠性、安全性及经济性5个方面的内容。现代意义的工程项目的质量还应包括其他两部分内容,即工序质量和工作质量。

(1)工序质量　在建筑施工过程中,通常把影响工程质量形成的因素控制并限定在一定程度及范围内,这就是工序质量。施工作业人员、机械设备、施工工艺及方法、质量检验、环境、测量等因素,影响工程项目质量的形成。工序质量的衡量标准是看整个施工过程是否稳定、匀质并向质量目标趋近。

(2)工作质量　工作质量是指工程项目管理组织,包括建筑企业为生产用户满意的建筑工程(产品)所做的领导、组织管理、生产技术以及后勤服务等方面工作的质量。工作质量取决于人的因素,涉及各个部门、各个岗位工作的有效性。可以通过建立反映工作质量标准的责任制度来考核与评价工作质量,如返修率、一次交检合格率、漏检率等。

工作质量决定工序质量,工序质量决定工程(产品)质量。要以抓工作质量来保证工序质量,以提高工序质量来最终保证工程(产品)质量。

但需要指出的是,工程项目的质量不仅包括活动过程或过程的结果,还包括活动或过程本身,即还要包括生产产品的全过程。因此,工程项目的质量应包括工程项目决策质量、工程项目施工质量和工程项目回访保修质量,各阶段的质量内涵见表10.1。

表10.1　工程建设各阶段的质量内涵

工程项目质量形成的各阶段	工程项目质量内涵	合同环境下满足需要的主要规定
决策阶段	可行性研究 工程项目投资决策	国家的发展规划或业主的需求
设计阶段	功能、使用价值的满足程度 工程设计的安全、可靠性 自然及社会环境的适应性 工程概(预)算的经济性 设计进度的时间性	工程建设勘察、设计合同及有关法律、法规
施工阶段	功能、使用价值的实现程度 工程的安全、可靠性 自然及社会环境的适应性 工程造价的控制状况 施工进度的时间性	工程建设施工合同及有关法律、法规
保修阶段	保持或恢复原使用功能的能力	工程建设施工合同及有关法律、法规

注:源自毛鹤琴《施工项目质量与安全管理》。

3）质量管理

质量管理是为了确保工程项目的质量特性满足要求而进行的计划、组织、指挥、协调和控制等活动。

质量管理的首要任务是确定质量方针、目标和职责，核心是建立有效的质量管理体系，通过具体的四项活动，即质量策划、质量控制、质量保证和质量改进，确保质量方针、目标的实施和实现。

项目的质量管理应由项目经理负责，并要求参加项目的全体员工参与并从事质量管理活动，才能有效地实现预期的方针和目标。

4）质量策划

质量策划是指确定施工项目的质量目标和如何达到这些质量目标所规定的必要的作业过程、专门的质量措施和资源，编制针对项目质量管理的文件，该文件可称为质量计划。

（1）施工项目质量计划的编制依据

①合同中有关产品（或过程）的质量要求；

②与产品（或过程）有关的其他要求；

③质量管理体系文件；

④组织针对项目的其他要求。

（2）施工项目质量计划的主要内容

①质量目标和要求；

②质量管理组织和职责；

③所需的过程、文件和资源；

④产品（或过程）所要求的评审、验证、确认、监视、检验和试验活动以及接收准则；

⑤记录的要求；

⑥所采取的措施。

质量计划应由施工项目经理部编制后，报组织管理层批准。

5）质量控制

质量控制是指对工程质量形成的各个阶段（过程）进行及时的检验、评定，以便发现问题，找出影响质量的原因，并通过采取纠正措施，防止质量问题的重复发生，或是使已经发生的质量问题能得到有效的解决。质量控制是质量管理的主要手段和工作之一。

6）质量保证

质量保证是质量管理的一部分，指致力于提供质量要求会得到满足的信任活动。质量保证是通过质量控制来实现的。

在内部，质量保证是为使企业管理层包括项目经理确信本工程项目质量或服务质量满足规定要求所进行的活动，它是质量管理职能的一个组成部分。

对外部，质量保证是针对顾客或第三方认证机构，主要包含 3 个方面的内容：其一，反映质量目标的具体的标准为用户所满意，而且工程项目的全部质量特性符合于标准的规定。其二，要求承包商及其项目推行全面质量管理和有计划的、系统的质量保证活动，根据工程产品质量形成的过程建立质量保证体系，以便承包商以及项目经理能向用户提出确实的证据来证

明承包商及其项目部有足够的能力,可以持续不断地提供适合市场需要的、为用户满意的、使用时可以信赖的质量产品。用户在同承包商订货时,不再只是满足于了解产品的性能、规格、用途、价格及其技术标准,还要审查承包商及项目部的质量保证能力。其三,承包商不仅仅只是保证产品早期质量,还要保证产品整个使用寿命周期的质量。

7)质量改进

质量改进是质量管理的一部分,指致力于增强满足质量要求的能力。

施工项目经理部是质量控制的主要实施者,项目经理部按组织的要求定期编写质量报告,提出持续改进的措施,将有助于企业管理层了解项目经理部的质量工作,也能促进项目经理部的质量管理工作。企业可依据质量方针和目标,通过结果审核、数据分析、纠正预防措施以及管理评审等持续改进活动来提高质量管理的有效性。

8)质量管理体系

质量管理体系是指在质量方面指挥和控制组织的管理体系。图 10.1 为以过程为基础的质量管理体系模式。

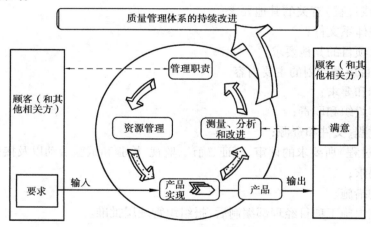

图 10.1　以过程为基础的质量管理体系模式

2000 版 GB/T 19000 提出了质量管理体系的 12 条基础,具体如下:

①质量管理体系的理论说明;

②质量管理体系要求与产品要求;

③质量管理体系方法;

④过程方法;

⑤质量方针和质量目标;

⑥最高管理者在质量管理体系中的作用;

⑦文件;

⑧质量管理体系评价;

⑨持续改进;

⑩统计技术的作用;

⑪质量管理体系与其他管理体系的关注点;

⑫质量管理体系与优秀模式之间的关系。

▶ 10.1.2 施工质量管理的基础工作

人是质量管理中起着决定性作用的因素。施工项目质量教育工作包括两个方面的内容:一方面是培养人的质量意识,充分认识到维持并不断改进质量对于国家、企业、项目、自身的重要性,同时要求员工学习和掌握质量管理理论、技术和方法;另一方面是技术培训工作,要求生产工人熟练掌握"应知应会"技术和操作规程,施工技术和管理人员熟悉施工验收规范、质量评定标准、原材料和半成品以及构配件的技术要求及标准,管理工作的有关理论、业务和方法。

(1)标准化工作 质量管理的标准分为技术标准和管理标准两大类。技术标准有产品质量标准、操作标准、原材料和试验标准以及各种技术定额等;管理工作标准有各种规章制度、工作标准和经济定额等。质量管理的标准化工作就是指不断地在完善过程中提高企业的标准化程度。

(2)计量工作 建筑施工生产中的计量工作是通过测试、检验、分析等方法运用技术与法制两种手段,确保工程(产品)质量。因此,在保证各种计量器具量测的精确性,生产中进行严格计量的同时,要不断提高计量人员的素质,努力实现检测现代化。

(3)质量信息工作 质量信息是指反映产品质量、工序质量、工作质量的各种资料、数据、消息、情报等,是项目开展质量管理活动的一种重要资源。它可以从企业内部,也可以从企业外部(如工程回访、用户、国内外同行)搜集。对质量信息工作的要求是准确、及时、全面和系统。

(4)质量责任制工作 建立健全质量责任制的本质是在组织质量管理体系运行过程中对人的行为建立一种"引导"与"制约"机制,以达到质量管理工作中"事有人管、人有专责"的要求,实现质量保证的目标。质量责任制可分为部门及岗位质量责任制和质量管理的经济责任制两种。

(5)开展质量管理小组活动 质量管理小组(简称 QC 小组)是指在项目施工生产或工作岗位上从事各种劳动的职工,围绕企业的质量方针、目标和施工项目中存在的问题,以改进质量、降低消耗、提高经济效益和人的素质为目的而组织起来,运用质量管理的理论和方针开展活动的小组,是职工参与质量管理与质量管理科学有机结合的产物,对施工项目提高质量水平起着重要作用。

QC 小组的组建应遵循从实际出发的原则,自愿组合或由行政组织。项目施工现场提倡工人、技术人员、领导干部三结合,人数以 3 ~ 10 人为宜,一般不超过 15 人,根据工作性质及内容不同,其类型有现场型、攻关型、管理型、服务型 4 种。

QC 小组根据企业的质量方针目标、项目施工现场存在的关键或薄弱环节,以及用户的需要,选定活动课题之后,一般按 PDCA 循环的科学程序开展活动。

▶ 10.1.3 质量管理的发展概况

早在一万年以前的石器时代,人们对器物就有了质量的要求并对制作进行简单的检验。

西周时期的《周礼·考工记》记载了春秋战国时期的手工业产品的技术规程、制造工艺、施工规范和质量管理方法。现代意义的科学的质量管理理论和方法起源于 20 世纪初,大致可分为以下 3 个阶段:

1)质量检验阶段

1924 年泰罗(F. W. Taylor)出版了《科学管理原理》一书,明确提出了从作业中分离出管理职能的主张,设立质量检验部门,对生产出的产品进行全数质量检验,剔除废品,促进了产品质量的提高,这种检验属"事后检验"。

2)统计质量管理阶段

1926 年美国贝尔电话研究室工程师休哈特(W. A. Shewhart)应用概率论与数理统计的原理,创造了质量管理控制图,可以使产品的生产处于控制状态下,把事后把关变成事前控制。后来,美国人道奇(H. F. Dodge)和罗米格(H. G. Romig)提出了抽样检验法,用很少的费用,就可以搜集到必要的能说明产品整体质量状况的数据,解决了全数检验和破坏性检验存在的问题,这同以前的质量管理有本质上的不同,但当时由于正在爆发资本主义经济危机,这些理论未得到重视和应用。

20 世纪 40 年代,第二次世界大战期间,为提高军品的质量水平,减少事故,赢得战争胜利,美国政府组织了一批专家和技术人员运用休哈特等人的研究成果制定了 3 个战时质量控制标准(AWS21.1—1941:质量管理指南;AWS21.2—1941:数据分析用控制图法;AWS21.3—1942:工序控制图法),在全国进行推广宣传并在军工企业中强制施行。第二次世界大战以后世界各国开始学习、效仿这一方法,将这一方法广泛应用于企业产品生产中,这标志着质量管理已进入了统计质量管理阶段,即从"事后检验"变成了"预防性控制"。

3)全面质量管理阶段

进入 20 世纪 60 年代,随着社会生活条件的改善和对质量要求的日益提高,产品质量引入了成本、价格、交货期、技术服务等概念,人们开始认识到质量管理单靠数理统计方法来控制生产是不够的。1961 年美国通用电气公司的菲根堡姆(A. V. Feigenbaum)等人提出了全面质量管理的新概念。

全面质量管理是一种组织的管理方法,这种管理方法是以质量为中心,以全民参加为基础,以顾客满意、组织成员和社会均能受益为长期成功的目标。

(1)全面质量管理的基本观点

①"三全"的观点。一是全过程的质量管理。要对影响产品质量的全部过程的各阶段都要进行管理。对于施工项目来讲,指从合同签订开始,到施工准备、具体施工、竣工验收、定期回访各个阶段都要进行质量管理。二是全员参加的质量管理。由于实行全过程的质量管理,企业,特别是项目组的每个人都与质量有关系,所以企业,尤其是项目组必须调动和组织所有人员,加强质量意识教育,使人人尽职尽责,保证本职工作质量、工序的操作质量、工程的整体质量。三是全企业的质量管理。为达到按质、按量、按期地制造出用户满意的建筑产品,要对企业所属的各单位和各部门的各方面工作进行质量管理。

②"为用户服务"的观点。全面质量管理的目的就是满足用户的需要。企业及项目外部,

凡接收和使用企业建造的工程(产品)的单位和个人都是企业的用户;项目内部,下道工序是上道工序的用户,用户不满意就谈不上工程质量好,只有这样才能在生产的同时用"质量管理链"去环环消除隐患,以保证最终完成的工程(产品)质量。

③预防为主的观点。工程(产品)质量是设计和生产出来的。在建筑安装工程中,分部分项工程的质量随时受操作者、原材料、施工机具、施工工艺、施工环境等因素的影响。全面质量管理的特点就是把过去从事后检验把关为主的质量管理转变为以预防为主、事后检验改进为辅的质量管理,把管理结果变为管理影响因素,使建筑工程产品在施工生产的全过程中始终处于控制之下,力求"第一次就做好"。

④用数据说话的观点。运用数理统计的方法,把施工过程中搜集到的大量数据进行整理和科学分析,研究工程(产品)质量的波动情况,找出影响工程质量的原因及规律性,才能有针对性地采取保证质量的措施。因此说,科学管理必须用数据说话,使质量管理定量化,改变仅凭经验、凭印象从事质量管理的做法。但要注意认真搜集和积累数据,保证数据的真实性,否则假的数据比没有数据更有害。

(2)全面质量管理的基本工作方法　PDCA循环是全面质量管理的基本工作方法,由美国质量管理专家戴明(W. E. Deming)首先提出,所以又称戴明环。P(Plan)代表计划,D(Do)代表执行,C(Check)代表检查,A(Action)代表处理。

①PDCA循环的基本内容:

a. 计划阶段(P)。

第1步,分析现状,找出存在的质量问题;

第2步,分析产生问题的原因或影响工程产品质量的因素;

第3步,找出影响质量的主要原因或因素;

第4步,制订质量改进措施方案。

b. 执行阶段(D)。

第5步,按制订的方案去实施或执行。

c. 检查阶段(C)。

第6步,检查实施或执行的效果。

d. 处理阶段(A)。

第7步,总体取得的成果进行标准化处理;

第8步,将遗留的问题放在下一个PDCA循环中进一步解决。

②PDCA循环的特点:

a. 按序转。PDCA循环必须保证4个循环阶段的有序性和完整性,好似一个不断运转的车轮,促使项目质量管理科学化、严格化和条理化,如图10.2所示的质量环(a)图。

b. 环套环。PDCA循环是大环套小环,互相联系,相互促进。从建筑企业、施工项目、各个部门一直到施工班组,由大到小都有自己的质量环,大环是小环的依据,小环是大环的具体落实,如图10.3所示的质量环(b)图。

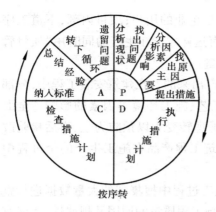

图10.2　质量环(a)图　　　　　　　　图10.3　质量环(b)图

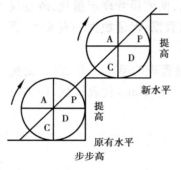

图10.4　质量环(c)图

c.步步高。PDCA循环本身就是一个提出问题与解决问题的过程,每运转一周就有新的要求和目标,在企业质量方针和目标的指引下通过一次一次的循环,项目的质量水平上台阶、上档次,如图10.4所示的质量环(c)图。

4)ISO 9000 **系列标准的形成**

ISO/TC 176是国际标准化组织(ISO)中负责制定有关质量管理和质量保证方面国际标准的一个委员会,成立于1980年5月。为了适应全球经济一体化形势迅速发展的需要,防止在国际贸易中利用质量认证制造技术壁垒,TC176在总结世界各国特别是工业发达国家质量管理经验的基础上,经过多年艰苦努力,于1986年6月正式发布了ISO 8402《品质—术语》国际标准。1987年3月正式发布了ISO 9000系列标准。

ISO 9000系列标准统一了质量管理术语概念,在质量管理发展的3个阶段的基础上,总结了质量管理的理论成果,制定了一套通用的、具有灵活性的国际质量保证模式。作为市场经济和社会化大生产发展的产物,也是与现代生产规模、条件相适应的质量管理工作模式。因此,ISO 9000系列标准的诞生,顺应了消费者的要求,为生产方提供了当代企业寻求发展的途径,有利于一个国家对企业的规范化管理,更有利于国际间的贸易和生产合作。

10.2　工程质量控制

施工阶段是工程项目实体质量的形成阶段,施工阶段的质量控制是工程质量管理的重点。

▶　10.2.1　工程质量因素的控制

影响工程质量的因素主要有5个方面:人力资源、材料、机械设备、施工方法以及施工环境。

（1）人力资源的控制　人力资源方面的因素主要指领导者的素质,操作人员的思想道德、质量意识、专业理论、技术水平和工作积极性等。人是施工过程的主体,因此施工时首先要考虑对人的因素的控制,通过加强教育、开展职业培训、岗位分析、建立和健全规章制度等一系列措施来保障工程项目的质量。

（2）材料的控制　材料（包括原材料、成品、半成品、构配件）是工程施工的物质条件,材料的质量是工程质量的基础,材料质量不符合要求,工程质量也就不可能符合标准。所以加强材料的质量控制,是提高工程项目质量的重要保证。

（3）机械设备的控制　施工阶段能否在综合考虑施工现场条件、建筑结构形式、施工工艺和方法、建筑技术经济等因素的基础上合理选择机械的类型和性能参数,并且能否正确操作机械设备,对项目质量有着直接的影响。

（4）施工方法的控制　施工过程中的方法包括采取的技术方案、工艺流程、组织措施、检测手段、施工组织设计等。施工方案正确与否,直接影响工程质量控制能否顺利实现。往往由于施工方案考虑不周而拖延进度,影响工程项目质量,进而增加投资。

（5）环境的控制　影响施工项目质量的环境因素较多,有工程技术环境,如工程地质、水文、气象等;工程管理环境,如质量保证体系、质量管理制度等;劳动环境,如劳动组合、作业场所、工作面等。环境因素对质量的影响,具有复杂而多变的特点。因此,根据工程特点和具体条件,应对影响质量的环境因素采取有效的措施严加控制。尤其是施工现场,应建立文明施工和文明生产的环境,保持材料工件堆放有序,道路畅通,工作场所清洁整齐,施工程序井井有条,为确保质量、安全创造良好条件。

▶ 10.2.2　工程质量控制的特点

（1）影响质量的因素多　如设计、材料、机械、环境、施工工艺、操作方法、技术措施、项目人员、管理制度等,均直接影响施工项目的质量。

（2）容易产生质量变异　项目施工是单件生产,产品固定,人员流动。因此,投入资源、施工条件、操作方法、环境和检测手段的细微变化,很容易产生施工质量的变异。

（3）容易产生第一、第二判断错误　施工项目由于工序交接多,中间产品多,隐蔽工程多,若不及时检查,事后再看表面,就容易产生第二判断错误,也就是说,容易将不合格的产品认为是合格的产品;反之,若检查不认真,测量仪表不准,读数有误,则会产生第一判断错误,也就是说容易将合格产品认为是不合格产品。在进行质量检查验收时,应特别注意。

（4）质量检查不能解体、拆卸　施工项目是通过工序的连接来完成,存在隐蔽工程,同时,施工项目产品建成后,不可能像普通工业产品那样,再拆卸或解体来检查内在的质量,或重新更换部件,即使发现质量有问题,也不可能像工业产品那样实行"包换"或"退款"。

（5）质量要受投资、进度的制约　施工项目的质量受投资、进度的制约较大,如一般情况下,投资大、进度慢,质量就好;反之,质量就差。加之整个工程建设周期较长,进入施工阶段,业主对工期、投资有相应的规划和要求。因此,项目在施工中,还必须正确处理好质量、成本、进度三者之间的关系,使其达到对立统一,积极采取措施,保证工程质量。

► 10.2.3 工程质量控制的主要环节

1）施工准备阶段的质量控制

（1）技术资料及文件准备的质量控制

①施工项目所在地的自然条件和技术经济条件调查资料应做到周密、详细、科学、妥善保存，为施工准备提供依据。

②施工组织设计文件的质量控制要求：一是使施工顺序、施工方法和技术措施等能保证质量；二是进行技术经济比较，使质量好，经济效果也好。

③要认真搜集并学习有关质量管理方面的法律、法规和质量验收标准、质量管理体系标准等。

④工程测量控制资料应按规定搜集、整理和保管。

（2）设计交底和图纸审核的质量控制　应通过设计交底、图纸审核，使施工者了解设计意图、工程特点、工艺要求和质量要求，发现、纠正和减少设计差错，消灭图纸中的质量隐患，作好记录，以保证工程质量。

（3）质量教育与培训　通过质量教育与培训，增强质量意识和顾客意识，使员工具有所从事的质量工作要求的能力。可以通过考试或实际操作等方式检查培训的有效性，并保存教育、培训及技能认可的记录。

2）项目采购阶段的质量控制

①项目经理部应设置采购部门，制订采购管理制度、工作程序和采购计划。

②项目经理应按质量计划中物资采购的规定选择和评价供应人，并保存评价记录。

③项目采购工作应符合有关合同、设计文件所规定的数量、技术要求和质量标准，符合季度、安全、环境和成本管理等要求。

④对采购的产品应根据验证要求规定验证部门及验证方式，当拟在供方现场实施验证时，应在采购要求中事先作出规定。

⑤采购资料应真实、有效、完整，具有可追溯性。

3）施工阶段的质量控制

（1）施工阶段质量控制的内容　包括：技术交底、工程测量、材料、机械设备、环境、计量、工序、特殊过程、工程变更和质量事故处理等。

（2）施工阶段质量控制的要求

①技术交底的质量控制应注意：交底时间、交底分工、交底内容、交底方式和交底资料保存。

②工程测量的质量控制应注意：编制控制方案，保存测量记录，保护测量点线。还应注意对原有基准点、基准线、参考标高、控制网的复测和测量结果的复核。

③材料的质量控制应注意：在合格材料供应人名录中选择供应人；按计划采购；按规定进行搬运和储存；进行标识；不合格的材料不准投入使用；发包人供应的材料应按规定检验和验收；监理工程师对承包人供应的材料进行验证等。

④机械设备的质量控制应注意：按计划进行调配；满足施工需要；配套合理使用；操作人

员应进行确认并持证上岗;搞好维修与保养等。

⑤为保证项目质量,对环境的要求是:建立环境控制体系;实施环境监控;对影响环境的因素进行监控,包括工程技术环境、工程管理环境和劳动环境。

⑥计量工作的主要任务是统一计量单位,组织量值传递,保证量值的统一。对计量质量控制的要求是:建立计量管理部门,配备计量人员;建立计量规章制度;开展计量意识教育;按规定控制计量器具的使用、保管、维修和检验。

⑦工序质量控制应注意:作业人员按规定经考核后持证上岗;按操作规程、作业指导书和技术交底文件进行施工;工序的检验和试验应符合过程检验和试验的规定;对查出的质量缺陷按不合格控制程序及时处理;记录工序施工情况;把质量的波动限制在要求的界限内;以对因素的控制保证工序的质量。

⑧特殊过程是指在质量计划中规定的特殊过程,其质量控制要求是:设置其工序质量控制点;由专业技术人员编制专门的作业指导书,经技术负责人审批后执行。

⑨工程变更质量控制要求:严格按程序变更并办理批准手续;管理和控制那些能引起工程变更的因素和条件;要分析提出工程变更的合理性和可行性;当变更发生时,应进行管理;注意分析工程变更引起的风险。

⑩成品保护要求:首先要加强教育,提高成品保护意识;其次要合理安排施工顺序,采取有效的成品保护措施。成品保护措施包括护、包、盖、封,可根据需要选择。

4)竣工验收阶段的质量控制

竣工验收阶段的质量控制包括:最终质量检验和试验,技术资料的整理,施工质量缺陷的处理,工程竣工验收文件的编制和移交准备,产品防护,撤场计划。这个阶段的质量控制要求主要有以下几点:

①最终质量检验和试验指单位工程竣工验收前的质量检验和试验,必须按施工质量验收规范的要求进行检验和试验;

②对查出的质量缺陷应按不合格控制程序进行处理,处理方案包括修补处理、返工处理、限制使用和不作处理;

③应按整理竣工资料的规定整理技术资料、竣工资料和档案,作好移交准备;

④在最终检验和试验合格后,对产品采取防护措施,防止丢失或损坏;

⑤工程交工后应编制符合文明施工要求和环境保护要求的撤场计划,拆除、运走多余物资,达到场清、地平乃至树活、草青的目的。

10.3 工程质量控制的基本工具和方法

工程项目施工过程中存在大量的有关质量的数据,需要我们去搜集、整理、分析,推断工序或产品的质量状态,从而采取相应措施,实现控制生产过程、提高项目产品质量的目的。

应用数理统计方法进行质量控制的步骤:搜集质量数据→数据整理→进行统计分析,找出质量波动的规律→判断质量状况,找出质量问题→分析影响质量的原因→拟定改进质量的对策、措施。

工程质量控制的基本工具和方法现分述如下。

10.3.1 频数分布直方图

直方图是通过频数分布统计表分析,研究数据的集中程度和波动范围的一种统计分析方法。频数分布直方图的优点是计算和绘图比较方便,能明确表示质量分布情况;其缺点是不能反映时间变化,且要求搜集的数据较多,至少在 50 个数据以上,一般要 100 多个数据,否则反映不出数据分布规律。直方图主要用于试验和判断质量状况。

1)作图方法和步骤

频数分布直方图的作图方法和步骤如下:

(1)搜集整理数据

【例 10.1】 ××工地在一个时期拌用 C30 混凝土,共做试块 100 组,其抗压强度详见表10.2。

表 10.2 混凝土试块强度统计表

序 号	数据/MPa										最 大	最 小
1	32.3	31.9	32.6	30.1	32.0	31.1	32.7	31.6	29.4	31.9	32.7	29.4
2	32.2	32.0	28.7	31.0	29.5	31.4	31.7	30.9	31.8	31.6	32.2	28.7
3	31.4	34.1	31.4	34.0	33.5	32.6	30.9	30.8	31.6	30.4	34.1	30.4
4	31.5	32.7	32.6	32.0	32.4	31.7	32.7	29.4	31.7	31.6	32.7	29.4
5	30.9	32.9	31.4	33.0	33.1	33.0	31.3	32.9	32.4	33.1	33.1	30.4
6	30.3	30.4	32.6	31.9	31.0	33.0	31.3	31.6	31.8	33.0	33.0	30.4
7	31.9	30.9	31.1	31.3	31.9	31.3	30.8	30.5	31.4	31.3	31.9	30.5
8	31.7	31.6	32.2	31.6	32.7	32.6	27.4	31.6	31.9	32.0	32.7	27.4
9	34.7	30.3	31.2	32.0	34.3	32.6	30.3	32.6	30.3	31.8	34.7	30.3
10	30.8	32.0	31.3	29.7	30.5	31.6	31.7	30.4	31.1	32.7	32.7	29.7

找出全体数据的最大值 X_{max} 和最小值 X_{min}。

$$R = X_{max} - X_{min} = 34.7 - 27.4 = 7.3$$

式中 R——极差。

(2)对数据进行分组并确定组距 实践证明,组数太少会掩盖组内数据变动情况,组数太多又会使各组参差不齐,从而看不出规律性。通常当数据总数为 50 ~ 200 时,可分为 8 ~ 12组。组数用 k 表示,组距用 h 表示。组数、组距、极差三者之间的关系为:

$$k = R/h \tag{10.1}$$

本例中选定 $k = 10$,则组距 $h = 7.3/10 = 0.73$。为计算简便,可取 $h = 8$。

(3)确定数据分组区间 相邻区间数值上应当是连续的,即前一区间的上界值应等于后一区间的下界值,同时应避免数据落在区间的分界上,为此,一般把区间分界值提高一级精度。如本例中,第一区间的下界值可取最小值减 0.05,上界值采取最小值减 0.05 加组距。

第一区间下界值 $= X_{\min} - 0.05 = 27.4 - 0.05 = 27.35$

第一区间上界值 $= X_{\min} - 0.05 + h = 0.05 + 0.8 = 28.15$

第二区间下界值 = 第一区间上界值 = 28.15

第二区间上界值 = 第一区间上界值 $+ h = 28.15 + 0.8 = 28.95$

以此类推。

（4）编制频数分布统计表　确定了数据分组区间，就可以对落入区间的数据进行频数统计，并编制频数分布统计表，见表10.3。

表10.3　频数分布统计表

序　号	分组区间	频数统计	频　数	频率/%
1	27.35～28.15	一	1	1
2	28.15～28.95	一	1	1
3	28.95～29.75	正	4	4
4	29.75～30.55	正丁	7	7
5	30.55～31.35	正正正正正	25	25
6	31.35～32.15	正正正正正正正丁	37	37
7	32.15～32.95	正正正一	16	16
8	32.95～33.75	正	5	5
9	33.75～34.55	丁	3	3
10	34.55～35.35	一	1	1
			100	100

（5）绘制频数直方图　用横坐标表示数据分组区间，纵坐标表示各分组区间数据出现的频数。本例混凝土强度的频数直方图，如图10.5所示。

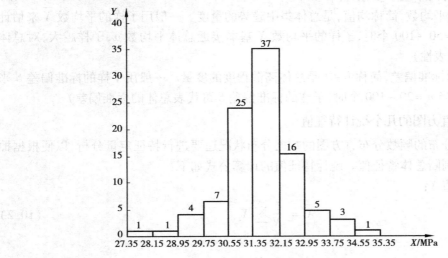

图10.5　混凝土强度直方图
X—强度区间；Y—频数

2)频数直方图的观察分析

反映建筑施工生产过程的质量数据不会是固定值。由于机械设备、材料、工艺技术、工作环境条件等因素的影响,质量数据是波动的,且质量数据的波动具有规律性,质量数据波动的规律被称为质量数据的分布。

生产实践证明,当建筑产品的施工生产处于正常状态,反映质量特性值的数据分布服从正态分布,如图 10.6 所示。

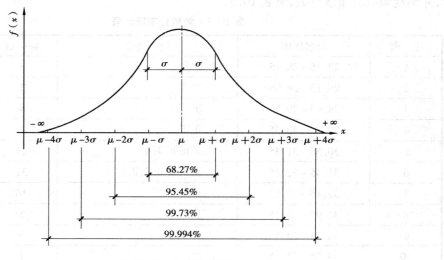

图 10.6　正态分布图

①曲线关于 $x = \mu$ 这一直线为轴,左右对称。

②曲线以横坐标为渐近线。其与横坐标间围合的面积,在 $\mu \pm \sigma$ 范围内为 68.27%;在 $\mu \pm 2\sigma$ 范围内为 95.45%;在 $\mu \pm 3\sigma$ 范围内为 99.73%;在 $\mu \pm 4\sigma$ 范围内为 99.994%。

③正态分布有两个基本参数,即 μ 和 σ。

μ——总体的平均数,简称均值,是总体集中趋势的量度。一般用子样的平均数 $\overline{X}$ 来估计(当 $n = 50 \sim 100$ 个时,子样的平均数 X 基本接近总体平均数 μ,子样越大,对总体越有代表性)。

σ——总体的标准偏差,简称方差,是总体离散程度的量度。一般用子样的标准偏差 S 来估计(当 $n = 20 \sim 100$ 个时,子样的标准偏差 S 可代表总体的标准偏差)。

3)频数分布直方图的几个统计特征值

对服从正态分布的频数分布直方图的数据分布状况还要进行特征定量分析,以便根据抽样数据特征值去判断总体特征值。统计特征值的计算公式如下:

①样本平均值 $\overline{X}$:

$$\overline{X} = \frac{1}{N} \sum_{i=1}^{n} X_i \tag{10.2}$$

②标准偏差 S:

$$S = \sqrt{\frac{1}{N-1} \sum_{i=1}^{n} (X_i - \overline{X})^2} \tag{10.3}$$

③变异系数 C_u。变异系数 C_u 反映质量相对波动的大小。

$$C_u = \frac{S}{\overline{X}} \qquad (10.4)$$

在国外,对混凝土强度的控制和分析规定了以下参数,详见表 10.4。

表 10.4　C_u 反映的质量状况

C_u	≤10%	≤10% ~ 15%	≤20%	>20%
质量状况	优	良	合格	不合格

在上例中,平均值及标准偏差 S 可用普通函数计算器在数理统计状态下输入数据求得:

$$\overline{X} = 31.59 \text{ MPa} \qquad S = 1.12 \text{ MPa}$$

$$C_u = \frac{S}{\overline{X}} = \frac{1.12}{31.59} = 3.5\%$$

故该混凝土工程质量为优。

4)频数直方图的应用

频数直方图可应用于以下几个方面:

(1)可用于样本整体图形与正态分布标准图形比较　在工艺条件正常的情况下,画出的样本直方图的整体图形应是中间高、两侧低,左右呈对称的正常图形,如图 10.7(b)所示。当出现非正常图形时,就要进一步分析原因,采取措施加以纠正。

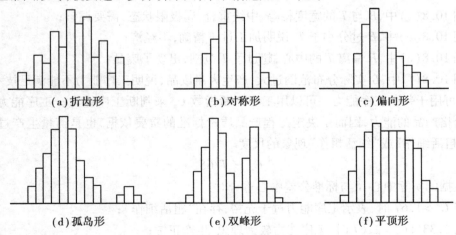

图 10.7　常见的直方图图形

①折齿形。多数由于分组或组距、测量方法不当,读数有问题引起。

②偏向形。主要由于操作习惯或对某方面控制太严等因素引起。

③孤岛形。出现了某种异常,如材料或操作方法发生变化,或由低级工顶班作业等。

④双峰形。通常由于用两种不同工艺或设备,以及两组工人进行施工,又将两组数据混杂在一起而发生的。

⑤平顶形。施工生产中存在某种缓慢变化的倾向,如设备均匀磨损、操作者疲劳等情况。

（2）可用于频数直方图与质量标准比较　在前面基础上，若图形正常，再与质量标准（即质量标准公差）相比较，如图10.8所示。图中B为实际的质量特性分布，T为规范规定或标准公差的界限。

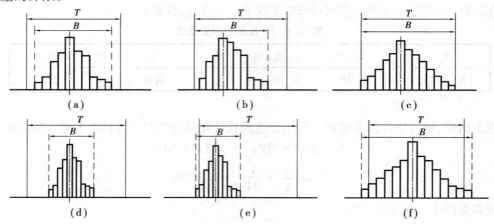

图10.8　实际分布与标准规格的比较图

①图10.8（a）中，B的中线与T的中线重合且B在T中间，两边均有一定余地，属理想情况；

②图10.8（b）中，B虽未超过T，但偏向一边，有超差即有出废品的可能，同时还要有B与T中线间的距离；

③图10.8（c）中，B与T的宽度相等，中线重合，属极限状态，需要调整；

④图10.8（d）中，B过分小于T，说明加工过于精确，不经济；

⑤图10.8（e）中，B偏离T的中心，超过了T范围，出现了废品；

⑥图10.8（f）中，B实际分布范围过大，产生大量废品，说明工序能力不能满足技术要求。

（3）可用于判断工序能力　可以用工序判断指数C_p来判断工序能力。工序能力指数反映生产合格产品的能力，因而是决定工程产品质量标准的重要依据，也是衡量生产过程中是否存在"粗活细作"或"细活粗作"现象的尺度。

$$C_p = T/6S \tag{10.5}$$

在数据的实际中心X与标准公差中心重合时：

①当$C_p > 1.67$时，表示工序能力过于充裕，存在"粗活细作"；

②当$1.33 < C_p < 1.67$时，工序能力较为理想，生产正常；

③当$1.0 < C_p < 1.33$时，工序能力勉强可以，需要加强管理；

④当$0.67 < C_p < 1.0$时，工序能力不足；

⑤当$C_p < 0.67$时，工序能力严重不足，必须停产整顿，否则将生产出次品或不合格产品。

▶ 10.3.2　控制图

1）基本概念

质量管理有静态分析方法和动态分析方法两大类，前者是用静态数据分析和推测产品的质量。实际上,我们更需要通过及时反映生产实际状态的动态数据去了解和掌握工序的质量波动情况,从而对工序实施有效的控制,这就是质量管理的动态分析方法。

控制图是一种典型的动态分析图,在质量管理中它主要发挥监测作用,应用它可以比较和分析产品生产质量的优劣,判断质量的稳定性,发现并及时消除工艺过程中的失调现象,预防废品的发生等。

2)基本原理

控制图的基本形式,如图 10.9 所示。

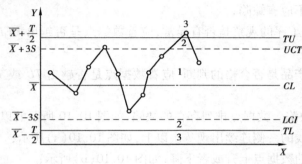

图 10.9　控制图

1—正常区;2—警戒区;3—废品区;*TU*—公差上限;*TL*—公差下限;

UCL—控制上限;*LCL*—控制下限;*CL*—控制中心线;*Y*—质量特征值;*X*—子样号或测试时间

影响工序和产品质量的因素,可分为异常性因素和偶然性因素两大类。异常性因素引起数据波动也称系统误差,是指不遵守操作规程、材料的质量发生变化、机械设备过度磨损或发生事故等,这类因素对数据波动的影响大,易于识别,也能防止与避免。偶然性因素引起的数据波动称随机误差,尽管生产过程中工人的操作、材料设备均符合要求且状态良好,但质量数据仍有一定波动,这种波动是由于生产的某些方面有微小的变化,现有技术条件不能控制,因此是正常的,不可避免的。

当整个生产过程中不存在异常性因素而仅仅存在偶然性因素时,质量分布服从正态分布,在这种情况下就可以用正态分布的特性去估计和判断产品的质量,这样的生产状态称为稳定状态或管理状态。凡在这种状态下生产出来的产品,质量特性值偏差较小,质量就有保证。应用控制图的目的,就在于使生产过程维持在管理状态下。

在控制图中,一般取 $\overline{X} \pm 3S$ 为上下控制界限的范围。因为在这一界限范围,如果只考虑偶然因素的影响,那么按正态分布的规律,在 100 个数据中,最多只能有 3 个数据点超出控制界限。因此,在仅有的有限次数测量中,一旦发现某个数据点超出控制界限,即可以认为此时的生产过程发生了异常变化。

图 10.9 中,上下公差界限为 $\overline{X} \pm T/2$。

3)控制图的类型及应用

控制图在质量管理中适用性强,应用广泛。根据质量管理的不同要求,控制图大体上可分为计量值数据控制图和计数值数据控制图两大类。

（1）应用控制图时应注意的问题

①应根据目的、要求、生产特性、数据种类及取样方法来选用适当的控制图。

②作为管理用的控制图,应在工序状态经过充分调试达到正常且稳定后,再收集数据计算控制界限。

③管理用的控制图所依据的生产条件,应与实际分析工序状态时具体的条件相一致。

④应用控制图判断生产过程是否处于正常稳定状态的准则如下:

a. 数据点应在合格区内,不能越出控制界限;

b. 数据点的排列不应有缺陷;

c. 应特别注意,对工序的观察是否有异常,应看数据点是否越出 UCL 或 LCL(即 $\overline{X} \pm 3S$)控制界限;

d. 对生产出来的产品是否合格的判断,应看数据点是否越出 TU 或 TL(即 $\overline{X} \pm T/2$)标准公差界限。

（2）数据点排列缺陷　数据点排列存在的缺陷,如图 10.10 所示的以下情况:

①数据点在中心线的一侧连续出现 7 次以上,如图 10.10(a)所示;

②连续 7 个以上的数据点上升或者下降,如图 10.10(b)所示;

③在连续 11 个点中,至少有 10 个点(可以不连续)在中心线一侧,如图 10.10(c)所示;

④数据点周期性变动,如图 10.10(d)所示。

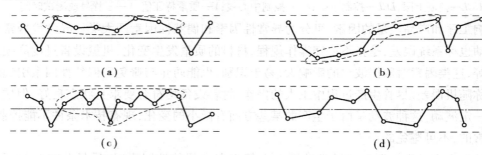

图 10.10　数据点排列缺陷图

▶ 10.3.3　排列图

排列图又称主次因素分析图,是根据意大利经济学家帕累托(Paroto)提出的"关键的少数、次要的多数"这一原理产生的。作为质量管理统计分析方法之一,常用来分析和找出影响产品质量的主次因素,抓住主要矛盾解决质量问题。

1）排列图的作图方法与步骤

（1）确定调查对象,收集数据并加以整理

【例 10.2】　某建筑公司下属的预制构件厂在一段时间不良品较多,需要查明原因。他们抽查了 500 块预制混凝土板,其中 138 块存在不同的质量问题。根据检查记录,按出现同类问题的数量大小进行整理排列,算出频率和累计频率,详见表 10.5。

表 10.5 混凝土预制板不合格项目统计表

序 号	项 目	块 数	频率/%	累计频率/%
1	强度不足	78	56.5	56.5
2	表面蜂窝麻面	30	21.7	78.2
3	局部有露筋	15	10.9	89.1
4	端部有裂缝	10	7.2	96.3
5	折 断	5	3.7	100

（2）建立坐标图,绘出项目直方图 如图 10.11 所示,排列图有一个横坐标,表示影响整理的各种因素;有两个纵坐标,其中左边纵坐标表示频数,右边纵坐标表示频率。各直方分别表示影响质量因素的项目,直方的高度表示因素影响的大小程度,按大小由左向右排列。横纵坐标的长度比通常为(1∶2)～(2∶1),图中各直方的宽度相等,直方间不留空隙。现将表 10.5 中所列项目按照频率大小画出项目直方,如图 10.11 所示。

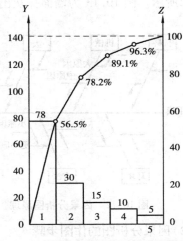

图 10.11 混凝土预制板质量问题排列图
1—强度不足;2—蜂窝麻面;3—露筋;
4—端部裂缝;5—折断;Y—频数(块);
Z—频率(%)

（3）画出累计频率曲线 根据累计频率在频数直方对应的位置标注累计频率点,连接这些点就是帕累托曲线,如图 10.11 所示。

2)排列图的应用

通常按累计频率将影响因素分为以下 3 类:

①A 类。累计频率 0%～80% 属 A 类,包含在这一类的因素称为主要因素。

②B 类。累计频率 80%～90% 属 B 类,称为次要因素。

③C 类。C 类为一般因素。

本例中,影响混凝土构件质量的主要因素是强度不足与表面蜂窝麻面;次要因素是局部有露筋;一般因素是端部有裂缝与折断。

根据频率大小分出 A,B,C 三类因素后,应针对影响质量的主次因素逐项采取改进措施,并将采取改进措施后的排列图加以比较。如果各因素的顺序有了改变,但总的不合格产品仍无显著改变时,则可认为生产过程是不稳定的,还须继续改进;如果各因素出现的频数减少,则认为效果良好。经过多次排列图对比证明这种改进确有效果,则应修订标准,把效果巩固下来,防止再次发生同类质量问题。

10.3.4　因果分析图

因果分析图又称特性要因图、鱼刺图或树枝图。

1)因果分析图的原理

影响产品质量的因素很多,也很复杂,因素之间概括起来有平行关系和因果关系。单独的平行关系可以用排列图法进行统计分析,如果同时存在纵向的因果关系,这就要求有一种方法能同时整理出这两种关系,因果分析法就可以解决这一问题。它是以结果为特性,以原因作为因素,在它们之间用箭头联系起来,表示因果关系的图形。因果分析图的原理如图10.12所示。图10.13为墙面抹灰出现裂纹及麻点的因果分析示例。

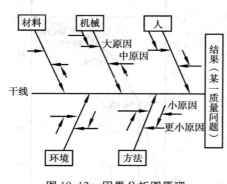

图 10.12　因果分析图原理

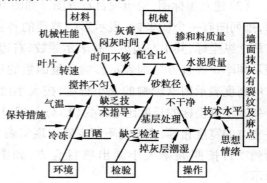

图 10.13　因果分析图应用示例

2)因果分析图的作图步骤

①明确要分析的质量特性。

②确定影响质量特性的主要因素。在施工生产中,主要是指人、机械设备、材料、工艺方法、环境 5 个方面的原因。

③在大的原因中寻找出中原因,在中原因中寻找出小原因,甚至寻找出更小的原因,一直要寻找到最根本的原因。

④针对根本原因,制订改进的对策。对策表见表 10.6。

表 10.6　对策表

序　号	项　目	质量现状	产生原因	采取对策及措施	执行人	期　限	实效检查

10.3.5　相关图

相关图又称散布图,这种图可以用来分析研究两种数据之间是否存在相关关系。

建筑工程施工及其产品的质量问题,都不会只由一种原因或因素所引起,往往是多个因素造成,这些因素与结果之间、因素与因素之间是一种什么样的关系,可否用一种函数关系去表达,这就需要借助于相关分析。

质量管理相关图的原理及做法,就是将两种需要确定关系的质量数据用点标注在坐标图上,从而根据点的散布情况判别两种数据之间的关系,以便进一步理清影响质量特性的主要因素。相关图的几种基本类型如图 10.14 所示,分别表示以下关系:

①正相关。即 X 增加,Y 也明显增加,只要控制 X,Y 就能得到控制。

②弱正相关。即 X 增加,Y 也略有增加,可通过控制 X 来控制 Y。

③不相关。即 X 与 Y 没有关系,不能通过一个特征值去控制另一个特征值。

④弱负相关。即 X 增加,Y 略有减少,可以通过控制 X 来控制 Y。

⑤负相关。即 X 增加,Y 明显减少,只要控制 X,Y 就能得到控制。

⑥非线性相关。即在一定范围内 X 增加,Y 也增加;而在另一范围内,X 增加,Y 随之减少,因此要分段控制。

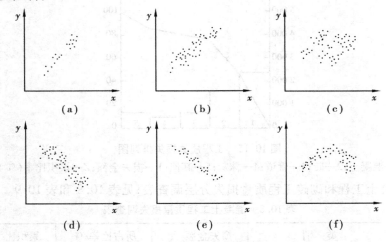

图 10.14 相关图的基本类型

▶ 10.3.6 分层法

分层法又称分类法,它是收集整理数据最基本的方法之一,即把收集起来的原始质量数据,按照统计分析的目的加以分类整理,以便分析质量问题及其影响因素。

分层法没有固定的图表和格式,但也不能随意地分,而是根据分层的目的,按照一定的标志加以区分,把性质相同、在同一条件下收集的数据归纳在一起。分层时,应使同一层内的数据波动幅度尽可能小,而层间的差别尽可能大。例如,建筑施工生产中可根据数据发生的时间按年、季、月、日分层;也可按新老工人、男女不同工龄、操作技术水平高低分层;或从原料的角度,按不同的供料单位、不同的进料时间、不同的施工环境等标志进行分类。

现以××建筑公司某年工程质量造成的损失为例,介绍分层法的具体应用。其具体应用分述如下:

①列出总的工程损失调查表或称排列表,见表 10.7 的损失,并画出总的工程质量损失排列图,如图 10.15 所示。从图 10.15 可知,混凝土工程质量和砌砖工程质量所造成损失的比例最大,共计 78%,所以将这两项的损失再进行分层分析。

表 10.7　工程质量损失调查表

序　号	工程内容	损失金额/元	所占比率/%	累积比率/%
1	混凝土工程	2 400	48	48
2	砌砖工程	1 500	30	78
3	排水管道工程	400	8	96
4	抹灰工程	300	6	92
5	其他	400	8	100

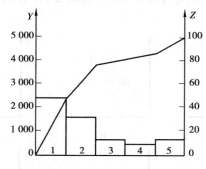

图 10.15　工程质量损失排列图

1—混凝土;2—砖;3—管道;4—抹灰;5—其他;Y—损失金额;Z—累积比率(%)

②列出混凝土工程和砌砖工程质量损失分层调查表,见表 10.8 和表 10.9。

表 10.8　混凝土工程质量损失调查表

序　号	类　别	损失金额/元	所占比率/%	累积比率/%
1	混凝土强度不够	1 300	54.2	54.2
2	蜂窝麻面	700	29.2	83.4
3	预埋件偏移	150	6.2	89.6
4	其他	250	10.4	100

表 10.9　砌砖工程质量损失调查表

序　号	类　别	损失金额/元	所占比率/%	累积比率/%
1	灰浆不饱满	700	46.7	46.7
2	垂直通缝	400	26.7	73.4
3	表面不平整	150	10.0	83.4
4	其他	250	16.6	100

③分别作出分层排列图,如图 10.16 所示。从该图中可以看出,对混凝土工程质量损失影响最大的因素是混凝土强度不足和蜂窝麻面;对砌砖工程质量损失影响最大的因素是灰浆

不饱满和垂直通缝。如果对此采取改进措施，并取得成效，质量事故损失率就会明显下降。本例还可以结合因果分析图继续分层，直到快要采取具体措施为止。

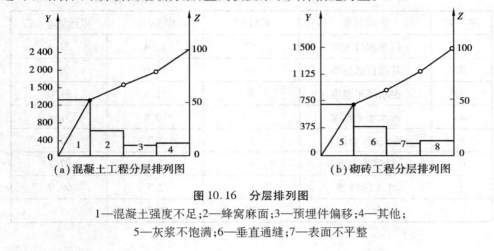

图10.16　分层排列图

1—混凝土强度不足；2—蜂窝麻面；3—预埋件偏移；4—其他；
5—灰浆不饱满；6—垂直通缝；7—表面不平整

▶ 10.3.7　统计分析表

统计分析表又称调查表或检查表，它是通过一定的目的对数据进行收集、整理、简单分析，为上述方法提供依据。统计分析表的格式多种多样，一般是按调查目的与对象的不同分为以下几种：产品缺陷部位调查表；不良项目调查表；不良原因调查表；工序内质量分布调查表；质量检查评定统计分析表等。

表10.10是按有关规定，对××班组砌砖操作质量进行检查，统计分析不合格项目的分类统计分析调查表。

表10.10　砌砖操作质量检测统计表

项次	实测项目		允许偏差	各点检测值/mm	不合格点数
1	轴线位移		10	10 8 6 8 5 4 3 5 6 7 3 8 7 6 8 9 10 10 9 8	0
2	楼面标高		±15	30 10 20 21 4 5 20 25 23 20 15 14 12 6 8 7 21 22 17 9	10
3	垂直度	每层	5	5 5 0 6 2 4 3 4 5 4 3 2 1 5 3 2 1 2 3 2	1
4		全高 10 mm以上	20	12 10 8 5 0 0 3 4 0 5 8 16 10 14 12 9 8 7 6 10	0
5	平整	清水墙柱	5	3 2 6 2 4 5 2 1 5 4 3 8 3 4 5 5 9 2 4	4
6		混水墙柱	8	7 8 9 2 3 9 10 12 2 3 5 9 10 11 3 7 6 4 10	8
7	砂浆饱满度		<20%	4 16 15 14 22 7 5 9 12 14 20 6 7 9 11 12 1 5 7	1
8	门窗洞口宽度		±5	5 10 5 3 6 7 4 7 2 3 6 7 8 3 4 7	12
9	水平灰缝厚度		+12 −8	6 5 4 3 2 1 0 7 6 5 4 3 1 2 0 7 13 5 4 6	1

表 10.11 为砌砖操作不合格项目频数、频率的统计分析调查表。

表 10.11　砌砖操作不合格项目频数、频率的统计分析调查表

序　号	影响因素	频数/次	频率/%	累计频率/%
1	门窗洞口宽度	12	32.4	32.4
2	基础顶面标高	10	27.0	59.4
3	混水墙平整度	8	21.6	81.0
4	清水墙平整度	4	10.8	91.8
5	垂直度（每层）	1	2.7	94.5
6	砂浆饱满度	1	2.7	97.2
7	水平缝厚度	1	2.7	99.9
合　计		37	99.9	

制作调查表时，首先必须明确所要收集数据的目的，要掌握施工过程的实际情况，收集到的数据应能反映客观事实，由此制作的调查表才便于针对存在的缺陷，找出原因所在，进而采取措施解决质量问题。

▶ 10.3.8　新 QC7 工具

以设计、计划为主要对象的新 QC7 工具是在 1976 年被正式应用于企业质量管理中。新 QC7 工具是指关联图法、系统图法、矩阵图法、矩阵数据分析法、KJ 图法、决策过程计划图法（即 PDPC 法）和矢线图法。

新 QC7 工具侧重于运用运筹学和系统工程的原理和方法，将影响质量的复杂技术因素、工作因素以及各部门间的关系分析好，理出头绪，并予以系统化，以便抓住主要问题，制订解决问题的措施。因此，新 QC7 工具主要应用于 PDCA 循环的 P 阶段。

质量管理的 7 种数理统计分析方法与新 QC7 工具相互间不矛盾，而是补充其机能上的不足，是相辅相成的。

10.4　工程质量问题的分析与处理

▶ 10.4.1　工程质量问题的内容

工程质量问题包括工程项目质量缺陷、工程项目质量通病、工程项目质量事故。

（1）工程项目质量缺陷　工程项目质量缺陷是指工程达不到技术标准允许的技术指标的现象。

（2）工程项目质量通病　工程项目质量通病是指工程项目存在各类影响工程结构、使用功能和外形观感的常见性质量损伤，如"渗、漏、泛、堵、壳、裂、砂、锈"等，犹如"多发病""常见

病"一样,而称为质量通病。建筑安装工程最常见的质量通病主要有:

①基础不均匀下沉,墙开裂;

②现浇钢筋混凝土工程出现蜂窝、麻面、露筋;

③现浇钢筋混凝土阳台、雨篷根部开裂或倾覆、坍塌;

④砂浆、混凝土配合比控制不严,任意加水,强度得不到保证;

⑤屋面、厨房渗水、漏水;

⑥墙面抹灰起壳、裂缝、起麻点、不平整;

⑦地面及楼面起砂、起壳、开裂;

⑧门窗变形、缝隙过大、密封不严;

⑨水暖电卫安装粗糙,不符合使用要求;

⑩结构吊装就位偏差过大;

⑪预制构件裂缝,预埋件移位,预应力张拉不足;

⑫砖墙接槎或预留脚手眼不符合规范要求;

⑬金属栏杆、管道、配件锈蚀;

⑭墙纸粘贴不牢、空鼓、折皱、压平起光;

⑮饰面板、饰面砖拼缝不平、不直、空鼓、脱落;

⑯喷浆不均匀,脱色、掉粉等。

(3)工程项目质量事故　工程项目质量事故是指在工程项目实施过程中和交付使用后,因为质量问题造成的人员伤亡、财产损失。

①工程质量事故的特点,具体如下:

a.经济损失达到较大的金额;

b.有时造成人员伤亡;

c.后果严重,影响结构安全;

d.无法降级使用,难以修复时,必须推倒重建。

②工程项目质量事故按照性质和严重程度划分为:

a.一般事故。通常是指经济损失在5 000元~10万元额度内的质量事故。

b.重大事故。凡是有下列情况之一者,可列为重大事故:

•建筑物、构筑物或其他主要结构倒塌者为重大事故;

•超过规范规定或设计要求的基础严重不均匀沉降、建筑物倾斜、结构开裂或主体结构强度严重不足,影响结构物的寿命,造成不可补救的永久性质量缺陷或事故;

•影响建筑设备及其相应系统的使用功能,造成永久性质量缺陷者;

•经济损失在10万元以上者。

▶　**10.4.2　工程质量问题的成因分析**

工程质量问题具有复杂性、严重性、可变性和多发性的特点,表现形式多种多样,但究其原因,大致有以下几种:

①违背建设程序。如不经可行性论证;未弄清工程地质、水文条件仓促开工;无证设计,无图施工;任意修改设计,不按图纸施工;竣工后不进行试车运转等。

②工程地质勘察不准确。未认真进行地质勘察,提供地质资料、数据有误,导致采用错误的基础方案,造成地基不均匀沉降、失稳,使上部结构及墙体开裂、破坏甚至倒塌。

③地基加固处理不好。对软弱土、冲填土、杂填土等不均匀地基没有进行相应的加固处理或处理不当,均是导致重大质量问题的原因。

④设计计算问题。设计时由于考虑不周,致使结构构造不合理,计算荷载取值过小,内力分析有误,沉降缝及伸缩缝设置不当,悬挑结构未进行抗倾覆验算等,也是诱发质量问题的隐患。

⑤建筑材料及制品不合格。采用的建筑材料不合格,例如,钢筋物理力学性能不符合标准,水泥受潮、过期、结块、安定性不良,砂石级配不合理,混凝土配合比不标准等均会严重影响施工质量。

⑥施工和管理问题。许多工程质量问题,往往是由于施工和管理水平太低造成的。如未经监理、设计部门同意,擅自修改设计;盲目施工,仓促施工;不按图施工;不按有关施工验收规范以及有关操作规程施工;操作人员素质较低,甚至缺乏基本的结构知识;技术组织措施不当;不重视质量检查和验收工作等,都是导致质量问题的祸根。

⑦自然条件影响。施工项目周期长、露天作业多,受自然条件影响大,因此,各种不良的气候条件都可能造成重大的质量事故,应采取有效措施予以预防。

⑧建筑物使用不当。对建筑物使用不当,违规使用,也会造成质量问题。如不经校核、验算,就在原有建筑物上任意加层,任意开槽、打洞等削弱承重结构的截面等。

▶ 10.4.3　工程质量问题的处理程序

工程质量问题分析、处理程序如图 10.17 所示。

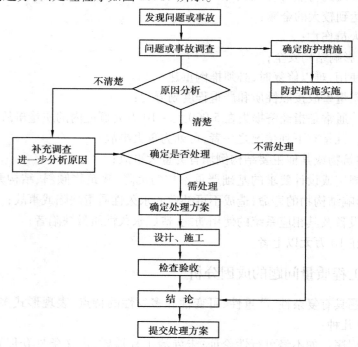

图 10.17　工程质量问题分析、处理程序

（1）质量问题的发现　当发现工程出现质量问题或事故后，应停止有质量问题部位和其相关部位及下道工序施工，需要时还应采取适当的防护措施，同时，要及时上报主管部门。

（2）质量问题调查　质量问题调查，主要是明确质量问题的范围、问题程度、性质、影响、原因，调查应做到全面、准确、客观。

（3）质量问题原因分析　质量问题的原因分析要建立在事故情况调查的基础上，避免情况不明就主观分析推断事故的原因。尤其是有些事故，其原因错综复杂，往往涉及勘察、设计、施工、材质、使用管理等几方面，只有对调查提供的数据、资料进行详细分析后，才能去伪存真，找出造成事故的主要原因。

（4）制订事故处理方案　制订事故处理方案应安全可靠，不留隐患，满足建筑物的功能和使用要求，同时技术可行、经济合理等。如果一致认为质量缺陷不需专门处理，则必须经过充分的分析、论证。

（5）质量事故处理　发生的质量事故不论是否由于承包商（项目组）方面的责任原因造成的，质量事故的处理通常都是由承包商（项目组）负责实施。如果不是承包商（项目组）方面的责任原因，则处理质量事故所需的费用或延误的工期，应给予施工单位补偿。

（6）质量事故处理报告　质量问题处理完毕后，应组织有关人员对处理结果进行严格的检查、鉴定和验收，由监理工程师写出"质量事故处理报告"，提交业主或建设单位，并上报有关主管部门。其内容包括：

①工程概况，重点介绍事故有关部分的工程情况；
②事故情况，包括事故发生时间、性质、现状及发展变化的情况；
③是否需要采取临时应急防护措施；
④事故调查中的数据、资料；
⑤事故原因的初步判断；
⑥事故涉及人员与主要责任者的情况等。

10.5　工程质量验收

在工程项目管理中，工程质量验收是工程质量管理的重要内容。首先，工程质量验收是生产过程中必要的和正常的工作；其次，只有通过验收才能确定工程项目的质量状态；最后，质量验收对工程质量既起着把关作用，又起着预防作用。

项目经理必须根据合同和设计图纸的要求，严格执行国家颁发的《建筑工程施工质量验收统一标准》（GB 50300）的规定，及时配合监理工程师、质量监督站等有关人员进行质量评定和办理竣工验收交接手续。

工程质量验收程序是按分项工程、分部工程、单位工程依次进行。工程质量等级，只有"合格"，凡不合格的项目则不予验收。

► ## 10.5.1　术语

（1）单位（子单位）工程　具备独立施工条件并能形成独立使用功能的建筑物及构筑物

为一个单位工程。

建筑规模较大的单位工程,可将能形成独立使用功能的部分划分为一个子单位工程。

（2）分部（子分部）工程

①分部工程的划分应按专业性质、建筑部位确定。如建筑工程可划分为9个分部工程,即地基与基础、主体结构、建筑装饰装修、建筑屋面、建筑给排水及采暖、建筑电气、智能建筑、通风与空调和电梯等分部工程。

②当分部工程规模较大或较复杂时,可按材料种类、施工特点、施工顺序、专业系统及类别等划分为若干个子分部工程。如主体结构分部工程可分为:混凝土结构、钢筋（管）混凝土结构、砌体结构、钢结构、木结构、网架和索膜结构等子分部工程。

（3）分项工程　分项工程应按主要工种、材料、施工工艺、设备类别等进行划分。如混凝土基础子分部工程可分为模板、钢筋、混凝土、后浇带混凝土、混凝土结构缝处理等分项工程。

（4）检验批　所谓检验批是指按同一生产条件或按规定的方式汇总起来的供检验用的、由一定数量样本组成的检验体。检验批由于其质量基本均匀一致,因此可以作为检验的基础单位。

分项工程可由一个或若干个检验批组成,检验批可根据施工及质量控制和专业验收需要按楼层、施工段、变形缝等进行划分。分项工程划分成检验批进行验收有助于及时纠正施工中出现的质量问题,确保工程质量,也符合施工的实际需要。检验批的划分原则如下:

①多层及高层建筑工程中主体部分的分项工程可按楼层或施工段划分检验批,单层建筑工程中的分项工程可按变形缝等划分检验批;

②地基基础分部工程中的分项工程一般划分为一个检验批,有地下室的基础工程可按不同地下层划分检验批;

③屋面分部工程中的分项工程按不同楼层屋面划分为不同的检验批;

④其他分部工程中的分项工程,一般按楼层划分检验批;

⑤对于工程量较少的分项工程可统一划分为一个检验批;

⑥安装工程一般按一个设计系统或设备组别划分为一个检验批;

⑦室外工程统一划分为一个检验批;

⑧散水、台阶、明沟等含在地面检验批中。

（5）主控项目　建筑工程中对安全、卫生、环境保护和公众利益起决定性作用的检验项目,称为主控项目。

（6）一般项目　除主控项目以外的检验项目。

▶ 10.5.2　工程质量验收标准与程序

工程质量验收顺序为:检验批质量验收→分项工程质量验收→分部（子分部）工程质量验收→单位（子单位）工程质量验收。

（1）检验批和分项工程质量验收（第1步）　由于检验批和分项工程是工程项目质量的基础,所有检验批和分项工程均应由监理工程师（建设单位项目技术负责人）组织施工单位项目专业质量（技术）负责人等进行验收。

检验批质量合格规定如下:

①主控项目和一般项目的质量经抽样检验合格；

②具有完整的施工操作依据、质量检查记录。

分项工程质量验收合格规定如下：

①分项工程所含的检验批均应符合合格质量的规定；

②分项工程所含的检验批的质量记录应完整。

（2）分部（子分部）工程质量验收（第2步）　由总监理工程师（建设单位项目负责人）组织施工单位项目负责人和技术、质量负责人等进行验收。地基与基础、主体结构技术性能要求严格，关系整个项目的安全性，其分部工程的勘察、设计单位工程项目负责人和施工单位技术、质量负责人也应参加相关分部工程的验收。

分部（子分部）工程质量验收合格规定如下：

①分部（子分部）工程所含分项工程的质量均应验收合格；

②质量控制资料应完整；

③地基与基础、主体结构和设备安装等分部工程有关安全及功能的检验和抽样检测结果应符合有关规定；

④观感质量验收应符合要求。

（3）单位（子单位）工程施工单位自检（第3步）　单位工程完成后，施工单位首先应自行组织检查，评定检查结果，符合要求后向建设单位提交工程验收报告和完整的质量资料，请建设单位组织验收。

单位（子单位）工程质量验收合格规定如下：

①单位（子单位）工程所含分部（子分部）工程的质量均应验收合格；

②质量控制资料应完整；

③单位（子单位）工程所含分部工程有关安全和功能的检测资料应完整；

④主要功能项目的抽查结果应符合相关专业质量验收规范的规定；

⑤观感质量验收应符合要求。

（4）建设单位组织单位（子单位）工程验收（第4步）　建设单位收到工程验收报告后，应由建设单位（项目）负责人组织施工单位（含分包单位）、设计单位、监理单位等项目负责人进行单位（子单位）工程验收。

单位工程由分包单位施工时，分包单位对所承包的工程项目应按上述程序进行检查验收，总包单位要派人参加。分包工程完成后，应将工程有关资料移交总包单位。

当参加验收各方对工程质量验收意见不一致时，可请当地建设行政主管部门或工程质量监督机构，或各方认可的咨询单位协调处理。

（5）备案（第5步）　单位工程质量验收合格后，建设单位应在规定的时间内将工程竣工验收报告和有关文件，报建设行政管理部门备案，防止不合格工程进入社会。否则，不允许使用。

▶ 10.5.3 工程项目的交接与保修回访

1）工程项目交接

工程项目交接是对工程质量进行验收之后，由承包单位向业主移交项目所有权的过程。

建设单位组织工程项目竣工验收,确认工程项目符合工程竣工标准和合同条款的规定,即向施工单位签发《工程竣工验收报告》,施工单位便可办理工程交接。交接的内容包括:经整理的工程档案资料的移交、工程竣工结算(由施工单位提出,建设单位审查认可后,共同办理结算签认手续)、固定资产移交。上述手续办理完毕,则合同双方的经济和法律关系除施工单位应承担的保修责任外即予解除。

2)工程质量保修

工程质量保修是指施工单位对建筑工程竣工验收后,在保修期限内出现的质量不符合工程建设强制性标准以及合同约定等质量缺陷,予以修复。

在正常使用条件下,建设工程的最低保修期限为:

①基础设施工程、房屋建筑的地基基础工程和主体结构工程,为设计文件规定的合理使用年限;

②屋面防水工程、有防水要求的卫生间、房间和外墙面的防渗漏,为5年;

③供热与供冷系统,为两个采暖期、供冷期;

④电气管线、给排水管道、设备安装和装修工程,为2年;

⑤其他项目的保修期限,由发包方与承包方约定。

建设工程的保修期,自竣工验收合格之日起计算。在保修期内,属于施工单位施工过程中造成的质量问题,要负责维修,不留隐患。一般施工项目竣工后,各承包单位的工程款保留5%左右作为保修金,按照合同规定在保修期满退回承包单位。如属于设计原因造成的质量问题,在征得甲方和设计单位认可后协助修补,其费用由设计单位承担。

3)工程回访

工程回访是承包商的工作计划、服务控制程序和质量管理体系文件的构成内容。工程项目在竣工验收交付使用后,承包人应编制回访计划,主动对交付使用的工程进行回访。回访计划包括以下内容:

①主管回访保修业务的部门;

②工程回访的执行单位;

③回访的对象(发包人或使用人)及其工程名称;

④回访时间安排和主要内容;

⑤回访工程的保修期限。

工程回访一般由施工单位组织有关专业技术部门的人员参加。通过实地察看、召开座谈会等形式,听取建设单位、用户的意见和建议,了解建筑物使用情况和设备的运转情况等。每次回访结束后,施工单位都要认真作好回访记录。

工程回访的类型主要有例行性回访、季节性回访(了解房屋建筑的季节性使用质量状况)、技术性回访、保修期满前回访等。

工程质量保修和回访是在项目竣工后进行,此时施工项目组已经解体,因此,这两项工作由施工企业负责。

本章小结

本章主要讲述了工程质量的基本概念、工程质量控制的主要工具和方法、工程质量的事故分析与处理和工程质量验收等。现将其基本要点归纳如下：

（1）质量是建筑产品的本质特性，施工阶段是工程项目实体质量的形成阶段，施工阶段的质量控制是施工项目质量管理的重点。影响施工项目质量的因素主要有 5 个方面：人力资源、材料、机械设备、施工方法以及施工环境。

（2）施工项目质量控制有 5 个特点，即：影响质量的因素多；容易产生质量变异；容易产生第一、第二判断错误；质量检查不能解体、拆卸；质量要受投资、进度的制约。

（3）施工项目质量控制的主要环节包括：施工准备阶段的质量控制、项目采购阶段的质量控制、施工阶段的质量控制和竣工验收阶段的质量控制。

（4）施工项目质量控制的基本工具和方法包括：频数分布直方图、控制图、排列图、因果分析图、相关图、分层法和统计分析表。施工项目质量问题包括：工程质量缺陷、工程质量通病、工程质量事故。应按照工程施工质量问题的处理程序，认真分析原因并及时处理工程质量问题。

（5）工程项目质量验收程序是按分项工程、分部工程、单位工程依次进行。工程项目质量等级，只有"合格"，凡不合格的项目则不予验收。工程项目通过验收后，承包单位应按照相关规定承担保修回访的义务。

复习思考题

10.1 工程质量的内涵是什么？

10.2 如何理解工程质量保证这一概念？

10.3 工程质量管理的基础工作有哪些？

10.4 简述全面质量管理的基本观点和基本工作方法。

10.5 导致施工质量问题的原因通常有哪些？

10.6 简述工程质量问题的分析和处理程序。

11

建设工程成本管理

11.1 概　述

▶ 11.1.1 基本概念

1)工程成本

施工项目成本是指在项目施工过程中发生的全部生产耗费的总和。按照现行的财务制度,施工项目成本包括直接成本和间接成本。

(1)直接成本　直接成本是指在工程施工中直接用于施工实体上的人工、材料、设备和施工机械使用费等费用的总和。

①人工费用:包括施工生产工人的工资、工资附加费和劳动保护费等。

②材料费用:包括施工过程中耗用的构成工程实体的主要材料、结构件的费用和有助于工程形成的其他材料的费用,以及周转材料的摊销和租赁费。

③机械使用费用:包括施工过程中使用自有施工机械所发生的机械使用费和租用外单位施工机械的租赁费以及施工机械安装、拆卸和进出场费等。

④其他直接费用:是指在施工过程中发生的除上述3项直接费用以外的其他可直接计入各成本核算对象的费用,包括施工生产中发生的流动施工津贴、生产工具用具使用费、临时设施摊销费、材料二次搬运费、检验试验费、工程定位复测费、工程点交、场地清理费用等。

(2)间接成本　间接成本主要是指为组织和管理施工生产活动所发生的费用。如施工管理人员工资、工资附加费、劳动保护费、固定资产折旧费及修理费、物料消耗、低值易耗品摊销、水电费、差旅费、办公费、财产保险费、工程保修费等。

2）工程成本管理

施工项目成本管理就是在保证工期、质量、安全等满足要求的情况下，把项目施工成本控制在计划范围内，并进一步寻求最大的成本节约的管理活动。

► 11.1.2　工程成本管理的原则

①成本最低化原则。施工项目成本控制的根本目的在于通过成本控制的各种手段，不断降低项目成本，以达到可能实现最低的目标成本的要求。同时注意，应从实际出发制订能力范围内可能达到的、合理的最低成本水平。

②全面成本管理原则。对施工项目成本的管理，要着眼于全过程与各个环节，而不应只把注意力集中在某一点上。这就要求成本管理工作应随着项目施工进度的各个阶段和所有部分连续、全面地进行，既不能疏漏，也不能时紧时松，应使项目成本自始至终置于有效的控制之下。

③为了实现全面成本管理，必须对施工项目成本进行层层分解，以分级、分工、分人的成本责任制作保证。成本责任制的关键是划清责任，并与奖惩制度挂钩，建立起各部门、各班组和个人与施工项目成本的联系。

④成本管理有效化原则。主要有两层意思：一是促使项目经理部以最少的投入，获得最大的产出；二是以最少的人力和财力，完成较多的管理工作，提高工作效率。

提高成本管理有效性，一是采用行政方法，通过行政管理关系，下达指标，制订实施措施，定期监督检查；二是采用经济方法，利用经济手段实施管理；三是采用法制方法，根据国家的政策方针和企业实际情况，制定具体的规章制度，使人人照章办事，用法律手段进行成本管理。

⑤成本管理科学化原则。要实现成本管理科学化，必须把有关的自然科学和社会科学中的理论、技术和方法运用于成本管理。例如，在施工项目成本管理中，可以运用预测与决策方法、目标管理方法、不确定分析方法和价值工程等。

► 11.1.3　工程成本管理责任体系

承包商应建立、健全施工项目全面成本管理责任体系，明确业务分工和职责关系，把管理目标分解到各项技术工作和管理工作中。施工项目全面成本管理责任体系应包括两个层次：

（1）企业管理层　企业管理层主要负责项目全面成本管理的决策，确定项目的合同价格和成本计划，以及项目管理层的成本目标。企业应建立和完善项目管理层作为成本控制中心的功能和机制，并为项目成本管理优化配置生产要素，创造动态管理的环境和条件。

（2）项目经理部　项目经理部主要负责项目成本的管理，实施成本控制，实现项目管理目标责任书中的成本目标。项目经理部应建立以项目经理为中心的成本控制体系，按内部各岗位和作业层进行成本目标分解，明确各管理人员和作业层的成本责任、权限及相互关系。企业应按下列程序确定项目经理部的责任目标成本：

①在施工合同签订后，由企业根据合同造价、施工图和招标文件中的工程量清单，确定正

常情况下的企业管理费、财务费用和制造成本;

②将正常情况下的制造成本确定为项目经理的可控成本,落实项目经理的责任目标成本。

► 11.1.4 工程成本管理的任务

工程成本管理的主要任务包括成本预测、成本计划、成本控制、成本核算、成本分析和成本考核。

(1)工程成本预测 预测时,通常是对施工项目计划工期内影响其成本变化的各个因素进行分析,比照近期已完工施工项目或将完工施工项目的成本(单位成本),预测这些因素对工程成本中有关项目(成本项目)的影响程度,预测出工程的单位成本或总成本。

(2)工程成本计划 工程成本计划是以货币形式编制的施工项目在计划期内的生产费用、成本水平、成本降低率以及为降低成本所采取的主要措施和规划的书面方案,它是建立施工项目成本管理责任制、开展成本控制和核算的基础。一般来说,一个施工项目的成本计划应包括从开工到竣工所必需的施工成本,它是该施工项目降低成本的指导文件,是设立目标成本的依据。

(3)工程成本控制 施工项目成本控制是指在施工过程中,对影响施工项目成本的各种因素加强管理,并采取各种有效措施,将施工中实际发生的各种消耗和支出严格控制在成本计划范围内,随时揭示并及时反馈,严格审查各项费用是否符合标准,计算实际成本和计划成本之间的差异并进行分析,消除施工中的损失浪费现象,发现和总结先进经验。

工程成本控制应贯穿于施工项目从投标开始直到项目竣工验收的全过程,它是企业全面成本管理的重要环节。因此,必须明确各级管理组织和各级人员的责任和权限,这是成本控制的基础之一,必须予以足够的重视。

(4)工程成本核算 施工项目成本核算是指按照规定开支范围对施工费用进行归集,计算出施工费用的实际发生额,并根据成本核算对象,采用适当的方法,计算出该施工项目的总成本和单位成本。施工项目成本核算所提供的各种成本信息是成本预测、成本计划、成本控制、成本分析和成本考核等各个环节的依据。

(5)工程成本分析 施工项目成本分析是在成本形成过程中,对施工项目成本进行的对比评价和总结工作。它贯穿于施工成本管理的全过程,主要利用施工项目的成本核算资料,与计划成本、预算成本以及类似施工项目的实际成本等进行比较,了解成本的变动情况,同时也要分析主要技术经济指标对成本的影响,系统地研究成本变动的原因,检查成本计划的合理性,深入揭示成本变动的规律,以便有效地进行成本管理。

(6)工程成本考核 工程成本考核是指施工项目完成后,对施工项目成本形成中的各责任者,按施工项目成本目标责任制的有关规定,将成本的实际状况指标与计划、定额、预算进行对比和考核,评定施工项目成本计划的完成情况和各责任者的业绩,并以此给以相应的奖励和处罚。通过成本考核,做到有奖有惩,赏罚分明,才能有效地调动企业的每一个职工在各自的施工岗位上努力完成目标成本的积极性,为降低施工项目成本和增加企业的积累做出自己的贡献。

▶ 11.1.5 工程成本管理基础工作

健全和完善的成本管理基础工作是进行有效的成本管理的必要条件和保证。成本管理的基础工作包括以下几个方面：

1）建立和健全原始记录

原始记录是企业在施工生产活动发生之时，记载业务事项实际情况的书面凭证。在成本管理中，与成本核算和控制有关的原始记录是成本信息的载体。施工企业应根据其施工特点和管理要求，设计简明适用、便于统一组织核算的各类原始记录。与施工项目成本管理有关的原始记录一般包括：

①机械使用记录：反映施工机械交付使用、台班消耗、维修、事故等情况，如交付使用单、机械使用台账、事故登记表等。

②材料物资消耗记录：反映材料领取、材料使用、材料退库等情况，如限额领料单、退料单、材料耗用汇总表、材料盘点报告单等。

③劳动记录：反映职工人数、调动、考勤、工时利用、工资结算等情况，如施工任务单、考勤簿、停工单、工资结算单等。

④费用开支记录：反映水、电、劳务以及办公费开支情况，如各种发票、账单等。

⑤产品生产记录：反映已完工程、未完工程的成本、质量情况的记录。

2）建立完善的计量验收制度

在施工生产活动中，一切财产物资、劳动的投入和耗费以及生产成果的取得，都必须进行准确的计量，才能保证原始记录的准确，因而计量验收是采集成本信息的重要手段。施工活动中的计量单位一般分为3大类，即货币、实物和劳动。在成本核算中，费用开支采用货币计量；劳动生产结果采用实物计量；财产物资的变动结存，同时采用货币计量和实物计量，通过两者的核算，达到相互核对的目的。验收是对各种存货的收发和转移进行数量和质量方面的检验和核实，一般有入库验收和提货验收，验收时要核查实物与有关原始记录所记载的数量是否相符。

3）加强定额和预算管理

为了进行工程成本管理，必须具有完善的定额资料，搞好施工预算和施工图预算。定额是企业对经济活动在数量和质量上应达到的水平所规定的目标或限额。先进、合理的各类定额是制订定额成本、编制成本计划、监督费用开支、实施成本控制、进行成本分析的依据，对于降低劳动耗费、提供劳动生产率、简化成本核算、强化成本控制能力都有着重要的意义。涉及成本管理方面的定额，包括劳动生产率定额、设备利用率定额、物资消耗定额、费用开支定额、劳动生产定额等，除了国家统一的建筑、安装工程基础定额以及市场的劳务、材料价格信息外，企业还应有施工定额，施工定额既是编制单位工程施工预算及计划成本的依据，又是衡量人工、材料、机械使用的标准。

4）制订合理的内部结算价格

一般来说，可以以定额成本作为制订内部结算价格的基础。当材料、劳务等在企业内部各单位之间转移时，可先按内部核算价格结算，待月末算出实际成本后，再计算实际成本和内

部核算价格的成本差异。对转出单位而言,这个成本差异就是其成本控制的绩效,这就便于划清企业内部各单位之间的经济责任,推行责任成本管理制度。

5)建立和健全各项责任制度

责任制度是有效实施工程成本管理的保证。有关施工项目成本管理的各项责任制度包括:计量验收制度、定额管理制度、岗位责任制、考勤制度、材料收发领用制度、机械设备管理与维修制度、成本核算分析制度以及完善的成本目标责任制度等。企业应随施工生产、经营情况的变化、管理水平的提高等客观条件的变化,不断改进、逐步完善各项责任制度的具体内容。

► **11.1.6　工程成本管理程序**

工程成本管理程序是指从成本估算开始,直到成本分析为止的一系列管理工作的步骤。一般程序如图 11.1 所示。

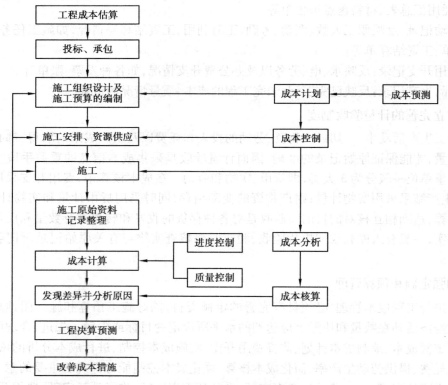

图 11.1　工程成本管理程序

11.2　工程成本预测

工程成本预测就是根据历史成本资料和有关的经济信息,在认真分析当前各种技术经济条件、外界环境变化及可能采取的管理措施的基础上,对施工项目未来的成本水平及其发展趋势所作出的定量描述和逻辑推断。

▶ 11.2.1　工程成本预测的作用

（1）工程成本计划的编制基础　在编制施工项目成本计划之前,要在搜集、整理和分析有关施工项目成本、市场行情和施工消耗等资料的基础上,对施工项目进展过程中的物价变动等情况和施工项目成本作出符合实际的预测。因此,科学的成本预测是编制正确、可靠的成本计划的基础。

（2）工程成本管理的重要环节　施工项目成本预测是预测和分析的有机结合,是事后反馈与事前控制的结合。通过成本预测,有利于及时发现问题,找出施工项目成本管理中的薄弱环节,及时采取措施,控制成本。因此,施工项目成本预测,既是成本管理工作的起点,又是成本事前控制成败的关键。

（3）工程项目投标决策的依据　建筑施工企业在选择投标项目的过程中,需要根据项目是否盈利、利润大小等因素确定是否对工程进行投标以及投标报价是多少。因此,在投标决策时就要估计项目施工成本的情况,通过与施工图预算的比较,才能作出正确的投标决策。

▶ 11.2.2　工程成本预测的程序

科学、准确的成本预测必须遵循正确的程序,成本预测的工作程序如图 11.2 所示。

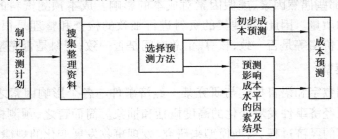

图 11.2　工程成本预测程序

1）制订工程成本预测计划

工程成本预测计划,是保证工程成本预测工作顺利进行的基础。工程成本预测计划主要包括:确定预测对象和目标,组织领导及工作布置,有关部门提供配合,进度计划,搜集资料的范围等。如果在成本预测过程中,出现新情况或发现成本预测计划存在缺陷,则应及时修订成本预测计划,以保证成本预测的顺利开展并获得良好的预测质量。

2）调查

调查可从 3 个方面来进行:

①市场调查:主要是了解国民经济发展情况,国家或地区的投资规模、方向和布局,以及主要工程的性质和结构,市场竞争形势等。

②成本水平调查:主要是了解本行业各种类型工程的成本水平,本企业在各地区、各类型投标中中标工程项目的成本水平和目标利润,建筑材料、劳务供应情况、市场价格及其变化趋势。

③技术发展调查：主要是了解国内外新技术、新设计、新工艺、新材料采用的可能性及对成本的影响。

3）搜集整理资料

根据成本预测计划，搜集成本预测资料是进行成本预测的重要条件。成本预测资料主要包括：

①企业下达的与成本有关的指标；

②历史上同类项目成本资料；

③项目所在地的成本水平；

④工程项目中与成本预测有关的其他资料，如计划和材料、机械台班、工时消耗等；

⑤其他与成本有关的资料，如项目技术特征，新材料、新工艺、新设备等的使用，交通、能源供应等。

由于预测对象涉及的因素相当复杂，要求搜集和分析的数据较多，因此应尽可能掌握与决策相关的详细资料。这些资料不仅包含各种核算的实际资料，还包括有关的计划、定额资料。不仅要搜集有关的数据资料，还要搜集有关的制度、合同、决议、报告、备忘录等文字资料，必要时，还要搜集国内、国外同类施工项目的有关资料。

在搜集资料的过程中，应随时分析资料的可靠性、连续性、全面性和完整性，尽可能排除会计、统计资料中那些偶然因素、虚假因素对成本的影响。成本预测资料的真实与准确决定了成本预测工作的质量。因此，对搜集的资料进行细致的检查和整理是很有必要的，如各项指标的口径、单位、价格等是否一致；核算、汇总时间是否一致；资料是否完整等。

4）建立预测模型

预测模型是用数字和语言描述与研究某一经济事件与各个影响因素之间数量关系的表达式。它是对客观经济事件发展变化的高度概括和抽象。简而言之，预测模型是利用象征性的符号去表达真实的经济过程，借助模型来研究、发现事物发展变化的规律。

5）选择成本预测方法

成本预测方法一般有定性预测方法和定量预测方法两种。定性预测方法主要有第6章介绍的德尔菲法、专家预测法等，是在数据资料不足或难以定量描述时，依靠个人经验和主观判断进行推断预测。本书也介绍了定量预测方法中的时间序列预测法和回归分析法等，这些方法同样可以用于成本预测。

选择预测方法时，一般要考虑以下因素：

①时间。不同的预测方法适用于不同的预测期限。定性预测一般多用于长期预测（通常在10年以上）；定量预测则宜用于中期预测（通常为5年左右）和短期预测（通常在2年以内）。

②数据。不同的预测方法有不同的数据要求，应根据数据的特点，选择相应的数据模型。如有完整的月份成本数据，则可应用时间序列分析来进行预测；如有完整的同类项目产值与成本的数据，则可采用回归分析预测。

③适用性。只有已证明有效的模型，才可用于实际预测。

④精度。选择的预测方法应能获得足够精确的预测结果。

6）工程成本预测

首先根据定性预测方法及一些横向成本资料的定量预测,对施工项目成本进行初步估计。其预测结果往往比较粗糙,需要进一步对影响施工项目成本的因素,如物价变化、劳动生产率、物料消耗、间接费用等进行详细预测,以便根据市场行情、分包企业情况、近期其他工程实施情况等,推测未来影响施工项目成本水平的因素有哪些,其影响如何,必要时可作量本利分析或敏感性分析。最后,根据初步成本预测结果以及对影响因素的判定,确定施工项目的预测成本。

7）分析、评价预测结果,提出预测报告

运用模型进行预测存在的一个问题是,预测对象的发展规律也会因为条件的不同而出现误差,使预测结果偏离实际结果。因此,需要对预测结果进行分析评价,以便检验和修正预测结果。施工项目可通过专业人员、技术人员根据经验检查,判断预测结果是否合理,是否会存在较大的误差;也可以通过其他预测方法进行验证,如根据掌握的最新资料利用原定预测模型重新预测或建立新的预测模型重新预测。

8）分析预测误差

工程成本预测的结果常常与实施后实际发生的成本有出入,因而产生预测误差。预测误差的大小,反映了成本预测的准确程度。对这种误差进行分析,有利于提高今后成本预测工作的质量。

11.3 工程成本计划

► 11.3.1 工程成本计划的概念

（1）工程成本计划 工程成本计划是以货币形式编制的施工项目在计划期内的生产费用、成本水平、成本降低率以及为降低成本所采取的主要措施和规划。

（2）工程成本计划的作用 工程成本计划的作用包括:成本控制的标准和依据,编制其他计划的基础,对生产能耗进行控制、分析和考核的依据。

► 11.3.2 工程成本计划的组成

工程成本计划一般由施工项目降低直接成本计划和间接成本计划组成。如果项目设有附属生产单位(如加工厂、预制厂、机械动力部、运输队等),那么,成本计划还包括产品成本计划和作业成本计划。

1）直接成本计划

工程项目的直接成本计划主要反映施工项目直接成本的预算成本、目标成本、计划降低额、计划降低率。直接成本计划主要包括以下内容:

（1）总则 总则包括施工项目概述、项目管理机构、项目外部环境特点、对合同中有关经

济问题的责任以及成本计划编制中依据的其他有关资料的介绍。

（2）成本目标及核算原则　成本目标包括施工项目降低成本计划及计划利润总额、投资和外汇总节约额、主要材料和能源节约额、流动资金节约额等。核算原则是指参与项目施工的各单位在成本、利润结算中采用何种结算方式，如承包合同中约定的结算方式、费用分配方式、会计核算原则、结算款所用币种等，如果有必要应予以说明。

（3）降低成本计划总表或总控制方案　编写项目施工成本计划，可以以表格形式反映，按直接成本项目分别填入预算成本、目标成本、计划降低额以及计划降低率。如有多家单位参与项目的施工，则要由各单位编制负责施工部分的成本计划表，最后汇总编制施工项目的成本计划表。

（4）目标成本估算说明　成本计划中要对各个目标直接成本项目加以分解、说明。以材料费为例，应说明钢材、木材、水泥、砂石、委托加工材料等主要材料和预制构件的计划用量、价格，周转材料、低值易耗品等摊销金额的预计，脚手架等租赁用品的计划租金，材料采购保管费的预计金额等，以便在实际施工中加以控制与考核。

（5）计划降低成本的途径分析　应反映项目管理过程中计划采取的增产节约、增收节支和各项技术措施及预期效果。可依据技术、劳资、机械、材料、能源、运输等各部门提出的节约措施，加以整理、分析、计算得到。

2）间接成本计划

工程项目的间接成本计划主要反映施工现场管理费用的计划数以及降低额。间接成本计划应根据施工项目的成本核算期，以项目总收入的现场管理费为基础，制订各部门费用的收支计划，汇总后作为施工项目的间接成本计划。在间接成本计划中，收入应与取费口径一致，支出应与会计核算中间接项目的内容一致。各部门应按照节约开支、压缩费用的原则，制订施工现场管理费用计划表，以保证该计划的实施。

▶ 11.3.3　工程成本计划的编制原则

工程成本计划的编制是一项涉及面较广、技术性较强的管理工作，为了充分发挥成本计划的作用，在编制成本计划时，必须遵循以下原则：

（1）合法性原则　编制施工项目成本计划时，必须严格遵守国家的有关法令、政策及财务制度的规定，严格遵守成本开支范围和各项费用开支标准。任何违反财务制度的规定，随意扩大或缩小成本开支范围的行为，必然使计划失去考核实际成本的作用。

（2）可比性原则　成本计划应与实际成本、预算成本保持可比性。为了保证成本计划的可比性，在编制计划时所采用的计算方法应与成本核算方法保持一致（包括成本核算对象，成本费用的汇集、结转、分配方法等），只有保证成本计划的可比性，才能有效地进行成本分析，才能更好地发挥成本计划的作用。

（3）从实际情况出发原则　编制工程成本计划必须从企业的实际情况出发，充分挖掘企业内部潜力，使降低成本指标既积极可靠，又切实可行。施工项目管理部门降低成本的潜力在于正确选择施工方案，合理组织施工，提高劳动生产率，改善材料供应，降低材料消耗，提高机械设备利用率，节约施工管理费用等。但要注意，不能为降低成本而偷工减料，忽视质量，不对机械设备进行必要的维护修理,片面增加劳动强度,加班加点,或减掉合理的劳保费用,忽视安全工作。

(4)与其他计划相结合原则　编制工程成本计划,必须与施工项目的其他各项计划,如施工方案、生产进度、财务计划、材料供应及耗费计划等密切结合,保持平衡。即成本计划一方面要根据施工项目的生产、技术组织措施,劳动工资,材料供应等计划来编制;另一方面又影响着其他各种计划指标,在制订其他计划时,应考虑适应降低成本的要求,与成本计划密切配合,而不能单纯考虑每一种计划本身的需要。

(5)先进可行性原则　工程成本计划既要保持先进性,又必须现实可行,才能起到促进和激励的作用;否则,就会因计划指标过高或过低而使之失去应有的作用。这就要求编制成本计划必须以各种先进的技术经济定额为依据,并针对施工项目的具体特点,采取切实可行的技术组织措施作保证。

(6)统一领导、分级管理原则　工程成本计划的编制,应在项目经理的领导下,以财物和计划部门为中心,发动全体职工总结降低成本的经验,找出降低成本的正确途径,使成本计划的制订和执行具有广泛的群众基础。

(7)弹性原则　在计划期内,项目经理部的内部或外部的技术经济状况和供产销条件很可能发生一些在编制计划时所未预料到的变化,尤其是材料的市场价格千变万化,这给计划拟定带来很大困难,因而在编制计划时,应留有充分余地,使计划具有一定的弹性。

▶ 11.3.4　工程成本计划的编制依据

项目经理部应依据下列文件编制项目成本计划:合同文件、项目管理实施规划、可行性研究报告和相关设计文件、市场价格信息、相关定额及类似项目的成本资料。具体操作过程中,还应依据下列文件:

(1)工程成本估算　成本估算是编制成本计划的基础。科学合理的成本估算是成本控制系统的总体控制目标,同时,它也使得成本计划中设置的单元目标既具有可靠性,又具有可行性,并且还能在一定程度上激发项目执行者的进取心和充分发挥他们的工作能力。

(2)工作分解结构　工作分解结构也是编制成本计划的重要依据。它和成本估算都是为成本计划服务的,两者不能截然分开。因此,国际上这两项工作多由一个咨询公司来完成,保证了二者的连贯性。不过在国内,这种将成本估算与项目工作分解结构统一的做法还有待普及。

(3)项目进度计划　工程项目成本和进度本来就是一对相辅相成的指标,因此,项目成本计划的编制与项目进度计划的编制、进度分目标的确定也是紧密相连的。只有依据进度计划制订相应的成本计划,才能使资金、费用的安排与进度相适应,从而避免资金和进度脱节引起项目实施受阻。

▶ 11.3.5　工程成本计划的编制程序

工程成本计划的编制程序,如图11.3所示。

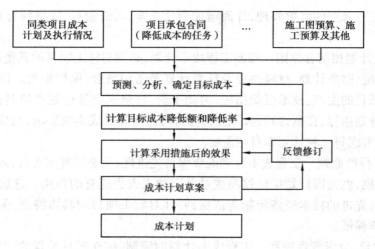

图 11.3　工程成本计划编制程序

▶ 11.3.6　工程成本计划的编制方法

1)按工程成本构成编制成本计划

按照现行的财务制度,施工项目成本由人工费、材料费、机械使用费、其他直接费、间接费用构成。因此,通常可以把成本计划按成本构成进行分解,如图 11.4 所示。

图 11.4　按工程成本构成分解施工成本

2)按子项目组成编制成本计划

大中型施工项目一般由若干单项工程组成,每个单项工程包含若干单位工程,每个单位工程又由若干分部工程以及分项工程构成。根据它们的这种关系,一般可以把成本计划分为项目成本总计划、单项工程成本计划、单位工程成本计划、分项工程成本计划以及分部工程成本计划,如图 11.5 所示。

3)按施工进度编制成本计划

按进度编制的施工成本计划,通常可利用控制项目进度的网络图进一步扩充而得。即在建立网络图时,一方面确定完成各项工作所需要花费的时间;另一方面,同时确定完成这一工作的合适的施工成本支出计划。在实践中,将工程项目分解为既能方便地表示时间,又能方便地表示施工成本支出计划的工作是不容易的,通常,如果项目分解程度对时间控制合适的话,则对施工成本支出计划可能分解过细,以至于不可能对每项工作确定其施工成本支出计划;反之,则会对施工成本支出计划分解过粗。因此,在编制网络计划时,应在充分考虑进度控制对项目划分要求的同时,考虑确定施工成本支出计划对项目划分的要求,做到二者兼顾。

以上 3 种编制施工成本计划的方法并不是相互独立的。在实践中,往往是将这几种方法结合起来使用,从而达到扬长避短的效果。例如,将按子项目分解项目总施工成本与按施工

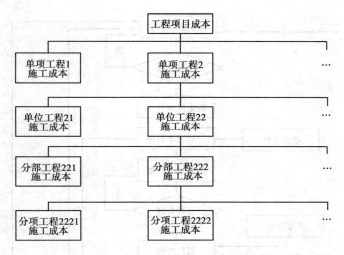

图 11.5　按工程项目组成分解施工成本

成本构成分解项目总施工成本两种方法相结合,横向按施工成本构成分解,纵向按子项目分解或相反。这种分解方法有助于检查各分部分项工程施工成本构成是否完整,有无重复计算或漏算;同时还有助于检查各项具体的施工成本支出的对象是否明确或落实,并且可以从数字上核对分解的结果有无错误。

11.4　工程成本控制

▶ 11.4.1　工程成本控制的概念

1)工程成本控制的概念

施工项目的成本控制,通常是指在项目成本的形成过程中,对生产经营所消耗的人力资源、物质资源和费用开支,进行指导、监督、调节和限制,及时纠正将要发生和已经发生的偏差,把各项生产费用控制在目标成本的范围之内,以保证成本目标的实现。

2)工程成本控制的意义

追求利润是每一个项目参与方的最终目的,而项目的效益与利润通常是通过盈利的最大化以及成本的最小化来实现的,因此,项目的成本控制在整个项目管理中有着重要的地位。特别是在施工项目中,承包商在签订合同的同时,合同价格也相应确定,正因为此,承包商的经济效益几乎全都是通过成本控制实现的,这也就更加证明了成本控制的重要作用。

▶ 11.4.2　工程成本控制流程

工程成本控制流程包括:搜集实际成本数据→实际成本数据与成本计划目标进行比较→分析成本偏差及原因→采取措施纠正偏差→必要时修改成本计划→按照规定的时间间隔编制成本报告。具体流程如图 11.6 所示。

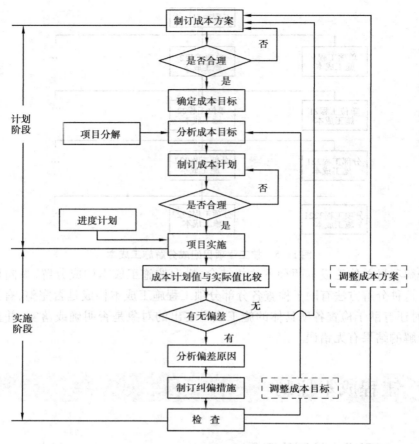

图 11.6　成本控制流程

11.5　工程成本核算

▶　11.5.1　工程成本核算的概念及其核算原则

1）工程成本核算的概念

工程项目成本核算是指按照规定开支范围对施工费用进行归集,计算出施工费用的实际发生额,并根据成本核算对象,采用适当的方法,计算出该施工项目的总成本和单位成本。

2）工程成本核算的原则

（1）确认原则　确认原则是相对各项经济业务中发生的成本,都必须按一定的标准和范围加以确定和记录。凡是为了经营目的所发生的或预期要发生的并要求得到补偿的一切支出,都应作为成本来加以确认。正确的成本确认往往与一定的成本核算对象、范围和时期相联系并必须按一定的确认标准来进行,这种确认标准具有相对的稳定性,主要侧重定量,但也会随着经济条件和管理要求的发展而变化。在成本核算中,往往要进行再确认,甚至是多次确认,如确认是否属于成本、是否属于特定核算对象的成本(如临时设施先算搭建成本,使用后再算摊销费),以及是否属于核算当期成本等。

(2)分时期核算原则　施工生产是川流不息的,为了取得一定时期的施工项目成本,就必须将施工生产活动划分为若干时期,并分期计算各期项目成本。成本核算的分期应该与会计核算的分期相一致,这样便于财务成果的确定。

(3)相关性原则　在具体成本核算方法、程序和标准的选择上,在成本核算对象和范围的确定上,应与施工生产经营特点和成本管理要求特性相结合,并与企业(项目)一定时期的成本管理水平相适应,正确地核算出符合项目管理目标的成本数据和指标,真正使项目成本核算成为领导的参谋和助手。

(4)一贯性原则　一贯性原则是指企业(项目)成本核算所采用的方法应前后一致。坚持一贯性原则,并不是一成不变,如确有必要变更,要有充分的理由对原成本核算方法进行改变的必要性作出解释,并说明这种改变对成本信息的影响。

(5)实际成本核算原则　实际成本核算原则是指企业(项目)核算要采用实际成本计价。《企业会计准则》第52条指出:"企业应当按实际发生额核算费用和成本。采用定额成本或者计划成本方法的,应当合理计算成本差异,月终编制会计报表时,调整为实际成本。"

(6)及时性原则　及时性原则是指企业(项目)成本的核算、结转和成本信息的提供应当在要求的时期内完成。

(7)配比原则　配比原则是指营业收入与其相对应的成本、费用应当相互配合。为取得本期收入而发生的成本和费用,应与本期实现的收入在同一时期内确认入账,不得脱节,也不得提前或延后,以便正确计算和考核项目经营成果。

(8)权责发生制原则　权责发生制原则是指凡是当期已经实现的收入和已经发生或应当负担的费用,不论款项是否收付,都应作为当期的收入或费用处理;凡是不属于当期的收入和费用,即使款项已经在当期收付,都不应作为当期的收入和费用。

(9)谨慎原则　谨慎原则是指在市场经济条件下,在成本、会计核算中应当对企业(项目)可能发生的损失和费用作出合理预计,以增强抵御风险的能力。

(10)划分收益性支出与资本性支出原则　划分收益性支出与资本性支出是指成本核算应当严格区分收益性支出与资本性支出界限,以正确地计算当期损益。

(11)重要性原则　重要性原则是指对于成本有重大影响的业务内容,应作为核算的重点,力求精确;对于那些不太重要的、琐碎的经济业务内容,可以相对从简处理,不要事无巨细,均应作详细核算。

▶　11.5.2　工程成本核算的任务

工程成本核算应完成以下基本任务:

①执行国家有关成本开支范围、费用开支标准、工程预算定额和企业施工预算、成本计划的有关规定,控制费用,促使项目合理、节约地使用人力、物力和财力。这是施工项目成本核算的先决条件和首要任务。

②正确、及时地核算施工过程中发生的各项费用,计算施工项目的实际成本。这是项目成本核算的主体和中心任务。

③反映和监督施工项目成本计划的完成情况,为项目成本预测,为参与项目施工生产、技术和经营决策提供可靠的成本报告和有关资料,促进项目改善经营管理、降低成本、提高经济效益。这是施工项目成本核算的根本目的。

11.5.3 工程成本核算的体系

随着市场经济的发展,企业通常会形成和建立内部劳务(含服务)市场、机械设备租赁市场、材料市场、技术市场和资金市场。项目经理部与这些内部市场主体发生的是租赁买卖关系,一切应以经济合同结算关系为基础。它们以外部市场通行的市场规则和企业内部相应的调控手段相结合的原则运行,构成了辐射型项目成本核算体系,如图11.7所示。

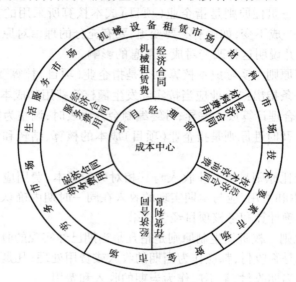

图11.7 辐射型项目工程成本核算体系

11.5.4 工程成本核算与管理的工作流程

工程成本核算与管理的工作流程,如图11.8所示。

11.5.5 工程成本核算的相关要求

(1)"三同步"考核原则的要求 工程成本的核算宜以每月为一核算期。核算对象一般按单位工程划分,并与施工项目管理责任目标成本的界定范围一致。项目成本核算应坚持施工形象进度、施工产值统计、实际成本归集"三同步"的原则。施工产值及实际成本的归集,应按照下列方法进行:

①应按照统计人员提供的当月完成工程量的价值及有关规定,扣减各项上缴税费后,作为当期工程结算收入。

②人工费应按照劳动管理人员提供的用工分析和受益对象进行账务处理,计入工程成本。

③材料费应根据当月项目材料消耗和实际价格,计算当期消耗,计入工程成本;周转材料应实行内部调配制,按照当月使用时间、数量、单价计算,计入工程成本。

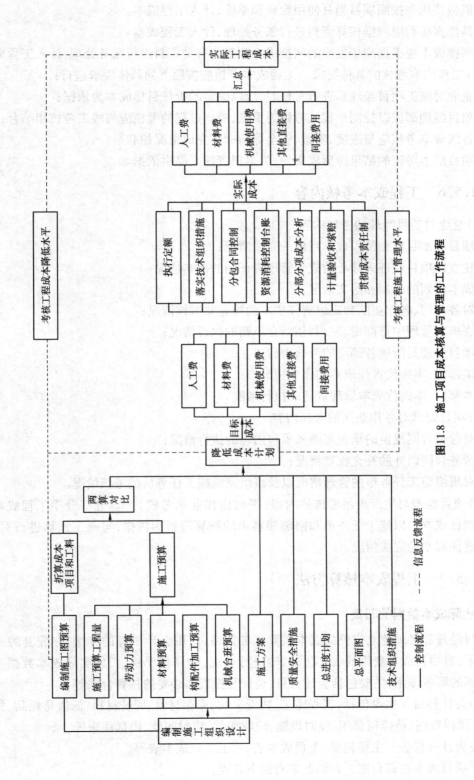

图11.8 施工项目成本核算与管理的工作流程

—— 控制流程
- - - 信息反馈流程

④机械使用费按照项目当月使用台班和单价,计入工程成本。

⑤其他直接费应根据核算资料进行账务处理,计入工程成本。

⑥间接成本应根据现场发生的间接成本项目的有关资料进行账务处理,计入工程成本。

（2）工程成本考核的具体要求　工程成本考核应按照下列具体要求进行:

①企业对施工项目经理部进行考核时,应以确定的责任目标成本为依据;

②项目经理部应以控制过程的考核为重点,控制过程的考核应与竣工考核相结合;

③各级成本考核应与进度、质量、安全等指标的完成情况相联系;

④项目成本考核的结果应形成文件,为奖罚责任人提供依据。

▶ 11.5.6　工程成本考核内容

（1）企业对项目经理的考核内容

①项目成本目标和阶段成本目标的完成情况;

②建立以项目经理为核心的成本管理责任制的落实情况;

③成本计划的编制和落实情况;

④对各部门、各作业队和班组责任成本的检查和考核情况;

⑤在成本管理中贯彻责、权、利相结合原则的执行情况;

⑥项目经理对所属各部门的考核内容;

⑦本部门、本岗位责任成本的完成情况;

⑧本部门、本岗位成本管理责任的执行情况。

（2）项目经理对各作业队的考核内容

①对劳务合同规定的承包范围和承包内容的执行情况;

②劳务合同以外的补充收费情况;

③对班组施工任务单的管理情况以及班组完成施工任务后的考核情况。

（3）项目经理对生产班组考核的内容（平时由作业队考核）　以分部分项工程成本作为班组的责任成本。以施工任务单和限额领料单的结算资料为依据,与施工预算进行对比,考核班组责任成本的完成情况。

▶ 11.5.7　工程成本核算方法

1）实际成本数据的归集

项目经理部必须建立完整的成本核算账务体系,应用会计核算的办法,在配套的专业核算辅助下,对项目成本费用的收、支、结、转进行登记、计算和反映,归集实际成本数据。项目成本核算的账务体系,主要包括会计科目、会计月报表和必要的核算台账等。

（1）会计科目　主要包括:工程施工、物资采购、库存材料、周转材料、低值易耗品、材料成本差异、预提费用、待摊销费用、临时设施、应收账款、应付账款、内部往来等。

（2）会计月报表　主要包括:工程成本表、竣工工程成本表等。

（3）项目成本核算台账　归纳起来有以下几类:

①为项目成本核算积累资料的台账,如产值构成台账、预算成本构成台账、预算增减台账等;

②对项目资源消耗进行控制的台账,如人工耗用台账、材料耗用台账、结构件耗用台账、周转材料使用台账、机械使用台账、临时设施台账等;

③为项目成本分析积累资料的台账,如技术组织措施执行情况的台账、质量成本台账等;

④为项目管理服务和"备忘"性质的台账,如甲方供料台账、分包合同台账及其他必须设立的台账等。

2)三算跟踪分析

三算分析是指分部分项工程的实际成本与工程计划成本(即工程施工成本)及工程预算成本(即按施工图概预算编制的成本)进行逐项分别比较,反映成本目标的执行结果,即事后实际成本与事前计划成本的差异。

项目成本偏差有实际偏差、计划偏差和目标偏差,分别按下式计算:

$$实际偏差 = 实际工程成本 - 工程预算成本$$
$$计划偏差 = 工程预算成本 - 工程计划成本$$
$$目标偏差 = 工程实际成本 - 计划成本$$

工程预算成本、工程计划成本、工程实际成本三者之间的关系,如图 11.9 所示。

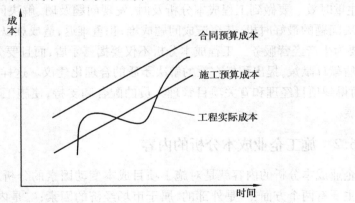

图 11.9 工程预算成本、工程计划成本、工程实际成本三者之间的关系

由图 11.9 可知,项目的实际成本总是以施工预算成本为均值轴线上下波动。通常,实际成本总是低于合同预算成本,偶尔也可能高于合同预算成本。

在图 11.9 的绘制中,工程预算成本和工程计划成本是静态的计划成本。工程实际成本则来源于实际的施工过程,它的信息载体是各种日报、材料消耗台账等。通过这些报表就能够搜集到实际工耗、料耗等的准确数据,然后将这些数据与工程计划成本、工程预算成本逐一分项地进行比较,一般每月度比较一次,并严格遵循"三同步"原则。对实际成本出现的异常情况应迅速查明原因,采取相应措施。

11.6 工程成本分析

▶ 11.6.1 工程成本分析的概念及其分析原则

1)工程成本分析的概念

工程成本分析是根据会计核算、统计核算和业务核算提供的资料,对项目成本的形成过程和影响成本升降的因素进行分析,寻求进一步降低成本的途径,增强项目成本的透明度和可控性,为实现成本目标创造条件。

2)工程成本分析的原则

(1)实事求是的原则 工程成本分析一定要有充分的事实依据,应采用"一分为二"的辩证方法,对事物进行实事求是的评价,并要尽可能做到措辞恰当,能为绝大多数人所接受。

(2)要用数据说话 工程成本分析要充分利用统计核算、业务核算、会计核算和有关辅助记录(台账)的数据进行定量分析,尽量避免抽象的定性分折。定量分析对事物的评价更为精确,更令人信服。

(3)注重时效 要做到工程成本分析及时、发现问题及时、解决问题及时。否则,就有可能贻误解决问题的最好时机,甚至造成问题成堆,积重难返,造成难以挽回的损失。

(4)要为生产经营服务 工程成本分析不仅要揭露矛盾,而且要分析矛盾产生的原因,并为解决矛盾献计献策,提出积极有效的解决矛盾的合理化建议。这样的成本分析才能够深得人心,从而得到项目经理和有关项目管理人员的配合和支持,使施工项目的成本分析更正常有效地开展。

▶ 11.6.2 施工企业成本分析的内容

施工企业成本分析的内容就是对施工项目成本变动因素的分析。影响施工项目成本变动的因素主要有两个方面:一是外部的,属于市场经济的因素;二是内部的,属于企业经营管理的因素。这两个方面的因素在一定条件下,又是相互制约和相互促进的。影响施工项目成本变动的市场经济因素主要包括施工企业的规模和技术装备水平、施工企业专业化和协作水平以及企业员工技术水平和操作熟练程度等几个方面,这些因素不是在短期内所能改变的。因此,作为项目经理,应该了解这些因素,应将施工项目成本分析的重点放在影响施工项目成本升降的内部因素上。

影响工程成本升降的内部因素包括以下几个方面:

(1)材料、能源利用的效果 在其他条件不变的情况下,材料、能源消耗定额的高低直接影响材料、燃料成本的升降,材料、燃料价格的变动也直接影响产品成本的升降。可见,材料、能源利用的效果及其价格水平是影响产品成本升降的一项重要因素。

(2)机械设备的利用效果 施工企业的机械设备有自有和租用两种。在机械设备的租用过程中,存在着两种情况:一是按产量进行承包并按完成产量计算费用,如土方工程,项目经理部只要按实际挖掘的土方工程量结算挖土费用,而不必过问挖土机械的完好程度和利用程度;另一种是按使用时间(台班)计算机械费用,如塔吊、搅拌机等,如果机械完好率差或在使用中调度不当,必然会影响机械的利用率,从而延长使用时间,增加使用费用。自有机械也要提高机械完好率和利用率,因为自有机械停用,仍要负担固定费用。因此,项目经理部应给予一定的重视,在机械设备的使用过程中,必须以满足施工需要为前提,加强机械设备的平衡调度,充分发挥机械的效用;同时,还要加强平时的机械设备的维修保养工作,提高机械的完好率,保证机械的正常运转。

(3)施工质量水平的高低　对施工企业来说,提高施工项目质量水平就可以降低施工中的故障成本,减少未达到质量标准而发生的一切损失费用,但这也意味着为保证和提高项目质量而支出的费用就会增加。可见,施工质量水平的高低也是影响施工项目成本的主要因素之一。

(4)人工费用水平的合理性　在实行管理层和作业层两层分离的情况下,项目施工需要的人工和人工费,由项目经理部与施工队签订劳务承包合同,明确承包范围、承包金额和双方的权利、义务。对项目经理部来说,除了按合同规定支付劳务费以外,还可能发生一些其他人工费支出,主要包括:

①实物工程量增减而调整的人工和人工费;

②定额人工以外的估(点)工工资(如果已按定额人工的一定比例由施工队包干并已列入承包合同的,不再另行支付);

③对在进度、质量、节约、文明施工等方面做出贡献的班组和个人进行奖励的费用。

项目经理部应分析上述人工费的合理性。人工费用合理性是指人工费既不过高,也不过低。如果人工费过高,就会增加施工项目的成本;而人工费过低,工人的积极性不高,施工项目的质量就有可能得不到保证。

(5)其他影响施工项目成本变动的因素　其他影响施工项目成本变动的因素,包括除上述4项以外的其他直接费用以及为施工准备、组织施工和管理所需要的费用。

▶ ## 11.6.3　工程成本分析的基本方法

由于工程项目成本涉及的范围很广,需要分析的内容也很多,应该在不同的情况下采取不同的分析方法。本书仅介绍成本分析的基本方法。

1)比较法

比较法又称指标对比分析法,就是通过技术经济指标的对比,检查目标的完成情况,分析产生差异的原因,进而挖掘内部潜力的方法。这种方法具有通俗易懂、简单易行、便于掌握的特点,因而得到广泛的应用,但在应用时必须注意各技术经济指标的可比性。比较法的应用,通常具有下列形式:将实际指标与目标指标对比,本期实际指标与上期实际指标对比,与本行业平均水平、先进水平对比。

2)因素分析法

因素分析法又称连锁置换法或连环替代法。这种方法可用来分析各种因素对成本形成的影响程度。在进行分析时,首先要假定众多因素中的一个因素发生了变化,而其他因素不

变,然后逐个替换,并分别比较其计算结果,以确定各个因素的变化对成本的影响程度。

因素分析法的计算步骤如下:

①确定分析对象(即所分析的技术经济指标),并计算出实际与目标(或预算)数的差异;

②确定该指标是由哪几个因素组成的,并按其相互关系进行排序;

③以目标(或预算)数为基础,将各因素的目标(或预算)数相乘,作为分析替代的基数;

④将各个因素的实际数按照上面的排列顺序进行替换计算,将替换后的实际数保留下来;

⑤将每次替换计算所得的结果,与前一次的计算结果相比较,两者的差异即为该因素对成本的影响程度;

⑥各个因素的影响程度之和,应与分析对象的总差异相等。

必须说明的是,在应用"因素分析法"时,各个因素的排列顺序应该固定不变。否则,就会得出不同的计算结果,也会产生不同的结论。

3)差额计算法

差额计算法是因素分析法的一种简化形式,它利用各个因素的目标与实际的差额来计算其对成本的影响程度。

4)比率法

比率法是指用两个以上指标的比例进行分析的方法。它的基本特点是:先把对比分析的数值变成相对数,再观察其相互之间的关系。常用的比率法有以下几种:

(1)相关比率 由于项目经济活动的各个方面是互相联系,互相依存,又互相影响的,因而将两个性质不同而又相关的指标加以对比,求出比率,并以此来考察经营成果的好坏。例如,产值和工资是两个不同的概念,但它们的关系又是投入与产出的关系。在一般情况下,都希望以最少的人工费支出完成最大的产值。因此,用产值工资率指标来考核人工费的支出水平,就很能说明问题。

(2)构成比率 构成比率又称比重分析法或结构对比分析法。通过构成比率,可以考察成本总量的构成情况以及各成本项目占成本总量的比重,同时也可看出量、本、利的比例关系(即预算成本、实际成本和降低成本的比例关系),从而为寻求降低成本的途径指明方向。

(3)动态比率 动态比率就是将同类指标不同时期的数值进行对比,求出比率,以分析该项指标的发展方向和发展速度。动态比率的计算,通常采用基期指数(或稳定比指数)和环比指数两种方法。

本章小结

本章主要讲述建设工程成本的概念、工程成本预测、工程成本计划、工程成本控制、工程成本考核、工程成本分析等。现将其基本要点归纳如下:

(1)工程成本是指在项目施工过程中发生的全部生产耗费的总和。按照现行财务制度,施工项目成本包括直接成本和间接成本。

（2）工程成本管理就是在保证工期、质量、安全等满足要求的情况下，把项目施工成本控制在计划范围内，并进一步寻求最大的成本节约的管理活动。因此，承包商应建立、健全包括企业管理层和项目经理部两个层次的施工项目全面成本管理责任体系。

（3）项目经理部建立以项目经理为中心的成本控制体系，按内部岗位和作业层进行成本目标分解，明确各管理人员和作业层的成本责任、权限及相互关系。

（4）工程成本管理的主要任务包括：成本预测、成本计划、成本控制、成本核算、成本分析和成本考核。项目经理部应健全和完善成本管理基础工作，按照相关原则、内容、程序、方法做好施工项目成本管理工作。

通过本章学习，要求了解工程成本的概念、预测和计划的编制；重点掌握工程成本控制、工程成本考核方法和工程成本分析等。

复习思考题

11.1 什么是工程成本？

11.2 工程成本管理的原则是什么？

11.3 工程成本管理的主要任务有哪些？

11.4 应该从哪些方面来健全和完善工程成本管理的基础工作？

11.5 试述工程成本预测的工作程序。

11.6 简述工程项目成本计划的构成和工程项目成本控制的流程。

11.7 工程预算成本、工程计划成本、工程实际成本三者之间有何关系？

11.8 影响工程成本升降的内部因素包括哪几个方面？

12

建设工程常规管理

12.1　施工及现场管理

施工管理是指企业为了完成建筑产品的施工任务,从接受施工任务开始到工程交工验收为止的全过程中,围绕施工对象和施工现场而进行的生产事务的组织管理工作。

建筑企业的主管业务就是从事建筑安装工程的施工生产活动,而在施工生产中,工程进度的快慢、工程质量的好坏、工程造价和资源的合理利用等都取决于施工管理的水平。因此,施工管理在很大程度上影响着建筑企业的生产经营实际效果,施工管理是建筑企业管理的重要组成部分。

▶ 12.1.1　施工管理的任务及主要内容

1)施工管理的任务

施工企业所从事的建筑安装工程由于具有单件性和多样性的特点,因此要按工程类型、工程规模、工程地点和施工条件的不同,分别采用不同的施工方案、施工准备、劳动组织和技术措施。因此,建筑安装工程必须按各工程对象的施工过程进行管理。

施工管理的主要任务是:根据不同的工程对象、不同的工程特点、不同的施工条件,结合企业的具体情况,进行详细周密的分析研究,在施工全过程中,合理地利用人力、物力,有效地使用时间和空间,采用较先进的施工方法,保证协调施工,以便用最快的速度、最好的质量、最少的消耗,取得最大的经济效益,为扩大再生产、为人民日益增长的物质文化生活需要,提供优良的建筑产品。

2）施工管理的主要内容

施工管理贯穿于建筑产品生产的全过程,不同阶段的工作内容各不相同。施工管理全过程按阶段可划分为施工准备、建筑安装施工、交工验收3个阶段,其基本内容包括:

①落实施工任务,签订承包合同;

②进行开工前的各项业务准备和现场施工条件的准备,促成工程开工;

③进行施工中的经常性准备工作;

④按计划组织施工,进行施工过程的全面控制和全面协调;

⑤加强对施工现场的平面管理,合理利用空间,保证良好的施工条件;

⑥组织工程的交工验收。

从上述内容可以看出,施工管理是一种综合性很强的管理工作,其中也包括与其他各专业管理的配合。没有专业管理,施工管理就失去了支柱;没有施工管理,专业管理会各行其是,缺乏应有的活力,不能服务于整体。因此,施工管理之所以重要,关键在于它的协调和组织作用。

▶ 12.1.2　施工准备工作

施工准备是施工管理工作中的第一阶段,也是整个建筑安装工程施工的一个必需而重要的阶段。施工准备工作的基本任务是:掌握建设工程的特点和进度要求;摸清施工的客观条件;合理部署施工力量;从技术、物质、人力和组织等方面为建筑安装施工创造一切必要的条件。认真细致地做好施工准备工作,对充分发挥人的积极因素,合理组织人力、物力,加快施工进度,提高工程质量,都起着十分重要的作用。

施工准备的依据是工程合同、施工图纸、现场地形图和土壤地质钻探资料等。施工准备的主要内容如下:

1）技术准备

技术准备是指通过调查研究,搜集关于工程项目和施工区域的必要资料,编制合理的施工组织设计,为工程施工建立必要的技术条件。技术准备的主要工作如下:

（1）熟悉审查图纸及有关资料

①审查设计图纸和资料是否齐全,掌握工程结构和构造上的特点,了解设计意图,发现问题,处理图纸上的差错;

②了解总图布置,各单项工程在工艺流程和配套投产上的相互关系;

③了解设计上的新结构、新工艺、特殊材料和专用设备等方面施工有无困难,施工条件和能力能否满足设计要求;

④熟悉工程的土层、地质、水文等勘察资料,审查地基处理设计,审查建筑物与地下构筑物、管道等之间的关系,熟悉建设地区的规划资料。

（2）调查研究,搜集必要的资料　进行施工准备时,不仅要从已有的书面资料了解建设要求和施工地区的情况,而且必须进行实地勘测调查,获得第一手资料,如气象资料、交通资料、交通运输条件、地方材料、建筑构配件供应和加工能力等,这样才可能拟定出切合客观实际的施工组织设计,合理进行施工。

(3)编制施工组织设计　施工组织设计是指导建筑施工的重要技术文件。由于建筑生产的技术经济特点,建筑工程没有一个通用定型的、一成不变的施工方法,因此,每个建筑工程项目都需要分别确定施工方案和施工组织方法,也就是要分别编制施工组织设计,作为组织和指导施工的重要依据。

(4)编制施工预算　施工预算是编制工程成本计划的基础,是控制施工工料消耗和成本支出的依据。施工预算的编制主要依据施工组织设计确定的施工方案和技术组织措施计划。

2)施工现场准备

施工现场准备主要是根据设计文件及已编制的施工组织设计中的有关各项要求进行,一般有下列几项工作:

(1)做好"三通一平"　工程现场清除施工障碍和平整场地,修通道路,接通施工用水、用电,简称"三通一平"。"三通一平"是建筑施工必须具备的基本条件。施工区域地形图、建筑总平面图、土方竖向设计图和施工组织设计是搞好"三通一平"工作的依据。

(2)场地测量控制网和水准点的测设　为了使建筑物的平面位置和高度严格符合设计要求,施工前应按总平面图的要求,测出占地范围,并按一定的距离布点,组成测量控制网,便于施工时按总平面图准确地定出建筑物的位置。工程开工前要进行厂区控制网的测设,设置永久性的水准基桩,根据经纬坐标和水准基点导引主要建筑物的控制桩。

(3)大型临时设施的准备　大型临时设施是施工必需的,包括各种附属生产加工厂(如预制构件、混凝土搅拌、钢筋加工、木材加工等)、施工用各种仓库及公用设施、生活设施等。大型临时设施按施工组织设计中的规划修建,要因地制宜,尽可能利用永久性建筑和现有房屋,节约投资,降低成本,也可采用标准化、装拆式的临时房屋,便于拆迁和重复利用。

3)物资准备

物资是施工的基础,必须在施工前作好准备,以保证施工顺利进行。施工所需要的物资包括建筑材料、构件、施工机械和机具设备、工具等,种类繁多、规格型号复杂。因此,作好物资准备是一项复杂而又细致的工作,一般包括两项主要工作,即建筑材料和生产设备的准备,以及施工机械和机具设备的准备。

4)施工队伍的准备

根据编制的劳动力需用计划,由承建的承包单位具体安排,建立现场施工指挥机构,集结施工力量。在大批队伍进入现场之前对职工进行技术交底和安全教育,对特殊工种进行技术培训,同时必须做好后勤工作的安排,如职工的食、宿、行等问题,都要在施工准备中全面考虑,以保证职工有良好的生活条件,生产上无后顾之忧。

必须指出的是,施工准备工作不仅是在准备阶段进行,它还贯穿于整个施工过程中,随着工程的进展,在各分部分项工程施工之前,都要做好施工准备工作。因此,施工准备工作是有计划、有步骤、分阶段进行的,要贯穿于整个工程项目建设的始终。施工准备工作的计划通常用表格形式表示,见表12.1。

表 12.1　主要施工准备工作计划表

序　号	项　目	施工准备工作内容	负责单位	涉及单位	要求完成日期	备　注

必须坚持没有做好施工准备不准开工的原则,要建立开工报告制度。单位工程开工必须具备下列条件:

①施工图纸经过会审,图纸中存在的问题和错误已得到纠正;

②施工组织设计或施工方案已经批准并进行交底;

③施工图预算已经编制和审批,施工预算已编制;

④"三通一平"已完成或已满足开工要求;

⑤材料、成品、半成品和工艺设备等供应设备应能满足连续施工的要求,基础工程需用材料已进场达 80% 以上;

⑥大型临时设施已能满足施工的需要;

⑦施工机械、机具设备已进场,并经过检修能保证正常运转;

⑧劳动力已经调集,并已经过必要的技术安全和防火教育,安全消防设备已经具备;

⑨永久性或半永久性测量坐标和水准点已经设置;

⑩已办理开工许可证。

▶ **12.1.3　现场施工管理**

现场施工管理,就是对施工生产过程的组织和管理。组织施工在整个建筑生产过程中占有极为重要的地位,因为只有通过合理地组织施工,最后才能形成建筑产品。要把一个施工现场的许多专业队组织起来,有节奏地、均衡地施工,使其达到工期短、质量好、成本低和生产安全的目的,这是一个很复杂的问题。组织施工的主要内容应包括两个问题:一是如何按计划组织综合施工;二是如何对施工过程进行指挥、控制和协调。

1)施工进度计划的贯彻

施工进度计划是现场施工管理的主要依据。根据施工方案编制的进度计划,确定了各分部分项工程的施工顺序,各施工过程的起讫时间和相互衔接关系,按日历指示了每天的工作项目和内容。

施工进度计划是动态过程,由于各种主客观因素的影响,实际进度与计划进度发生差异是常有的事,所以要定期及时检查,掌握实际情况,分析进度超前或拖后的原因,研究对策和措施,保证整个工程施工进度计划的实施。

2)施工过程中的检查

施工过程中的检查包括技术、质量、安全、节约等方面。

(1)施工中的技术检查　技术检查是为了建立正常的施工秩序和保证工程质量。技术检查包括下列主要内容:

①检查工程施工是否按图施工,是否符合设计要求;

②检查工程施工是否贯彻施工组织设计规定的施工顺序和施工方法,施工是否遵守操作

规程；

③对测量放线及各施工过程的技术检查和复核,要求符合图纸规定,符合质量标准,误差应控制在技术规范和标准的允许范围内；

④对材料、半成品、生产设备均须由供应单位提出合格证明文件,否则应进行必要的检验试验；

⑤隐蔽工程要符合质量检查的规定,并作必要的记录。

(2)施工中的安全检查　安全检查是整个安全施工工作的一个重要环节,在做好安全教育、贯彻安全技术规程的基础上督促检查现场施工情况,发现隐患,杜绝事故,必须作好以下各个方面的工作：

①施工现场布置要符合安全规定,合理使用场地,不安全地段要设置安全围栏、安全网,运输道路和排水渠道要保证畅通,消防栓要按规定设置,防火设施应齐全；

②要检查脚手架、斜道、跳板等是否坚固和稳定可靠,高空作业要坚持使用安全帽、安全带和安全网,防止高空坠落物伤人；

③土石方施工要防止土石塌方,爆破要符合有关安全规程；

④施工机械要由专职人员操作,传动部分有保护装置,电器设备和线路绝缘可靠；

⑤搞好环境保护,对现场的防火、防爆、防毒、防尘和防止噪声等都要符合有关安全规程。

(3)施工过程中的节约检查

①检查技术组织措施计划的落实；

②返工返修是不必要的浪费,施工中需加强技术检查,防止质量事故的发生。

3)专业业务分析

在现场施工组织管理中,还要深入开展各项专业业务分析活动,要根据大量的统计数据资料进行核算和专题分析研究。例如,工程质量分析、材料消耗分析、机械使用情况分析、成本费用分析、安全施工情况分析、文明施工情况分析等。分析是为了了解这些专业业务的情况,解决存在的问题或制止某种不良的倾向,因此,要及时把各种专业业务分析的结论、信息反映给现场施工指挥和调度部门,使得现场管理部门作出的决定更加全面和正确。

4)施工总平面管理

施工总平面管理是合理使用场地,保证现场交通道路和排水系统畅通以及文明施工的重要措施。所有施工现场都必须以施工组织设计所确定的施工总平面规划为依据,进行经常性的管理工作。

施工总平面管理是全场性工作,由总包单位负责管理。由于施工是动态的、进展的,不同阶段施工平面布置的内容不同。因此,根据各施工单位不同时间对施工平面的要求,及时作好调整工作。

施工总平面的管理工作包括以下几个方面：

①检查施工总平面规划的贯彻执行情况,指定大宗材料、成品、半成品和生产设备的堆放位置；

②确定大型暂设工程的位置和使用分配,如有增设、拆迁时,要经过有关部门批准方能执行；

③保证施工用水、用电,排水沟渠的畅通无阻。对于现场局部停水、停电,事先要有计划,并得到总指挥批准后才能实施;

④保证道路畅通,施工道路、轨道等交通线路上不准堆放材料,要加强道路的维修,及时处理障碍物;

⑤签署和审批建筑物、构筑物、管线、道路等工程的开工申请;

⑥根据施工工程,不断修正施工总平面图。

► 12.1.4　工程的交工验收

工程的交工验收是建筑生产组织管理的最后阶段,也是工程施工的最后一个环节。验收是一个法定手续,通过交工验收,甲、乙双方办理结算并解除合同关系。因此,搞好交工验收工作,对全面完成设计文件规定的施工内容,促进工程项目的及时投产或交付使用起着重要作用。

1)交工验收的依据和标准

(1)交工验收的依据

①上级主管部门批准的计划任务书以及有关文件;

②建设单位和施工单位签订的工程合同;

③施工图纸和设备技术说明书;

④国家现行的施工技术验收规范;

⑤从国外引进新技术或成套设备项目,还应按照签订的合同和国外提供的设计文件等资料进行验收。

(2)交工验收的标准

①工程项目按照工程合同规定和设计图纸要求,已全部施工,达到国家规定的质量标准,能满足使用要求;

②交工验收达到地净、水通、灯亮,采暖通风设备能正常运转;

③生产设备调试、试运转达到设计要求;

④建筑物四周 2 m 以内及由施工引起的其他场地已清理完毕;

⑤技术档案资料齐全。

2)交工验收的技术档案资料

单项工程交工验收以前,各有关单位应将所有技术资料和文件进行系统整理。竣工资料一般包括:竣工工程项目一览表;设备清单;工程竣工图;材料、构件及半成品合格证;隐蔽工程自检记录;工程定位测量记录;质量事故处理报告等。

3)交工验收的工作程序

建筑安装企业在单项工程交工前,应进行预验收工作,并作好整理、搜集各项交工验收资料的工作,做好交工验收的各项准备工作。单项工程竣工后,施工单位应及时向建设单位交工,大中型及国家重点建设项目由建设单位负责、施工单位协助向国家交工验收。

交工验收工作一般可分为交工预验收、单项工程验收和全部验收 3 个阶段。

(1)交工预验收　由施工单位组织建设单位的工程监督人员对交工验收工作做交工预验

收,目的是使正式交工验收工作顺利进行,避免拖延,发现不符合交工验收要求的应及时处理或返修。预验收不是正式交工验收,不能办理交工验收手续。

(2)单项工程验收 因各单项工程的开竣工日期不同,凡是施工完毕、质量符合标准、具备使用或生产条件,可逐项组织验收。即可由建设单位组织验收,验收合格后,双方签订工程交工验收证书。

(3)全部验收 整个建设项目已符合交工验收标准时,由建设单位组织初验,合格后,向主管部门提出报告,请国家组织验收。对整个项目进行验收时,已验收过的单项工程可不再验收。

工业项目的交工验收要进行试车检验,分为单体试车、重负荷联动试车、有负荷联动试车等。负荷联动试车合格后,在交工验收机构的主持下,施工、生产双方签证交工验收证书。对未完成的遗留尾项及需要返工、修补的工程,由交工验收机构确定完工期限,在交工验收证书的附件中加以说明,施工单位要按期完成。各项交工验收手续办完后,工程即可全部移交给建设单位使用。

12.2 施工要素管理

▶ 12.2.1 技术管理

建筑企业的技术管理是对企业生产经营过程中各项技术活动与其技术要素进行的各项管理活动的总称。科学技术是第一生产力,技术是企业发展的源泉。因此,技术管理是企业管理的一个重要组成部分。

1)技术管理的任务与内容

(1)技术管理的任务 建筑企业技术管理的基本任务是:正确贯彻执行国家的各项技术政策和法令,科学地组织各项技术工作,建立正常的生产技术秩序,充分发挥技术人员和技术装备的作用,不断推进技术进步,保证工作质量,降低工程成本和加快施工进度,从而提高企业的经济效益。

(2)技术管理的内容 建筑企业的技术管理可分为基础工作和业务工作两大部分。

①技术管理的基础工作。包括实行技术责任制,执行技术标准与技术规程,建立和健全技术管理规定、技术原始记录、技术档案、技术情报等工作。

②技术管理的业务工作。主要是指技术管理中日常开展的各项业务活动,包括图纸会审、技术交底、编制施工组织设计、材料及半成品技术检验、安全技术、技术开发与技术更新的管理。

2)技术管理的基础工作

(1)制定与贯彻技术标准和技术规程 建筑安装工程技术标准,是对建筑安装工程质量规格及其检验和评定工程质量等级的技术依据。我国现行的建筑安装工程技术标准有《建筑安装工程施工及质量验收规范》《建筑安装工程质量检验评定统一标准》。施工验收规范主要规定分部分项工程的技术要求、质量标准及其检验方法。质量评定标准则是根据验收规范的要求制定具体的检验方法,评定分部分项和单位工程质量等级标准的依据。

技术规程是对建筑产品的施工生产过程、操作方法、设备的使用与维修、施工安全技术等方面所作的具体技术规定。我国现行的建筑安装工程技术规程有《建筑安装工程施工技术操作规程》《建筑安全操作规程》。

(2)建立与健全技术责任制　建立与健全技术责任制,就是在建筑企业的技术管理系统中,按照"责、权、利"结合的原则对各级技术机构和技术人员进行有效的分工,规定明确的职责范围,使他们有职有权,并与内部经济责任制结合,推动整个企业的技术工作有效进行。

(3)健全技术原始记录　技术原始记录是企业经营管理原始记录的重要组成部分。它反映了企业技术工作的原始状况,为开展技术管理提供依据,是技术分析、决策的基础。技术原始记录包括:材料、构配件及工程质量检验记录;质量、安全事故分析和处理记录;设计变更记录;施工日志等。在技术原始记录中,施工日志是反映施工生产过程的重要的原始记录,施工中必须严格建立和健全施工日志制度。

(4)建立工程技术资料档案　技术资料不仅是施工、科研试验等实践经验的记录,也是企业进行生产活动的技术依据。良好的技术资料档案管理,就可根据施工科研的需要而及时提供技术资料,起到为生产、科研服务的作用。

(5)做好技术情报、信息管理工作　建筑企业的技术情报是指国内外建筑生产、技术发展动态的资料和信息,包括有关的科技图书、科技刊物、科技报告、学术论文、科技展品等。技术情报是企业进行技术改造、发展技术的"耳目",它可以使企业及时获得先进的技术,并直接用于实践。技术情报的管理,就是有计划、有目的、有组织地对建筑生产技术情报的搜集、加工、存储、检索进行管理。

3)技术管理的主要业务工作

(1)图纸会审　图纸会审是指设计单位、建设单位、施工单位共同对图纸进行的审查。图纸会审的目的是为了领会设计意图,熟悉图纸内容,明确技术要求,及早发现并消除图纸中的错误,以便正确无误地进行施工。因此,图纸会审是一项极其严肃的施工技术准备工作。

施工单位接到施工图纸及有关资料后,应组织有关人员学习,进行自审。经过认真的图纸自审后,即可进行图纸会审。图纸会审的要点是:建筑、结构、安装之间有无矛盾;所采用的标准图与设计图有无矛盾;主要尺寸、标高、轴线、孔洞、预埋件等是否有错误;设计假定与施工现场实际情况是否相符;推行新技术及特殊工程和复杂设备的技术可能性和必要性;图纸及说明是否齐全、清楚、有无矛盾;某些结构在施工中有无足够的强度和稳定性,对安全施工有无影响等。

图纸会审后,应将会审中提出的问题以及解决办法详细记录,经三方会签,形成正式文件,作为施工依据,并列入工程档案。

(2)技术交底　为使施工人员熟悉工程情况,了解施工方法和技术要求,在施工中要做到心中有数,确保工程质量,全面完成施工任务,施工前必须由各级技术负责人将有关工程施工的各项技术要求逐项向下贯彻,直至基层。技术交底的主要内容有:工程任务、施工图要点、质量标准、操作规程、施工方法、施工技术措施、施工进度、安全施工技术等。对新结构、新材料、新工艺、新技术、新机具以及有特殊要求的工程,应进行专门的技术交底。

（3）材料、构件检验制度　为保证工程所用原材料、构件、零配件和设备的质量，以及确保工程质量和产品质量，必须加强材料检验工作，健全试验、检验机构，配备试验仪器设备及人员等，并使检验工作制度化。

（4）工程质量检查及验收制度　为了确保工程质量，在建筑安装工程的施工过程中必须依照国家颁布的《建筑安装工程质量检验评定统一标准》逐项检查操作质量。所有建设项目和单位工程，按照设计文件规定的内容全部建成后，根据施工图纸、施工验收规范、质量检验评定标准及有关施工规程对工程进行质量评定并进行检查验收。根据建筑安装工程的特点，分别进行隐蔽工程验收、分项工程验收和交工验收。

（5）工程技术档案制度　为了给建筑安装工程交工后的合理使用、维护、改建、扩建提供依据，施工企业必须按建设项目及单位工程建立工程技术档案。工程技术档案资料应在整个施工过程中建立，如实地反映情况，不得擅自修改、伪造和事后补做。

▶ 12.2.2　劳动管理

建筑企业劳动管理的内容，一般包括劳动定额、劳动（用工）制度、劳动报酬和劳动保险等。企业劳动管理的主要任务是提高劳动生产率和经济效益。

1）劳动生产率

劳动生产率是指劳动者在生产中的劳动效率，反映劳动者生产的合格产品的数量（或价值）与所消耗的劳动时间的比例关系。

劳动生产率有两种表现形式：一种是用单位时间内生产某种产品的数量（或产量）来表示，亦称正指标；另一种是用生产单位合格产品所消耗的劳动时间来表示，亦称反指标。提高劳动生产率，意味着在单位时间内生产合格产品数量（或价值）的增加，或者生产单位产品所消耗的劳动时间的减少。劳动生产率的正指标和反指标存在互为倒数的关系。二者的形式虽然不同，但其内容是完全一样的，都反映劳动者的劳动成果与劳动消耗量之间的比例关系。

提高劳动生产率是节约劳动、降低成本、提高产量、加快速度、缩短工期的主要方法。劳动生产率的提高，是社会生产力水平提高的主要标志，是增加社会财富和国民收入、提高人民生活水平的基本途径。

2）劳动定额

定额，就是企业进行生产经营活动时，在人力、物力、财力消耗方面所遵守或达到的数量标准。建筑安装工程劳动定额是反映建筑产品劳动消耗数量的标准，它是指在正常的施工生产技术组织条件下，为完成一定量的合格产品或完成一定量的工作所预先规定的必要劳动消耗量的标准。

建筑企业的劳动定额有两种基本形式，即时间定额和产量定额。时间定额是指完成某单位产品或某项工序所必需的劳动时间（建筑安装工程劳动定额一般以工作日为计算单位）。产量定额是指在单位时间内应完成的产品数量（如建筑制品数量和工程实物量）。时间定额与产量定额互为倒数，成反比例关系。

劳动定额的贯彻和实施是企业计划管理的基础，是合理组织生产劳动的依据，是实行按劳分配的依据，是衡量工人劳动生产率的主要尺度，是推行经济责任制的依据，是企业实行经济核算的基础。因此，建筑企业应认真作好劳动定额的制定、修改和执行等各方面的工作。

3）劳动用工制度

用工制度是指在生产经营过程中对劳动力的使用制度。在此主要介绍全员劳动合同制。

全员劳动合同制是指企业的全体职工包括管理人员、技术人员和生产、服务人员与企业在平等、自愿、协商一致的基础上，通过签订劳动合同，明确双方责、权、利，以法律形式确定的劳动关系。它是将竞争和激励机制引入劳动管理，打破企业原有干部和工人、固定工与合同工的界限，促进劳动力合理配置、流动，依法保护企业和职工的权益，充分调动企业经营者、生产者的积极性和创造性，提高劳动生产率和经济效益，推动生产力发展的有效用工制度。

采用全员劳动合同制用工的单位，企业与职工依法签订的劳动合同需具备的法定内容主要有：合同期限；工种（岗位）；生产产品的数量、质量指标或应完成的工作任务；生产、工作条件和休息、休假的条件；劳动纪律、劳动时间、劳动报酬、保险福利待遇和劳动保护；劳动合同的终止、变更和解除的条件；劳动争议和处理秩序；违反劳动合同的责任；除上述条款外，双方认为需要研讨的其他事宜等。

实行全员劳动合同制后，企业职工可按照劳动力流动的有关规定在各类所有制企业中自由流动，同时企业的厂长、经理等管理人员、技术人员需实行聘用制，受聘什么岗位就享受相应岗位待遇，落聘后就不再保留原聘任期间的待遇。

4）劳动报酬

在建筑企业中，劳动报酬的具体形式主要有3种，即工资、奖金与津贴。其中，工资是基本形式，主要包括计时工资和计件工资；奖金和津贴是辅助形式。随着市场经济的发展和建筑企业改革的深入，工资制度也正以各种形式不断地进行着改革。

（1）百元产值工资含量包干制　百元产值工资含量包干制是建筑企业在工资制度改革过程中的一个过渡办法，它是指企业根据产值和主要经济技术指标，确定每百元产值内所含的实际支付工资额（包括工资和奖金）。百元产值含量包干是企业内部作为贯彻经济责任制的一种承包形式。规定工资含量不仅与百元产值挂钩，还要与工程质量、工期、降低成本、安全挂钩，进行上下浮动。这种工资制度曾推动了建筑业劳动生产率的提高，但随着经济体制改革的深入，企业自主权的扩大和经济责任制的推行，百元产值工资含量包干制已不能适应在市场经济条件下建立现代企业制度的需要。结合企业劳动工资保险制度的改革，岗位技能工资制已成为建筑企业工资制度改革的主要方向。

（2）岗位技能工资制　岗位技能工资制是指企业按照分配的原则，以加强工资宏观调控为前提，以劳动技能、劳动责任、劳动强度和劳动条件等劳动要素评价为依据，以岗位工资和技能工资为主要内容的企业内部分配制度。

岗位工资是根据职工所在岗位、所任职务、所在职位的劳动责任轻重、劳动强度大小和劳动条件好坏并兼顾劳动技能要求高低确定的工资。技能工资是根据不同岗位、职务、职位对劳动技能的要求同时兼顾职工所具备的劳动技能水平而确定的工资。

5）劳动保险

劳动保险是国家和企业为保护和增进职工的身心健康，在职工暂时或永久丧失劳动能力时，给予社会保障性物质经济帮助的一种福利制度。《中华人民共和国劳动保障条例》规定："工人和职员享受集体劳动保险事业的权利。职工在疾病、负伤、残疾、年老、死亡和生育等方面有特殊困难时，均按一定的条件和标准，享受补助金、病假工资、医药费、退休金、丧葬费、抚

恤金等待遇及疗养、休养等集体福利。"目前,常见保险种类有劳动事故保险、健康保险、养老保险、失业保险。随着经济体制改革的深入和企业经营机制的转换,企业劳动保险将会增设一些新的保险项目。

► 12.2.3 材料管理

建筑企业的材料管理,是对企业生产活动中所需要的各种材料的供应、管理和使用进行合理的组织、调配与控制,以最低的费用,适时、适量、按质地供应所需的材料,保证企业生产任务的顺利完成。

1)材料管理的意义和任务

(1)材料管理的意义

①加强材料管理是保证施工生产正常进行的物质前提。建筑材料是施工生产的劳动对象,由于建筑产品的多样性和体积庞大,故消耗材料品种规格繁多、耗用量大。如果材料供应不及时或时断时续,施工就会中断或停顿。要想顺利施工,必须作好材料的供应组织管理工作。

②搞好材料管理是完成企业各项技术经济指标,提高企业经济效益的重要环节。据统计,建筑材料费用在建筑工程成本中所占比重大,一般为60%~70%。搞好材料管理,对于保证工程质量,降低工程成本,完成企业各项技术经济指标,提高企业经济效益都有重要的作用。

③加强材料管理,降低材料储备,加速库存材料周转,不仅可以加速流动资金周转,减少流动资金的占用,而且对提高资金利用效果具有十分重要的意义。

④加强材料管理,可以提高建筑工程产品质量。建筑安装工程的质量如何,在很大程度上取决于材料的质量。所使用的材料不符合质量要求,势必会降低工程质量。因此,为施工生产提供优质的建筑材料,对保证工程产品质量起着十分重要的作用。

(2)材料管理的任务 建筑企业材料管理的任务,概括地说,就是要根据施工生产任务的需要,适时、适地、按质、按量、配套地保证供应各种材料,并努力降低材料消耗,取得最佳经济效益。

所谓适时,是指按规定时间供应材料。供应时间过早,需要仓库存储或占用施工现场;供应时间过晚,则造成停工待料。

所谓适地,是指按规定的地点供应材料,材料卸货地点不适当,可能造成二次搬运,从而增加费用。

所谓按质,是指按规定的质量标准供应材料。低于所要求的质量标准,会造成工程质量下降;高于所要求的质量标准,则材料费增加,进而使成本增加。

所谓按量,是指按规定数量供应材料。多了造成超储积压,占用流动资金;少了则停工待料,影响施工进度,延误工期。

所谓配套供应,是指材料的品种、规格要齐全、配套,要符合施工的需要。在保证材料供应的同时,要努力节约材料费用。在材料采购、保管和使用中,应建立和健全各项规章制度,严格执行材料定额,实行全面经济核算。

2)材料定额

在材料管理工作中,不论是材料供应还是储备,都需要按一定标准确定恰当的数量,即按定额管理。材料定额是材料管理的基础工作,它分为材料消耗定额和材料储备定额两大类。

(1)材料消耗定额　材料消耗定额是指在一定生产技术组织条件下,完成一定计量单位的工程或制造单位产品所必须消耗的材料数量标准。材料消耗定额在材料管理中具有重要作用,它是实行经济核算、确定材料需要量、合理使用材料、编制材料计划的基础。建筑企业常用的材料消耗定额有概算定额、预算定额、施工定额。

(2)材料储备定额　材料储备定额是指在一定的生产技术和组织管理条件下,为保证生产正常进行和企业生产经营取得较好的经济效益而建立的材料储备的数量标准。

在施工生产中,建筑材料是逐渐消耗并转化为工程实体的,两种材料的供应是间断、分批分期地进入施工现场。这就要求材料储备量必须保持一个与施工生产过程进行相适应的合理水平,因而材料储备定额是编制材料供应计划、组织采购、订货的重要依据,是确定企业仓库面积和仓库设备的依据,是掌握和监督库存动态、核定企业流动资金的重要依据。材料储备定额由经常储备定额和保险储备定额组成。

3)施工企业材料的供应方式

(1)集中供应方式　集中供应方式是指全部供应工作集中在企业一级。由企业一级的材料供应部门统一计划、订货、调度、储备和管理。按施工进度,按质按量按时供应基层单位使用。这种方式适用于从事大项目施工的现场型企业。

(2)分散供应方式　分散供应方式是指将供应工作分散到企业内部基层组织,由基层单位负责材料的订购、储备、管理。这种方式适用于施工战线长,甚至在几个地区施工的区域型企业。

(3)集中与分散相结合的方式　集中与分散相结合的方式是指对主要物资和短线材料由企业一级材料部门订购、调度、储备、管理,供应基层使用。一般的材料以及变化多而又易在市场采购的材料,由基层订购、调度、储备、管理。这种方式适用于集中在一个城市或一个区域施工的城市型企业。

随着建筑企业管理体制、管理方式的进一步改革,施工企业材料供应还会有新的方式不断产生。

▶　12.2.4　机械设备管理

机械设备管理是对机械设备从选购、验收、使用、维护、修理、更新到调出或报废为止全过程的管理。机械设备物质运动形态,即设备选购、验收、使用、维护、修理、更新改造、设备事故处理、封存保管和调拨报废等;其价值运动形态,即机械设备的最初投资、折旧、维修费用、更新改造资金的来源、支出等。

建筑企业的机械设备很多,可分为生产性机械设备和非生产性机械设备两类。生产性机械设备包括运输机械、施工机械、动力设备、维修加工设备、测量仪器设备、研究实验设备等;非生产性机械设备主要是指医疗、生活福利、文化教育、宣传等用的设备。本书中所介绍的机械设备管理,仅针对生产性机械设备而言。

1)机械设备管理的意义

建筑机械设备是建筑企业的重要技术装备,是提高机械化水平的重要条件,是保证完成施工任务的物质基础。机械设备是建筑企业固定资产的重要组成部分,在固定资产中占有很

大比例,而且随着建筑机械化的发展,比例会越来越大。这样,与其有关的费用,如折旧费、维修费用等在工程成本中的比重也会不断提高。因此,建筑企业的机械设备管理要面向生产,管用结合,合理使用,定期保养,不断提高机械设备的完好率和利用率,对完成施工任务和提高企业经济效益都有重大意义。

2)机械设备管理的任务和内容

(1)机械设备管理的任务 主要是正确选择施工机械,保证机械设备经常处于良好状态,减少机械设备的闲置、损坏,以提高机械设备的使用效率及产出水平,从而提高设备的经济效益。

(2)机械设备管理的内容

①正确配置机械设备。根据技术先进、经济合理的原则,通过技术经济评价,为施工生产提供性能好、效率高、作业成本低、操作方便及安全的机械设备。

②正确使用机械设备。在做好机械使用过程中日常管理的基础上,合理组织机械施工,充分发挥其效能,提高机械设备的利用率。

③维修与保养机械设备。按照检修制度,经常、及时地作好维护、保养和修理工作,使机械设备经常处于良好的技术状态,提高机械设备的完好率。

④建立和健全机械设备管理制度。针对机械设备管理的特点,从合理操作和经济效益两个方面着手建立和健全各项规章和管理制度。例如,机械设备的操作规程、计划检修制度、岗位责任制等。

⑤正确进行机械设备的更新。根据机械设备性能和企业的技术改造规划要求,有计划、有重点地对现有机械设备进行技术改造和更新。

3)机械设备的合理装备问题

为了提高机械化施工程度,建筑企业要有计划地提高技术装备水平。建筑机械设备的装备问题有以下两个范畴:一是一个企业如何装备机械设备的问题;二是一项建筑工程如何选择和配备机械设备的问题。在此仅讨论建筑企业如何装备机械设备的问题。

(1)建筑企业装备机械设备的原则 结合建筑生产的特点和我国建筑机械设备的生产供应条件,建筑企业装备机械设备应考虑以下原则:

①贯彻机械化、半机械化和改良工具相结合的方针。

②坚持土洋结合,中小为主,国产机械为主。

③建筑企业的机械设备应有重点的装备,一般是:不用机械就不能完成的作业;不用机械就不能保证和提高质量的作业;劳动强度大的工种。符合这一要求的有五大工种,即土石方开挖、混凝土作业、运输装卸、起重吊装、装修等。

④要讲求经济效益,充分体现机械化的优越性。机械化的优越性不仅是机械的先进性,还有经济上的合理性。

(2)机械设备的选择 选择机械设备时,必须考虑设备本身的技术性能和经济性能,以技术经济性能是否先进为选择标准。技术性能包括生产效率、工作质量、能耗程度、安全性能、可靠性能、灵活性、维修性、耐久性能等。经济性能包括设备原始价值、使用寿命、使用费用。

4)机械设备的技术经济指标

(1)装备生产率 装备生产率是考核企业机械设备在生产中创造价值大小的指标,是企

业完成的年工作量与机械设备净值之比,也就是每元机械净值完成年度工作量的数值,即:

$$装备生产率 = \frac{年度完成的总工作量(元)}{机械设备的净值(元)} \times 100\%$$

（2）设备完好率 设备完好率是反映报告期内机械设备技术状态和维修管理情况的指标,可分为日历完好率和制度完好率。日历完好率按日历台日数统计,制度完好率按扣除节假日的制度台日数统计,即:

$$日历完好率 = \frac{报告期完好台日数}{报告期日历台日数} \times 100\%$$

$$制度完好率 = \frac{报告期完好台日数}{报告期日历台日数} \times 100\%$$

（3）设备利用率 设备利用率是反映企业在报告期内对机械台日利用情况的指标,分日历利用率和制度利用率两种,即:

$$日历利用率 = \frac{报告期实作台日数}{报告期日历台日数} \times 100\%$$

$$制度利用率 = \frac{报告期实作台日数}{报告期制度台日数} \times 100\%$$

（4）施工机械化程度 施工机械化程度是指利用机械完成的工程量占总工程量的百分比。它反映企业在施工中使用机械化代替劳动力的程度,是考查企业施工机械化水平的一项重要指标。施工机械化程度用工种机械化程度和综合机械化程度指标来反映,即:

$$工种机械化程度 = \frac{某工种工程用机械完成实物量}{某工种工程完成的全部实物量} \times 100\%$$

$$综合机械化程度 = \frac{\sum(各工种工程用机械完成实物量 \times 各该工种工程人工定额工日)}{\sum(各工种工程完成的总实物工程量 \times 各该工种工程人工定额工日)} \times 100\%$$

以上是反映企业机械设备水平和管理水平的主要指标,这些指标是密切相关的,不能独立看待,设备生产率和机械效率是反映机械使用效率的关键指标。机械设备要围绕着提高机械设备使用效率进行。

12.3 财务管理与经济核算

▶ 12.3.1 财务管理

建筑企业财务管理是企业经营管理的重要组成部分。它是根据建筑企业再生产过程中资金运动的客观规律,对资金运动及其产生的经济关系,进行组织、指挥、监督和调节,是对生产经营过程中资金的取得、投入、使用、收回和分配等一系列运动过程进行管理。

1）企业的资金运动

所谓企业的资金运动,是指企业的资金从货币资金形态转到生产资金(包括储备资金)形态、商品资金形态又回到货币资金形态的运动过程。把循环当作一个不断重复的周期过程,称为资金周转。

建筑企业的资金在实际运用过程中经常发生形态上的变化。它们分布在企业施工生产经营过程的各个阶段,大部分经常处于物质形态,小部分处于货币形态。随着企业再生产的进行,企业资金处于不断运动的状态中。企业的这种资金运动,构成企业经济活动的一个独立方面,这就是企业的财务活动。因此,要了解企业的财务,必须对企业的资金运动进行全面的考查。按企业的资金运动过程,可分为筹集、运用和分配3个阶段。

(1)资金的筹集　在商品经济条件下,筹集资金是企业进行生产经营活动的前提,企业如果没有筹集到必要的资金,生产经营活动所必需的物质技术基础就无法建立。因此,筹集资金是企业一项重要的财务活动,它包括确定企业资金需要量和选择资金的来源渠道。筹集资金是企业资金运动和财务管理的起点和基本环节,其取得资金的途径无外乎两种:一种是接受投资者投入的资金,即企业的资本金;另一种是向债权人借入的资金,即企业的负债。

资本金是企业在工商行政管理部门登记的注册资金总额,企业设立时必须有资本金,并不得低于国家规定的限额。根据投资主体的不同,资本金包括国家资本金、法人资本金、个人资本金和外商资本金等。企业筹资的方式,可以根据法律、法规规定,采取国家投资、各方集资或者发行股票等方式。

企业负债包括长期负债(如长期借款、应付长期债券、长期应付款项等)和短期负债(如短期借款、应付短期债券、预提费用、应付及预收款项等)。

(2)资金的运用　资金的运用就是把筹集到的资金合理地投放到生产经营活动过程及各个方面。在企业的生产经营活动中,一般分为供应、生产和销售3个连续的过程。在供应阶段,企业将筹集到的资金购置各种生产所需的施工机械、运输设备等劳动资料和所需的材料、构件等劳动对象,这样企业资金就由货币资金形态转化为固定资金、储备资金形态。在生产阶段,工人借助劳动手段作用于劳动对象,使固定资金和储备资金发生损耗。这时耗费的固定资金和储备资金,以及支付给工人的工资和管理费用等货币资金,便转化为生产资金形态。随着生产活动的进行,未完工程转化为已完工程,生产资金又转化为产品资金形态。企业将已完工程交给建设单位,并进行工程价款结算,取得工程结算收入,这时资金就从成品资金转化为货币资金形态。由此可见,企业生产经营过程,既是资金形态变化的过程,又是资金耗费和资金增值的过程。

在生产经营过程中,企业除了把筹集到的资金进行对内投资外,还要把筹到的一部分资金进行对外投资,购买其他企业股票、债券或与其他企业联合进行投资,而当企业变卖其对内投资的各种资产或收回其对外投资时,则会产生资金收入,形成由投资引起的资金运动。

(3)资金的分配　资金的分配就是企业将取得的营业收入进行分配。营业收入首先要用来补偿成本和费用,以保证生产经营活动的继续进行。补偿成本和费用后的余额,就是企业的纯收入,也称税前利润。企业按国家规定依法缴纳所得税,税前利润减所得税余额为税后利润。税后利润按一定顺序进行分配。即缴纳被没收的财务损失,违反税法规定支付的滞纳金和罚款;弥补企业以前年度的亏损;提取法定公积金和提取公益金;向投资者分配利润。

2)建筑企业的资金运动形成的财务关系

在社会主义市场经济条件下,随着社会化大生产和横向经济联合的发展,企业的资金运作是在各有关单位的经济往来中进行的。资金的筹集、使用和分配与社会各个方面有着广泛的联系,形成了相互作用的复杂关系,由于这些经济关系是由企业资金运动所形成的,故称企业的财务关系。建筑企业的财务关系主要表现在:企业同国家之间的财务关系;企业同投资者之间的财务关系;企业同银行等金融机构之间的财务关系;企业同其他企业之间的财务关系;企业内部各单位之间的财务关系;企业同职工之间的财务关系。

3)财务管理的任务

根据建筑企业财务的实质,企业财务管理的任务主要有以下几个方面:

①合理筹措资金,满足企业生产经营的需要。建筑企业要进行生产经营活动,必须拥有一定数量的资金。因此,企业财务管理工作首先要作好资金的筹集工作,根据国家政策法令和管理办法,筹措与生产经营需要相适应的资金。

②认真进行投资项目的可行性研究,力求提高投资报酬,降低投资风险。任何投资决策都带有一定的风险性,因此,在对内对外投资时,都必须认真分析投资决策的各种因素,科学地进行可行性研究。

③参与经营决策,实行事前控制,不断降低成本,增加企业盈利。财务管理部门必须参与企业各项经营决策,协助领导选择最优方案,并根据财务预测资料,通过事前分析,制订成本、财务计划,努力挖掘企业生产潜力,合理使用人、财、物,以尽可能少的消耗取得尽可能多的施工成果,增加企业盈利。

④按照规定分配企业收入,正确处理投资者、国家、企业和职工之间的关系。企业利润的分配关系国家、企业、投资者、企业职工的经济利益,所有企业都要遵照国家财务规定,及时足额缴纳各项税款;同时,企业应该拥有自我改造和自我发展所必需的财力,有改善职工生活福利的资金。在依法缴纳税款后,企业应提取法定公积金、公益金,并向投资者分配利润,确保投资者权益不受侵犯。

⑤实行财务监督,维护财经纪律。财务监督是利用价值形式对企业施工生产经营活动所进行的控制和调节。其目的在于:通过发挥财务管理职能,在企业的各项生产经营活动中严格执行国家规定的财经纪律,发现问题,总结经验,促进企业改善生产经营管理,加强经济核算,提高经济效益。

4)财务管理工作的基本环节

建筑企业要实现财务管理的任务,搞好财务管理,必须运用有关业务手段,认真搞好财务管理的基本环节。企业财务管理的基本环节是:进行财务预测,制订财务计划,组织财务控制,开展财务分析,实行财务考核。

(1)财务预测 财务预测是基于对历史和现状的调查情况,利用一定的方法对企业各项财务指标的发展变化趋势作出科学的测算和估计。

财务预测的一般步骤是:确定预测目标→搜集整理信息→运用一定的方法进行测算,对不同方案进行比较→优选最佳方案。在财务预测中,除运用经济预测的一般方法,如时间序列法、回归预测法等外,还有财务管理常用的预测方法,如量本利预测法、投资收益法、投资回收期法、内部收益率法等。

财务预测是加强财务计划管理的前提。通过财务预测和决策,确定财务目标与相应的实施方案,为财务计划的编制与执行打下基础。

(2)财务计划 财务计划是以财务决策为依据,具体落实一定时期财务总目标和指导财务活动的书面文件。建筑企业财务计划的内容取决于财务管理的内容,主要包括流动资金计划、固定资产投资计划、工程成本计划、产品成本计划、利润计划、财务收支计划等。财务计划是企业经营计划的一个重要组成部分,财务计划指标应与其他计划指标协调一致。

(3)财务控制 财务控制是指利用财务计划、目标等协调、控制、监督企业财务活动,使其按预定目标进行。常用的方法有平衡控制法、限额控制法、财务比率控制法等。

①平衡控制法。主要包括财务收入与支出平衡控制法、财务结构平衡控制法、生产与财务综合平衡控制法等。

②限额控制法。如对财务收支总额、间接费用开支、管理费用开支等,可采用限额标准进行控制,如目标控制法、ABC 法、保本控制法等。

③财务比率控制法。这是利用财务比率两个变量之间的对比关系,以相对数指标作为标准进行比较控制的方法。

(4)财务分析 财务分析是以财务的时间和计划资料为依据,结合施工生产经营活动情况,对造成财务偏差的主观和客观因素进行揭示,并测定各影响因素对分析对象的影响程度,提高纠正偏差对策的过程。财务分析方法主要有比较分析法、比率分析法、因素分析法、动态分析法、平衡分析法等。经常和定期地对财务活动进行专题分析和全面分析,检查财务计划的执行和完成情况,找出没有完成计划的原因,对于进一步挖掘企业生产潜力、改善经营管理、提高企业经济效益有着重要的意义。

(5)财务考核 财务考核是将报告期财务指标实际完成数与规定的考核指标进行对比,确定有关责任单位和个人是否完成任务的过程。财务考核指标应是责任单位和个人能够承担责任并可控制的指标,一般根据所分管的财务责任指标进行考核,使财务责任指标具有制约财务活动、加强财务管理的作用。

▶ 12.3.2 经济核算

1)经济核算与经济核算制

经济核算就是企业借助价值的形式对企业生产经营过程中的消耗和生产成果进行记录、计算、分析、比较和考核,促使企业用最少的消耗取得最大的经济效益的一种方法。

经济核算是组织社会化生产和管理现代化企业的一项基本原则。企业进行经济核算是商品生产的客观需要,商品生产要受价值规律的支配,价值规律要求用社会必要劳动时间决定商品的价值,这就要求商品生产者必须设法使自己生产商品的个别劳动时间低于社会必要劳动时间,从而使商品的销售收入抵补支出后有所剩余,即得到利润;否则,就会出现亏损。经济核算的重要作用反映在企业管理的一切方面,企业的经营管理、计划管理、财务成本管理、生产要素管理等都必须用核算的方法去进行,通过经济核算才能掌握整个企业经济活动的情况和结果。

经济核算制是管理企业经济活动的基本制度。它按照经济核算原则,通过经济立法,确定企业的法人地位,保护企业的经营自主权,明确企业对国家应承担的经济责任,使企业经济活动的成果同它应负的法律责任、经济责任和应有的经济利益结合起来。

经济核算制规定,企业之间必须遵守等价交换的原则,发展协作关系,履行经济合同。为此,就需要明确企业内部各个部门、各个职工的责任,贯彻各尽所能、按劳分配的工资制度、奖惩制度、定额管理制度等各种核算制度,使人人职责分明,能从物质利益上关心企业的经营成果,从而有效地调动企业全体职工的积极性和创造性。

经济核算与经济核算制既有区别又有联系。经济核算是一种管理方法和手段,是以提高企业的经济效益为目的;经济核算制是一种管理制度、管理体制,它赋予企业一定的经济权力、经济责任和经济利益。

2)建筑企业经济核算的特点和内容

(1)建筑企业经济核算的特点　建筑企业经济核算的特点是由建筑产品生产的特点决定的,建筑产品生产的特点决定了建筑企业经营管理的复杂性、艰巨性,也产生了建筑企业经济核算的特点。

①由于建筑产品具有多样性、单件性的特点,使得各个产品生产消耗的差别极大,因此,建筑产品的价格是按照特定的计算程序,通过编制施工图预算来逐个确定的,所以工程预算是建筑企业进行经济核算的基础。

②由于建筑产品体积庞大,生产周期长,材料耗用量大,需用建筑资金多,形成建设资金供应渠道多。按照现行财务管理体制规定建筑企业所需资金的来源,有向建设单位收取、按规定向银行贷款和企业内部形成等渠道。资金的来源不同,用途各异,因此,需要分别进行核算。

③成本考核与工业不同。由于建筑产品的单件性显著,没有可比产品,因此各期建筑产品的实际成本不能比较。只能同按预算定额确定的预算成本比较,以预算成本为尺度来衡量建筑产品的成本水平。

④工程价款结算方法不同。由于建筑产品生产周期较长,占用资金量较大,因而建筑产品一般不是在全部竣工后才收取工程价款,而是按已完工程收取和结算工程价款,以便及时回收施工中垫支的资金,及时考核企业的经营效果,在竣工后再作竣工结算,同时,因为有总包与分包参加建设,所以还有总分包结算等。

⑤利润形成不同。目前,建筑产品价格是按预算成本加计划利润来确定的,因而企业的工程结算利润是由实际成本低于预算成本的降低成本额和计划利润两部分构成的。企业工程结算利润的多少,决定于企业降低成本的幅度和完成工程的数量。

⑥建筑企业内部核算体制分工与工业企业不同,因为建筑产品生产地点分散、不固定,工程在企业内部有一定的独立性,便于独当一面地进行生产经营管理。

(2)建筑企业经济核算的内容

①生产成果的核算。即对建筑产品的实物工程量、房屋建筑面积、建安工作量、工程质量、完成合同情况等指标进行的记录、计算、比较、分析和检查。同时,要对建筑产品的工期、价值等情况进行全面考核,以检查企业生产计划完成情况,分析企业生产成果满足社会需要的程度。

②生产消耗的核算。生产消耗的核算是最基本的核算,核算生产过程中材料、机械使用消耗、人工消耗和人工费支出、财力消耗等情况。综合反映生产消耗的是工程成本。所以成本核算是生产消耗核算的重要内容,其目的是节约建筑施工中物化劳动和活劳动的消耗,使企业获取更大利润。

③资金的核算。资金核算是为了反映、监督和考核企业为完成生产任务所需资金的占用情况和利用情况。它是针对建筑工程施工周期长的特点,为加速资金周转,合理占用资金而

进行的。

④财务成果的核算。建筑企业财务成果的主要表现是盈利水平。利润的多少关系缴税的多少和企业留利多少,直接涉及国家收入、企业发展和职工的福利。利润核算的常用指标是利润总额、成本利润率、资金利润率等。

3)经济核算的方法

建筑企业经济核算的方法有会计核算、统计核算和业务核算 3 种,以会计核算为主。

(1)会计核算　会计核算是以价值形态反映企业财产物资的增减变化和经济活动情况。它以货币为计量单位,通过记账、算账等,连续、系统、全面、综合地记录、计算、控制和分析各项经济活动,并据此编制会计报表。资金、成本和利润是通过会计核算进行的。会计核算的任务是:监督和反映产销合同执行情况、降低成本计划执行情况、财务计划的完成情况、企业全体人员遵守财经纪律的情况;执行日常会计事务;编制各种会计报表上报有关部门。

(2)统计核算　统计核算是利用业务技术核算资料、会计核算资料,把企业生产经营活动客观现状的大量数据资料,按统计方法加以系统整理、分析,反映企业各项生产经营活动的过程和结果,还可从统计资料中分析存在的问题、发展趋势和规律性。统计核算可以用货币计量、实物计量,也可以用劳动量计量。

(3)业务核算　业务核算是会计核算和统计核算的基础。它主要反映和监督企业局部的经济活动。它根据企业管理的需要,从不同角度,通过直接观察和专门分析,对某项业务活动进行核算。企业生产的劳动工资、材料消耗、机械使用情况,以及工程质量、工程进度、施工安全等都需要进行业务核算。

4)建筑企业经济活动分析

(1)经济活动分析的概念　经济活动分析是经济核算的一种重要方法,它是在会计、统计和业务核算提供资料的基础上,进一步对企业的经济活动进行分析,以总结经验、发现问题、揭露矛盾、提出改进措施,为改善经营管理、提高经济效益指明方向。

经济活动分析是深入认识企业经济活动规律,并掌握运用这些规律,促使企业经济活动的正常发展,达到企业预期经营目标的一个重要方法。企业开展经济活动分析,也是挖掘企业生产潜力,促进增产节约,加强经济核算的重要工具。

(2)经济活动分析的内容　企业的经济活动分析,可以针对企业的全面经济活动,也可以针对个别单位工程或专题进行。

①生产情况分析:包括施工生产计划完成情况分析、工程质量情况分析、安全事故分析、劳动计划完成情况分析、材料供应和消耗情况分析、机械化施工分析等。

②工程成本分析:包括工程成本的综合分析、单位工程成本分析、施工管理费分析等。

③利润分析:包括利润形成情况分析、利润分配情况分析、利润水平情况分析等。

(3)经济活动分析的主要方法

①比较法。比较法是经济活动分析的基本方法,是利用指标数字进行对比分析,以便发现问题,分析产生差异的原因。一般是把本期指标的实际完成情况同以下几个方面进行对比:实际数与计划数比较,用以说明完成计划的程度,并指出进一步分析的方向;本期实际完成数与前期实际完成数的比较,用以说明企业发展速度和经营管理的情况。

②因素分析法。因素分析法又称连环代替法或连锁置换法,可以分析多因素的影响。在

应用本法确定某一因素的影响程度时,假设其他因素都不变,计算时要确定各因素的正确排列顺序。因素分析的计算方法是:以计划指标为基础,按预定的顺序,依次将各因素的计划指标替换为实际指标,每次替换的计算结果与替换前数据比较,就可求得该因素对计划完成情况的影响程度,直到所有因素的计划指标都替换为实际指标为止。

例如,某砌砖工程,计划工程量为 600 m³,按定额每立方米砌体用砖为 540 块,每块红砖的计划价格为 0.18 元;实际工程量为 580 m³,每立方米砌体用砖量为 520 块,红砖的实际价格为 0.20 元,试分析各因素的影响。

按表 12.2 排列各因素的计算顺序,计算各因素的差值。

表 12.2　用因素分析法排列各因素并计算差值

序　号	因　素	计　划	实　际	差　值
1	工程量/m³	600	580	−20
2	红砖单价/元	0.18	0.20	+0.02
3	单位砌体用砖量/(块·m⁻³)	540	520	−20
4	所需红砖总费用/元	58 320	60 320	+2 000

用连环代替法计算各因素对总费用的影响公式为:

$$砌体红砖总费用 = 工程量 × 红砖单价 × 每立方米用砖块数$$

计算过程详见表 12.3。

表 12.3　用连环代替法计算过程表

项　目	计算式/元	差值/元	原　因
计划总费用	600 × 0.18 × 540 = 58 320		
第 1 次替换	580 × 0.18 × 540 = 56 376	1 944	由于工程量减少
第 2 次替换	580 × 0.20 × 540 = 62 640	+6 264	由于红砖单价提高
第 3 次替换	580 × 0.20 × 520 = 60 320	−2 320	由于单位砌体用砖量减少
合　计	39 208	+3 568	总费用超支

应该指出的是,当各因素排列顺序不同时,虽然总费用的差值是相同的,但各因素影响的差值可能不等。所以各因素的排列顺序,一经排定,不要轻易变动,使不同时期的分析结果又具有可比性。一般由于施工单位造成的因素应排在最后,使它产生的影响更接近于实际情况。

③差额计算法。差额计算法是因素分析法的一种简化形式,利用各因素的实际数和计划数之差来计算各因素的影响程度。仍以上例数据计算如下:

由于工程量减少的影响　　　$(580 - 600)元 × 0.18 × 540 元 = -1 944 元$

由于红砖单价的提高　　　$580 元 × (0.20 - 0.18) × 540 元 = 6 264 元$

由于单位砌体用砖量减少　$580 元 × 0.20 × (520 - 540) 元 = -2 320 元$

砌砖工程红砖总费用的差值　$-1 944 元 + 6 264 元 - 2 320 元 = 2 000 元(超支)$

④平衡法。平衡法是利用"四柱平衡"原理分析经济指标的一种方法,适用于有各种平衡关系的指标分析,方法简明适用。四柱平衡法的原理为:

$$期初余额 + 本期增加 = 本期减少 + 期末余额$$

上述等式两边是平衡的,任何一个数的变动都会影响其他3个数的变动,否则不能保持平衡。

例如,某企业的流动资金平衡见表12.4,试分析影响因素。

表 12.4　流动资金平衡表　　　　　　　　　　　　单位:万元

项　目	计　划	实　际	项　目	计　划	实　际
期初余额	800	800	本期减少	100	120
本期增加	150	200	期末余额	850	880
合　计	950	1 000	合　计	950	1 000

从表12.4中可以看出,流动资金期末余额增加了30万元,是由于"本期增加"超过计划量50万元,又由于"本期减少"超过计划量20万元,两项相抵后净增30万元,这样可进一步分析成本增加及减少的原因。

本章小结

本章主要讲述了建筑企业内部的一些常规管理。本章要点归纳如下:

(1)施工管理是指建筑企业围绕施工对象和施工现场进行的施工组织与管理工作。其具体工作分为施工准备、建筑安装施工和交工验收3个阶段。施工准备包括技术准备、施工现场准备、物质准备和施工队伍准备;建筑安装施工包括作好工程进度、工程质量和安全施工等管理工作;交工验收包括作好交工验收依据、标准和技术档案等的搜集整理工作,以及组织检查验收的具体工作。

(2)生产要素管理包含企业的技术管理、劳动管理、材料管理和机械设备管理。技术管理是指企业对生产经营过程中的各项技术活动与技术资料(要素)所进行的管理,其内容分为基础工作和主要业务工作。基础工作包括技术标准、技术规程和技术责任制的制定与贯彻,以及原始资料、技术档案、技术情报与信息的管理工作;主要业务工作包括图纸会审、技术交底、材料构件检验、工程质量检验、工程技术档案等业务工作。劳动管理是指企业对劳动力和与劳动有关方面的管理,其内容包括劳动效率、劳动定额、用工制度、劳动报酬和劳动保险等管理工作。材料管理是指企业对施工生产活动中的各种材料供应、保管和使用的管理,其内容包括材料采购、材料储备、材料供应和材料消耗控制等管理工作。机械设备管理是指企业对机械设备的选购、使用、维修和报废的全过程管理,其内容包括机械设备的合理装备与选择、机械设备生产率、完好率、利用率和施工机械化程度的提高等管理工作。

(3)财务管理是指企业对生产经营过程中资金的取得、投入、使用、收回和分配等一系列资金运动的管理,概括而言就是资金的筹集、运用与分配。成本管理是指企业对成本形成过程所进行的管理。它包括成本的预测、决策、计划、控制、核算、分析和考核。其成本核算是成本管理的基础,成本分析是经营决策的依据。经济核算是指企业对生产消耗与生产成果进行的对比分析。它包括生产成果核算、生产消耗核算、资金核算和财务成果核算,其方法有会计核算、统计核算和业务核算。经济活动分析是经济核算的重要组成内容,它是在会计、统计、业务核算的基础上对企业的经济活动进行分析总结,以总结经验、发现问题、揭露矛盾、提出改进措施,为企业改善经营管理、提高经济效益指明方向。分析内容包括生产情况分析、成本分析和利润分析,分析方法有比较法、因素分析法、差额计算法和平衡法。

切实作好上述常规管理工作,对企业提高劳动效率、保证工程质量、降低工程成本和增加经济效益起着极其重要的作用。

本章讲述的施工管理、财务管理和经济核算部分是学习的重点,经济活动分析是学习的难点。

复习思考题

12.1　施工管理包括哪些主要内容?

12.2　施工准备工作的主要内容有哪些?

12.3　简述单位工程开工必须具备的条件。

12.4　简述工程交工验收的标准。

12.5　简述建筑企业技术管理的内容。

12.6　技术管理的主要业务工作有哪些?

12.7　什么是劳动生产率?劳动生产率的两种表现形式是什么?

12.8　什么是全员劳动合同制和岗位技能工资制?

12.9　材料定额是由哪两类定额组成的?

12.10　建筑企业材料的供应方式是什么?

12.11　机械设备运动的全过程包括哪两种运动形态?

12.12　机械设备管理包括哪些主要内容?

12.13　建筑企业财务管理包括哪些基本环节?

12.14　什么是经济核算和经济核算制?

12.15　经济核算包括哪些内容和核算方法?

12.16　简述经济活动分析的主要内容。

12.17　某瓦工班本月砌砖基础耗用水泥的有关资料见表12.5,试分别用因素分析法和差额计算法分析各因素的影响。

表 12.5　某瓦工班砌砖基础耗用水泥的资料表

指　标	计划数	实际数
砌砖工程量/m³	200	220
每平方米砌砖水泥用量/kg	460	483
每千克水泥单价/元	0.40	0.45
水泥费用/元	36 800	47 817

13

建设工程信息管理

13.1 信息管理概述

▶ ### 13.1.1 建设工程信息管理的概念

1）信息

信息是指任何能够改变接收者认知结构的刺激物,如声音、文字、图像和气味等所表达的实际内容。信息本身不是实体,必须通过载体才能实现。在管理科学领域中,信息通常被认为是一种已被加工或处理成特定形式的数据,管理者将依据信息对当前或将来的行为做出决策。

2）工程信息的种类

工程项目中的信息有很多,可分为以下几种:

①工程项目基本状况的信息,它主要在设计文件、各种合同、项目手册、计划文件中。

②实际工程信息,如实际工期、成本、质量信息等,它主要在日报、月报、重大事件报告和设备、劳动力、材料使用报告及质量等各种报告中,同时还包括对问题的分析和预测等内容。

③各种指令、决策方面的内容。

④其他信息,如外部环境,包括市场情况、气候、外汇波动、政治经济动态等信息。

工程项目信息具有如下特征:有载体,如纸张、光盘、胶(照)片等;具有有效期(无效、暂时有效、整个项目期有效、长期有效);具有使用目的,是用于证明或决策的;有使用以及修改的权限规定;具有存档要求,是集中管理还是分散管理,是封闭还是公开等。

3)工程信息管理

工程信息管理是指对工程项目信息进行的搜集、整理、分析、处置、储存和使用等活动。通过施工项目信息管理系统的建立,其目的在于及时、准确地获得和快捷、安全、可靠地使用所需要的信息。工程项目信息管理主要有3个方面的工作,即项目信息管理计划的制订、项目信息管理的实施与项目信息安全工作。

▶ 13.1.2 工程信息管理计划

工程项目信息管理计划是工程项目管理实施规划的内容之一,其制订应以项目管理实施规划中的有关内容为依据。在项目执行过程中,应定期检查计划的实施效果并根据需要进行调整。工程项目信息管理计划工作的内容主要包括:信息需求分析、信息编码系统的建立、信息流程的设计与信息管理制度的建立等工作。

1)信息需求分析

(1)工程项目信息的基本要求　工程项目信息需求分析是与信息编码系统的建立、信息流程设计、信息管理制度等工作相联系的。工程项目施工前以及施工过程中都会产生大量甚至大规模的信息,因此,信息的针对性采集必须符合管理需要,有助于项目管理系统的运行,不能够造成信息的泛滥和污染。对工程项目施工所需要信息的基本要求如下:

①专业对口,按专业需要搜集、分类与提供。

②符合目标要求,客观反映实际情况。否则,搜集与提供的工程文件、报表、报告、指令、数据等就可能是一堆垃圾或造成项目组织的错误决策。

③及时提供。只有及时提供信息,及时反馈,项目组织者才能够做到有效管理;否则,过时的信息,会使决策失去时机,造成不必要的损失。

④简单、便于理解。提供信息的目的是使接收者使用,因此,所提供的信息应尽量直观、简单、容易理解,如可采取模型、表格、图像、文字描述等表达形式。

(2)工程信息需求分类

①按不同角度对工程项目需求的信息可进行以下分类:

a. 按信息来源划分:投资控制信息、进度控制信息、合同管理信息。

b. 按信息稳定性划分:固定信息、流动信息。

c. 按信息层次划分:战略性信息、管理性信息、业务性信息。

d. 按信息性质划分:组织类信息、管理类信息、经济类信息、技术类信息。

e. 按信息工作流程划分:计划信息、执行信息、检查信息、反馈信息。

上述分类还可以根据需要进一步细化,如经济类信息可以包括资金使用计划,工程款支付,材料、设备和人工市场价格等信息;技术类信息包括国家或地区的技术规范标准、项目设计图纸、施工技术方案和材料设备技术指标等信息。

②按需求对象对工程项目信息需求可进行以下分类(即项目经理通常需要):

a. 各项目管理职能人员的工作情况报表、汇报、报告、工程问题请示;

b. 业主的各种口头和书面的指令,以及各种批准文件;

c. 项目环境的各种信息;

d. 工程各分包商、监理人员的各种工程情况报告、汇报、工程问题的请示。

③按项目经理通常的工作需求可进行以下分类:

a. 向业主提交各种工程报表、报告;

b. 向业主提出决策用的信息和建议;

c. 向社会其他方面提交工程文件,这些通常是按法律必须提供的或为审批用的;

d. 向项目管理职能人员和专业承包商下达各种指令,答复各种请示,落实项目计划,协调各方面工作等。

2)信息编码系统的建立

任何一个建设项目都有不同类型和不同用途的信息,为了有组织地存储信息,方便信息的检索和加工整理,快捷地使用信息,正确反映客观实际,必须对建设项目的信息进行编码。如有可能,承包商应建议业主从整个建设项目的角度出发建立信息编码系统。

(1)信息编码　编码由一系列符号(如文字)和数字组成。编码是信息处理的一项重要的基础工作,也是进行计算机辅助建设项目信息管理的基础和前提。通过建立统一的建设项目信息分类和编码体系,不同项目参与方(如业主、设计单位、施工单位和监理单位)的信息分类和编码体系可实现横向统一;同时,可以实现项目在整个实施周期(包括设计、招投标、施工、使用准备)各阶段的划分体系的纵向统一,实现信息共享,消除不同项目参与方之间、不同组织之间的界面障碍,保持信息交流,保证传递流畅、准确、有效,帮助项目管理者及时对项目实施情况进行跟踪与比较。

(2)信息分类编码的原则　信息分类编码应遵循以下原则:唯一确定性,每一个代码仅表示唯一的实体属性或状态;可扩充性与稳定性;标准化与通用性;逻辑性与直观性;精练性。

(3)信息编码方法　信息有以下几种编码方法:

①顺序编码:一种按对象出现顺序进行排列的编码方法。

②分组编码:在顺序编码的基础上发展起来的,先将信息进行分组,然后对每组内的信息进行顺序编码。

③十进制编码法:先把编码对象分成若干大类,编以若干位十进制代码,然后将每一大类再分成若干小类,编以若干位十进制码,依次下去,直至不再分类为止。

④缩写编码法:把人们惯用的缩写字母直接用作代码。

以某建设项目信息分类和编码为例,该文档类别编码分为 4 个层次,每一个层次由一位字母或数字构成。

a. 文档类别编码第一层次的划分主要按项目的阶段划分,见表 13.1。

表 13.1　文档类别编码表

阶段名称	编　码	阶段名称	编　码
项目总体	A	施工	D
项目前期	B	使用准备	E
勘察设计	C	保修期	F

b. 信息类别编码的2~4层次均由一位数字构成,元素组成可以是1~9,英文26个字母的大小写。如第一层次编码为:勘察设计 C;其第二层次编码为:初步设计与施工图设计 C6;第三层次编码为:施工设计图 C64;第四层次编码为:建筑、结构施工图 C641。

3)信息流程设计

信息流程应反映组织内外部信息流及各有关单位、部门和人员之间的关系,并有利于保持信息畅通。按照前述,工程项目施工中存在工作流、物流、资金流与信息流,因此,信息流程的设计要依据工程项目管理工作流程来考虑,包括各专业职能,如成本管理、合同管理、质量管理、材料管理等。

某项目的成本计划信息流程如图13.1所示。

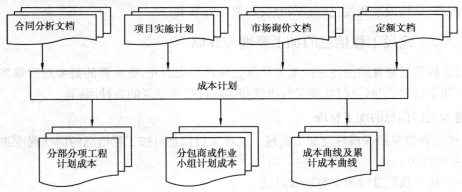

图 13.1　某项目的成本计划信息流程图

信息流程设计工作要求对各种信息的结构、内容、负责人、载体、完成时间等要作专门的设计和规定。

4)信息管理制度

管理制度与管理流程的区别在于流程规定"如何做""做的过程"以及按"什么样的规则做",而制度则是列出各种行为准则并明确"做好或差的后果是什么"。因此,有施工项目信息管理的方法与流程并不能保证施工项目信息管理工作的正常实施与运行,特别是目前我国正处于管理观念转型期,更不能缺乏相关制度的制约。

施工项目信息管理制度主要包括信息搜集制度和信息处理制度两大类,具体如工程项目报告制度、工程档案管理制度、信息管理保密制度等。

13.2　建设工程信息管理程序

建设工程信息管理程序包括工程信息的搜集、加工、传输、存储、检索、输出和反馈等内容。

▶ 13.2.1　建设工程信息的搜集

除建设前期的设计文件和招投标文件资料外,在整个施工阶段,会不断产生新的情况,相

应地包含着各种信息,需要及时搜集和处理。主要搜集的信息可分为如下几类:

①建设或监理单位提供与发出的信息。建设或监理单位提供和发出的信息包括有关工程项目建设的文件、指令、规定及工程项目的变更通知等。

②工程项目施工信息。工程项目施工信息包括工程项目施工的进度、质量、安全、材料供应及各种报表等。

③工地会议信息。工地会议包含着大量的工程信息。承包商应与业主一起建立一套完善的会议制度,以便于会议信息的搜集。工地会议制度包括会议的名称、主持人、参加人、举行会议的时间、会议地点等,每次工地会议都应有专人记录,会议后应有正式会议纪要等。

施工项目的信息在搜集过程中,要确定如下几个问题:原始数据的搜集由谁负责;原始资料、数据内容、结构的准确度;获得原始资料、数据的渠道。

▶ 13.2.2　建设工程信息的加工整理与存储

建设工程信息管理除应注意搜集各种原始资料和数据外,更重要的是要对搜集来的资料数据进行加工整理,同时及时处理工程决策和实施过程中出现的各种问题。

1)建设工程信息的加工整理

(1)按工程信息的深浅程度加工整理　工程项目信息可按工程信息的深浅程度进行加工与整理,并可分为:

①对资料和数据进行简单整理和过滤;

②对信息进行分析,概括综合后产生辅助项目管理决策的信息;

③通过应用数学模型以及统计推断,导出可以作为决策依据的信息。

(2)按工程信息所作的决策或决定加工整理　按搜集到的信息所作的决策或决定进行加工与整理,并可分为:

①依据进度控制信息,对施工进度状况的意见和指示;

②依据质量控制信息,对工程质量控制情况的意见和指示;

③依据投资控制信息,对工程结算和决算情况的意见和指示;

④依据合同管理信息,对索赔的处理意见。

2)建设工程信息的存储

建设工程信息的存储是一项非常重要的信息管理工作,在工程项目信息存入档案库或存入计算机时,为了查找方便,要求在入库前都要拟定一套科学的查找方法和手段,作好编目分类工作,否则会使资料杂乱无章,无法利用。

▶ 13.2.3　建设工程信息的检索与运用

建设工程信息管理工作中涉及的信息量巨大,要实现高效、快速的信息管理,使项目管理工作流程程序化、记录标准化、报告系统化,传统的手工操作管理办法已无法满足需要。可以利用计算机存储量大的特点,集中存储与建设项目有关的各种信息;利用计算机运算速度快的特点,及时、准确地加工处理项目所需的各种数据,形成文字、图表、图像等各种信息,以辅助施工项目管理,力求做到检查与发现、调整的及时以及正确处理各种问题。

13.3 建设工程文档管理

建设工程文档资料是指工程项目在施工过程中形成的具有归档保存价值的设计图纸、合同、文件、施工记录、往来信函等各种资料的统称。

► 13.3.1 建设工程文档资料的特点

（1）分散性和复杂性 工程项目施工周期长，生产工艺复杂，建筑材料种类多，建筑技术发展迅速，影响建设项目因素多种多样，工程建设阶段性强并且相互穿插，由此导致了工程项目文档资料的分散性和复杂性。这个特征决定了施工项目文档资料是多层次、多环节、相互关联的复杂系统。

（2）继承性和时效性 随着建筑技术、施工工艺、新材料以及建筑业技术和管理水平的不断提高和发展，文档资料可以被继承和积累，新的项目在施工过程中可以吸取以前的经验，避免重犯以往的错误。同时，建设项目文档资料有很强的时效性，文档资料的价值会随着时间的推移而衰减，有时文档资料一经生成，就必须传达到有关部门，否则会造成严重后果。

（3）全面性和真实性 工程项目文档资料只有全面反映项目的各类信息才更有实用价值，必须形成一个完整的系统。另外，工程项目文档资料必须真实反映工程情况，包括发生的事故和存在的隐患。真实性是对所有文档资料的共同要求，在工程建设领域对这方面的要求更为迫切。

（4）随机性和保密性 工程项目文档资料可能产生于工程建设的整个过程中，工程开工、施工、竣工等各个阶段和各个环节都会产生各种文档资料，部分施工项目文档资料的产生有规律性，但还有相当一部分文档资料的产生是由具体工程事件引发的，因此施工项目文档资料具有随机性，同时要高度重视工程信息的保密性。

（5）多专业性和综合性 施工项目文档资料依附于不同的专业对象而存在，又依赖不同的载体而流动。它涉及建筑、市政、公用、消防、保安等多种专业，也涉及电子、力学、声学、美学等多种学科，并同时综合了质量、进度、造价、合同、组织协调等方面的内容。

► 13.3.2 建设工程文档资料的内容

建设工程文档资料包括如下内容：

①建设工程施工管理资料。包括工程概况表、施工进度计划分析、项目大事记、施工日志、不合格项处置记录、工程质量事故报告和施工总结等。

②工程施工技术资料。包括工程技术文件报审表、技术管理资料和设计变更文件。

③工程施工物资资料。包括工程物资选样送审表、工程物资进场报验表、产品质量证明文件、材料（设备）进厂检验记录、产品复试记录和报告。

④工程施工测量记录。包括工程定位测量记录、基槽验线记录、楼层放线记录和沉降观测记录。

⑤工程施工通用记录。包括隐蔽工程检查记录表、预检工程检查记录表、施工通用记录

表和中间检查交接记录。专用施工记录包括土建专用施工记录和电梯专用施工记录。

⑥工程施工试验记录。包括施工试验通用记录、设备试运转记录、土建专用施工试验记录、电气专用施工试验记录、管道专用施工试验记录、通风空调专用施工试验记录和电梯专用施工试验记录。

⑦工程验收竣工资料。包括分部(分项)工程施工报验表、分部工程验收记录、单位工程验收记录、工程竣工报告和质量评定资料。

⑧工程竣工图资料。包括工程项目的施工图纸、工程竣工图及有关的变更资料等。

▶ 13.3.3 承包商在工程文档管理中应承担的职责

承包商在工程文档管理中应承担的职责有:

①加强施工文件的管理工作,实行技术负责人负责制,逐级建立健全施工文件管理工作。建设项目的施工文件应设专人负责搜集和整理。

②总承包单位负责汇总整理各分包单位编制的全部施工文件,分包单位应各自负责对分承包范围内的施工文件进行搜集和整理,各承包单位应对其施工文件的真实性和完整性负责。

③接受建设单位的委托进行工程档案的组织编制工作。

④按要求在竣工前将施工文件整理汇总完毕并移交建设单位进行工程竣工验收。

⑤负责办理工程竣工验收。

⑥负责编制的施工文件的套数不得少于地方城建档案部门的要求,但应有完整施工文件移交建设单位及自行保存,保存期根据工程性质以及地方城建档案部门有关要求确定。如建设单位对施工文件的编制套数有特殊要求的,可另行约定。

13.4 建设工程管理软件

使用计算机辅助建设工程项目管理是现代项目管理理论和现代信息技术在工程建设领域的运用。其相关软件已广泛应用于施工项目,如美国微软公司的 Project、Primavera 公司的 P3E/C 和 Expedition、北京梦龙科技有限公司的 LinkProject 项目管理平台等。

▶ 13.4.1 工程管理软件的作用

工程管理软件具有以下重要作用:

①缩短承包商的服务时间,提高业主与客户的满意度,及时获取客户需求,实现对市场变化的快速响应。

②项目管理软件的应用使承包商在获取、传递、利用信息资源方面更加灵活、快捷和开放,可以极大地增强决策者的信息处理能力和方案评价选择能力,拓展了决策者的思维空间,延伸了决策者的智力,最大限度地减少了决策过程中的不确定性、随意性和主观性,增强了决策的合理性、科学性及快速反应,提高了决策的效益和效率。

③项目管理软件的应用可以直接影响承包商的价值链,改变和改善成本结构,有效降低工程成本。

④内部的信息共享和广泛的知识传播,有利于提高承包商的工程管理水平。

⑤加速信息在承包商内部和工程项目建设的各个参与方之间的流动,实现信息的有效整合和利用,减少信息损耗等。

▶ 13.4.2　工程管理软件的主要功能

工程管理软件具有以下主要功能:

(1)工期计划的调整与控制　工程项目的实施过程是由一系列相关的"工作"构成,而工作需要投入相应的资源才能在一定时间内完成,因此,工期计划调整与控制中的"工期"只是表象,涉及资源的均衡、进度的调整与控制,施工项目实施过程中的任何工作都是进度管理的对象。工期计划与控制通常采用网络技术。

①网络计算,即计算各工程活动的各个时间参数并报告关键线路。

②在最低层网络分析的基础上计算各个里程碑事件,各上层工作包、任务、子项目(即综合活动)的时间参数。

③工程活动开始后,可以将各个活动的实际开始时间及完成程度输入,软件可以计算已开始但未结束活动的持续时间,并自动调整网络,计算各活动、任务、子项目、项目的完成程度,进行计划—实际工期对比分析,自动报告工期拖延。

④在项目执行过程中可以进行后期进度模拟,即预测最后进度。

(2)成本计划实施和控制

①成本计划实施和控制的对象可以是工程活动、工作包、任务、子项目、项目及各个成本项目。

②在工期分析后,可以做成本计划,包括统计计算各成本对象、成本项目在各时间上的计划成本值,以及各计划期末的累计值。

③可以作"时间—计划成本"曲线和项目的计划成本模型。

④可以按月、季、年统计成本。

⑤在工程实施过程中,按照实际施工进度可以计算实际成本完成程度和"计划—实际"成本偏差量,进行"实际—计划成本"对比。

⑥预测项目结束时的成本状态。

⑦可以进行项目现金流量计算。

(3)资源计划优化与控制

①资源的优化,按用户定义的资源优先次序进行。优化主要考虑如下标准:活动的优先次序、活动持续时间长短、自由时差和总时差的大小等。

②可以输入实际资源的使用情况,进行资源的计划和实际对比。

③资源计划可以选择采用不同的分配模式。

(4)工程合同管理　工程合同文件管理,包括对各类合同、费用项目、物资、来往信函、图纸、变更文件、工程量清单等文档资料进行编码、登录和管理。

本章小结

本章主要讲述建设工程信息管理的概念、信息管理计划、建设工程信息管理程序、建设工程文档管理和建设工程管理软件等。现将本章的基本要点归纳如下：

（1）信息是指任何能够改变接收者认知结构的刺激物，如声音、文字、图像和气味等所表达的实际内容。工程信息管理是指对工程项目信息进行的搜集、整理、分析、处置、储存和使用等活动。通过工程项目信息管理系统的建立，其目的在于及时、准确地获得和快捷、安全、可靠地使用所需要的信息。

（2）建设工程信息管理主要有 3 个方面的工作，即项目信息管理计划的制订、项目信息管理的实施与项目信息安全工作。工程项目信息管理计划的内容主要包括：信息需求分析、信息编码系统的建立、信息流程的设计与信息管理制度的设计等。工程项目信息管理程序包括工程信息的搜集、加工、传输、存储、检索、输出和反馈等内容。

（3）建设工程文档资料是指项目在施工过程中形成的具有归档保存价值的设计图纸、合同、文件、施工记录、往来信函等各种资料的统称。工程项目管理是现代项目管理理论和现代信息技术在工程建设领域的运用，其相关软件已广泛应用于工程项目管理的各个方面。

通过本章学习，应了解信息、工程信息管理的概念，建设工程信息管理计划及其制订；重点掌握建设工程信息管理的工作内容、主要程序、文档资料的管理与应用等。

复习思考题

13.1　什么是信息？什么是建设工程信息管理？

13.2　简述建设工程信息管理的重要意义。

13.3　建设工程信息管理计划工作的主要内容有哪些？

13.4　简述建设工程信息管理的工作程序。

13.5　建设工程文档资料包括哪些主要内容？

14

建设工程健康安全与环境管理

安全(Safety):免除了不可接受的损害风险的状态。

职业健康安全(Occupation Health and Safety,OHS):影响工作场所内员工、临时工作人员、合同方人员、访问者和其他人员健康和安全的条件和因素。

环境(Environment):在一个组织工作的环境周围,包括空气、水、土地、自然资源、植物、动物和人,他们彼此都有着相互关系,环境可从一个组织的内部引申到全球系统。

工程项目职业健康安全管理(Project Occupational Health and Safety Management):为使项目实施人员和相关人员规避伤害或影响健康而进行的计划、组织、指挥、协调和控制等活动。

工程项目环境管理(Project Environment Management):为合理使用和有效保护现场及周边环境而进行的计划、组织、指挥、协调和控制等活动。

安全生产与环境保护是我国的基本国策,职业安全卫生与环境状况是经济发展和社会文明程度的反映。承包商依据《建筑工程安全生产管理条例》《职业健康安全管理体系　要求》(GB/T 28001—2011)和《环境管理》系列标准(GB/T 24000—ISO 14000),建立相应的管理体系,使所有劳动者获得安全与健康,是社会安全、文明、健康发展的基本标志,是保持社会安定团结和经济可持续发展的重要条件,也是承包商消除贸易壁垒,参与国际市场竞争的通行证。

14.1 安全生产概述

▶ 14.1.1 我国安全生产的方针与制度

1)安全生产方针

我国的安全生产方针是:安全第一,预防为主。生产过程中的安全是生产发展的客观需要,特别是现代化生产,更不允许有所忽视,必须强化安全生产,在生产活动中把安全工作放在第一位,生产必须安全,安全能够促进生产。特别是在安全工作与生产工作发生矛盾时,生产任务越繁重,安全事故的隐患就越多,就必须强化安全第一的方针。同时,由于现代社会对安全工作的高度重视,项目的构成和施工技术越来越复杂,往往是多学科综合运用,稍有疏忽就会酿成事故。因此,需要加强研究,依靠科技进步,正确管理,通过预测与分析工作,积极采取措施,把工伤事故和职业危害消灭在萌芽状态中,以预防的方法来保证安全生产。

2)安全生产管理体制

我国的安全生产管理体制是:企业负责、行业管理、国家监察、群众监督、劳动者遵章守纪。

"企业负责"明确了企业(承包商)应认真贯彻执行国家安全生产的法律法规和规章制度,并对本企业的劳动保护和安全生产工作负责,也就是通常所说的安全生产工作不能由政府包办,"谁施工、谁负责"。

"行业管理"是指政府建设行政主管部门根据"管生产必须管安全"的原则,建立安全生产管理机构,配备安全技术干部,组织贯彻执行国家安全生产方针、法律、法规,制定行业的规章制度和规范标准,负责对本行业安全生产管理工作的策划、组织实施和监督检查、考核。

"国家监察"是一种执法监察,国务院下设的国家安全生产行政主管部门主要是监察国家法律法规的执行情况,预防和纠正违反法规、政策的偏差。

"群众监督"赋予工会组织行使和履行保护员工安全健康的权力与责任,作为一种自下而上的群众监督与国家安全监察和行政管理相辅相成,应密切配合、相互合作、互通情况,共同搞好安全生产工作。

"劳动者遵章守纪"是减少事故,实现安全生产的重要保证。根据对事故发生的原因分析,许多事故的发生大多与职工不遵守安全生产规章制度、劳动纪律,违章操作行为有直接关系。

3)安全生产管理制度

安全生产管理制度作为企业规章制度的重要组成部分,依据并体现国家法律、行政法规,要求承包商及项目全体员工在生产经营活动中必须贯彻执行。国家要求企业必须建立的5项基本制度是:安全生产责任制度、安全技术措施计划制度、安全生产教育制度、安全生产定期检查制度、伤亡事故的调查和处理制度。除这5项基本制度外,根据生产的发展和管理的需要,国家还出台了其他安全生产管理制度,如安全卫生评价,易燃、易爆、有毒物品管理,防护用品使用与管理,特种设备及特种作业人员管理,机械设备安全检修,文明生产以及安全监察等制度。

▶ 14.1.2 事故与原因

1)危险源与事故

危险源是可能导致人身伤害或疾病、财产损失、工作环境破坏或这些情况组合的根源或状态。危险源是安全控制的主要对象,因此,有人把安全控制也称为危险控制或安全风险控制。危险源可分为两类:

①一类危险源是可能发生意外释放的能量(能源或能量载体)或危险物质。如电线和电、压力容器和炸药等。

②另一类危险源是造成约束、限制能量措施失效或破坏的各种不安全因素。如人的不安全行为、施工工艺的不安全状态和不良环境条件。建筑工地绝大部分危险和有害因素属第二类危险源。

事故是指造成死亡、疾病、伤害、损坏或其他损失的意外情况。事故的发生是两类危险源共同作用的结果。第一类危险源是事故发生的前提,第二类危险源的出现是第一类危险源导致事故发生的必要条件。在事故的发生发展过程中,两类危险源相互依存,相辅相成。第一类危险源是事故发生的主体,决定事故的严重程度;第二类危险源的出现难易,决定事故发生的可能性大小。建筑工地重大危险源,可能造成的事故危害主要有:高处坠落、坍塌、物体打击、起重伤害、触电、机械伤害、中毒窒息、火灾、爆炸和其他伤害等几种类型。

2)事故原因分析

事故原因有直接原因、间接原因和基础原因3种。

(1)直接原因 直接原因是最接近发生事故的时刻,并直接导致事故发生的原因。包括三大类:人的不安全行为、物的不安全状态和环境的不安全因素。

人的不安全行为是人的生理和心理特点的反映,主要表现在身体缺陷、错误行为和违纪违章3个方面。身体缺陷指疾病、职业病、精神失常、智商过低、紧张、烦躁、疲劳、易冲动、易兴奋、运动迟钝、对自然条件和其他环境过敏、不适应复杂和快速工作、应变能力差等。错误行为指嗜酒、吸毒、吸烟、赌博、玩耍、嬉闹、追逐、误视、误听、误嗅、误触、误动作、误判断、意外碰撞和受阻、误入险区等。违纪违章指粗心大意、漫不经心、注意力不集中、不履行安全措施、安全检查不认真、不按工艺规程或标准操作、不按规定使用防护用品、玩忽职守、有意违章等。

根据统计资料分析,有88%的安全事故是由人的不安全行为造成的。所以说,人的行为是职业健康安全管理的关键,应从人的生理和心理特点来分析人的行为,结合社会因素和环境条件,采取相应对策,防止人的不安全行为发生。

物的不安全状态表现为3个方面,即设备和装置的缺陷、作业场所的缺陷、物质和环境的危险源。

环境也存在对施工现场安全影响的因素,如采光照明、色彩标志、环境温度、噪声、粉尘等现场环境条件。

(2)间接原因 间接原因是直接原因得以产生和存在的原因,即管理问题,包括承包商与项目有关的职业健康安全管理的目标与规划、责任制、管理机构、教育培训、技术管理、安全检查等。

(3)基础原因 基础原因是指造成间接原因的因素,包括经济、社会、文化、法律和民族习惯等。

基础原因决定了间接原因——管理缺陷,管理缺陷与物和环境的不安全状况结合构成了事故隐患,事故隐患+不安全行为=事故,或项目施工的危险因素+触发因素=事故。因此,职业健康安全管理的思路是立足于基础工作,从管人入手,积极采取措施,消除物的不安全状态和环境的不安全因素。

14.2 建设工程职业健康安全管理程序

建设工程职业健康安全管理的程序主要有:确定职业健康安全管理目标;编制建设工程职业健康安全技术措施计划;建设工程职业健康安全技术措施计划的实施;建设工程职业健康安全技术措施计划的验证;持续改进等。

▶ 14.2.1 建设工程职业健康安全管理的目标

建设工程职业健康安全管理的总体要求就是通过对直接和间接原因的控制,使相关人员面临的风险减少到最低限度,预防和控制工伤事故、职业病及其他损失,不断提高项目的安全生产管理水平,以人为本,实现承包商经济效益和社会效益的双增长。具体目标包括:

①施工项目职业健康安全管理目标应适合项目施工的规模、特点,具有先行性和可行性,应符合国家安全生产法律、行政法规和建筑行业安全规章及对业主和社会要求的承诺。

②施工项目职业健康安全管理应实现重大伤亡事故为零的目标以及其他安全目标指标,如控制伤亡事故的指标、控制交通安全事故的指标、尘毒治理要求达到的指标、控制火灾发生的指标等。

③施工项目职业健康安全管理目标应采用"目标管理"的方法,在以项目经理为首的施工项目组织机构内进行指标分解,制订责任制。

▶ 14.2.2 建设工程职业健康安全技术措施计划的编制

建设工程职业健康安全技术措施是指为防止工伤事故和职业病的危害,维护相关人员工作和生活健康,针对工程特点、施工现场环境、施工方法、劳力组织、作业方法,以及使用的机械、动力设备、变配电设施、架设工具和各项安全防护设施等制订的技术措施。

建设工程职业健康安全技术措施应具有超前性、针对性、可靠性和操作性。

就一般工程而言,施工项目职业健康安全技术措施分为施工准备阶段和施工两个阶段。施工准备阶段通常从技术准备、物资准备、施工现场准备和施工队伍准备 4 个方面编制相应的技术措施。而施工阶段的职业健康安全技术措施包括以下几个方面:

①单项工程、单位工程均有职业健康安全技术措施,分部分项工程有职业健康安全技术具体措施,施工前由技术负责人向参加施工的有关人员进行安全技术交底,并应逐级签发和保存"安全交底任务单"。

②职业健康安全技术应与施工生产技术统一,各项职业健康安全技术措施必须在相应的工序施工前落实好,如:

a.根据基坑、基槽、地下室开挖深度、土质类别,选择开挖方法,确定边坡的坡度和采取的防止塌方的护坡支撑方案;

b.脚手架、吊篮等选用及设计搭设方案和安全防护措施;

c.高处作业的上下安全通道;

d. 安全网(平网、立网)的架设要求、范围(保护区域)、架设层次、段落;

e. 对施工电梯、井架(龙门架)等垂直运输设备的位置、搭设要求,稳定性、安全装置等要求;

f. 施工洞口的防护方法和主体交叉施工作业区的隔离措施;

g. 场内运输道路及人行通道的布置;

h. 在建工程与周围人行通道及民房的防护隔离措施。

③操作者严格遵守相应的操作规程,实行标准化作业。

④针对采用的新工艺、新技术、新设备、新结构制订专门的施工安全技术措施。

⑤在明火作业现场(焊接、切割、熬沥青等)有防火、防爆措施。

对于结构复杂、危险性大的单项工程,或施工受夏季、雨季、冬季气候影响大的项目,应编制针对这些问题的单项的职业健康安全技术措施计划。

施工项目职业健康安全技术措施计划应包括工程概况、控制目标、控制程序、组织结构、职责权限、规章制度、资源配置、安全措施、检查评价和奖惩制度以及对分包的安全管理等内容。施工项目职业健康安全技术措施计划是施工组织设计的重要组成部分。

施工项目职业健康安全技术措施计划应由项目经理主持编制,经有关部门批准后,由专职安全管理人员进行现场监督实施。

▶ 14.2.3 建设工程职业健康安全技术措施计划的实施

1)教育与培训

教育与培训是职业健康安全管理工作的重要环节,重点是管理人员的安全意识和安全管理水平;操作者遵章守纪、自我保护和提高防范事故的能力。教育与培训的内容包括安全生产思想、安全知识、安全技能和法制教育4个方面的内容。

承包商应建立分级职业健康安全教育制度,实施公司、项目经理部和作业队的三级教育。

2)建立责任制

职业健康安全生产责任制是根据"管生产必须管安全""安全生产人人有责"的原则,承包商对施工项目的各级管理者、部门、人员所规定的在其职责范围内应对职业健康安全工作承担的责任。

建立健全以职业健康安全生产责任制为中心的各项职业健康安全管理制度,是保障施工项目职业健康安全目标实现的重要组织手段。项目组织就是一个角色系统,任何一个角色的核心是责、权、利的统一,通过责任制的建立,使项目的职业健康安全工作纵向到底、横向到边、专管成线、群管成网、分工明确、责任清楚,共同努力、协调配合,使项目的职业健康安全工作落到实处。

3)技术措施交底

施工项目应坚持职业健康安全技术交底制度,在工程开工前或结构复杂的分部分项工程实施前等,由项目部的相关技术负责人对分包商、施工班组(人员)就项目的施工特点和危险点、针对性预防措施、应注意的安全事项、相应的操作规程和作业标准以及发生事故应采取的

避难和应急措施等内容进行交底。

4）施工过程控制

项目经理部对施工过程中可能影响职业健康安全的因素进行控制,确保施工项目按照职业健康安全生产的规章制度、操作规程和程序要求施工。

对施工项目职业健康安全技术措施计划确定的特殊关键过程,项目经理部应落实监控人员,确定监控方式、措施,实施重点监控,必要时应实施旁站监控。

5）职业健康安全检查

职业健康安全检查的目标是预防伤亡事故,不断改善生产条件和作业环境,使施工项目达到最佳安全状态。检查的内容主要是查思想、查制度、查机械设备、查安全设施、查安全教育培训、查操作行为、查劳保用品使用、查伤亡事故的处理等"八查"。检查的方式有:企业或项目定期组织的安全检查;各级管理人员的日常巡回检查、专业安全检查;季节性和节假日安全检查;班组自我检查、交接检查。

住建部于 2011 年 12 月颁布了《建筑施工安全检查标准》(JGJ 59—2011),主要内容有:总则、术语、检查评定项目、检查评分方法、检查评定等级以及相关附录。

14.3　建设工程职业健康安全隐患和事故的处理

▶　14.3.1　职业健康安全隐患的处理要求与程序

职业健康安全隐患的处理要求与程序如下:

①对检查中发现的隐患进行登记,不仅作为整改的备查依据,而且是提供安全动态分析的重要信息渠道。

②对职业健康安全检查中发现的隐患,发出隐患整改通知书。

③对于违章指挥、违章作业行为,检查人员可以当场指出,立即纠正;对凡是存在即发性事故危险的隐患,检查人员应责令停工,被查单位必须立即进行整改。

④施工项目部应区别不同的职业健康安全隐患类型,制订相应整改方案并在实施前进行风险评估。

⑤被检查单位按照"三定"(即定人、定期限、定措施),限期完成整改。

⑥跟踪检查整改方案的实施过程和实施效果,保存验证记录。

▶　14.3.2　职业健康安全事故的概念、分类和等级

职业健康安全事故是指因为工作或与工作相关的原因造成的伤亡事故或患上的急慢性疾病,主要有职业伤害事故和职业病两大类。

1）职业伤害事故

按照我国《企业职工伤亡事故分类标准》(GB 6441)标准规定,职业伤害事故分为 20 类,

即物体打击、车辆伤害、机械伤害、起重伤害、触电、淹溺、灼烫、火灾、高处坠落、坍塌、冒顶片帮、透水、放炮、火药爆炸、瓦斯爆炸、容器爆炸、其他爆炸、中毒和窒息以及其他伤害。

2)职业病

2002年卫生部会同劳动和社会保障部发布的《职业病目录》列出的法定职业病为10大类,共115种。该目录中所列的10大类职业病,如:尘肺、职业性放射性疾病、职业中毒、物理因素所致职业病、生物因素所致职业病、职业性皮肤病、职业性眼病、职业性耳鼻喉口腔疾病、职业性肿瘤以及其他职业病。

《企业职工伤亡事故报告和处理规定》将职工在劳动过程中发生的人身伤害、急性中毒伤亡事故分为:轻伤、重伤、死亡、重大死亡事故。《企业职工伤亡事故分类标准》(GB 6441)将伤害分为:轻伤,指损失工作日为1个工作日以上(含1个工作日),105个工作日以下的失能伤害;重伤,指损失工作日为105个工作日以上(含105个工作日),6 000个工作日以下的失能伤害;死亡,指损失工作日为6 000工作日以上(含6 000个工作日)的失能伤害。

《生产安全事故报告和调查处理条例》根据生产安全事故(以下简称事故)造成的人员伤亡或者直接经济损失,事故一般分为以下等级:

①特别重大事故,是指造成30人以上死亡,或者100人以上重伤(包括急性工业中毒,下同),或者1亿元以上直接经济损失的事故;

②重大事故,是指造成10人以上30人以下死亡,或者50人以上100人以下重伤,或者5 000万元以上1亿元以下直接经济损失的事故;

③较大事故,是指造成3人以上10人以下死亡,或者10人以上50人以下重伤,或者1 000万元以上5 000万元以下直接经济损失的事故;

④一般事故,是指造成3人以下死亡,或者10人以下重伤,或者1 000万元以下直接经济损失的事故。

▶ 14.3.3 职业健康安全事故的处理程序

发生伤亡事故后,负伤人员或最先发现事故的人应立即报告领导。企业对受伤人员歇工满一个工作日以上的事故,应填写伤亡事故登记表并及时上报。

企业发生重伤和重大伤亡事故,必须立即将事故概况(包括伤亡人数、发生事故的时间、地点、原因等),用快速方法分别报告企业主管部门、行业安全管理部门和当地公安机关、人民检察院。发生重大伤亡事故,各有关部门接到报告后应立即转报各自的上级主管部门。

(1)"三不过"处理原则 对于事故的调查处理,必须坚持"事故原因不清不放过,事故责任者和群众没有受到教育不放过,没有防范措施不放过"的"三不过"原则。

(2)事故的调查处理程序 事故的调查处理应按照下列程序进行:

①抢救伤员、排除险情、保护现场。

②按照事故等级,成立相应的调查组。

轻伤、重伤事故由企业组织调查;伤亡事故由企业主管部门会同企业所在地区的行政安全部门、公安、工会部门组成事故调查组;重大伤亡事故,按照企业隶属关系,由省、自治区、直

辖市企业主管部门或者国务院有关主管部门会同同级行政安全管理部门、公安、监察、工会组成事故调查组。死亡和重大死亡事故调查组应邀请人民检察院参加,还可邀请有关专业技术人员参加。

③现场踏勘。

④分析事故原因,确定事故的性质。按 GB 6441 附录 A 中受伤部位、受伤性质、起因物、致害物、伤害方法、不安全状态和不安全行为 7 项内容进行分析,确定事故的直接原因和间接原因,决定事故的直接责任者和领导责任者。事故的性质包括:

a.责任事故,由于人的过失造成的事故。

b.非责任事故,由于不可预见或不可抗力的自然条件变化所造成的事故或在技术改造、发明创造、科学试验活动中,由于科学技术条件的限制而发生的无法预料的事故。

c.破坏性事故,即为达到既定目的而故意制造的事故。对此类事故应由公安机关立案,依法处理。

(3)事故责任分析　根据调查掌握的事实,按损失大小和有关人员职责、分工、工作态度以及在事故中的作用分清责任,如主要责任、其次责任、重要责任、一般责任、领导责任等。

(4)制订防止类似事故再次发生的预防措施

(5)完成并提交调查报告　调查报告应包括事故发生的经过、原因、责任分析和处理意见,以及本事故的教训和改进工作的建议等内容。调查报告须经调查组全体成员签字后报批。如调查组内部存在意见分歧时,应在弄清事实的基础上,对照相关规定进行研究,统一认识。对仍持有不同意见的可允许保留,在签字时加以说明。

(6)事故的审理和结案　事故处理结论经有关机关审批后,即可结案。伤亡事故处理工作应当在 90 d 结案。特殊情况不得超过 180 d。事故调查处理的文件、图纸、照片、资料等记录应完整并长期保存。

14.4　建设工程环境管理

▶　14.4.1　建设工程施工对环境的污染

由于工程建设规模巨大,项目施工对环境产生了以下的污染:

①空气污染。施工现场和运输过程产生烟尘和粉尘;有毒有害气体排放,如燃烧各种包装物和废弃物、有毒有害涂料和化学物质;机动车辆和施工机械的尾气排放等。

②水污染。施工现场产生的废水和固体废物流入水体。

③噪声污染。施工机械和工具,如推土机、挖掘机、打桩机、混凝土振捣棒、电锯、升降机等。

④土壤污染。施工过程产生的固体废弃物,如建筑渣土、废弃的散装建筑材料、生活垃圾、设备材料的包装物等。

国家先后出台了防治污染和保护环境的相关法律法规,要求施工企业必须严格遵守,如

《建筑施工场界环境噪声排放标准》(GB 12523—2011)具体规定了主要的施工机械和工具在白天和夜间的噪声限值。有的城市因为建筑施工扬尘严重影响城市的空气质量、环境水平和城市形象,还专门制订限制规定和开展专项治理。

►14.4.2　环境管理体系

1)环境管理体系的概念

从世界范围的总体情况来看,环境的恶化伴随并制约着人类的生存与发展。国际合作共同保护地球生态环境的呼声日渐高涨,"绿色生产"和"绿色产品"的理念和规范正在逐步形成和统一,这既是对企业提出的严峻挑战,同时也是企业发展的新机遇。我国建筑施工企业应该遵照 GB/T 24000—2004 环境管理体系标准的要求,建立并持续改进企业的环境管理体系,走可持续发展之路,才能具备竞争优势,创造良好的社会效益、环境效益和经济效益。

环境管理体系(Environmental Management System,EMS)是组织管理体系的一部分,用来制订和实施环境方针,并管理其环境因素。

按照《环境管理体系　要求及使用指南》(GB/T 24001—2004)的规定,环境管理体系要求有 1 个总要求、5 个一级要素和 17 个二级要素,见表 14.1。

表 14.1　环境管理体系要素表

一级要素	二级要素
(一)环境方针	1.环境方针
(二)策划	2.环境因素
	3.法律、法规和其他要求
	4.目标、指标和方案
(三)实施和运行	5.资源、作用、职责和权限
	6.能力、培训和意识
	7.信息交流
	8.文件
	9.文件控制
	10.运行控制
	11.应急准备和响应
(四)检查	12.监测和测量
	13.合规性评价
	14.不符合,纠正措施和预防措施
	15.记录控制
	16.内部评审
(五)管理评审	17.管理评审

环境管理体系总要求:组织应根据本标准的要求建立、实施、保持和持续改进环境管理体系,确定如何实现这些要求,并形成文件;组织应界定环境管理体系覆盖的范围,并形成文件。

2）环境管理体系的运行模式

环境管理体系的运行模式是其一级要素按"计划—实施—检查—处置"的 PDCA 循环模式运行,体现了环境持续改进的理念,如图 14.1 所示。

许多组织通过由过程组成的体系以及过程之间的相互作用对运行进行管理,这种方式称为"过程方法"。GB/T 19001—2008 提倡使用过程方法。由于 PDCA 可以应用于所有的过程,因此,这两种方式可以看成是兼容的。国内许多建筑施工企业在分别取得质量、职业健康安全、环境管理体系认证的基础上,目前正在积极探索和建立"三位一体"的整合管理模式/体系。

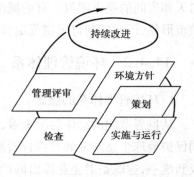

图 14.1　环境管理体系运行模式图

► 14.4.3　建设工程现场管理

1）建设工程施工现场管理的概念

工程项目施工现场是指从事工程施工活动经批准占用的施工场地。它既包括红线以内占用的建筑用地和施工用地,又包括红线以外现场附近经批准占用的临时施工用地。

工程项目施工现场管理是指项目经理部按照城市建设管理的有关法规,科学合理地安排使用施工现场,协调各专业管理和各项施工活动,控制污染,创造安全文明的施工环境和人、材、物、资金流畅通的施工秩序所进行的一系列管理工作。

2）建设工程施工现场管理的重要性

良好的施工现场是施工活动正常进行的保障。原因在于:其一,施工现场是各类施工物资的"枢纽站";其二,施工现场是落实前期筹划,最终完成产品制造的"工厂";其三,施工现场是一面"镜子",体现承包商的形象;其四,施工现场是贯彻执行有关法规受各级主管部门关注的"焦点"。而施工项目现场管理又是把各种专业管理聚合在一起的综合性管理。综上,施工现场管理既是施工项目管理的难点,也是施工项目管理的重点。

3）建设工程施工现场管理的内容

①规划及报批施工用地。在充分、合理使用施工现场场内占地的前提下,若场内空间不足,应会同发包人按规定向城市规划部门、公安交通部门申请,待批准后,才能使用场外施工临时用地。

②施工现场总平面设计与调整。

③根据建筑总平面图、单位工程施工图、施工现场的环境特点及相关规定,科学、合理地设计施工总平面图。

④在必须的前提下,根据不同施工阶段内容的变化调整施工现场的平面布置,但一些重大设施应相对固定,实现对施工现场的动态管理和控制。

施工现场管理的要求包括现场标志、场容管理、环境保护、防火保安和卫生防疫及其他 5

个方面。

4）施工现场管理组织的建立

①建立以项目经理为全面负责人,主管生产的副经理、主任工程师、分包人、生产、技术、质量、安全、保卫、消防、材料、环保、卫生等管理人员组成的现场管理组织体系。

②按照"谁生产、谁负责"的原则,建立并落实按专业和片区所制订的施工现场管理责任制体系和各项管理制度。

5）文明施工现场的建设

①进行现场文化建设;

②规范场容,保持作业环境清洁卫生;

③创造有序生产的条件;

④减少对居民和环境的不利影响;

⑤按照文明施工标准,定期进行评定、考核和总结。

6）清场转移

施工结束后,应及时组织清场和剩余物资退场,拆除临时设施,清除建筑垃圾,按市容管理要求恢复临时占用土地。

本章小结

本章主要讲述建设工程职业健康安全与环境管理的概念、建设工程职业健康安全管理程序、建设工程职业健康安全隐患和事故的处理及工程项目环境管理。现将本章的基本要点归纳如下:

(1)安全生产与环境保护是我国的基本国策。危险源可分为两类,事故的发生是两类危险源共同作用的结果。事故原因有直接原因、间接原因和基础原因。

(2)工程项目职业健康安全管理的程序主要有:确定职业健康安全管理目标;编制职业健康安全技术措施计划;职业健康安全技术措施计划的实施;职业健康安全技术措施计划的验证;持续改进等。一旦发现施工项目存在安全隐患或发生安全事故,应按照相关规定和程序进行及时有效的处理。

(3)工程项目施工会造成环境污染,因此,承包商应建立并持续改进企业的环境管理体系,工程项目部应加强施工现场管理,走可持续发展之路,才能具备竞争优势,创造良好的社会效益、环境效益和经济效益。

通过本章学习,要求了解职业健康安全与环境管理的概念和职业健康安全管理程序,掌握职业健康安全隐患和事故的处理及工程项目环境管理等。

复习思考题

14.1　解释安全、职业健康安全、环境的概念。

14.2　我国的安全生产方针和安全生产管理体制是什么？

14.3　国家要求企业必须建立的五项安全生产基本制度是什么？

14.4　什么是危险源？什么是事故？危险源与事故有何关系？

14.5　简述建设工程职业健康安全管理程序。

14.6　什么是职业健康安全事故？处理程序是什么？

14.7　建设工程施工现场管理包括哪些内容？有何重要性？

14.8　环境管理体系的概念和运行模式是什么？

附录 复利系数表

附表1 1%的复利系数表

年 份	一次支付		等额系列			
	终值系数	现值系数	年金终值系数	年金现值系数	资本回收系数	偿债基金系数
n	$F/P, i, n$	$P/F, i, n$	$F/A, i, n$	$P/A, i, n$	$A/P, i, n$	$A/F, i, n$
1	1.010	0.990 1	1.000	0.991 0	1.010 0	1.000 0
2	1.020	0.980 3	2.010	1.970 4	0.507 5	0.497 5
3	1.030	0.970 6	3.030	2.940 1	0.430 0	0.330 0
4	1.041	0.961 0	4.060	3.902 0	0.256 3	0.246 3
5	1.051	0.951 5	5.101	4.853 4	0.206 0	0.196 0
6	1.062	0.942 1	6.152	5.795 5	0.172 6	0.162 6
7	1.702	0.932 7	7.214	6.728 2	0.148 6	0.138 6
8	1.083	0.923 5	8.286	7.651 7	0.130 7	0.120 7
9	1.094	0.914 3	9.369	8.566 0	0.116 8	0.106 8
10	1.105	0.905 3	10.426	9.471 3	0.105 6	0.095 6
11	1.116	0.896 3	11.567	10.367 6	0.096 5	0.086 5
12	1.127	0.887 5	12.683	11.255 1	0.088 9	0.078 9
13	1.138	0.878 7	13.809	12.133 8	0.082 4	0.072 4
14	1.149	0.870 0	14.974	13.003 7	0.076 9	0.066 9
15	1.161	0.861 4	16.097	13.865 1	0.072 1	0.062 1
16	1.173	0.852 8	17.258	14.719 1	0.068 0	0.058 0
17	1.184	0.844 4	18.430	15.562 4	0.063 4	0.054 3
18	1.196	0.836 0	19.615	16.398 3	0.061 0	0.051 0
19	1.208	0.827 7	20.811	17.226 0	0.058 1	0.048 1
20	1.220	0.819 6	22.019	18.045 6	0.055 4	0.045 4
21	1.232	0.811 4	23.239	18.857 0	0.053 0	0.043 0
22	1.245	0.803 4	24.472	19.660 4	0.050 9	0.040 9
23	1.257	0.795 5	25.716	20.455 8	0.048 9	0.038 9
24	1.270	0.787 6	26.973	21.243 4	0.047 1	0.037 1
25	1.282	0.779 8	28.243	22.023 2	0.045 4	0.035 4
26	1.295	0.772 1	29.526	22.795 2	0.043 9	0.033 9
27	1.308	0.764 4	30.821	23.559 6	0.042 5	0.032 5
28	1.321	0.756 8	32.129	24.316 5	0.041 1	0.031 1
29	1.335	0.749 4	33.450	25.065 8	0.039 9	0.029 9
30	1.348	0.741 9	34.752	25.807 7	0.038 8	0.028 8
31	1.361	0.734 6	36.133	26.542 3	0.037 7	0.027 7
32	1.375	0.727 3	37.494	27.269 6	0.036 7	0.026 7
33	1.389	0.720 1	38.869	28.989 5	0.035 7	0.025 7
34	1.403	0.713 0	40.258	28.702 7	0.034 8	0.024 8
35	1.417	0.705 0	41.660	29.408 6	0.034 0	0.024 0

附表2　1.5%的复利系数表

年份	一次支付		等额系列			
	终值系数	现值系数	年金终值系数	偿债基金系数	资本回收系数	年金现值系数
n	$F/P, i, n$	$P/F, i, n$	$F/A, i, n$	$A/F, i, n$	$A/P, i, n$	$P/A, i, n$
1	1.015	0.985 2	1.000	1.000 0	0.015 0	0.985
2	1.030	0.970 7	2.015	0.496 3	0.511 3	1.956
3	1.046	0.956 3	3.045	0.328 4	0.343 4	2.912
4	1.061	0.942 2	4.091	0.244 4	0.259 4	3.854
5	1.077	0.928 3	5.152	0.194 1	0.209 1	4.783
6	1.093	0.914 5	6.230	0.160 5	0.175 5	5.697
7	1.110	0.901 0	7.323	0.136 6	0.151 6	6.598
8	1.126	0.887 7	8.433	0.118 6	0.133 6	7.486
9	1.143	0.874 6	9.559	0.104 6	0.119 6	8.361
10	1.161	0.861 7	10.703	0.093 4	0.108 4	9.222
11	1.178	0.848 9	11.863	0.084 3	0.099 3	10.071
12	1.196	0.836 4	13.041	0.076 7	0.091 7	10.908
13	1.214	0.824 0	14.237	0.070 2	0.085 2	11.732
14	1.232	0.811 8	15.450	0.064 7	0.079 7	12.543
15	1.250	0.799 9	16.682	0.059 9	0.074 9	13.343
16	1.269	0.788 0	17.932	0.055 8	0.070 8	14.131
17	1.288	0.776 4	19.201	0.052 1	0.067 1	14.908
18	1.307	0.764 9	20.489	0.048 8	0.063 8	15.673
19	1.327	0.753 6	21.797	0.045 9	0.060 9	16.426
20	1.347	0.742 5	23.124	0.043 2	0.058 2	17.169
21	1.367	0.731 5	24.471	0.040 9	0.055 9	17.900
22	1.388	0.720 7	25.838	0.038 7	0.053 7	18.621
23	1.408	0.710 0	27.225	0.036 7	0.051 7	19.331
24	1.430	0.699 5	28.634	0.034 9	0.049 9	20.030
25	1.451	0.689 2	30.063	0.033 3	0.048 3	20.720
26	1.473	0.679 0	31.514	0.031 7	0.046 7	21.399
27	1.495	0.669 0	32.987	0.030 3	0.045 3	22.068
28	1.517	0.659 1	34.481	0.029 0	0.044 0	22.727
29	1.540	0.649 4	35.999	0.027 8	0.042 8	23.376
30	1.563	0.639 8	37.539	0.026 6	0.041 6	24.016
35	1.684	0.593 9	45.592	0.021 9	0.036 9	27.076
40	1.814	0.551 3	54.268	0.018 4	0.033 4	29.916
45	1.954	0.511 7	63.614	0.015 7	0.030 7	32.552
50	2.105	0.475 0	73.683	0.013 6	0.028 6	35.000
55	2.268	0.440 9	84.529	0.011 8	0.026 8	37.271
60	2.443	0.409 3	96.215	0.010 4	0.025 4	39.380
65	2.632	0.379 9	108.803	0.009 2	0.024 2	41.338
70	2.836	0.352 7	122.364	0.008 2	0.023 2	43.155
75	3.055	0.327 4	136.973	0.007 3	0.022 3	44.842
80	3.291	0.303 9	152.711	0.006 5	0.021 5	46.407
85	3.545	0.282 1	169.665	0.005 9	0.020 9	47.861
90	3.819	0.261 9	187.930	0.005 3	0.020 3	49.210
95	4.114	0.243 1	207.606	0.004 8	0.019 8	50.462
100	4.432	0.225 6	228.803	0.004 4	0.019 4	51.625

附表3 3%的复利系数表

年 份	一次支付		等额系列			
	终值系数	现值系数	年金终值系数	年金现值系数	资本回收系数	偿债基金系数
n	$F/P, i, n$	$P/F, i, n$	$F/A, i, n$	$P/A, i, n$	$A/P, i, n$	$A/F, i, n$
1	1.030	0.970 9	1.000	0.970 9	1.030 0	1.000 0
2	1.061	0.942 6	2.030	1.913 5	0.522 6	0.492 6
3	1.093	0.915 2	3.091	2.828 6	0.353 5	0.323 5
4	1.126	0.888 5	4.184	3.717 1	0.269 0	0.239 0
5	1.159	0.862 6	5.309	4.579 7	0.218 4	0.188 4
6	1.194	0.838 4	6.468	5.417 2	0.184 6	0.154 6
7	1.230	0.813 1	7.662	6.230 3	0.160 5	0.130 5
8	1.267	0.789 4	8.892	7.019 7	0.142 5	0.112 5
9	1.305	0.766 4	10.159	7.786 1	0.128 4	0.098 4
10	1.344	0.744 1	11.464	8.530 2	0.117 2	0.087 2
11	1.384	0.722 4	12.808	9.252 6	0.108 1	0.078 1
12	1.426	0.701 4	14.192	9.954 0	0.100 5	0.070 5
13	1.469	0.681 0	15.618	10.645 0	0.094 0	0.064 0
14	1.513	0.661 1	17.086	11.296 1	0.088 5	0.058 5
15	1.558	0.641 9	18.599	11.937 9	0.083 8	0.053 8
16	1.605	0.623 2	20.157	12.561 1	0.079 6	0.049 6
17	1.653	0.605 0	21.762	13.166 1	0.076 0	0.046 0
18	1.702	0.587 4	23.414	13.753 5	0.072 7	0.042 7
19	1.754	0.570 3	25.117	14.323 8	0.069 8	0.039 8
20	1.806	0.553 7	26.870	14.877 5	0.067 2	0.037 2
21	1.860	0.537 6	28.676	15.415 0	0.064 9	0.034 9
22	1.916	0.521 9	30.537	15.936 9	0.062 8	0.032 8
23	1.974	0.506 7	32.453	16.443 6	0.060 8	0.030 8
24	2.033	0.491 9	34.426	16.935 6	0.059 1	0.029 1
25	2.094	0.477 6	36.495	17.413 1	0.057 4	0.027 4
26	2.157	0.463 7	38.553	17.876 9	0.055 9	0.025 9
27	2.221	0.450 2	40.710	18.327 0	0.054 6	0.024 6
28	2.288	0.437 1	42.931	18.764 1	0.053 3	0.023 3
29	2.357	0.424 4	45.219	19.188 5	0.052 1	0.022 1
30	2.427	0.412 0	47.575	19.600 5	0.051 0	0.021 0
31	2.500	0.400 0	50.003	20.000 4	0.050 0	0.020 0
32	2.575	0.388 3	52.503	20.388 8	0.049 1	0.019 1
33	2.652	0.377 0	55.078	20.765 8	0.048 2	0.018 2
34	2.732	0.366 1	57.730	21.131 8	0.047 3	0.017 3
35	2.814	0.355 4	60.462	21.487 2	0.046 5	0.016 5

附表4 4%的复利系数表

年 份	一次支付		等额系列			
	终值系数	现值系数	年金终值系数	年金现值系数	资本回收系数	偿债基金系数
n	$F/P,i,n$	$P/F,i,n$	$F/A,i,n$	$P/A,i,n$	$A/P,i,n$	$A/F,i,n$
1	1.040	0.961 5	1.000	0.961 5	1.040 0	1.000
2	1.082	0.924 6	2.040	1.886 1	0.530 2	0.490 2
3	1.125	0.889 0	3.122	2.775 1	0.360 4	0.320 4
4	1.170	0.854 8	4.246	3.619 9	0.275 5	0.235 5
5	1.217	0.821 9	5.416	4.451 8	0.224 6	0.184 6
6	1.265	0.790 3	6.633	5.242 1	0.190 8	0.150 8
7	1.316	0.759 9	7.898	6.002 1	0.166 6	0.126 6
8	1.396	0.730 7	9.214	6.738 2	0.148 5	0.108 5
9	1.423	0.702 6	10.583	7.435 1	0.134 5	0.094 5
10	1.480	0.675 6	12.006	8.110 9	0.123 3	0.083 3
11	1.539	0.649 6	13.486	8.760 5	0.114 2	0.074 2
12	1.601	0.624 6	15.036	9.385 1	0.106 6	0.066 6
13	1.665	0.600 6	16.627	9.985 7	0.100 2	0.060 2
14	1.732	0.577 5	18.292	10.563 1	0.094 7	0.054 7
15	1.801	0.555 3	20.024	11.118 4	0.090 0	0.050 0
16	1.873	0.533 9	21.825	11.652 3	0.085 8	0.045 8
17	1.948	0.513 4	23.698	12.165 7	0.082 2	0.042 2
18	2.026	0.493 6	25.645	12.659 3	0.079 0	0.039 0
19	2.107	0.474 7	27.671	13.133 9	0.076 1	0.036 1
20	2.191	0.456 4	29.778	13.509 3	0.073 6	0.033 6
21	2.279	0.438 8	31.969	14.029 2	0.071 3	0.031 3
22	2.370	0.422 0	34.248	14.451 1	0.069 2	0.029 2
23	2.465	0.415 7	36.618	14.856 9	0.067 3	0.027 3
24	2.563	0.390 1	39.083	15.247 0	0.065 6	0.025 6
25	2.666	0.375 1	41.646	15.622 1	0.064 0	0.024 0
26	2.772	0.306 7	44.312	15.982 8	0.062 6	0.022 6
27	2.883	0.346 8	47.084	16.329 6	0.061 2	0.021 2
28	2.999	0.333 5	49.968	16.663 1	0.060 0	0.020 0
29	3.119	0.320 7	52.966	16.987 3	0.058 9	0.018 9
30	3.243	0.308 3	56.085	17.292 0	0.057 8	0.017 8
31	3.373	0.296 5	59.328	17.588 5	0.056 9	0.016 9
32	3.508	0.285 1	62.701	17.873 6	0.056 0	0.016 0
33	3.648	0.274 1	66.210	18.147 7	0.055 1	0.015 1
34	3.794	0.263 6	69.858	18.411 2	0.054 3	0.014 3
35	3.946	0.253 4	73.652	18.664 6	0.031 6	0.013 6

附表5 5%的复利系数表

年 份	一次支付		等额系列			
	终值系数	现值系数	年金终值系数	年金现值系数	资本回收系数	偿债基金系数
n	$F/P, i, n$	$P/F, i, n$	$F/A, i, n$	$P/A, i, n$	$A/P, i, n$	$A/F, i, n$
1	1.050	0.952 4	1.000	0.952 4	1.050 0	1.000
2	1.103	0.907 0	2.050	1.859 4	0.537 8	0.487 8
3	1.158	0.863 8	3.153	2.723 3	0.367 2	0.317 2
4	1.216	0.822 7	4.310	3.546 0	0.282 0	0.232 0
5	1.276	0.783 5	5.526	4.329 5	0.231 0	0.181 0
6	1.340	0.746 2	6.802	5.075 7	0.197 0	0.147 0
7	1.407	0.710 7	8.142	5.786 4	0.172 8	0.122 8
8	1.477	0.676 8	9.549	6.463 2	0.154 7	0.104 7
9	1.551	0.644 6	11.027	7.107 8	0.140 7	0.090 7
10	1.629	0.613 9	12.587	7.721 7	0.129 5	0.079 5
11	1.710	0.584 7	14.207	8.306 4	0.120 4	0.070 4
12	1.796	0.556 8	15.917	8.863 3	0.112 8	0.062 8
13	1.886	0.530 3	17.713	9.393 6	0.106 5	0.056 5
14	1.980	0.5051	19.599	9.898 7	0.101 0	0.051 0
15	2.079	0.481 0	21.597	10.379 7	0.096 4	0.046 4
16	2.183	0.458 1	23.658	10.837 3	0.093 2	0.043 2
17	2.292	0.436 3	25.840	11.274 1	0.088 7	0.038 7
18	2.407	0.415 5	28.132	11.689 6	0.085 6	0.035 6
19	2.527	0.395 7	30.539	12.085 3	0.082 8	0.032 8
20	2.653	0.376 9	33.066	12.462 2	0.080 3	0.030 3
21	2.786	0.359 0	35.719	12.821 2	0.078 0	0.028 0
22	2.925	0.341 9	38.505	13.163 0	0.076 0	0.026 0
23	3.072	0.325 6	41.430	13.488 6	0.074 1	0.024 1
24	3.225	0.310 1	44.502	13.798 7	0.072 5	0.022 5
25	3.386	0.295 3	47.727	14.094 0	0.071 0	0.021 0
26	3.556	0.281 2	51.113	14.375 3	0.069 6	0.019 6
27	3.733	0.267 9	54.669	14.634 0	0.068 3	0.018 3
28	3.920	0.255 1	58.403	14.898 1	0.067 1	0.017 1
29	4.116	0.243 0	62.323	15.141 1	0.066 1	0.016 1
30	4.322	0.231 4	66.439	15.372 5	0.065 1	0.015 1
31	4.538	0.220 4	70.761	15.592 8	0.064 1	0.014 1
32	4.765	0.209 9	75.299	15.802 7	0.063 3	0.013 3
33	5.003	0.199 9	80.064	16.002 6	0.062 5	0.012 5
34	5.253	0.190 4	85.067	16.192 9	0.061 8	0.011 8
35	5.516	0.181 3	90.320	16.374 2	0.061 1	0.011 1

附表6　6%的复利系数表

年　份	一次支付		等额系列			
	终值系数	现值系数	年金终值系数	年金现值系数	资本回收系数	偿债基金系数
n	$F/P, i, n$	$P/F, i, n$	$F/A, i, n$	$P/A, i, n$	$A/P, i, n$	$A/F, i, n$
1	1.060	0.943 4	1.000	0.943 4	1.060 0	1.000
2	1.124	0.890 0	2.060	1.833 4	0.545 4	0.485 4
3	1.191	0.839 6	3.184	2.670 4	0.374 1	0.314 1
4	1.262	0.729 1	4.375	3.456 1	0.288 6	0.228 6
5	1.338	0.747 3	5.637	4.212 4	0.237 4	0.177 4
6	1.419	0.705 0	6.975	4.917 3	0.203 4	0.143 4
7	1.504	0.665 1	8.394	5.582 4	0.179 1	0.119 1
8	1.594	0.627 4	9.897	6.209 8	0.161 0	0.101 0
9	1.689	0.591 9	11.491	6.807 1	0.147 0	0.087 0
10	1.791	0.558 4	13.181	7.360 1	0.135 9	0.075 9
11	1.898	0.526 8	14.972	7.886 9	0.126 8	0.066 8
12	2.012	0.497 0	16.870	8.383 9	0.119 3	0.059 3
13	2.133	0.468 8	18.882	8.852 7	0.113 0	0.053 0
14	2.261	0.442 3	21.015	9.295 6	0.107 6	0.047 6
15	2.397	0.417 3	23.276	9.712 5	0.103 0	0.043 0
16	2.540	0.393 7	25.673	10.105 9	0.099 0	0.039 0
17	2.693	0.371 4	28.213	10.477 3	0.095 5	0.035 5
18	2.854	0.350 4	30.906	10.827 6	0.092 4	0.032 4
19	3.026	0.330 5	33.760	11.158 1	0.089 6	0.029 6
20	3.207	0.311 8	36.786	11.469 9	0.087 2	0.027 2
21	3.400	0.294 2	39.993	11.764 1	0.085 0	0.025 0
22	3.604	0.277 5	43.329	12.046 1	0.083 1	0.023 1
23	3.820	0.261 8	46.996	12.303 4	0.081 1	0.021 3
24	4.049	0.247 0	50.816	12.550 4	0.079 7	0.019 7
25	4.292	0.233 0	54.865	12.783 4	0.078 2	0.018 2
26	4.549	0.219 8	59.156	13.003 2	0.076 9	0.016 9
27	4.822	0.207 4	63.706	13.210 5	0.075 7	0.015 7
28	5.112	0.195 6	68.528	13.406 2	0.074 6	0.014 6
29	5.418	0.184 6	73.640	13.590 7	0.073 6	0.013 6
30	5.744	0.174 1	79.058	13.764 8	0.072 7	0.012 7
31	6.088	0.164 3	84.802	13.929 1	0.071 8	0.011 8
32	6.453	0.155 0	90.890	14.084 1	0.071 0	0.011 0
33	6.841	0.146 2	97.343	14.230 2	0.070 3	0.010 3
34	7.251	0.137 9	104.184	14.368 2	0.069 6	0.009 6
35	7.686	0.130 1	111.435	14.498 3	0.069 0	0.009 0

附表7 7%的复利系数表

年 份	一次支付		等额系列			
	终值系数	现值系数	年金终值系数	年金现值系数	资本回收系数	偿债基金系数
n	$F/P, i, n$	$P/F, i, n$	$F/A, i, n$	$P/A, i, n$	$A/P, i, n$	$A/F, i, n$
1	1.070	0.934 6	1.000	0.934 6	1.070 0	1.00 0
2	1.145	0.873 4	2.070	1.808 0	0.553 1	0.483 1
3	1.225	0.846 3	3.215	2.623 4	0.381 1	0.311 1
4	1.311	0.762 9	4.440	3.387 2	0.295 2	0.225 2
5	1.403	0.713 0	5.751	4.100 2	0.243 9	0.173 9
6	1.501	0.666 4	7.153	4.766 5	0.209 8	0.139 8
7	1.606	0.622 8	8.645	5.389 3	0.185 6	0.115 6
8	1.718	0.528 0	10.260	5.971 3	0.167 5	0.097 5
9	1.838	0.543 9	11.978	6.515 2	0.153 5	0.083 5
10	1.967	0.508 4	13.816	7.023 6	0.142 4	0.072 4
11	2.105	0.475 1	15.784	7.498 7	0.133 4	0.063 4
12	2.252	0.444 0	17.888	7.942 7	0.125 9	0.055 9
13	2.410	0.415 0	20.141	8.357 7	0.119 7	0.049 7
14	2.597	0.387 8	22.550	8.745 5	0.114 4	0.044 4
15	2.759	0.362 5	25.129	9.107 9	0.109 8	0.039 8
16	2.952	0.338 7	27.888	9.446 7	0.105 9	0.035 9
17	3.159	0.316 6	30.840	9.763 2	0.102 4	0.032 4
18	3.380	0.295 9	33.999	10.059 1	0.099 4	0.029 4
19	3.617	0.276 5	37.379	10.335 6	0.096 8	0.026 8
20	3.870	0.258 4	40.996	10.594 0	0.094 4	0.024 4
21	4.141	0.241 5	44.865	10.835 5	0.092 3	0.022 3
22	4.430	0.225 7	49.006	11.061 3	0.090 4	0.020 4
23	4.741	0.211 0	53.436	11.272 2	0.088 7	0.018 7
24	5.072	0.197 2	58.177	11.469 3	0.087 2	0.017 2
25	5.427	0.184 3	63.249	11.653 6	0.085 8	0.015 8
26	5.807	0.172 2	68.676	11.825 8	0.084 6	0.014 6
27	6.214	0.160 9	74.484	11.986 7	0.083 4	0.013 4
28	6.649	0.150 4	80.698	12.137 1	0.082 4	0.012 4
29	7.114	0.140 6	87.347	12.277 7	0.081 5	0.011 5
30	7.612	0.131 4	94.461	12.409 1	0.080 6	0.010 6
31	8.145	0.122 8	102.073	12.531 8	0.079 8	0.009 8
32	8.715	0.114 8	110.218	12.646 6	0.079 1	0.009 1
33	9.325	0.107 2	118.933	12.753 8	0.078 4	0.008 4
34	9.978	0.100 2	128.259	12.854 0	0.077 8	0.007 8
35	10.677	0.093 7	138.237	12.947 7	0.077 2	0.007 2

附表8 8%的复利系数表

年 份	一次支付		等额系列			
	终值系数	现值系数	年金终值系数	年金现值系数	资本回收系数	偿债基金系数
n	$F/P, i, n$	$P/F, i, n$	$F/A, i, n$	$P/A, i, n$	$A/P, i, n$	$A/F, i, n$
1	1.080	0.925 9	1.000	0.925 9	1.080 0	1.000 0
2	1.166	0.857 3	2.080	1.783 3	0.560 8	0.408 0
3	1.260	0.793 8	3.246	2.577 1	0.388 0	0.308 0
4	1.360	0.735 0	4.506	3.312 1	0.301 9	0.221 9
5	1.496	0.680 6	5.867	3.992 7	0.250 5	0.170 5
6	1.587	0.630 2	7.336	4.622 9	0.216 3	0.136 3
7	1.714	0.583 5	8.923	5.206 4	0.192 1	0.112 1
8	1.851	0.540 3	10.637	5.746 6	0.174 0	0.094 0
9	1.999	0.500 3	12.488	6.246 9	0.160 1	0.080 1
10	2.159	0.463 2	14.487	6.710 1	0.149 0	0.069 0
11	2.332	0.428 9	16.645	7.139 0	0.140 1	0.060 1
12	2.518	0.397 1	18.977	7.536 1	0.132 7	0.052 7
13	2.720	0.367 7	21.459	7.803 8	0.126 5	0.046 5
14	2.937	0.340 5	24.215	8.244 2	0.121 3	0.041 3
15	3.172	0.315 3	27.152	8.559 5	0.116 5	0.036 8
16	3.426	0.291 9	30.324	8.851 4	0.113 0	0.033 0
17	3.700	0.270 3	33.750	9.121 6	0.109 6	0.029 6
18	3.996	0.250 3	37.450	9.371 9	0.106 7	0.026 7
19	4.316	0.231 7	41.446	9.603 6	0.104 1	0.021 4
20	4.661	0.214 6	45.762	9.818 2	0.101 9	0.021 9
21	5.034	0.198 7	50.423	10.016 8	0.099 8	0.019 8
22	5.437	0.184 0	55.457	10.200 8	0.098 0	0.018 0
23	5.871	0.170 3	60.893	10.371 1	0.096 4	0.016 4
24	6.341	0.157 7	66.765	10.528 8	0.095 0	0.015 0
25	6.848	0.146 0	73.106	10.674 8	0.937	0.013 7
26	7.396	0.135 2	79.954	10.810 0	0.092 5	0.012 5
27	7.988	0.125 2	87.351	10.935 2	0.091 5	0.011 5
28	8.627	0.115 9	95.339	11.051 1	0.090 5	0.010 5
29	9.317	0.107 3	103.966	11.158 4	0.089 6	0.009 6
30	10.063	0.099 4	113.283	11.257 8	0.088 8	0.008 8
31	10.868	0.092 0	123.346	11.349 8	0.088 1	0.008 1
32	11.737	0.085 2	134.214	11.435 0	0.087 5	0.007 5
33	12.676	0.078 9	145.951	11.513 9	0.086 9	0.006 9
34	13.690	0.073 1	158.627	11.586 9	0.086 3	0.006 3
35	14.785	0.067 6	172.317	11.654 6	0.085 8	0.005 8

附表9 9%的复利系数表

年 份	一次支付		等额系列			
	终值系数	现值系数	年金终值系数	年金现值系数	资本回收系数	偿债基金系数
n	$F/P,i,n$	$P/F,i,n$	$F/A,i,n$	$P/A,i,n$	$A/P,i,n$	$A/F,i,n$
1	1.090	0.917 4	1.000	0.917 4	1.090 0	1.000 0
2	1.188	0.841 7	2.090	1.759 1	0.568 4	0.478 5
3	1.295	0.772 2	3.278	2.531 3	0.395 1	0.305 1
4	1.412	0.708 4	4.573	3.239 7	0.308 7	0.218 7
5	1.539	0.649 9	5.985	3.889 7	0.257 1	0.167 1
6	1.677	0.596 3	7.523	4.485 9	0.222 9	0.132 9
7	1.828	0.547 0	9.200	5.033 0	0.198 7	0.108 7
8	1.993	0.501 9	11.028	5.534 8	0.180 7	0.090 7
9	2.172	0.460 4	13.021	5.995 2	0.166 8	0.076 8
10	2.367	0.422 4	15.193	6.417 7	0.155 8	0.065 8
11	2.580	0.387 5	17.560	6.805 2	0.147 0	0.057 0
12	2.813	0.355 5	20.141	7.160 7	0.139 7	0.049 7
13	3.066	0.326 2	22.953	7.486 9	0.133 6	0.043 6
14	3.342	0.299 3	26.019	7.786 2	0.128 4	0.038 4
15	3.642	0.274 5	29.361	8.060 7	0.124 1	0.034 1
16	3.970	0.251 9	33.003	8.312 6	0.120 3	0.030 3
17	4.328	0.231 1	36.974	8.543 6	0.117 1	0.027 1
18	4.717	0.212 0	41.301	8.755 6	0.114 2	0.024 2
19	5.142	0.194 5	46.018	8.950 1	0.111 7	0.021 7
20	5.604	0.178 4	51.160	9.128 6	0.109 6	0.019 6
21	6.109	0.163 7	56.765	9.202 3	0.107 6	0.017 6
22	6.659	0.150 2	62.873	9.442 4	0.105 9	0.015 9
23	7.258	0.137 8	69.532	9.580 2	0.104 4	0.014 4
24	7.911	0.126 4	76.790	9.706 6	0.103 0	0.013 0
25	8.623	0.116 0	84.701	9.822 6	0.101 8	0.011 8
26	9.399	.0106 4	93.324	9.929 0	0.100 7	0.010 7
27	10.245	0.097 6	102.723	10.026 6	0.099 7	0.009 7
28	11.167	0.089 6	112.968	10.116 1	0.098 9	0.008 9
29	12.172	0.082 2	124.135	10.198 3	0.098 1	0.008 1
30	13.268	0.075 4	136.308	10.273 7	0.097 3	0.007 3
31	14.462	0.069 2	149.575	10.342 8	0.096 7	0.006 7
32	15.763	0.063 4	164.037	10.406 3	0.096 1	0.006 1
33	17.182	0.058 2	179.800	10.464 5	0.095 6	0.005 6
34	18.728	0.053 4	196.982	10.517 8	0.095 1	0.005 1
35	20.414	0.049 0	215.711	10.568	0.094 6	0.004 6

附表 10　10% 的复利系数表

年　份	一次支付		等额系列			
	终值系数	现值系数	年金终值系数	年金现值系数	资本回收系数	偿债基金系数
n	$F/P, i, n$	$P/F, i, n$	$F/A, i, n$	$P/A, i, n$	$A/P, i, n$	$A/F, i, n$
1	1.100	0.909 1	1.000	0.909 1	1.100 0	1.000 0
2	1.210	0.826 5	2.100	1.735 5	0.576 2	0.476 2
3	1.331	0.751 3	3.310	2.486 9	0.402 1	0.302 1
4	1.464	0.683 0	4.641	3.169 9	0.315 5	0.215 5
5	1.611	0.620 9	6.105	3.790 8	0.263 8	0.163 8
6	1.772	0.564 5	7.716	4.355 3	0.229 6	0.129 6
7	1.949	0.513 2	9.487	4.868 4	0.205 4	0.105 4
8	2.144	0.466 5	11.436	5.334 9	0.187 5	0.087 5
9	2.358	0.424 1	13.579	5.759 0	0.173 7	0.073 7
10	2.594	0.385 6	15.937	6.144 6	0.162 8	0.062 8
11	2.853	0.350 5	18.531	6.495 1	0.154 0	0.054 0
12	3.138	0.318 6	21.384	6.813 7	0.146 8	0.046 8
13	3.452	0.289 7	24.523	7.103 4	0.140 8	0.040 8
14	3.798	0.263 3	27.975	7.366 7	0.135 8	0.035 8
15	4.177	0.239 4	31.772	7.606 1	0.131 5	0.031 5
16	4.595	0.217 6	35.950	7.823 7	0.127 8	0.027 8
17	5.054	0.197 9	40.545	8.021 6	0.124 7	0.024 7
18	5.560	0.179 9	45.599	8.201 4	0.121 9	0.021 9
19	6.116	0.163 5	51.159	8.364 9	0.119 6	0.019 6
20	6.728	0.148 7	57.275	8.513 6	0.117 5	0.017 5
21	7.400	0.135 1	64.003	8.648 7	0.115 6	0.015 6
22	8.140	0.122 9	71.403	8.771 6	0.114 0	0.014 0
23	8.954	0.111 7	79.543	8.883 2	0.112 6	0.012 6
24	9.850	0.101 5	88.497	8.984 8	0.111 3	0.011 3
25	10.835	0.092 3	98.347	9.077 1	0.110 2	0.010 2
26	11.918	0.083 9	109.182	9.161 0	0.109 2	0.009 2
27	13.110	0.076 3	121.100	9.237 2	0.108 3	0.008 3
28	14.421	0.069 4	134.210	9.306 6	0.107 5	0.007 5
29	15.863	0.063 0	148.631	9.369 6	0.106 7	0.006 7
30	17.449	0.057 3	164.494	9.426 9	0.106 1	0.006 1
31	19.194	0.052 1	181.943	9.479 0	0.105 5	0.005 5
32	21.114	0.047 4	201.138	9.526 4	0.105 0	0.005 0
33	23.225	0.043 1	222.252	9.569 4	0.104 5	0.004 5
34	25.548	0.039 2	245.477	9.608 6	0.104 1	0.004 1
35	28.102	0.035 6	271.024	9.644 2	0.103 7	0.003 7

附表 11　12% 的复利系数表

年 份	一次支付		等额系列			
	终值系数	现值系数	年金终值系数	年金现值系数	资本回收系数	偿债基金系数
n	$F/P, i, n$	$P/F, i, n$	$F/A, i, n$	$P/A, i, n$	$A/P, i, n$	$A/F, i, n$
1	1.120	0.892 9	1.000	0.892 9	1.120 0	1.000 0
2	1.254	0.797 2	2.120	1.690 1	0.591 7	0.471 7
3	1.405	0.711 8	3.374	2.401 8	0.416 4	0.296 4
4	1.574	0.635 5	4.779	3.037 5	0.329 2	0.209 2
5	1.762	0.567 4	6.353	3.604 8	0.277 4	0.157 4
6	1.974	0.506 6	8.115	4.111 4	0.243 2	0.123 2
7	2.211	0.452 4	10.089	4.563 8	0.219 1	0.099 1
8	2.476	0.403 9	12.300	4.967 6	0.201 3	0.081 3
9	2.773	0.360 6	14.776	5.328 3	0.187 7	0.067 7
10	3.106	0.322 0	17.549	5.650 2	0.177 0	0.057 0
11	3.479	0.287 5	20.655	5.937 7	0.168 4	0.048 4
12	3.896	0.256 7	24.133	6.194 4	0.161 4	0.041 4
13	4.364	0.229 2	28.029	6.423 5	0.155 7	0.035 7
14	4.887	0.204 6	32.393	6.628 2	0.150 9	0.030 9
15	5.474	0.182 7	37.280	6.810 9	0.146 8	0.026 8
16	6.130	0.163 1	42.752	6.974 0	0.143 4	0.023 4
17	6.866	0.145 7	48.884	7.119 6	0.140 5	0.020 5
18	7.690	0.130 0	55.750	7.249 7	0.137 9	0.017 9
19	8.613	0.116 1	63.440	7.365 8	0.135 8	0.015 8
20	9.646	0.103 7	72.052	7.469 5	0.133 9	0.013 9
21	10.804	0.092 6	81.699	7.562 0	0.132 3	0.012 3
22	12.100	0.082 7	92.503	7.644 7	0.130 8	0.010 8
23	13.552	0.073 8	104.603	7.718 4	0.129 6	0.009 6
24	15.179	0.065 9	118.155	7.784 3	0.128 5	0.008 5
25	17.000	0.058 8	133.334	7.843 1	0.127 5	0.007 5
26	19.040	0.052 5	150.334	7.895 7	0.126 7	0.006 7
27	21.325	0.046 9	169.374	7.942 6	0.125 9	0.005 9
28	23.884	0.041 9	190.699	7.984 4	0.125 3	0.005 3
29	26.750	0.037 4	214.583	8.021 8	0.124 7	0.004 7
30	29.960	0.033 4	421.333	8.055 2	0.124 2	0.004 2
31	33.555	0.029 8	271.293	8.085 0	0.123 7	0.003 7
32	37.582	0.026 6	304.848	8.111 6	0.123 3	0.003 3
33	42.092	0.023 8	342.429	8.135 4	0.122 9	0.002 9
34	47.143	0.021 2	384.521	8.156 6	0.122 6	0.002 6
35	52.800	0.018 9	431.664	8.175 5	0.122 3	0.002 3

附表12　15%的复利系数表

年　份	一次支付		等额系列			
	终值系数	现值系数	年金终值系数	年金现值系数	资本回收系数	偿债基金系数
n	$F/P, i, n$	$P/F, i, n$	$F/A, i, n$	$P/A, i, n$	$A/P, i, n$	$A/F, i, n$
1	1.150	0.869 6	1.000	0.869 6	1.150 0	1.000 0
2	1.323	0.756 2	2.150	1.625 7	0.615 1	0.465 1
3	1.521	0.657 5	3.473	2.283 2	0.438 0	0.288 0
4	1.749	0.571 8	4.993	2.855 0	0.350 3	0.200 3
5	2.011	0.497 2	6.742	3.352 2	0.298 3	0.148 3
6	2.313	0.432 3	8.754	3.784 5	0.264 2	0.114 2
7	2.660	0.375 9	11.067	4.160 4	0.240 4	0.090 4
8	3.059	0.326 9	13.727	4.487 3	0.222 9	0.072 9
9	3.518	0.284 3	16.786	4.771 6	0.209 6	0.059 6
10	4.046	0.247 2	20.304	5.018 8	0.199 3	0.049 3
11	4.652	0.215 0	24.349	5.233 7	0.191 1	0.041 1
12	5.350	0.186 9	29.002	5.420 6	0.184 5	0.034 5
13	6.153	0.165 2	34.352	5.583 2	0.179 1	0.029 1
14	7.076	0.141 3	40.505	5.724 5	0.174 7	0.024 7
15	8.137	0.122 9	47.580	5.847 4	0.171 0	0.021 0
16	9.358	0.106 9	55.717	5.954 2	0.168 0	0.018 0
17	10.761	0.092 9	65.075	6.047 2	0.165 4	0.015 4
18	12.375	0.080 8	75.836	6.128 0	0.163 2	0.012 3
19	14.232	0.070 3	88.212	6.198 2	0.161 3	0.011 3
20	16.367	0.061 1	102.444	6.259 3	0.159 8	0.009 8
21	18.822	0.053 1	118.810	6.312 5	0.158 4	0.008 4
22	21.645	0.046 2	137.632	6.358 7	0.157 3	0.007 3
23	24.891	0.040 2	159.276	6.398 8	0.156 3	0.006 3
24	28.625	0.034 9	184.168	6.433 8	0.155 4	0.005 4
25	32.919	0.030 4	212.793	6.464 2	0.154 7	0.004 7
26	37.857	0.026 4	245.712	6.490 6	0.154 1	0.004 1
27	43.535	0.023 0	283.569	6.513 5	0.153 5	0.003 5
28	50.066	0.020 0	327.104	6.533 5	0.153 1	0.003 1
29	57.575	0.017 4	377.170	6.550 9	0.152 7	0.002 7
30	66.212	0.015 1	434.745	6.566 0	0.152 3	0.002 3
31	76.144	0.013 1	500.957	6.579 1	0.152 0	0.002 0
32	87.565	0.011 4	577.100	6.590 5	0.151 7	0.001 7
33	100.700	0.009 9	664.666	6.600 5	0.151 5	0.001 5
34	115.805	0.008 6	765.365	6.609 1	0.151 3	0.001 3
35	133.176	0.007 5	881.170	6.616 6	0.151 1	0.001 1

附表 13 20% 的复利系数表

年 份	一次支付		等额系列			
	终值系数	现值系数	年金终值系数	年金现值系数	资本回收系数	偿债基金系数
n	$F/P, i, n$	$P/F, i, n$	$F/A, i, n$	$P/A, i, n$	$A/P, i, n$	$A/F, i, n$
1	1.200	0.833 3	1.000	0.833 3	1.200 0	1.000 0
2	1.440	0.684 5	2.200	1.527 8	0.654 6	0.454 6
3	1.728	0.578 7	3.640	2.106 5	0.474 7	0.274 7
4	2.074	0.482 3	5.368	2.588 7	0.386 3	0.196 3
5	2.488	0.401 9	7.442	2.990 6	0.334 4	0.134 4
6	2.986	0.334 9	9.930	3.325 5	0.300 7	0.100 7
7	3.583	0.279 1	12.916	3.604 6	0.277 4	0.077 4
8	4.300	0.232 6	16.499	3.837 2	0.260 6	0.060 6
9	5.160	0.193 8	20.799	4.031 0	0.248 1	0.048 1
10	6.192	0.161 5	25.959	4.192 5	0.238 5	0.038 5
11	7.430	0.134 6	32.150	4.327 1	0.231 1	0.031 1
12	8.916	0.112 2	39.581	4.439 2	0.225 3	0.025 3
13	10.699	0.093 5	48.497	4.532 7	0.220 6	0.020 6
14	12.839	0.077 9	59.196	4.610 6	0.216 9	0.016 9
15	15.407	0.064 9	72.035	4.765 5	0.213 9	0.013 9
16	18.488	0.054 1	87.442	4.729 6	0.211 4	0.011 4
17	22.186	0.045 1	105.931	4.774 6	0.209 5	0.009 5
18	26.623	0.037 6	128.117	4.812 2	0.207 8	0.007 8
19	31.948	0.031 3	154.740	4.843 5	0.206 5	0.006 5
20	38.338	0.026 1	186.688	4.869 6	0.205 4	0.005 4
21	46.005	0.021 7	225.026	4.891 3	0.204 5	0.004 5
22	55.206	0.018 1	271.031	4.909 4	0.203 7	0.003 7
23	66.247	0.015 1	326.237	4.924 5	0.203 1	0.003 1
24	79.497	0.012 6	392.484	4.937 1	0.202 6	0.002 6
25	95.396	0.010 5	471.981	4.947 6	0.202 1	0.002 1
26	114.475	0.008 7	567.377	4.956 3	0.201 8	0.001 8
27	137.371	0.007 3	681.853	4.963 6	0.201 5	0.001 5
28	164.845	0.006 1	819.223	4.969 7	0.201 2	0.001 2
29	197.814	0.005 1	984.068	4.974 7	0.201 0	0.001 0
30	237.376	0.004 2	1 181.882	4.978 9	0.200 9	0.000 9
31	284.852	0.003 5	1 419.258	4.982 5	0.200 7	0.000 7
32	341.822	0.002 9	1 704.109	4.985 4	0.200 6	0.000 6
33	410.186	0.002 4	2 045.931	4.987 8	0.200 5	0.000 5
34	492.224	0.002 0	2 456.118	4.989 9	0.200 4	0.000 4
35	590.668	0.001 7	2 948.341	4.991 5	0.200 3	0.000 3

附表14　25%的复利系数表

年　份	一次支付		等额系列			
	终值系数	现值系数	年金终值系数	年金现值系数	资本回收系数	偿债基金系数
n	$F/P, i, n$	$P/F, i, n$	$F/A, i, n$	$P/A, i, n$	$A/P, i, n$	$A/F, i, n$
1	1.250	0.800 0	1.000	0.800 0	1.250 0	1.000 0
2	1.156	0.640 0	2.250	1.440 0	0.694 5	0.444 5
3	1.953	0.512 0	3.813	1.952 0	0.512 3	0.262 3
4	2.441	0.409 6	5.766	2.361 6	0.423 5	0.173 5
5	3.052	0.327 7	8.207	2.689 3	0.371 9	0.121 9
6	3.815	0.262 2	11.259	2.951 4	0.338 8	0.088 8
7	4.678	0.209 7	15.073	3.161 1	0.316 4	0.064 4
8	5.960	0.167 8	19.842	3.328 9	0.300 4	0.050 4
9	7.451	0.134 2	25.802	3.463 1	0.288 8	0.038 8
10	9.313	0.107 4	33.253	3.570 5	0.280 1	0.030 1
11	11.642	0.085 9	42.566	3.656 4	0.273 5	0.023 5
12	14.552	0.068 7	54.208	3.725 1	0.268 5	0.018 5
13	18.190	0.055 0	68.760	3.780 1	0.264 6	0.014 6
14	22.737	0.044 0	86.949	3.824 1	0.261 5	0.011 5
15	28.422	0.035 2	109.687	3.859 3	0.259 1	0.009 1
16	35.527	0.028 2	138.109	3.887 4	0.257 3	0.007 3
17	44.409	0.022 5	173.636	3.909 9	0.255 8	0.005 8
18	55.511	0.018 0	218.045	3.928 0	0.254 6	0.004 6
19	69.389	0.014 4	273.556	3.942 4	0.253 7	0.003 7
20	86.736	0.011 5	342.945	3.953 9	0.252 9	0.002 9
21	108.420	0.009 2	429.681	3.963 1	0.252 3	0.002 3
22	135.525	0.007 4	538.101	3.970 5	0.251 9	0.001 9
23	169.407	0.005 9	673.626	3.976 4	0.251 5	0.001 5
24	211.758	0.004 7	843.033	3.981 1	0.251 1	0.001 2
25	264.698	0.003 8	1 054.791	3.984 9	0.251 0	0.001 0
26	330.872	0.003 0	1 319.489	3.987 9	0.250 8	0.000 8
27	413.590	0.002 4	1 650.361	3.990 3	0.250 6	0.000 6
28	516.988	0.001 9	2 063.952	3.992 2	0.250 5	0.000 5
29	646.235	0.001 6	2 580.939	3.993 8	0.250 4	0.000 4
30	807.794	0.001 2	3 227.174	3.995 1	0.250 3	0.000 3
31	1 009.742	0.001 0	4 034.968	3.996 0	0.250 3	0.000 3
32	1 262.177	0.000 8	5 044.710	3.996 8	0.250 2	0.000 2
33	1 577.722	0.000 6	6 306.887	3.997 5	0.250 2	0.000 2
34	1 972.152	0.000 5	788.609	3.998 0	0.250 1	0.000 1
35	2 465.190	0.000 4	9 856.761	3.998 4	0.250 1	0.000 1

附表15 30%的复利系数表

年 份	一次支付		等额系列			
	终值系数	现值系数	年金终值系数	年金现值系数	资本回收系数	偿债基金系数
n	$F/P, i, n$	$P/F, i, n$	$F/A, i, n$	$P/A, i, n$	$A/P, i, n$	$A/F, i, n$
1	1.300	0.769 2	1.000	0.769 2	1.300 0	1.000 0
2	1.690	0.591 7	2.300	1.361 0	0.734 8	0.434 8
3	2.197	0.455 2	3.990	1.816 1	0.550 6	0.250 6
4	2.856	0.350 1	6.187	2.166 3	0.461 6	0.161 6
5	3.713	0.269 3	9.043	2.435 6	0.410 6	0.110 6
6	4.827	0.207 2	12.756	2.642 8	0.378 4	0.078 4
7	6.275	0.159 4	17.583	2.802 1	0.356 9	0.056 9
8	8.157	0.122 6	23.858	2.924 7	0.341 9	0.041 9
9	10.605	0.094 3	32.015	3.019 0	0.332 1	0.031 2
10	13.786	0.072 5	42.620	3.091 5	0.323 5	0.023 5
11	17.922	0.055 8	65.405	3.147 3	0.317 7	0.017 7
12	23.298	0.042 9	74.327	3.190 3	0.313 5	0.013 5
13	30.288	0.033 0	97.625	3.223 3	0.310 3	0.010 3
14	39.374	0.025 4	127.913	3.248 7	0.307 8	0.007 8
15	51.186	0.019 5	167.286	3.268 2	0.306 0	0.006 0
16	66.542	0.015 0	218.472	3.283 2	0.304 6	0.004 6
17	86.504	0.011 6	285.014	3.294 8	0.303 5	0.003 5
18	112.455	0.008 9	371.518	3.303 7	0.302 7	0.002 7
19	146.192	0.006 9	483.973	3.310 5	0.302 1	0.002 1
20	190.050	0.005 3	630.165	3.315 8	0.301 6	0.001 6
21	247.065	0.004 1	820.215	3.319 9	0.301 2	0.001 2
22	321.184	0.003 1	1 067.280	3.323 0	0.300 9	0.000 9
23	417.539	0.002 4	1 388.464	3.325 4	0.300 7	0.000 7
24	542.801	0.001 9	1 806.003	3.327 2	0.300 6	0.000 6
25	705.641	0.001 4	2 348.803	3.328 6	0.300 4	0.000 4
26	917.333	0.001 1	3 054.444	3.329 7	0.300 3	0.000 3
27	1 192.533	0.000 8	3 971.778	3.330 5	0.300 3	0.000 3
28	1 550.293	0.000 7	5 164.311	3.331 2	0.300 2	0.000 2
29	2 015.381	0.000 5	6 714.604	3.331 7	0.300 2	0.000 2
30	2 619.996	0.000 4	8 729.985	3.332 1	0.300 1	0.000 1
31	3 405.994	0.000 3	11 349.981	3.332 4	0.300 1	0.000 1
32	4 427.793	0.000 2	14 755.975	3.332 6	0.300 1	0.000 1
33	5 756.130	0.000 2	19 183.768	3.332 8	0.300 1	0.000 1
34	7 482.970	0.000 1	24 939.899	3.332 9	0.300 1	0.000 1
35	9 727.860	0.000 1	32 422.868	3.333 0	0.300 0	0.000 0

附表16 35%的复利系数表

年　份	一次支付		等额系列			
	终值系数	现值系数	年金终值系数	年金现值系数	资本回收系数	偿债基金系数
n	F/P, i,n	P/F, i,n	F/A, i,n	P/A, i,n	A/P, i,n	A/F, i,n
1	1.350 0	0.740 7	1.000 0	0.740 4	1.350 0	1.000 0
2	1.822 5	0.548 7	2.350 0	1.289 4	0.775 5	0.425 5
3	2.460 4	0.406 4	4.172 5	1.695 9	0.589 7	0.239 7
4	3.321 5	0.301 1	6.632 9	1.996 9	0.500 8	0.150 8
5	4.484 0	0.223 0	9.954 4	2.220 0	0.450 5	0.100 5
6	6.053 4	0.165 2	14.438 4	2.385 2	0.419 3	0.069 3
7	8.172 2	0.122 4	20.491 9	2.507 5	0.398 8	0.048 8
8	11.032 4	0.090 6	28.664 0	2.598 2	0.384 9	0.034 9
9	14.893 7	0.067 1	39.696 4	2.665 3	0.375 2	0.025 2
10	20.106 6	0.049 7	54.590 2	2.715 0	0.368 3	0.018 3
11	27.149 3	0.036 8	74.697 6	2.751 9	0.363 4	0.013 4
12	36.644 2	0.027 3	101.840 6	2.779 2	0.359 8	0.009 8
13	49.469 7	0.020 2	138.484 8	2.799 4	0.357 2	0.007 2
14	66.784 1	0.015 0	187.954 4	2.814 4	0.355 3	0.005 3
15	90.158 5	0.011 1	254.738 5	2.825 5	0.353 9	0.003 9
16	121.713 9	0.008 2	344.897 0	2.833 7	0.352 9	0.002 9
17	164.313 8	0.006 1	466.610 9	2.839 8	0.352 1	0.002 1
18	221.823 6	0.004 5	630.924 7	2.844 3	0.351 6	0.001 6
19	299.461 9	0.003 3	852.748 3	2.847 6	0.351 2	0.001 2
20	404.273 6	0.002 5	1 152.210 3	2.850 1	0.350 9	0.000 9
21	545.769 3	0.001 8	1 556.483 8	2.851 9	0.350 6	0.000 6
22	736.788 6	0.001 4	2 102.253 2	2.853 3	0.350 5	0.000 5
23	994.664 6	0.001 0	2 839.041 8	2.854 3	0.350 4	0.000 4
24	1 342.797	0.000 7	3 833.706 4	2.855 0	0.350 3	0.000 3
25	1 812.776	0.000 6	5 176.503 7	2.855 6	0.350 2	0.000 2
26	2 447.248	0.000 4	6 989.280 0	2.856 0	0.350 1	0.000 1
27	3 303.785	0.000 3	9 436.528 0	2.856 3	0.350 1	0.000 1
28	4 460.110	0.000 2	12 740.313	2.856 5	0.350 1	0.000 1
29	6 021.148	0.000 2	17 200.422	2.856 7	0.350 1	0.000 1
30	8 128.550	0.000 1	23 221.570	2.856 8	0.350 0	0.000 0
31	1 0973.54	0.000 1	31 350.120	2.856 9	0.350 0	0.000 0
32	1 4814.28	0.000 1	42 323.661	2.856 9	0.350 0	0.000 0
33	19 999.28	0.000 1	57 137.943	2.857 0	0.350 0	0.000 0
34	26 999.03	0.000 0	77 137.223	2.857 0	0.350 0	0.000 0
35	36 448.69	0.000 0	104 136.25	2.857 1	0.350 0	0.000 0

附表17　40%的复利系数表

年　份	一次支付		等额系列			
	终值系数	现值系数	年金终值系数	年金现值系数	资本回收系数	偿债基金系数
n	F/P,i,n	P/F,i,n	F/A,i,n	P/A,i,n	A/P,i,n	A/F,i,n
1	1.400	0.714 3	1.000	0.714 3	1.400 1	1.000 1
2	1.960	0.510 3	2.400	1.224 5	0.816 7	0.416 7
3	2.744	0.365 4	4.360	1.589 0	0.629 4	0.229 4
4	3.842	0.260 4	7.104	1.849 3	0.540 8	0.140 8
5	5.378	0.186 0	10.946	2.035 2	0.491 4	0.091 4
6	7.530	0.132 9	16.324	2.168 0	0.461 3	0.061 3
7	10.541	0.094 9	23.853	2.262 9	0.442 0	0.042 0
8	14.758	0.067 8	34.395	2.330 6	0.429 1	0.029 1
9	20.661	0.048 5	49.153	2.379 0	0.420 4	0.020 4
10	28.925	0.034 6	69.814	2.413 6	0.414 4	0.014 4
11	40.496	0.024 7	98.739	2.438 3	0.410 2	0.010 2
12	56.694	0.017 7	139.234	2.456 0	0.407 2	0.007 2
13	79.371	0.012 6	195.928	2.468 6	0.405 2	0.005 2
14	111.120	0.009 0	275.299	2.477 5	0.403 7	0.003 7
15	155.568	0.006 5	386.419	2.484 0	0.402 6	0.002 6
16	217.794	0.004 6	541.986	2.488 6	0.401 9	0.001 9
17	304.912	0.003 3	759.780	2.491 8	0.401 4	0.001 4
18	426.877	0.002 4	104.691	2.494 2	0.401 0	0.001 0
19	597.627	0.001 7	1 491.567	2.495 9	0.400 7	0.000 7
20	836.678	0.001 2	2 089.195	2.497 1	0.400 5	0.000 5
21	1 171.348	0.000 9	2 925.871	2.497 9	0.400 4	0.000 4
22	1 639.887	0.000 7	4 097.218	2.498 5	0.400 3	0.000 3
23	2 295.842	0.000 5	5 373.105	2.499 0	0.400 2	0.000 2
24	3 214.178	0.000 4	8 032.945	2.499 3	0.400 2	0.000 2
25	4 499.847	0.000 3	11 247.110	2.499 5	0.400 1	0.000 1
26	6 299.785	0.000 2	15 746.960	2.499 7	0.400 1	0.000 1
27	8 819.695	0.000 2	22 046.730	2.499 8	0.400 1	0.000 1
28	12 347.570	0.000 1	30 866.430	2.499 8	0.400 1	0.000 1
29	17 286.590	0.000 1	43 213.990	2.499 9	0.400 1	0.000 1
30	24 201.230	0.000 1	6 0500.580	2.499 9	0.400 1	0.000 1

附表18　45%的复利系数表

年　份	一次支付		等额系列			
	终值系数	现值系数	年金终值系数	年金现值系数	资本回收系数	偿债基金系数
n	$F/P，i，n$	$P/F，i，n$	$F/A，i，n$	$P/A，i，n$	$A/P，i，n$	$A/F，i，n$
1	1.4500	0.6897	1.0000	0.690	1.45000	1.00000
2	2.1025	0.4756	2.450	1.165	0.85816	0.40816
3	3.0486	0.3280	4.552	1.493	0.66966	0.21966
4	4.4205	0.2262	7.601	1.720	0.58156	0.13156
5	6.4097	0.1560	12.022	1.867	0.53318	0.08318
6	9.2941	0.1076	18.431	1.983	0.50426	0.05426
7	13.4765	0.0742	27.725	2.057	0.48607	0.03607
8	19.5409	0.0512	41.202	2.109	0.47427	0.02427
9	28.3343	0.0353	60.743	2.144	0.46646	0.01646
10	41.0847	0.0243	89.077	2.168	0.46123	0.01123
11	59.5728	0.0168	130.162	2.158	0.45768	0.00768
12	86.3806	0.0116	189.735	2.196	0.45527	0.00527
13	125.2518	0.0080	267.115	2.024	0.45326	0.00362
14	181.6151	0.0055	401.367	2.210	0.45249	0.00249
15	263.3419	0.0038	582.982	2.214	0.45172	0.00172
16	381.8458	0.0026	846.324	2.216	0.45118	0.00118
17	553.6764	0.0018	1228.170	2.218	0.45081	0.00081
18	802.8308	0.0012	1781.846	2.219	0.45056	0.00056
19	1164.1047	0.0009	2584.677	2.220	0.45039	0.00039
20	1687.9518	0.0006	3748.782	2.221	0.45027	0.00027
21	2447.5301	0.0004	5436.743	2.221	0.45018	0.00018
22	3548.9187	0.0003	7884.246	2.222	0.45013	0.00013
23	5145.9321	0.0002	11433.182	2.222	0.45009	0.00009
24	7461.6015	0.0001	16579.115	2.222	0.45006	0.00006
25	10819.322	0.0001	24040.716	2.222	0.45004	0.00004
26	15688.017	0.0001	34860.038	2.222	0.45003	0.00003
27	22747.625	0.0000	50548.056	2.222	0.45002	0.00002
28	32984.056		73295.681	2.222	0.45001	0.00001
29	47826.882		106279.74	2.222	0.45001	0.00001
30	69348.978		154106.62	2.222	0.45001	0.00001

附表 19　50% 的复利系数表

年　份	一次支付		等额系列			
	终值系数	现值系数	年金终值系数	年金现值系数	资本回收系数	偿债基金系数
n	$F/P, i, n$	$P/F, i, n$	$F/A, i, n$	$P/A, i, n$	$A/P, i, n$	$A/F, i, n$
1	1.500 0	0.666 7	1.000	0.667	1.500 00	1.000 00
2	2.250 0	0.444 4	2.500	1.111	0.900 00	0.400 00
3	3.375 0	0.296 3	4.750	1.407	0.710 53	0.210 53
4	5.062 5	0.197 5	8.125	1.605	0.623 03	0.123 08
5	7.593 8	0.131 7	13.188	1.737	0.575 83	0.075 83
6	11.390 6	0.087 8	20.781	1.824	0.548 12	0.048 12
7	17.085 9	0.058 5	32.172	1.883	0.531 08	0.031 08
8	25.628 9	0.039 0	49.258	1.922	0.520 30	0.020 30
9	38.443 4	0.026 0	74.887	1.948	0.513 35	0.013 35
10	57.665 0	0.017 3	113.330	1.965	0.508 82	0.008 82
11	86.497 6	0.011 6	170.995	1.977	0.505 85	0.005 85
12	129.746 3	0.007 7	257.493	1.985	0.503 88	0.003 88
13	194.619 5	0.005 1	387.239	1.990	0.502 58	0.002 58
14	291.929 3	0.003 4	581.859	1.993	0.501 72	0.001 72
15	437.893 9	0.002 3	873.788	1.995	0.501 14	0.001 14
16	656.840 8	0.001 5	1 311.682	1.997	0.500 76	0.000 76
17	985.261 3	0.001 0	1 968.523	1.998	0.500 51	0.000 51
18	1 477.891 9	0.000 7	2 953.784	1.999	0.500 34	0.000 34
19	2 216.837 8	0.000 5	4 431.676	1.999	0.500 23	0.000 23
20	3 325.256 7	0.000 3	6 648.513	1.999	0.500 15	0.000 15
21	4 987.885 1	0.000 2	9 973.770	2.000	0.500 10	0.000 10
22	7 481.827 6	0.000 1	14 961.655	2.000	0.500 07	0.000 07
23	11 222.742	0.000 1	22 443.483	2.000	0.500 04	0.000 04
24	16 834.112	0.000 1	33 666.224	2.000	0.500 03	0.000 03
25	25 251.168	0.000 0	50 500.337	2.000	0.500 02	0.000 02

参考文献

[1] 武育秦. 工程承包与投标报价[M]. 重庆:重庆大学出版社,1993.

[2] 成虎. 建筑工程合同管理与索赔[M]. 南京:东南大学出版社,2000.

[3] 成虎. 工程项目管理[M]. 2 版. 北京:中国建筑工业出版社,2001.

[4] 赵彬. 工程技术经济[M]. 北京:高等教育出版社,2003.

[5] 丛培经. 工程项目管理[M]. 3 版. 北京:中国建筑工业出版社,2006.

[6] 武育秦. 工程招投标与合同管理[M]. 5 版. 重庆:重庆大学出版社,2014.

[7] 武育秦,赵彬. 建筑工程经济与管理[M]. 4 版. 武汉:武汉理工大学出版社,2012.

[8] 武育秦. 工程技术经济[M]. 北京:中国建筑工业出版社,2013.

[9] 全国建筑业企业项目经理培训教材编写委员会. 施工项目质量与安全管理[M]. 修订版. 北京:中国建工业出版社,2001.

[10] 全国建筑业企业项目经理培训教材编写委员会. 施工项目成本管理[M]. 修订版. 北京:中国建筑工业出版社,2001.

[11] 建筑工程施工项目管理丛书编写委员会. 建筑工程施工项目成本管理[M]. 北京:机械工业出版社,2002.

[12] 国际咨询工程师联合会/中国工程咨询协会. 施工合同条件[M]. 北京:机械工业出版社,2002.